大國改革

經濟學家的改革記述

SPARKLING CHINA

A Narrative Of Economic Reform In China

大國改革

經濟學家的改革記述

張軍 著

香港中和出版有限公司
www.hkopenpage.com

1981 年，復旦大學正門前留念。這一年，作者開始走上了政治經濟學研究之路

20 世紀 80 年代中期，復旦大學經濟系的部分教師參與了土地批租問題的研究小組

1987 年 3 月，作者南下考察時於深圳街頭留影

1987 年 3 月，作者赴珠海經濟特區時留影，他身後是澳門

1987 年 11 月 12 日，美國快餐連鎖品牌肯德基在中國的首家門店
（北京前門店）隆重開業，作者經過留影

1990 年 8 月，作者（右三）在倫敦政治經濟學院完成了國際暑期學
院的相關課程，與同學合影留念

1993 年 5 月，作者與大衛‧沃爾教授在劍橋大學合影留念。2000
年夏，作者在沃爾教授的協助下回到倫敦進行了為期一個月的研
究，並一同前往劍橋大學和威爾士大學拜訪了多位同行

1994 年 3 月，作者（左）在經濟學家林毅夫家中討論中國農業集體
化瓦解的問題

1994 年，作者（左一）在上海參加宏觀經濟研討會。同年 10 月，
作者赴任美國華盛頓州立大學經濟系客座副教授，其間對中國經濟
轉型問題開始產生興趣

1990 年代中期，作者（左一）與張薰華教授（左二）等於復旦大學相輝堂前合影留念。張薰華教授為作者入讀復旦大學經濟系時的系主任

1998 年 9 月，曾受邀出席巴山輪會議的匈牙利經濟學家亞諾什·科爾內攜夫人訪問復旦大學。作者與科爾內夫婦合影

2002 年，作者（中）與美國經濟學家、1993 年諾貝爾經濟學獎獲得者諾思教授（左一）在上海對談。諾思教授在作者陪同下，於文新大廈頂層瞭望上海市容，感歎不已

2005 年，作者（左）與著名經濟學家張五常在上海交流有關分稅制改革與縣級競爭的研究，座談後合影留念

2015 年 10 月，作者（左）與巴山輪會議參加者、整體改革方案主導者、著名經濟學家吳敬璉教授共同出席首屆復旦經濟學家論壇，分享對全球經濟問題的看法

2017 年，作者與曾出席京倫會議的美國經濟學家、2016 年諾貝爾經濟學獎獲得者哈特教授座談

2018 年 10 月，作者（右）與巴山輪會議參加者、原國家經濟體制改革委員會副主任、著名經濟學家高尚全教授合影

2018 年 10 月，作者（中）與曾參與莫干山會議的經濟學家華生（右一）共同出席第四屆復旦首席經濟學家論壇

2018 年 10 月，作者（左一）與為推動中國經濟改革做出重要貢獻的代表性經濟學家之一厲以寧教授（中）出席論壇

目　錄

前言

　　2018 年 12 月 18 日是中共十一屆三中全會召開 40 周年的紀念日，因此把 1978 年視為中國經濟改革的元年當然也是有道理的。實際上，在十一屆三中全會召開之前，中央還召開過為期 36 天的工作會議，為十一屆三中全會做準備。而在工作會議之前，黨和國家的主要領導人紛紛出國考察和訪問，使得那一年成為 40 年來中國高層領導人出訪最為密集的一年。那一年，鄧小平本人就訪問了日本、新加坡等國。就在十一屆三中全會召開前，鄧小平還專程到了平壤，他告訴金日成，中國要準備改變了，發達國家的技術是我們學習的榜樣。可以說，就在那一年，鄧小平決定推動變革，中國開始了非凡的學習之旅。

　　海內外的經濟學家，包括我自己，過去 30 多年來為中國經濟改革取得成功的經驗做了大量研究工作。中國的改革經驗被概括為已有經濟學理論的實驗室，也被認為可以成功拓展現有經濟學理論的分析範圍，可對經濟學的發展做出貢獻。但大多數經濟學家的研究都是基於對改革結果的觀察，而對那些為推動改革做

出貢獻的主要人物和事件沒有給予同等的關注。在改革經歷 40
年後的今天，對於那些需要更深入理解中國改革的讀者來說，這
是一個缺憾。

不可否認，中國的改革過程和推動改革的社會力量的形成無
疑是中國在改革之初所具有的制度遺產及政治條件的產物。不了
解這個背景和初始條件，我們無法知道中國的改革為甚麼是漸進
的、增量式的和分步走的，為甚麼中國在改革中總是形成雙軌體
制，並且可以做到「老人老辦法、新人新辦法」。正是這些制度
遺產和政治條件使中國在改革方式和對改革方案的選擇上變得不
那麼激進。

一旦我們把視野轉入中國改革進程中的「投入」側而不是「產
出」側，你立刻就會發現中國改革的精彩之處在於改革如何從黨
內的思想鬥爭和政治較量中形成主流；在於改革如何在關鍵時候
由政治領導人的智慧與眼光所推動；在於改革成為自下而上與自
上而下的互動過程；在於改革成為能讓更多人參與其中的社會過
程；在於改革是一個基於局部經驗推廣和試錯法的社會實驗；更
在於改革成為一個關於技術和制度的學習與擴散過程。

是的，作為後來者，即使在全球看，中國也毫無疑問是過去
40 年間向先行國家和地區學習技術和制度最快的國家。這一點
讓我深信不疑。但意識到這些精彩之處卻是在十多年前。2006
年底，我開始接觸中國經濟改革開放的早期文字資料和有關文
獻，並被推動中國經濟轉變的許多重要的人物和事件深深觸動，

從此一發不可收拾。

在我第一次看到有關 1978 年這一年的記載文獻和資料時，對那一年發生的重要事件，我簡直不能想像。那個時候我剛剛入高中讀書，對北京發生的這一切基本無知。進入復旦大學經濟系後，從課堂上知道了在一些農村地區發生的包產到戶的自發改革，也聽到過一些關於深圳特區建設和四川國有企業可以被允許留存部分利潤的試點傳聞。但直到 1984 年秋，在中共十二屆三中全會通過《中共中央關於經濟體制改革的決定》之後，經濟改革這個概念才真正進入我的視野。而正是 1984 年同一年的稍早時候，我從部分年輕教師那裡得知，在浙江的莫干山上舉行了首屆中青年經濟科學工作者的研討會，一大批來自國內各高校、政府和社科院系統的年輕經濟學者，意氣風發，給改革建言獻策，好不精彩。

1983－1985 年，我對參加在學校舉行的各種講座格外有興趣，聽過朱嘉明、周其仁在校園做的報告。也特別關注老一代經濟學家關於當時宏觀經濟過熱和治理通貨膨脹的頻繁爭論。我記得，吳敬璉教授從耶魯回來不久就被我們請到復旦大學經濟系做過報告，後來他又陸續兩次來經濟系就經濟過熱和宏觀改革問題的各種意見做過介紹。在 20 世紀 80 年代中後期，我的導師宋承先教授也開始研究價格改革和宏觀不平衡問題，對我影響頗大。

不過我真正開始從經濟學上去研究中國經濟改革和經濟發展這個主題還是 90 年代之後的事情，我在別處曾經記述過自己研

究興趣的轉變過程，在這裡我就不再贅述。但那些研究還是純學術性的，並局限在學術界之內的傳播和交流，還一直沒有寫過以中國經濟改革歷程中那些精彩故事為敘事內容的非學術性著作。

差不多是在 2007 年春節過後不久，我突然有想法，希望自己能寫出一本記述中國經濟改革過程中那些精彩事件的書。我是想以我的眼光把 1978 年前後到 20 世紀 90 年代間的許多重要改革過程和主要改革方案形成的精彩片段記錄下來。但我不是歷史學家，而是經濟學家，所以在決定寫出這樣一本書的時候，必須把注意力放在跟經濟改革方案有關的事件和參與其中的那些經濟學家的身上。那時候，我甚至設想應該可以在記述每個重要改革事件之後，尋找到一篇經濟學家的相關研究論文附在其後，以此提升我們對該重要改革認識的水平。作為試驗，我先動手整理資料和文獻，寫下了關於財政分權和分稅制這個主題的改革敘事，結果沒有想到這篇文章居然寫了將近四萬字。

從那之後，我便集中精力在復旦大學圖書館收集文獻並制訂寫作計劃，開始了寫作進程。2007 年初夏，我帶着大量的文獻資料飛到加拿大東部的皇后大學，在那裡住了三個多月，集中寫作，完成了另外兩篇長文，分別是關於 1984 年的「莫干山會議」和 1985 年的「巴山輪會議」，字數超過十萬字。不僅如此，我還忍不住將之前寫的關於財政分權的長文改寫成一篇標準的文獻綜述式的文章，2007 年底發表在了《經濟學 (季刊)》上，並深受讀者喜愛。

從加拿大回到上海之後的半年裡，因忙於教學和其他工作，

寫作進程變得緩慢。2008 年春節過後我又被學校派去耶魯大學負責籌備一個代表處，在那兒又住了三個月，但也只寫完了關於深圳特區的一章。回國後，正好趕上迎來中國改革開放 30 周年的日子，各種紀念活動和學術研討會接踵而至，使得我的寫作幾乎沒有太大進展，但我有機會在那年去多地就改革 30 年的話題發表演講，包括應邀去瑞典斯德哥爾摩大學、新西蘭奧克蘭大學、美國芝加哥大學和日本大阪工業大學等學府出席紀念中國改革 30 周年的學術會議並發表主題演講。2008 年 11 月初，我被《南方都市報》邀請去了廣州，在「嶺南大講堂」做了一場講座，取名「不為公眾所知的改革」，後來《南方都市報》專版發表了我那次演講的內容。

就在那個時候，杭州的吳曉波先生創辦財經出版中心「藍獅子」工作室，邀請我能就中國經濟改革寫一本書。考慮到我已有的寫作章節，便欣然答應。但由於各種研討會和演講的邀請，加上教學安排，一直拖延到 2009 年 4 月才勉強完成書稿交給吳曉波並由中信出版社出版，書名就用了廣州演講的題目「不為公眾所知的改革」。很遺憾，由於趕出版時間，那本書只有六章，計劃想寫進去的另外一些重要內容最終沒有來得及完成。

2018 年恰逢中國經濟改革第 40 個年頭，似乎有理由重新增補整理這本書。非常巧合的是，世紀文景的姚映然女士也有這個想法，希望我能增補並修訂這本書，文景願意重新出版。就這樣，我於 2018 年 5 月開始動手寫作，增加了全新的兩章「自下而

上的農業改革」和「浦東開發」，並在已有的章節裡又補充了一些值得記述的精彩事件。現在全書共有八章，字數也增加了將近十萬字。經過多次溝通，本書的新版定名為《改變中國：經濟學家的改革記述》，繁體版則由頗具口碑的香港中和出版有限公司承接出版，並將主書名更名為《大國改革》。

我還要感謝國元證券的蔡詠董事長和上海鑽石交易所副總裁顏南海校友。蔡董事長為我在合肥找到並寄來了反映安徽改革 30 年的《安徽改革開放大事記（1977.6−2008.6）》一書，對於我核實安徽農村地區自發的包乾到戶情況非常有幫助。南海贈我的口述史《破冰：上海土地批租試點親歷者說》對於我進一步了解上海在土地批租試驗中的許多重要事件的細節提供了寶貴的資料。我的學生們在我需要尋找數據時也給予了我有效率的支持。

最後，我要感謝復旦大學人文社會學科傳世之作學術精品研究項目（2015）以及中共中央宣傳部辦公廳 2014 年文化名家暨「四個一批」人才項目的慷慨資助。

謹以本書獻給過去 40 年來為推動中國經濟改革進程做出貢獻的所有人。

代序　不為公眾所知的改革①

　　2008 年是改革開放 30 周年，中共中央舉行了大型的紀念活動。為甚麼紀念大會在 12 月 18 日召開呢？因為 30 年前的 12 月 18 日召開了中共十一屆三中全會。中共十一屆三中全會持續了五天，但是在這之前，召開了為期 36 天的中央工作會議，實際上是十一屆三中全會的準備會議，準備了 36 天。在中央工作會議的閉幕式上，鄧小平發表了題為「解放思想，實事求是，團結一致向前看」的重要講話。這是一個鼓舞人心的講話，其中特別強調了「解放思想」。

　　12 月 18 日召開的中共十一屆三中全會做出了一項決議：放棄以階級鬥爭為綱，把工作重點轉向社會主義現代化建設上來。中共十一屆三中全會召開的 1978 年，中國實際上發生了很多事情。20 世紀 80 年代初我在復旦大學讀書，對 1978 年有一點兒

---

① 本文是作者 2008 年 11 月 1 日應邀在廣州發表的一場演講的簡約文字版。該演講是由《南方都市報》主辦的「嶺南大講壇」系列活動之一。本文由《南方都市報》的記者根據演講錄音整理而成。

印象，那一年最深刻的記憶是高考恢復的次年，但是我對中共十一屆三中全會的印象並不深。到了 1984 年和 1985 年，開始有一些老師、朋友談論改革開放過程中出現的比較有趣的事情，比如「莫干山會議」。

我演講的題目是「不為公眾所知的改革」，是我憑自己的記憶以及從經濟學的角度來看待這 30 年的改革歷程。現在有越來越多當年親身經歷並參與過改革的人寫回憶錄，提供了很多細節和片段。當然他們之間也有很多爭吵，比如爭論雙軌制是誰提出的，誰是市場經濟的最早提出者等。我對這些糾葛並不感興趣，但是我的觀察涉及了這些爭論背後真實的內容，現在也有更多文獻和資料對這段歷史進行了披露，還是可以解釋清楚其中的一些爭論的。

另外，我最近也看了很多書，比如《市場與調控：李鵬經濟日記》，還有一本書是《帝國的消亡：當代俄羅斯的教訓》，主要是講 1985−1991 年間戈爾巴喬夫推進蘇聯改革為甚麼會失敗。蘇聯這六年失敗的經驗教訓和中國在 20 世紀 80 年代初推進的漸進式的、自上而下的改革有相似的地方。我們要反思的問題是，為甚麼蘇聯的改革是失敗的？為甚麼中國在 1987 年、1988 年幾乎面臨與蘇聯相似的厄運，但 1992−1995 年這段時間內，大部分的結構性改革卻在很短的時間內全部完成了？這裡面其實有很多精彩的片段。

我想先從一件事說起。昨天我在飛機上看一本書，是涂俏女

士寫的報告文學《袁庚傳》。這本書裡提供了一個很有趣的細節：袁庚早期在中央調查部裡工作，調查部似乎是一種情報機構。但是在「文化大革命」後期，部裡有人誣陷他是叛徒和特務，結果他被抓起來坐了五年牢。1977 年鄧小平復出時，袁庚也復出了，他是葉飛的老部下，經葉飛介紹，交通部派他主政交通部在香港的招商局。

袁庚到招商局之後大刀闊斧地進行了一些改革。可是他慢慢發現，香港的地價、勞動力成本非常高，他就想回到廣東做一些事情，後來就有了蛇口工業區。蛇口工業區是 1978 年袁庚到香港之後回廣東考察時產生的想法。他覺得應該在廣東做一些在香港做不了的事情，就給中央寫了一份報告。一方面他希望自己被誣陷的案件能夠得到平反；另外一個更重要的方面是他要向李先念副主席彙報，希望在關於蛇口的方案上有所突破。

當然，後來李先念批示同意了，於是就有了蛇口工業區。實際上它是早於深圳而設立的一個特區。1979 年，當時習仲勳等一批人向中央提出方案，希望廣東的寶安縣享受特殊的政策，發展出口加工業。為甚麼當時會想到在寶安呢？因為寶安在 1977年出現過非常嚴重的逃港事件，每天逃去香港的大約有幾千人。

鄧小平第三次復出後去了廣東，廣東省領導就向他彙報了寶安非常惡性的偷渡事件，希望加強在當地的兵力以阻止這樣的事情發生。當時鄧小平就有了很多想法，他沉思了很久沒有說話，最後說這是因為我們的政策出現了問題，不是軍隊可以管得了的

事情。1977 年説這些話時，地方領導人完全聽不明白鄧小平的意思。一直到一年半之後，當時的國務院副總理谷牧去寶安才「破」了這個題。谷牧説希望不久的將來，大家可以從羅湖橋上走過來。這樣大家就明白了，鄧小平的意思是我們必須在寶安這個地方改變政策，發展經濟。據説當時在寶安，一天人均工作八小時只能賺兩毛錢，而在香港一個月可以賺 2000 港元。

在這樣的情況下，習仲勳和當地的領導等提出中央能不能給廣東一點特殊的政策，首先應該解決寶安的偷渡事件。這時谷牧也好，鄧小平也好，本來還都是在腦子裡想的事情，一看到報告，很快就把深圳作為特區的事情定下來了。這之前有一段插曲，袁庚最後一次去見李先念時，帶着很多人在李先念辦公室談，説中央應該批給他一塊地。李先念是舉重若輕的人，他拿出廣東的地圖，在上面看到一個半島，就對袁庚説「整個半島給你好吧」。那片地相當於現在的深圳這麼大，300 多平方千米。袁庚沒有思想準備，他不敢要，後來就只要了 2.14 平方千米。所以在《袁庚傳》裡，作者寫到袁庚對當時沒有多要一些地感到很後悔。

在這個過程中，深圳特區的概念也在逐步形成。中國改革開放 30 年，在 1977－1979 年這段時間裡，廣東做出了很大貢獻。首先是因為廣東受香港的影響很大，「文化大革命」時中國內地是封閉經濟，很多事情是通過香港展開的。包括唐山大地震時購買很多儀器設備救災、進口很多藥品，都是通過中央政府駐香港

的機構運進內地的。所以廣東了解香港的情況，香港有很多像李嘉誠、霍英東這樣有實力的企業家，他們都希望能夠在廣東做一些事情，所以廣東成為中國改革開放的排頭兵是很有道理的。

深圳這個名字定下來之後，叫「出口加工區」「自由貿易區」「貿易出口區」都不合適，省委只好暫定為「貿易合作區」。1979年4月中央工作會議期間，鄧小平一錘定音，說還是叫特區好，陝甘寧就叫特區嘛！這樣廣東也吃了一顆定心丸，深圳就叫特區了。1980年8月26日批准施行的《廣東省經濟特區條例》是經過全國人大常委會討論通過的，這是從來沒有過的。深圳和蛇口在20世紀80年代上半期經歷了非常惡劣的環境和輿論壓力，因為要嘗試新的體制，所以受到了大家的攻擊。《袁庚傳》裡就提到蛇口一度辦不下去，還出現了一些事故。

曾經有一篇文章說深圳「特」在甚麼地方，挑起了在1985年、1986年關於深圳的一場大爭論。大家都認為深圳不應該再辦特區了，深圳賺了內地人的錢，資本都是來自內地，沒有賺到外國人的錢，當時就有一個對深圳的評價說「發光的不是金子」。眼看着特區的試驗要走向失敗，但因為鄧小平的南方談話，這種質疑又被擺平了。中央在政治上給予廣東比較好的政策環境，所以後來的蛇口、深圳都發展得比較好。

當然，廣東在這個時候也抓住了一個機會，很多報告中央領導人能夠聽進去，也是因為此時的大環境正在悄然發生着改變。中共十一屆三中全會之前的幾個月，中央領導人密集地出國訪

問，約 20 人次訪問了 50 個國家。谷牧率團去了歐洲，訪問時間大概是一個月。鄧小平在 1979 年 1 月訪問了美國，之前的 1978 年，鄧小平去了東南亞和日本。鄧小平去了新加坡之後，在很多場合講到中國一定要開放。鄧小平在日本訪問期間坐了新幹線，還看到很多先進的電器，對國外的發展有很深的印象，覺得開放很重要，所以蛇口和深圳的方案很容易得到領導人的認同。

現在我們把視角拉回到經濟學家的隊伍內部。1979 年 4 月，在江蘇無錫召開了一次很重要的會議，劉國光等老一輩的馬克思主義經濟學家都出席了會議，很多當年參加過這次會議的人都在寫文章回憶。這次會議討論的是按勞分配。但是在這次會議上爭論的一個焦點，是關於計劃和市場的關係。從 1979 年開始一直到 20 世紀 80 年代末，老一代的中國經濟學界中馬克思主義經濟學家討論的題目就是計劃和市場的關係。1990 年吳敬璉發表了一篇很重要的關於計劃和市場關係的文章，但對此仍然是有爭議的。一直到鄧小平南方談話後才使這件事情平息，他說計劃和市場與制度沒有關係，資本主義可以有計劃，社會主義可以有市場。

劉國光寫過一篇回憶文章，提出中國不能光搞計劃，也要有市場。這篇文章發表在中國社會科學院的內參上，送到了胡耀邦那裡，胡耀邦有一段很長的批示，認為這是思想上很重要的突破。這篇文章也給西方傳遞了一個很重要的信號 —— 中國開始講市場了。

市場這個概念提出來後，一直到 1984 年，在中共十二屆三

中全會上發表了中國改革的第一份報告《中共中央關於經濟體制改革的決定》，才算正式開始了市場經濟改革。鄧小平對這份文件的評價非常高，他說這份文件裡面講了老祖宗沒有講的話，有新意。1984 年的這份文件是建立在 1978–1984 年老一代經濟學家討論市場和計劃關係基礎上的，對計劃和市場開始有了一些基本的解放性看法，不那麼禁錮在傳統教科書的層面上。

當然那個時候對計劃經濟的描述還是很清楚的，計劃經濟是我們整個經濟制度的根本，沒有指令性計劃就不叫社會主義。但是不管怎麼樣，已經算是有了一個很重要的突破，這是傳統的馬克思主義經濟學家所做的事。

還有另外一件事，就是前世界銀行駐北京的首席代表林重庚（Edwin Lim）發表了一篇文章，回憶當年和中國政府官員接觸的情況，當時他希望中國能和世界銀行建立起聯繫。1978 年前後，他為了這件事情一直在北京奔走，但受到很多限制，他找到當時中國社會科學院經濟研究所所長趙人偉。慢慢打開局面後，世界銀行主動提出要為中國做一次為期三個月的全面調查，寫一份關於中國經濟發展的報告，給中國政府提供一些重要的決策參考，也可以網羅世界上最好的經濟學家到中國來。

1981 年的這份報告很成功，1984 年鄧小平就提出再請世界銀行來做一次報告。世界銀行對中國經濟改革的貢獻不僅是組織專家來做調研和寫報告，更重要的是 1981 年世界銀行和中國社會科學院的專家有所接觸，開始想到把東歐社會主義國家的經濟

學家們請到中國來。當年的東歐經濟學家也面臨幫政府做諮詢，研究到底怎麼進行改革的問題。但東歐畢竟走在了中國的前列，他們從 20 世紀 60 年代開始進行改革，有一些經驗。此後，從 80 年代初開始，他們每年都來中國，那個時候我正好念大學，所以這一段歷史我是親身經歷的。東歐的經濟學家在中國發表演講，我們聽到這些演講內容後眼睛都睜大了，因為我們當時在學的都是經典作家的作品：《資本論》、馬克思和恩格斯全集、斯大林的關於社會主義經濟問題的教科書等。所以當時東歐經濟學家說的話我們不懂，但是又覺得很科學，讓我們耳目一新。

今天大家都知道科爾內（Janos Kornai）的《短缺經濟學》，但當時在大學校園裡幾乎就只有手抄本，而且是英文版。書的寫法、分析的角度完全建立在西方經濟學的這一套體系之上，不是傳統的斯大林式的語言，比較客觀，所以完全影響了中國年輕一代，甚至影響了 20 世紀 50 年代出生的、目前國內比較活躍的這些經濟學家。翻翻 20 世紀 80 年代《經濟研究》雜誌就可以看到，幾乎每一期都有年輕人發表的論文，其中必講科爾內、必講東歐經濟學。

世界銀行還想幫助中國社會科學院培養一些年輕的經濟學家，當時中國社會科學院就想到派年輕一些的經濟學家去西方學習，吳敬璉算是人選之一，當時他還不到 50 歲，還有黃範章等。吳敬璉後來回憶說，他到耶魯大學後天天和年輕的學生一起聽課。

當然，最重要的一件事是世界銀行把東歐經濟學引入中國，在 1982 年請了數位在東歐比較知名的經濟學家，和中國的經濟學家一起在莫干山上召開了一次封閉性的會議。東歐的經濟學家和中國本土的經濟學家在一起討論改革的模式、到底計劃和市場的關係怎麼處理、東歐的經驗是甚麼等內容。這次會議的對外報道很少，大家只知道 1984 年的「莫干山會議」。

因為世界銀行的建議，東歐經濟學家在 20 世紀 80 年代初紛紛訪問中國，開始影響中國當時的經濟學家。這一批經濟學家實際上在八九十年代中國經濟改革的過程中扮演了非常重要的角色，他們深受東歐的經濟學或者經濟學家的影響。簡單說，就是他們認為中國社會主義的計劃經濟要改革，最重要的一點就是支持給地方放權讓利。中國的改革在 20 世紀 80 年代會走上放權讓利式的道路，實際上跟當時東歐這一批經濟學家在中國的影響力是有關係的。

在 20 世紀 80 年代，大多數經濟學家討論改革模式以及如何改革時，基本的思路都是建立在放權或者分權上。80 年代很重要的分權就是中央和地方的財政分權，這推動了地方的積極性。加上東歐經濟學的影響，當時中國的經濟開始有了變化，中央和地方的分權也基本上完成，地方政府有了足夠的積極性，這時中國的改革進入了新的階段。如果說早期是局部的，廣東先辦特區，安徽小崗村的家庭聯產承包責任制也被默認了，那麼慢慢地，中國經濟整體都開始發生變化。但是對中央政府來說仍然面

臨不清楚改革到底要改成甚麼樣、將來的體制是甚麼樣、我們如何推進市場化的改革等問題。所以亟須中國的經濟學家在理論上給出一個方案，告訴中央政府改革應該怎麼進行。

1984 年以後，中國的經濟學家，尤其是年輕一代的經濟學家開始積極地參與到對改革目標模式的設計過程當中。今天，很多西方經濟學家說中國的改革是自上而下的，沒有設計、沒有藍圖，走一步算一步。這個評價不完全正確。如果說家庭聯產承包責任制是自發的，廣東的崛起也可能是部分設計過，而實際上自 1984 年開始我們一直在設計。1984 年，《中共中央關於經濟體制改革的決定》中提出，中國的經濟體制改革第一步要解決的是價格問題。這就是西方人所說的「要把價格搞對」，因為計劃經濟把價格搞錯了，現在要校正價格。但是價格怎麼改呢？當時整個社會都是低工資、低物價。經濟學家厲以寧後來說過一句話：中國改革的失敗一定是因為價格改革，所以最好先去搞企業的產權改革，特別是企業股份制改革。

但是到底價格改革怎麼推進？當時有幾個年輕人做價格設計，向蘇聯、西方學習了一些技術，建立了一個很好的模型來計算怎麼調整怎麼補貼，我們稱之為計算派。這個方案當時拿到中央去討論，中央不能肯定這種計算方式可信不可信、準不準，也沒有明確是否採納。但是有意思的是，後來有一位領導人表示，可以把這個討論範圍擴大，集思廣益，讓更多的人能夠對價格改革貢獻出智慧。後來，《經濟學週報》和十幾家媒體發起了「全國

首屆中青年經濟科學工作者學術討論會」，選擇在浙江莫干山召開，這就是「莫干山會議」的由來，時間是 1984 年 9 月 3–10 日。

召開這次會議採取了以文會友的方式，首先是徵文，有 1300 人投稿，最後從中選出 120 篇，所以有 120 個代表上山參加了會議。今天，這些人回憶這段歷史都激動得不得了，稱「上山」是一種光榮，覺得這是歷史賦予自己為中國做貢獻的機會，所以大家對一些名詞的發明權特別敏感。但是不管怎麼說，「莫干山會議」上討論最熱門的一個議題是價格。為甚麼價格變得這麼熱門？因為有人傳遞了一個信息，説國務院對當時的價格改革方案不是那麼有把握，所以大家就進行了討論，看有沒有更好的方案。這就有了對價格改革不同的看法，從文獻披露的信息判斷，以張維迎為代表的一批人認為要放開價格，這種言論在當時不怎麼受重視，當時張維迎只是一名研究生，被人認為根本不懂中國的事情，只是按照西方教科書提出的方法建議放開對市場進行調節。但是也有人提出「小步快調」，調的幅度小但是速度要快，這就是計算派提出的改革辦法，但是他們也知道中央對這個方案不是太有把握。爭論了幾天幾夜，大家都熱血沸騰，因為發言的人太多，甚至只能採取掛牌子的方式，把自己的名字掛在自己脖子上發言。

當時中央分管經濟的張勁夫前往杭州要聽取會議的彙報，於是會議最後形成的報告由當時知道怎麼寫可以讓領導聽進去的徐景安完成。但是大家在辯論中認為華生口才比較好，就派了

他去彙報。會議中雖然產生了放派和調派兩派意見，但在最後的彙報報告中還是確定了一個折中的方案，就是所謂調放結合的「雙軌制」。

現在大家爭論的焦點是，到底是誰提出了雙軌制？有人說是華生，還有人說是張維迎。華生在《21世紀經濟報道》上發表文章質疑張維迎，認為他不可能提出價格雙軌制的想法，因為張維迎是主張放開價格的。當然，更多人出來支持了華生，因為他們認為起碼華生在那次會議中積極主張調放結合的改革方式。另外，浙江大學的羅小朋也發表文章，作為親身參加了會議的當事人，他說價格雙軌制是他提出的，但是他不會去爭發明權。

華生說，會議形成的價格方案張勁夫聽進去了。因為中央本來就對「小步快調」有顧慮，而市場外的價格要放一點，不要太多，有一個上限可以慢慢漲，計劃內的價格不斷主動地調，這種調放結合的提法符合當時的心態，所以得到了認同。畢竟計劃內的價格本來是低的，慢慢調就會高了；市場外的價格可能是高的，但是隨着產品越來越多就會慢慢降低。

1985年國務院發佈文件，表示開始在生產資料部門實行調放結合的價格改正，這被認為是在「莫干山會議」中形成的價格雙軌制方案被中央採納了。可是在這個時候，在北京的另外一批經濟學家卻極力反對這個方案。所以在1985年下半年，中國社會科學院的研究生郭樹清、樓繼偉、劉吉瑞和在國務院研究機構工作的另外一些人，比如說吳敬璉、李劍閣、周小川也開始做一

項研究。他們認為中國的改革不能這樣搞，要整體配套，這是一個大系統，不能把價格改了而其他不動，所以他們提出要整體設計才能有效。他們極力主張要放棄雙軌制這種使不同體制並存的局部改革的方法，甚至還列舉了價格雙軌制的八大罪狀。在價格雙軌制實行後不到一年的時間裡，國內出現了一個新詞，叫「官倒」，北京叫「倒爺」，這些人就是在計劃內計劃外串軌來獲取暴利，批一張條子就可以在市場上賺很多錢，腐敗的現象越來越嚴重，甚至驚動了中央。設計派提出的整體設計思想引起了中央的關注，但是畢竟國務院已經就價格雙軌制發文了，並決定於 1985 年要進行生產資料的價格改革。

　　但是到了 1986 年底，國務院認識到價格雙軌制產生了經濟混亂，於是決定在 1987 年採納整體配套改革的意見，其中生產資料的價格採取主動上調的辦法。但是，有意思的是，這個方案沒有得到一些部委的支持，最後在北戴河會議上只決定對鋼材進行調價試點。據說，當時國務院領導帶着國家物價局局長向鄧小平彙報，彙報結束之後，鄧小平沒有對這個方案做出任何直接的評價，反而在說不放權讓利，不進行政企分離，改革根本不會成功。這件事對當時的國務院領導觸動很大，認為鄧小平對這個方案是有保留意見的，是不主張的。所以國務院還是不敢進行整體配套改革，後來連鋼鐵的調價方案都沒有執行。

　　從「莫干山會議」的價格雙軌制方案提出到納入改革策略來推進，也就是一年多的時間，但是由於「官倒」等一系列的社會問

題發生了，結果，從某種意義上講，價格雙軌制作為一個改革方案基本上沒有得到執行。但是現在大家仍然會說中國還是存在價格雙軌制的現象的，農民在聯產承包之後的糧食銷售不就存在價格雙軌制嗎？有國家收購價，還有市場的價格。我們的石油也是這樣的情況。其實在 1978 年、1979 年，我們的確在一些生產資料領域（包括煤炭）都有雙軌的做法，它是在中國地方上自然形成的。計劃放鬆之後，計劃外的價格自然高於計劃內的價格，這是一個事實上的雙軌價格，因此我們不能完全說這是「莫干山會議」之後才有的新現象；相反，「莫干山會議」上一些年輕學者的價格雙軌思想更多的倒是受到了這些來自地方的自然實驗的啟發。

設計派抓住價格雙軌制這件事情不放，覺得它應該對很多社會問題的出現負責，因此持續地表示了反對。後來國務院領導在國務院會議上提出，從 1987 年 1 月開始進行物價、稅收、財政、貿易的改革，這就是所謂的「價、稅、財聯動方案」。但是聯動改革需要中央資金充裕，因為要買單、要補貼，而當時財政部沒有錢，所以這個方案實際上也沒有執行。我覺得沒有執行的另外一個重要的原因，就是鄧小平認為價格改革以及聯動改革的這一套方案在中國不太適合，很可能會產生嚴重的社會問題。由於鄧小平不支持這個方案，國務院領導是不敢擅自行動的。這個方案基本上就被放棄了。

這當中還有一段插曲，1985 年中國第一次出現了嚴重的通貨膨脹。實際上 20 世紀 80 年代中國發生了三次通貨膨脹，其中

有兩次非常嚴重，這兩次通貨膨脹都是消費基金膨脹所引發的，這跟中國今天的通貨膨脹在形成機制上是不同的。中國今天的通貨膨脹都是由於投資過多引起的。可是中國在 20 世紀 80 年代的時候投資比較少，主要都是消費。國內沒有那麼多產能來滿足大家的消費慾望，所以引發了物價上漲。80 年代有一位老經濟學家楊啟先先生，他發表了一篇文章，給出了一個很好的解釋，他指出那時是「工資侵蝕利潤」：企業賺的錢都發給工人當工資和津貼用了，那時候有貨幣獎金和實物獎金。我清楚地記得，20 世紀 80 年代在工廠裡工作的人，下班時拿回家的都是下發的食品或日用品。

出現了通貨膨脹該怎麼辦呢？當時世界銀行提出，希望與中國社會科學院、中國經濟體制改革研究會一起組織一次大型的會議，聽聽發達國家怎麼進行宏觀管理。這次會議於 1985 年 9 月 2–7 日在長江的一條船上召開。這條船屬於交通部，叫「巴山」號，所以這次會議就被稱為「巴山輪會議」。從重慶到武漢，這艘船在長江上走了六天，會議也開了六天。會議請來了非常著名的國外經濟學家，其中有一半是東歐經濟學家，比如曾經做過捷克副總理的奧塔·錫克（Ota Sik），還有波蘭猶太籍經濟學家弗·布魯斯（Wlodzimierz Brus）。這次會議還請來了西方的經濟學家，比如美國耶魯大學諾貝爾經濟學獎獲得者托賓（James Tobin）教授。

參加會議的中方經濟學家中最年長的就是薛暮橋先生，當時

應該有 80 歲了，年輕一些的經濟學家有劉國光、馬洪、高尚全、吳敬璉、趙人偉等。另外船上還有做記錄、整理資料的經濟學研究生郭樹清、樓繼偉等，這次會議整理出了很多內部資料，但並沒有多少內容公開出版。在會議上，匈牙利經濟學家科爾內認為中國的改革其實是在走匈牙利的道路，他在會上發表了很多言論，包括改革的目標模式應該怎麼設計、中國應該建立甚麼樣的經濟制度等，這些言論對當時中國的改革者很重要。

而托賓認為中國當時出現的通貨膨脹，是因為企業發的獎金太多了，工資增長是勞動生產率增長的兩倍。要治理通貨膨脹就要讓廠長經理少發錢。他甚至說，要讓中國的廠長在辦公室裡掛上一個牌子，上面寫上工資的增長率應該小於勞動生產率的增長。據我了解，這次「巴山輪會議」的國外參與者如今大部分都已過世了，但是這次會議對中國改革目標的模式、宏觀治理等方面的影響的確很大。

當時這次會議的全稱是「宏觀經濟管理國際研討會」，但是宏觀經濟管理是從英文翻譯過來的，大家認為這個詞比較西化，於是中方就創造了另一個詞：宏觀控制。但是大家又認為控制是計劃經濟，也不合適。折中一下，就使用了宏觀調控這個說法，於是「宏觀調控」這四個字在 1985 年成了政府用語。「巴山輪會議」上對中國的改革目標模式、宏觀調控等問題展開了積極討論，並且寫出了報告提交給中央政府。

1985 年中國出現通貨膨脹，政府對其進行了宏觀調控治理，

形勢好了一些，但到 1987 年通貨膨脹又開始了。正是在這種背景下，中央政府尤其是鄧小平，轉向了向地方放權以及推行政企分開的微觀層面的改革。在鄧小平看來，恐怕計劃要大幅度壓縮，要改變企業的行為就要給企業和地方更多的自主權。應該説從價格改革轉向所有制以及企業改革、轉向地方政府的財政分權是很突然的，但並不是偶然的。很多人不明白，鄧小平為甚麼後來先進行所有制改革呢？厲以寧一直認為所有制改革是最重要的，他最著名的言論就是中國如果改革失敗就一定是因為價格改革，中國一旦改革成功就一定是所有制改革導致的成功。1987年以後，鄧小平的關注方向放在了企業改革上。

厲以寧當時還是北京大學的教師。我上學時讀了很多厲以寧介紹西方經濟學的書，那時他也非常積極地對改革政策發表意見和建議，在學術界影響不斷上升。鄧小平關注方向放在了所有制改革以後，厲以寧的影響迅速擴大。事實上，20 世紀 80 年代後半期的改革政策主要集中在國有企業的改革和中央—地方財政包乾的改革兩方面。這包括當年在全國普遍推行的企業利潤承包制，中央和地方政府大規模推行收入的分享制度，也就是所謂的財政放權，各省開始跟中央談判，簽署財政分權的不同協議。

1987−1988 年的政策轉變很快，但是時機不太好，因為 1987 年開始出現的通貨膨脹到 1988 年已經非常嚴重，再加上腐敗，導致社會經濟領域出現了混亂的局面。這給了鄧小平一個非常重要的信號，中國在 20 世紀 80 年代所設計的這一套改革，受

到了東歐改革的影響，採取不斷放權讓利同時進行比較大的價格調整的改革，總體上是不成功的，這使改革者後來產生了完全不同的改革思路。

簡單來說，這之後，中央政府尤其是鄧小平認識到，中國的改革看起來要用集權的方式來進行，中央政府要有足夠的實力自上而下地推進改革，要給地方政府的改革以激勵。用經濟學家的話來說，要解決 20 世紀 80 年代以來中央和地方在激勵上的不兼容問題。通過之前的失敗，中央政府吸取了教訓，認定不能給企業和地方政府這麼多的財力，要約束他們的預算。於是改革戰略需要改變，在我看來，後來形成的新的戰略就是中央通過重新進行財政的集權，和地方政府進行新一輪的談判，力求掌握更多的財政收入。我不知道為甚麼這麼激進的財政改革能迅速完成。但我深信，中國 90 年代財政改革的成功，很大程度上解決了中央與地方政府間的激勵不兼容的問題。在中國，政府間的利益關係可以簡單地從政治和經濟兩個維度來看。政治方面，中國一直以來都是集權的，各層次的政府官員都是由上級政府任命的，因而從這個意義上說，集權並不是改革中的重點；但經濟關係則不同，出於效率的考慮，80 年代政府間權力的劃分導致了過度分權，地方政府擁有太多的自由支配權，這也直接導致了各地的重複建設和嚴重的市場分割，中央的政策在地方層面開始政令不通。由於經濟激勵，各地開始逐漸抵制中央的自上而下的改革。

在中央與地方的收入劃分上，20 世紀 80 年代是收入分享

制，雖然具體的制度安排在各年和各地都差異很大，但基本的模式是中央政府要從地方政府的收入中拿走一部分，這種收入分享機制有兩個問題：一是地方政府有隱瞞收入的動機，由於信息的不對稱，中央並不知道地方政府的具體財政收入，因而地方政府可以隱瞞收入，比如將預算內的收入轉移到預算外，或者直接就藏富於民了；二是中央政府的政策會前後不一致，即使地方政府不隱瞞收入，中央政府只有在年終才知道地方政府的財政收入，而分享機制是在年初就制定的，因而在年終時，中央政府出於自身利益的考慮，會通過各種形式變更以前的約定。比如 80 年代中央政府就曾以不同的形式向地方政府「籌借」過大量的資金，而這些借款從來都沒有歸還，當地方政府預期到中央政府行為的不一致後，更加傾向於隱瞞收入。

　　1994 年的分稅制改革是對之前過度分權的一個反應，分稅制有兩個機制保證了政府間行為的一致性。首先是政府間採取稅收分享機制，而不是收入分享機制，特別是增值稅的分享。由於稅收的徵收是相對透明的，不同級政府對於稅基的了解也是相似的，因而不存在地方政府隱瞞收入的情況，同時將分享主體放在增值稅，該稅種是可以作為地方政府努力程度的度量的：越是着力於發展經濟的政府，該稅基也會越大，因而對於地方政府和中央政府的財政收入都是有利的。其次，與之前的財政體制的一個主要區別是國稅局的設立。中央和地方政府各自擁有獨立的稅收徵收機構，由於收入分開徵收，因而並不是實際意義上的分享，

由於設立了相對公平和固定的分享機制，中央的稅收並不會對地方的經濟激勵產生負面作用。

　　1994 年的分稅制解決了中央和地方政府的激勵兼容問題，這在三個層面上保證了兩者目標的一致性：首先，在稅收的徵收方面。由於國稅局的設立，中央政府不再從地方政府的收入中抽取一定比例作為自身的財政收入，因而在稅收的徵收方面，地方政府沒有激勵隱瞞稅收，並且由於財政收入的主體是共享稅種，中央和地方具有類似的稅基，這樣地方政府在擴大稅基的同時也有利於中央政府，因而分稅制保證了兩者都會最大化稅基。其次，以增值稅作為分享的主體是有利於地方經濟發展的。地方政府越是將重點放在發展經濟上，這部分的稅收也會增長得更快，因而這可以間接用來衡量地方政府的努力程度，各地方政府都將有限的財政收入用來改善基礎設施，以此來吸引投資和擴大對外貿易，同時擴大了增值稅的稅基，這也是為何近年來投資的增速和財政收入的增速要大於 GDP 增速的原因，因而增值稅作為分享的主體保證了地方政府會將精力放在經濟發展上。最後，分稅制保證了改革的順利推行。按照分稅制的設計，中央政府的收入會越來越多。早在分稅制的當年，中央的財政收入就遠遠超過其支出，因而有相當大的部分可以用來操作，既可以用來直接投資，又可以作為對地方的一種獎勵。1994 年的稅收返還（增值稅和消費稅返還）佔據當年轉移支付的 70%，很多人認為這是中央對地方執行分稅制的一種妥協，但由於這部分的增長速度要小於

財政收入的增速，因而即使是妥協，這部分也會越來越小，另外的大部分將可以由中央政府來自由支配，這時候的轉移支付完全可以被用來作為對地方的一種肯定，或是對因推行改革而造成損失的省份的一種補償，因而從這個意義上來說，中央龐大的財政實力保證了自上而下的改革的順利推行。

現在看來，分稅制的效果是非常明顯的。比如以 2007 年為例，全國的財政收入超過五萬億，佔當年 GDP 的 1/4，同比增長 32.4%，並且是超過年初的預算數目，這充分說明中央和地方政府在增加財政收入上是激勵兼容的。同時地方政府有一半的財政支出需要依靠中央的轉移支付，因而不管是出於宏觀調控還是推行改革的目的，中央政府都有足夠的財力來保證政策得到地方政府的支持和貫徹。

大家可以看到，20 世紀 80 年代中國成功的改革都是增量型的改革，包括聯產承包責任制的普及和深圳特區的設立，這些做法基本都不觸動既得利益，但允許某些新的東西存在。但是真正要改革的，比如說物價、財政等，反而到了 20 世紀 90 年代才容易做下去。因此，中國的改革進程實際上是有兩個階段的。

1991 年，鄧小平已經是 87 歲高齡了，他希望在他有生之年看到這一場中國經濟體制改革的社會試驗能夠完成一個基本的架構。於是，在 1992 年的南方談話中，他甚至說，你們不能再畏畏縮縮，像小腳女人一樣。他已經表達出應該加快改革的意思，他認為耽誤的時間太多了，大家應該看準了就做，要大膽試驗。

我認為，20 世紀 80 年代，中國的改革走了許多彎路，而到了 90年代，鄧小平希望加快社會主義市場體制的建立，大刀闊斧地把幾個重要的結構改革在 90 年代全部做到位，形成一個體制的牢靠架構。我想這奠定了今天中國社會主義市場經濟的基本框架。

因此，從某種意義上說，1997−1998 年，社會主義市場經濟的基本架構已經成型了。當然還有一些具體的技術性問題沒有解決好，包括匯率、對外貿易等，但是總體的架構應該說已經搭建好了。於是，1998 年以後的問題就基本是技術性問題了。

第 一 章

自下而上的農業改革

　　眾所周知，中國經濟改革的最初成功是在農業部門。中國是一個農業大國，人口的 80% 生活在農村地區，因此，農業部門的改革與增長對中國經濟來說是至關重要的。然而，自 20 世紀 50 年代初以來，農業部門推行了合作化和農業的集體耕作制度，1958 年最終採用了人民公社制度。在此之前，農業的生產和銷售活動已被納入中央計劃的範圍，1953 年政府開始對農產品實行徵購，徵購的價格因為低於農貿市場的價格而成為對農民的一種稅收。基於這兩方面的原因，中國的農業生產和農業生產力自 50 年代後期以來處於幾乎停滯乃至下降的局面，中國也因此成為糧食的淨進口國。在農村地區，農民的基本生存保障面臨困難。

　　1978 年安徽省鳳陽縣小崗村自發性的包乾到戶或分田到戶成為 20 世紀 70 年代末中國農業部門集體化耕作制度瓦解的開端。到 1984 年，幾乎所有的農村地區都完成了從人民公社制度向以家庭為單位的「家庭聯產承包責任制」的變遷。與農業組

織結構和耕作制度的變革相匹配的是農產品收購價格的改革與
提高。1979 年起，政府大幅度提高 18 種農產品的徵購價格達
25%，特別是超徵購額以上部分的農產品提價幅度達 50%。如
果說「家庭聯產承包責任制」是把傳統的集體化農作制度轉變成
了一種農民與國家之間的固定租金合約的話，那麼價格的改革實
際上開始了以固定徵購額和放鬆定額（計劃）外政府管制為手段
的市場化進程。

　　根據經濟學的理論預測，中國農業部門集體化制度的瓦解
和價格的自由化進程會顯著改善農戶的生產激勵，提高中國農
業的生產率水平。據統計，改革以後，中國農業產出的年平均增
長率從 1957−1978 年的 2% 提高到 1980−1985 年的 8.2%，儘
管 1985 年以後農業生產的增長率有所下降。農業生產增長率的
提高和勞動生產率的改善所帶來的另一個結果，是改革以來農村
非農產業特別是鄉鎮企業的迅速擴張。而農業的生產率增長以及
隨後的農村工業化成為 1978−1985 年間中國經濟得以快速增長
的原因。

農業集體化

　　在這裡我們先要回顧一下中國農業部門在 20 世紀 50−70 年
代這段時間的合作化運動與集體耕作制度的形成過程。

　　1953 年，為了配合第一個「五年計劃」的實施，政府除了在工業部門實行對重要生產資料的統一分配（簡稱「統配」）制度，從而實現政府對資源的直接計劃配置的目標外，在農業部門開始建立所謂的「統購統銷」制度。實行農產品統購統銷制度的目的是為了保障城市居民的生活資料和加工工業的原材料供給，而在 1949 年以後的幾年裡，國有商業部門面臨着農副產品市場上的私人收購者（俗稱「商販」）的競爭，再加上國有商業部門對農產品採取低價收購政策，國有商業部門自然處於不利的競爭地位。1953 年秋收後，國家糧食收購計劃在很多地區不能按期完成，而糧食的銷量卻大大超出計劃，形成了不平衡的局面。1953 年 11 月，黨中央和國務院決定對油料和糧食實行計劃收購和計劃供應。1954 年 9 月又決定對棉花實行計劃收購。1955 年 8 月，政府頒佈《農村糧食統購暫行辦法》，對統購統銷做了詳細的規定，而且把煙草、麻類、生豬、茶葉、蠶繭、羊毛等重要副產品及工業原料規定為「派購」類產品。在統購統銷制度的執行上，實行了分類管理的辦法。一些關係國計民生及外銷的重要產品，被視為第一類商品，由中央集中管理；對於生產集中、供應面廣或需要重點保護供應的特需產品，作為第二類商品由中央政府實行差額調撥；其餘產品作為第三類商品由地方政府管理。

　　在建立農副產品的統購統銷制度，從而將農業產品納入計劃控制和分配體系的過程中，農業生產的組織形式也在走向集體化。1949−1952 年，農村的土地改革基本完成，根據當時過渡時

期的政策（稱為「總路線」和「總任務」），土地改革以後真正符合
農民意願，同時又能利用規模經濟的農業生產組織形式是以家庭
經營為基礎的生產互助合作社。由於自願入社，1952 年參加農
業生產互助組的農戶佔全國農戶總數的 40%，而參加農業生產
初級社，也就是一種比互助組規模更大一些的生產合作社的農戶
只佔全國農戶總數的 0.1%，幾乎可以忽略不計。根據蘇星寫的
《我國農業的社會主義改造》一書提供的數據，即使到 1955 年，
互助合作社仍然是農戶自願選擇的組織形式，50.7% 的農戶參加
了「互助組」，僅有 14% 的農戶參加「初級社」。[1]

　　然而，農業生產集體化的進程在 1956 年以後被人為地加快
了。到 1956 年初，參加農業生產合作社的農戶從 1955 年的 14%
急劇上升到 80.3%，進而在 1956 年底達到 96.3%。尤其是，這
一時期，一種更大規模的農業生產高級合作社（所謂「高級社」）
得到政府的鼓勵和強制推行。1956 年底，被強行加入「高級社」
的農戶猛增到 87.8%。

　　1958 年，一種更加激進的發展戰略，即「大躍進」，被全面
強制執行了。為了實現「大躍進」提出的在短時期內「趕英超美」
的戰略目標，政府急劇擴大了基本建設的投資規模，因而徵購糧
食的比重也要擴大。為了配合這一戰略，農業的集體化進程進一
步加快了，原來的生產合作社被強制性地轉變為人民公社。1958

---

[1]　參見蘇星：《我國農業的社會主義改造》，北京：人民出版社，1980 年。

年 4–9 月，佔全國 98.2% 的農戶被組織在 26425 個人民公社裡，在差不多一年時間裡實現了以「公社制」為主的農業集體化變遷。1958–1981 年，人民公社制度成為中國農業生產的基本組織形式。

表 1–1　農村人民公社及其規模（1958–1980）

年份	人民公社數目（個）	生產大隊（千個）	生產隊（千個）	公社戶數（百萬個）	公社人口數（百萬人）	每公社大隊數（個）	每大隊生產隊數（個）	每生產隊人口數（人）
1958	23630			128.61	560.17			
1962	74771	703	5580	134.10		9.4	7.9	
1965	74755	648	5412	135.27	591.22	8.7	8.3	109
1979	53348	699	5154	174.91	807.39	13.1	7.4	157
1980	54183	710	5662	176.73	810.96	13.1	8.0	143

資料來源：《中國統計年鑒》(1981)，第 133 頁；轉引自鄒至莊：《中國經濟》，天津：南開大學出版社，1984 年，第 136 頁。

　　人民公社是一種生產組織，但同時又是政治及行政單位。每個公社實行公社、生產大隊和生產隊三級所有制，表 1–1 給出了人民公社的規模數據。以 1965 年為例，平均每個公社有 8.7 個大隊，每個大隊有 8.3 個生產隊，如果按每個生產隊有 109 人來計算，那麼 1965 年每個公社約有人口數為 7871 人。在這麼龐大的組織裡，農民（其實不僅僅包括農民）集中勞動，勞動遵循計劃安排和指令分派。每個公社由一個管委會領導，基建規劃由大隊執行，種田則由小隊（生產隊）負責。每種作物使用多少土地，用甚麼樣的方法來耕種等決策均由公社和大隊集中做出。當然，每個生產隊都有一個生產指標，並且必須將產品按規定

的收購價格上交政府。正如表 1–2 表明的那樣，除了 1961 年和 1979–1981 年間有過兩次明顯的提價之外，[1] 農產品的收購價格基本穩定。這說明，在正常年份，政府對農業生產的指導往往是通過計劃和行政，而不是利用價格機制來實現的。

表 1–2　農業部門的農產品收購牌價（以1950=100）

年份	農副產品收購價格總指數[2]	農副產品收購牌價指數	糧食收購牌價指數	經濟作物收購牌價指數
1952	121.6	121.6	121.4	113.0
1953	132.5			
1954	136.7			
1956	139.2			
1957	146.2	146.2	141.4	126.4
1958	149.4			
1960	157.4			
1961	201.4			
1965	187.9	185.1	190.9	152.8
1978	217.4	207.3	224.4	174.0
1979	265.5			
1980	284.4			
1981	301.2	257.2	283.5	215.0

資料來源：《中國統計年鑒》(1981)，第 411–414 頁；轉引自鄒至莊：《中國經濟》，第 145 頁。

在「公社」內部，社員是在生產隊的組織下集中勞動的。勞動者的收入按照所評定的「工分」來計算，到年末，生產隊的淨收入在扣除國家稅收、公積金（公共積累）和公益金（公共福利）

[1] 1961 年的提價是在 1959–1961 年的農業危機之後做出的；而 1979–1981 年的提價是在「文化大革命」結束之後和經濟改革的初期。

[2] 農副產品收購價格總指數是收購牌價、超購加價和設價（市價）的平均值。

之後，依據每個社員一年年內累積起來的「工分」數來分配收入。「工分」的評定有不同方法。一種是事先確定每項任務的工分值；另一種是按六—十的分值等級來評出勞動者的等級，每個勞動者的工分總數等於他（她）的等級與出工天數的積；還有一種是從生產隊中選出一個「模範」或「標兵」，其餘社員以這個模範的工作績效為基準來評定自己的工分值。不管怎麼說，在工分制下，每個社員所得到的收入份額的大小取決於他在這一年中累積到的工分佔全部工分的比重。這種制度看上去符合「按勞分配」原則，但在實踐中卻趨於降低社員的積極性，因為在生產隊的規模下，監督不可能是有效的，從而一個社員多付出勞動所增加的實際上是生產隊的收入，而他只能得到其中的很小一部分。

這就是說，「按勞分配」所產生的較大的激勵效應以能夠確定和計量單個勞動者的貢獻份額為條件，但滿足這個條件並非一件容易的事。對於人民公社來說，第一，生產隊的規模較大，一般有上百人；第二；農業勞動的空間跨度大，一個社員一天有時要做幾樣不同的「農活」；第三，農業勞動受自然和天氣原因的影響大。基於這些特點，生產隊長對社員的監督成本極其高昂，監督無法做到完全而有效。[①] 在這種情況下，每個成員所得的應有權數是無法確定的，事實上，在實際操作中，這個權重常常演變成平均主義，也就是「吃大鍋飯」。因此，工分制在實際

---

① 隊長是否有足夠的動力去監督社員勞動也是一個值得考慮的問題。

操作上反而不利於調動社員的勞動積極性，用正式的經濟學語言來說，因為在監督不完全（即無法精確計量每個社員的貢獻）時，每個社員所獲得的邊際報酬大大低於其勞動的邊際產出，這是導致集體化時期農業勞動生產率被大大削弱的基本原因。

當然，中國農業的集體化運動所反映出來的問題遠遠超出了上述討論到的這些勞動供給問題。一個合作組織的成功與效率不僅僅反映於激勵的結構如何得當，還取決於合作組織的性質以及其他超經濟的因素。事實上，回顧中國 20 世紀 50 年代的合作化運動，人們發現，1958 年「大躍進」之前的農業生產合作運動基本上是成功的。一般認為，中國農業合作化危機的種子大約是在 1958 年人民公社化運動中所埋下的。對於合作化運動從成功到失敗的轉變，許多經濟學家和社會學家煞費苦心以求其解。社會學家和經濟學家一般將合作組織的性質區分為兩種，一是將合作社處理成某種形式的「道德共同體」，認為合作社的成功往往是建立在道義主義之上。許多社會學家和經濟學家發現，一個村莊的村民往往是出於道義組成合作社的，他們並不十分關心個人的利益最大化，卻可能渴望獲得某種形式的保護和安全，特別是在經常出現饑荒的年代。另一種解釋建立在「理性主義」的原則上，把合作社的成功運作解釋為社員的自願參與和個人理性計算得到尊重與保障的結果。按照這一解釋的邏輯，農民加入合作社的可能性受到合作規模、監督的完備程度、合作社領導人的能力以及社員是否退社自由等因素的影響。

　　可以説，中國 20 世紀 50 年代的農業合作化運動實際上為上述兩種解釋提供了可檢驗的機會。基於對中國一些農村地區的調查，巴特勒（S. Butler）發現，在 20 世紀 50 年代初期，農民加入合作社也許是渴望某種安全和保障，然而在 70 年代，社員則更加關心收入的增長。[1] 另一個不容忽視的事實是合作社的規模在 1957 年以後被急速擴大，社員的「退社權」也在這時候被剝奪了。[2] 所有這些因素顯然在很大程度上促使合作組織性質的改變，使合作化運動從早期的成功逐步走向了危機，導致農業勞動的激勵以及農產品的供給出現持續不足和下降趨勢，困擾了中國集體化農業的發展前景。數據表明，在 1958－1965 年間，中國農民的消費尚未達到 1957 年的水平，農民的收入在 70 年代幾乎陷入停滯狀態。整個 70 年代中國農民的糧食人均消費量只相當於 20 年前的水平，而食用油的消費量則一直低於 50 年代。農村的貧困十分嚴重。1977 年，中國 2100 個縣當中有 1/4 的人均收入低於 50 元的貧困線水平。[3]

---

[1] 參見 S. B. Butler, "Price Scissors and Commune Administration in Post-Mao China", in W. L. Parish (ed.), *Chinese Rural Development: The Great Transformation*, Routledge, 1985。

[2] 社員的「退社權」被剝奪被一些經濟學家解釋為導致中國農業合作化失敗及 1959－1961 年中國出現農業危機的一個重要原因。關於這個問題的討論，可以閱讀林毅夫發表的論文。參見 Justin Lin, "Collectivization and China's Agricultural Crisis in 1959-1961", *Journal of Political Economy*, 98(6), pp.1228-1252。

[3] 參見 N. R. Lardy, "State Intervention and Peasant Opportunities", in W. L. Parish (ed.), *Chinese Rural Development: The Great Transformation*, pp.95-114。

安徽樣本

我是 2007 年第一次訪問安徽鳳陽縣的小崗村的。去那裡參觀的人很多，村裡還建了一個大包乾紀念館，由全國人大常委會原委員長、安徽省委原第一書記萬里題寫館名。館內收藏和展示了大量的照片和文字材料，有很多非常珍貴的材料，包括省委的政策文件等。特別出名的展品當然是 18 戶農民用手印蓋章的方式寫下的分田到戶的承諾書。據說小崗村紀念館展示的這份承諾書並不是原件，是複製品，原件應該被國家收藏在了北京。

在這份承諾書上，儘管有不少可愛的錯別字，你還是能非常清晰地看到一段震撼的文字表述和文字下面的簽名。每個名字上揿有手印，少數人蓋上了自己的名章。這段文字的內容是：「我們分田到戶，每戶戶主簽字蓋章，如以後能幹，每戶保證完成每戶的全年上交和公糧。不在 [再] 向國家伸手要錢要糧。如不成，我們幹部作 [坐] 牢剎 [殺] 頭也干 [甘] 心。大家社員也保證把我們的小孩養活到 18 歲。」

在小崗村參觀時，我不記得是否去過這些村民深夜聚會密謀分田到戶的那間屋子了。據說現在是向遊客開放的，可以參觀。這個茅草屋的陳設保持了 40 年前的樣子，房屋的主人是嚴麗華。從那份承諾書上的簽名來看，小崗村姓嚴的居多，估計大多數嚴姓村民也都是親戚吧。

小崗村的這個故事在今天可以說是無人不知，無人不曉。

凡是提到中國的農業改革，勢必要從小崗村的包乾到戶開始。但是，小崗村在包乾到戶之前，實際上已經實行了包乾到組，也就是已經把土地分到了每個組，而不是每個戶。據説小崗村 60 來戶農民，土地被分到了 8 個組。

　　小崗村的做法並不是獨一無二的，但在當時確實非常大膽，可以説是星星之火中的一個閃光點。20 世紀 70 年代後，安徽的很多農村地區都流行開了包產到組的責任制。這跟安徽省委主要領導人的支持有很大關係。1977 年 6 月，中央任命萬里擔任安徽省委第一書記。萬里到安徽後的工作重點就是調整農村政策和發展農業生產。1977 年 8 月 10 日，萬里還決定封閉郭莊展覽館①，停止一切接待活動，推行了九年的「大批、大鬥、促大幹」的「郭莊經驗」被徹底否定。1977 年 11 月，安徽省委出台《關於當前農村經濟政策幾個問題的決定（試行草案）》。在這個「六條」決定中，省委提出農業政策要尊重生產隊的自主權，要以農業生產為中心，允許生產隊劃分為作業組，「一組四定」，個別生產可以責任到人（戶），也允許社員經營家庭副業等。在當時，這些都是禁區，而且跟全國農業學大寨的路線背道而馳。從這個意義上講，萬里主政安徽標誌着中國的農業改革已經在安徽

---

① 郭莊是安徽蕭縣的一個村，在全國學大寨時期，安徽郭莊是與河南七里營、江蘇華西村齊名的農業明星，影響全國，波及海外。全國各地、各行各業，大批人員湧向這裡參觀學習，體驗生活。時任國務院副總理陳永貴等曾去參觀。

拉開了序幕。[1]

在中共安徽省委黨史研究室編寫並於 2008 年出版的《安徽改革開放大事記（1977.6－2008.6）》一書中，我可以找到在 1977－1979 年這三年間發生在安徽的各種改革事件、會議和政策決定。例如在記錄到 1978 年春天的時候，書中寫道：「包產到組在安徽一些地方公開出現。來安縣煙陳公社魏郢生產隊在貫徹『六條』過程中制定了『分組作業、包產到組、以產記工、統一分配』的辦法，把生產隊劃分成兩個作業組，公開推行包產到組。當年全隊糧食總產比上年增長 42%，社員人均收入比上年增長 30%。鳳陽縣馬湖公社春耕前在部分生產隊實行不動碾子作物包產到組，得到縣委領導默許後迅速推廣到全公社，成為全省第一個全面推行包產到組的公社和在大旱之年全縣唯一糧食總產沒有減產的公社。」[2]

的確，1977－1979 年間，因受到省委政策的鼓勵，安徽農村的很多生產隊都出現了包產到組的做法。但是，包產到組在很多農民看來非常麻煩。因為在包產到組的做法裡，必須要聯產計酬，可是對於國家、集體和作業組而言，涉及如何根據約定和聯繫實際的產量來確定三方的分配份額，雖然要體現多勞多得，但

---

[1] 由中共安徽省委黨史研究室編寫的《安徽改革開放大事記（1977.6－2008.6）》，為我們研究和了解農業改革的起源和大包乾責任制早期在一些農村地區的出現過程提供了重要的參考資料。該書由合肥：安徽人民出版社 2008 年 12 月出版。

[2] 參見中共安徽省委黨史研究室編：《安徽改革開放大事記（1977.6－2008.6）》，第 12 頁。

計算起來實在是不容易的。於是在實際執行包產到組的地方，有些農民就提出包產到組不如包乾到組，也就是對作業組實行產量大包乾。大包乾的意思就是，該給國家的給國家，該給集體的給集體，剩餘的由作業組自己來分配。這樣做比包產到組在實際操作中容易得多。

但是在 1978 年時，安徽的很多縣和生產隊可能已經偷偷在這麼做了。比如，鳳陽縣的很多農村在 1978 年下半年就有實行包乾到組的呼聲和做法，但縣委不敢同意這麼做。根據《安徽改革開放大事記（1977.6－2008.6）》一書提供的細節，1979 年 2 月，安徽當塗地委領導人把一些地方偷偷實行包乾到組的做法向省委第一書記萬里彙報，沒有想到萬里支持這些做法。於是，1979 年 2 月 20 日，鳳陽縣委宣佈同意推行包乾到組的生產責任制，順應農民的要求。短短幾個月後，鳳陽縣 3609 個生產隊中，實行大包乾的生產隊就有 2554 個，佔總數的 70.8%。[1]

除了包乾到組之外，為了順應農民的呼聲，安徽省委也決定在安徽肥西縣的山南人民公社率先進行包產到戶的試驗。按照當時中央關於農業的最新政策，也就是 1979 年的第 4 和第 5 號文件，有「兩個不許」：不許分田單幹，不許包產到戶。當時安徽省委派工作組本來是下去宣講中央關於農業的這兩個重要文件的，但是到了山南公社卻了解到農民對這「兩個不許」極為不滿。根據農民

---

[1] 參見中共安徽省委黨史研究室編：《安徽改革開放大事記（1977.6－2008.6）》，第 27 頁。

的呼聲，宣講組向省委做了彙報。萬里書記非常重視這些呼聲，認為我們的很多政策不一定都對，錯誤的政策必須要根據現實情況加以糾正。他主張可以在山南公社進行包產到戶的試驗。就這樣，先從山南公社開始，包產到戶很快就在整個肥西縣實行了起來。

安徽省委後來就安徽貫徹學習中央關於農業的這兩個文件的情況以及大多數農民的自發選擇等情況，以書面形式向中央和國家農委做了彙報。大概的內容是，應該允許農民根據當地的情況和條件自主選擇不同類型的責任制，在一些地區也應該允許農民進行大包乾。但是據說當時安徽省委的這些想法和做法在國家層面並沒有得到明確肯定，甚至中央內部對於這些做法是否應該得到鼓勵和推廣也有不同意見。這個問題我後面再專門敘述。

不僅如此，在當時的政治和思想環境下，包乾到組仍然受到廣泛關注和質疑。1979 年 3 月中，《人民日報》以讀者來信方式發表了署名張浩的文章《「三級所有、隊為基礎」應當穩定》，並加了編者按。文章全面指責包產到組的做法是錯誤的，破壞了「三級所有、隊為基礎」的紅線，不得人心，應該即刻加以糾正，回到之前。這樣的指責在當時已經實行包產到組和包乾到組，甚至少數地方還實行包產到戶的安徽，以及全國有類似做法的部分農村地區顯然引起了軒然大波，甚至引發恐慌。萬里書記堅持安徽各地已有的做法不能輕易改變，他依然認為農民希望的方式就是合理的方式。《安徽改革開放大事記（1977.6–2008.6）》裡對這一事件有這樣的記述：「『張浩來信』在推行聯產承包責任制的地區引起猜

疑和恐慌。省委當機立斷，要求各地無論實行甚麼樣的責任制，都不要輕易改變，以免影響農業生產；萬里深入基層，鼓勵幹部群眾堅持聯產承包責任制；參加國家農委召開的座談會的安徽代表據理力爭，用事實證明聯產承包責任制的優越性。安徽上下齊心協力，共頂壓力，力保剛剛興起的農村改革成果。3 月 30 日，《人民日報》登載安徽省農委組織撰寫的《正確看待聯繫產量的責任制》的來信，並配發了編者按。來信闡明包產到組是聯繫產量責任制的形式之一，是符合黨的政策的，『張浩來信』造成了思想混亂，影響了農業生產；編者按承認『張浩來信』及配發的編者按有些提法不夠準確，今後注意改正，並指出『春耕大忙期間，集中力量搞好春耕是當務之急，不管用哪種勞動計酬形式和辦法，不要輕易變動』。『張浩來信』風波得以平息，雖未影響到安徽實行聯產承包責任制的整體格局，但在個別地方產生了消極後果。」①

其實也差不多就是在這個時候，鳳陽縣梨園公社的小崗村可以說是「頂風作案」，在已經實行包乾到組的情況下，生產隊長和一些農民密謀要實行包乾到戶。於是就有了我前面提到的 18 戶農民寫下那份承諾書的故事。

小崗村的農民因為吃不飽肚子常年外出討飯是出了名的。可以說在 1979 年之前，小崗村的狀況是中國農業集體化的一個縮影。一個小小的小崗村，它經歷了農業集體化和合作化的全部階

---

① 中共安徽省委黨史研究室編：《安徽改革開放大事記（1977.6–2008.6）》，第 30–31 頁。

段。自從辦了高級社之後，政治運動不斷，村民無心生產，小崗村的收成每況愈下，所謂「人心鬥散、土地鬥荒、糧食鬥少、社員鬥窮、集體鬥空」。這是農業集體化造成激勵缺失，導致農民沒有生產動力的典型。據說自從集體化後，小崗村從來不上繳公糧，還靠國家救濟，但依然無法讓農民吃飽肚子。無奈之下，村民就外出討飯。但自從包乾到戶之後，情況發生了歷史性的巨大變化。

關於小崗村 18 戶農民密謀包乾到戶的文字實在是很多了，但除了那份承諾書以外，對那一過程的詳細描述並沒有。應該說，現在我們知道的那些細節大多數還是基於當事人的回憶而演繹出來的，1984 年中央新聞紀錄電影製片廠還拍攝了紀錄片《來自農村的報告》，記述了小崗村偷偷實行包乾到戶的故事。但即使是當事人的回憶有時候也不是那麼準確。比如這 18 戶農民到底是在甚麼時候秘密開的會，當年的參與者事後並沒有能夠給出具體的日期和時間，只知道那個時候大多數農民應該已經從外地討飯回來，準備過年。這說明開會的時間應該是 1979 年春節前後。也有的文字上說是 1978 年 11–12 月間。如果是這個時間，那正好是在中共十一屆三中全會召開的前後。而《安徽改革開放大事記 (1977.6–2008.6)》一書，是把小崗村創立包乾到戶記錄在 1979 年春，也沒有給出具體的日子。不僅如此，這本書也沒有就小崗村 18 戶農民密謀包乾到戶的會議做出很詳細的記載，只是說小崗村 18 位農民在 1979 年春秘密創立包乾到戶，甚至連那個撳有手印的承諾書也沒有提及。

　　最近國務院發展研究中心的趙樹凱先生寫了一篇記錄訪問小崗村的文章《關於小崗村，你可能不知道的故事》。趙樹凱從 20 世紀 80 年代初就在中共中央書記處農村政策研究室工作，後來轉入國務院農村發展研究中心工作。我記得和他在哈佛大學訪學時見過面，有過不長一段時間的接觸。趙樹凱在文中討論了小崗村的這個事件在當時到底有沒有很快被上級政府乃至鄧小平知道，甚麼時候知道的以及知道後的反應是甚麼。

　　趙樹凱在文章中說，小崗村分田到戶以後，最先知道的不是公社書記，而是公社普通幹部。當時有規定，凡是包產到戶的村子，公社就不供給稻種和牛草（餵牛用草）。可以想像，負責這項工作的公社幹部知道了小崗村已經包產到戶，不敢擅自決定是否發放稻種和牛草，從而報告了公社書記張明樓。獲悉小崗村分地後，公社書記知道這是政策不允許的，曾要求小崗村糾正，否則不給稻種、牛草。陳庭元來到時，公社和小崗村正在僵持着，小崗村的人不肯退回到原來的大包乾到組，牛草和稻種也未能發放。①

　　紙包不了火。這件事很快從公社逐步被上級政府知道。至於這個被上級領導知道的過程是否像坊間流傳的那樣是附近村子的農民通風報信，現在無從考證，當然我們也無法排除這個可能。對於上級是甚麼時候知道小崗村事件的，趙樹凱在關於小崗村的

---

① 參見趙樹凱：《關於小崗村，你可能不知道的故事》。我這裡參考了愛思想 (aisixiang.com) 上的網絡版。

文中做了說明，我這裡引述如下：①

　　（縣委書記陳庭元知道小崗村事件）是 1979 年 4 月 10 日。當時，縣委書記陳庭元帶着秘書陳懷仁下鄉查看春耕情況，到了小崗村所在的梨園公社，聽完了公社書記張明樓的彙報要離開時，張明樓面有難色、欲言又止，告訴陳庭元：「有一個隊出問題了，分到戶幹了。」陳庭元很吃驚。離開梨園公社後，陳庭元又讓司機調轉車頭，來到了小崗村，在村頭與正在地裡勞作的青年夫妻閒談，雖然對方不肯透露實情，陳庭元還是憑藉他豐富的農村經驗摸到了底實。五天後，陳庭元又來到梨園公社。談到小崗村的事情，陳庭元對公社書記說：「就讓他們幹一年試試看吧！」公社書記問：「那不是支持他們搞資本主義嗎？」陳庭元說：「他們都窮『灰』掉了，能搞甚麼資本主義？最多也不過多收點糧食，解決吃飯問題。」陳庭元雖然告訴公社書記不要為難小崗村，但他知道這件事犯了政策忌諱，也沒有及時報告地委。

　　但地委書記還是知道了，只是無法確定是甚麼時候知道的。在 1979 年 11 月，滁縣地委選擇在鳳陽縣召開全區農業工作會議，

---

① 這裡和之後的引文均來自趙樹凱的文章《關於小崗村，你可能不知道的故事》。

說明地委知道那裡農業生產責任制搞得比較好，特別是大包乾到組經驗突出。據說，會議期間的一個傍晚，地委書記王郁昭率領全體地委常委、各縣縣委書記直接進入小崗村挨門挨戶查看包乾到戶後的糧食收成，最後來到生產隊副隊長嚴宏昌家中主持召開地委常委會。王書記對嚴隊長說，縣委同意你們幹一年，地委同意你們幹三年。鼓勵小崗村繼續進行試驗，在實踐中不斷完善提高。

地委書記知道了，那麼作為安徽省委第一書記的萬里是甚麼時候知道的呢？趙樹凱提供了考證材料：

萬里第一次看到小崗村的材料，是在 1980 年 1 月安徽省委農業工作會議期間。這次會議從 1 月 3 日開到 11 日。地委書記王郁昭和縣委書記陳庭元各有回憶，他們在會議開始時把鳳陽縣委辦公室關於小崗村的調查材料——《一劑不可缺少的補藥》送給了萬里。王郁昭報送了兩份，一份給萬里，一份給省委辦公廳。萬里看了材料後很高興，對王郁昭說：「像看小說一樣，連續看了兩遍。」1 月 11 日會議結束時，萬里在總結講話中，從王郁昭要求給承包到戶「報戶口」、「承認它也是責任制的一種形式」談起，說：「不是我們提倡，我們的態度是，不能打擊群眾的積極性，群眾已經認可了，苦苦哀求『讓我們幹兩年好不好呀？』，那就只能同意，批准！」此時，中央文件仍然明確規定「不許分田單幹」、「不要包產到戶」。省委農業工作會議結束

十天後，1980 年 1 月 24 日，萬里在王郁昭陪同下來到小崗村。面對農民的疑慮和要求，萬里表態：「地委批准你們幹三年，我批准你們幹五年。只要能對國家多做貢獻，對集體能夠多提留，社員生活能有改善，幹一輩子也不能算『開倒車』。誰要說你們『開倒車』，這場官司由我來跟他去打。」回到合肥一個月後，萬里離開安徽，調任中央書記處書記。萬里在看到書面材料之前，是否已經知道了小崗村的事情，目前無法確定。前不久，本人與時任分管農業的安徽省委書記王光宇秘書吳昭仁討論此事。吳昭仁說，王光宇是在這次農業工作會上得知此事，萬里也應該是在會上得知此事。

至於 1979–1980 年前後，鄧小平在北京是否知道小崗村的包乾到戶事件，現在沒有文字記載。即使知道，也應該是很後面的事情了，也只可能是萬里向小平彙報的。

推廣農業改革

在 20 世紀 70 年代後期，我估計在中國的其他一些省份，比如河南、四川等地的農村，也會有一些村子自發出現類似肥西縣和鳳陽縣的包產到戶或包乾到戶的做法。但是，因為中央有明令

禁止，有「兩個不許」，所以地方上的領導幹部大多數情況下也並不願意支持農民的這種做法。即使在安徽，雖然第一書記萬里支持小崗村的做法，萬里在安徽坊間也因此被冠以「要吃米，找萬里」的美譽，但一些地方領導幹部依然會反對違反中央「兩個不許」的做法。更何況安徽的這些做法並不被國家農委和農業部接受，甚至常常受到指責和阻撓。可以想像，因為中央有文件不許分田到戶和不許包產到戶，全國農業還都在「學大寨」的時候，萬里在安徽的處境其實並不輕鬆。

可能受時任中央總書記胡耀邦的力薦，1980 年 2 月，萬里離開安徽被調入中央工作，在中央書記處任書記，負責農業工作。這或許是中國農業改革的轉折點。原來對安徽一些農村地區的包產到戶和包乾到戶的自發行為極力反對的國家農委和農業部現在反而都在萬里的管轄範圍內了。萬里顯然要與這兩個保守的中央國家機構進行鬥爭，而且必須突破中央的「兩個不許」，才能掃清在全國推廣包乾到戶的政策障礙。

我曾讀過馬國川編寫的《共和國部長訪談錄》中對原國家農委副主任、中央書記處農村政策研究室主任杜潤生先生的訪談，其中就談到國家農委的老領導與萬里發生的爭議。杜老説，在萬里進京擔任副總理前，農口有位長期從事農村工作的老幹部，為了解包產到戶問題專程去安徽調查，結果和萬里發生了爭論。那個老幹部説：包乾到戶不宜普遍推廣，因為它離開了社會主義方向，不是走共同富裕道路。萬里説：「包乾到戶，是群眾要求，

群眾不過是為了吃飽肚子，有甚麼不符合社會主義，為甚麼不可行？」萬里還問道：「社會主義和人民群眾，你要甚麼？」老幹部說：「我要社會主義！」萬里說：「我要群眾！」

就在萬里已經到中央工作以後的那段時期，據說，北京的政府農業部門有一份頗有影響的刊物在 1980 年連續兩期發表文章，公開攻擊包產到戶違背公有制和按勞分配的原則，顯然跟剛兼農委主任的萬里對着幹。而且萬里離開安徽以後，據說安徽新任的省委主要領導也改變了態度，對攻擊包產到戶的文章不予反駁，甚至還先後召開蚌埠、蕪湖、巢湖三個片會，指責包產到戶是工團主義、機會主義，是小恩小惠。可見，肥西和鳳陽的農村自發推行的包產到戶和包乾到戶的做法在當時面臨巨大的合法性挑戰，而萬里在北京的工作看起來也非常艱難。那麼，這個時候的中央主要領導是甚麼態度？鄧小平是甚麼態度呢？

為了回答這個問題，我查閱了一些資料，大概有了一些結論。簡單地說，包產到戶即使在中央主要領導人那裡也還是有些態度上的不一致。在 1979 年召開的中共十一屆四中全會上，「包乾到戶」仍然被視為對社會主義原則的違背，「三級所有，隊為基礎」的基本組織結構再次得到肯定和維持。

我的微信朋友圈裡層曾流傳一篇趙樹凱在《中國改革》2018年第 2 期上發表的長文，這篇文章恰好是寫中共中央前總書記胡耀邦如何支持包產到戶和包乾到戶的，其中講到了腹背受敵的萬里如何獲得胡耀邦的支持，共同推動包乾到戶的合法化和擴散的

這一段歷史。[①]

　　趙樹凱提到，1980 年 5 月 31 日，鄧小平在聽取胡喬木、鄧力群關於思想理論方面的工作彙報時，順便也談到了包產到戶問題。鄧小平的談話後來被收錄在《鄧小平文選》第三卷中，也就是那篇《關於農村政策問題》的談話。從內容上看，這個談話稱讚了安徽肥西縣的包產到戶、鳳陽縣的包乾到戶，而且鄧小平也說到「不必擔心」這些現象。

　　後來萬里希望能在推廣包產到戶的問題上與胡耀邦多溝通，並得到他的支持。萬里曾向胡耀邦建議召開一次省委第一書記會議專門討論這個問題，因為在萬里看來，要接受和推廣包產到戶，關鍵是要看省委一把手的態度。為了準備這個會議，萬里與胡耀邦商定分頭去有關省市跟地方主要領導見面，做好他們的工作。1980 年的 7-8 月間，胡耀邦去了西北，萬里去了東北。儘管胡耀邦和萬里做了努力，但是大多數省委第一書記仍然不贊成包產到戶。於是，就有了 9 月份會議上發生的所謂「陽關道與獨木橋」之爭。

　　關於這個爭論的細節，參加了這個會議的杜潤生有過回憶。他說：

　　　　爭論發生在 1980 年 9 月中央召開的省市區第一書記

[①]　參見趙樹凱：《胡耀邦與「包產到戶」政策突破》，載《中國改革》，2018 年，第 2 期。

座談會上。會議專門討論農業生產責任制問題，由胡耀邦主持，華國鋒到會。由我起草的會議文件草稿提出：要遵從群眾意願，不禁止自願選擇家庭承包。草稿拿到農委會議上討論，意想不到的是，多數與會者不同意提出只要群眾要求就允許包產到戶這條原則。他們主張劃一個界限，即貧困地區可以，其他地區則明確不准包產到戶。發言反對包產到戶的，有福建、江蘇、黑龍江幾省的省委書記。支持的，有貴州省委書記池必卿、內蒙古自治區黨委書記周惠、遼寧省委書記任仲夷等。在會下，我徵求北京、廣東、廣西、湖南、湖北、吉林、遼寧、山西、河北等省領導人的意見，都認為黨的十一屆三中全會肯定集體化取得了偉大勝利，有錯誤已經糾正了。希望在非貧困地區設個「閘門」，以免包產到戶自由蔓延。參加會議的人，很多都是跟毛主席共同戰鬥過的老同志，其中有一位同志在會議休息時間特別拉住我說：包產到戶，關係晚節，我們有意見不能不提，留個記錄也好。

杜老還回憶說，「會上在黑龍江省委書記楊易辰講話時，貴州省委書記池必卿插話：你走你的陽關道，我過我的獨木橋，我們貧困區就是獨木橋也得過。這句話成為概括會議氣氛的名言」。[1]

---

[1] 這裡的原話出自馬國川編寫：《共和國部長訪談錄》，北京：生活・讀書・新知三聯書店，2009 年。

　　就因為這次各省市區第一書記座談會上發生這樣的爭議，杜潤生最後跟胡耀邦和萬里商量，不得不對中央的文件進行多次修改，作為妥協，最終形成了現在我們看到的中央《關於進一步加強和完善農業生產責任制的幾個問題》的紀要，也就是著名的 1980 年 75 號文件。文件中增加了這樣一段話：集體經濟是我國農業向現代化前進的不可動搖的基礎，但過去人民公社脫離人民群眾的一些做法必須改革。杜潤生回憶說，文件還根據座談會上的意見，不得不提出在一般地區，集體經濟比較穩定，生產有所發展，現行的生產責任制群眾滿意或經過改進可以使群眾滿意的，就不要搞包產到戶，願意選擇家庭承包的也不要硬糾；對那些邊遠山區和貧困落後的地區，群眾對集體喪失信心，因而要求包產到戶的，應當支持群眾的要求，可以包產到戶，也可以包乾到戶，並在一個較長的時間內保持穩定。這就是著名的「切三刀」的說法。

　　雖然 75 號文件是妥協的結果，萬里很不滿意，但胡耀邦還是看到了我們認識上的進步。是的，這個 75 號文件跟之前中央文件明文規定「不許分田單幹，不要包產到戶」相比，肯定還是有巨大的進步，至少第一次正式允許在困難地區實行包產到戶、包乾到戶了。而且要知道，中央這個 75 號文件出台時，包括安徽在內的很多地方的農民早已選擇包產到戶了。實際情況是，包產到戶也並沒有真的只在困難地區出現。所以，農民自發改變耕作制度的嘗試早已走在了中央文件之前，而中央的政策不過是對

已經發生的變化所做的事後的、謹慎的追認罷了。這就是 20 世紀 80 年代中國自下而上改革的一個重要特點，即政策落後於變化。但這反過來也說明中央領導人對所發生的自下而上的局部改革現象的寬容。也就是在 1980 年，鄧小平看到杜潤生送來的「傻子瓜子」問題的調查報告後，當即表示要「放一放」和「看一看」，不要馬上動手。這句話在很大程度上保護了那個時候來自基層的很多的自發性變革行為。[①]

但是主管農業的萬里還是不甘心。在到中央工作差不多一年之後，他終於決定要對國家農委和農業部進行整頓，並與胡耀邦聯手共同推動了 1982 年中央一號文件的出台，突破了 75 號文件的局限，為農民自發的變革行為提供了合法性，掃清了在全國推廣包產到戶和包乾到戶的政策障礙，也為人民公社的瓦解做好了鋪墊。

關於萬里對國家農委和農業部的整頓以及中央一號文件的出台過程，趙樹凱在其文章《胡耀邦與「包產到戶」政策突破》中有較為詳細的描述。根據趙樹凱的文章，1981 年 1 月 6 日，國家農委傳達了萬里在書記處會議上的話：「反對包產到戶，是和三中全會精神對着幹，思想不通可以，但是這樣的人不能繼續留

---

① 據文獻記載，鄧小平曾經三次就「傻子瓜子」發表談話。其中，1984 年 10 月 22 日，鄧小平在中顧委第三次全體會議上明確提出了對「傻子瓜子」問題的處理方針，把「傻子瓜子」上升到個體經濟發展的高度。他說：「還有些事情用不着急於解決，前些時候那個雇工問題呀，大家擔心得不得了。我的意思是放兩年再看。那個會影響到我們的大局嗎？如果你一動，群眾就說政策變了，人心就不安了。你解決一個『傻子瓜子』，就會變動人心，沒有益處。讓『傻子瓜子』經營一段，怕甚麼？傷害了社會主義嗎？」

在領導崗位。」3 月 1 日，萬里主持了農業部黨組會，對農業部一些領導人進行了嚴厲批評，有的指名道姓，措辭強硬；3 月 11 日，萬里主持農委黨組擴大會，聽取農委、農業部等部門負責人的彙報檢討。萬里對農口幹部的批評，有些話相當尖刻，如說「農民吃不上飯，不見你們說個啥話。農民搞了包產到戶，吃上了飯，歡天喜地，你們倒是憂心忡忡」，「只知道坐在大樓裡指手畫腳，只知道念那本大寨經，不知道農民在想甚麼幹甚麼」，甚至說「農業部是左的路線的頑固堡壘」。萬里要求，農口部門的部級、局級幹部要深入農村搞兩個月調研，去看看農民在想甚麼做甚麼。農口系統的大調查由此開始。7 月 18 日，萬里在中南海國務院第四會議室聽取國家農委、農業部、林業部、水利部等部門負責人下鄉調查彙報。

前面我們提及那個省委第一書記的座談會以及會上所形成的妥協意見，也就是所謂的「切三刀」政策。「切三刀」是指，在落後地區、中間地區、先進地區實行三種不同類型的生產責任制，即困難地區實行「包產到戶、包乾到戶」，中間地區實行「統一經營、聯產到勞」，發達地區實行「專業承包、聯產計酬」。萬里對於這個妥協和中央 75 號文件還是有所保留的，不贊成對包產到戶和包乾到戶的推廣增設限制條件。1981 年 6 月，萬里安排中央書記處研究室張廣友寫了內參文章，隨後又在《人民日報》公開發表。這篇內參文章明確表示，不應該用「切三刀」政策限制農民，而應該由農民自己選擇採用哪種責任制形式。而在這個問

題上胡耀邦支持了萬里，成為萬里抵制「切三刀」的堅定支持者。

那麼，取代 75 號文件的新文件是如何出台的呢？本來設想只可能在全國四分之一左右的困難地區推廣包產到戶，但實際上那個時候全國各地農民對包產到戶和包乾到戶的自發選擇已有燎原之勢。在這種情況下，中央 75 號文件已經失去了現實意義。於是胡耀邦提出應該考慮重新出台新文件了。

根據趙樹凱描述的細節，1981 年 7 月 31 日，胡耀邦批了一期新華社內參給國務院副總理兼國家農委主任萬里：「我考慮今年九、十月再產生個農業問題指示，題目可叫『關於搞好明年農業生產的幾個問題』，請考慮是否叫農口同志先醞釀一下，如杜（指杜潤生）。在下去考察前，也可找他先談一次。」隨後，胡耀邦於 8 月 4 日找杜潤生談話，佈置了文件起草工作，他特別提出了文件要寫政策放寬問題，並要求提交中央擬召開的工作會議討論。[①]

可以想像，新文件的起草工作肯定落在萬里的肩上，由萬里負責，國家農委具體承擔起草任務。跟 75 號文件一樣，農委副主任、著名農業經濟學家杜潤生是起草負責人。「當年十月份，中央召開了農村工作會議。這次會議開了半個月。會議開始時，萬里講話，談了對農村形勢的看法，並對三年來農村改革進行了總結，要求大家討論會議提供的文件草稿。會議之前，1981 年

---

① 參見趙樹凱：《胡耀邦與「包產到戶」政策突破》。

10 月 20 日，胡耀邦主持書記處會議討論文件稿；會議結束後，12 月 21 日，中央書記處又討論了根據會議修改的文件稿。文件沒有安排進入政治局會議討論，而是採取政治局委員圈閱的方式最後審定。當所有程序結束時，已經進入年末，作為 1981 年文件已經來不及，於是作為 1982 年一號文件發出。因為作為一號文件效果更好，影響更大，啟發了胡耀邦，他決定以後每年發一個中央一號文件。」①

這就是改革開放之後中央出台的關於農業的第一個「一號文件」。後來幾十年中，但凡中央出台一號文件，也都延循了關於農業問題的這個傳統。

隨着 1982 年中央一號文件的出台，包產到戶和包乾到戶的理論禁區與推廣限制已經被徹底突破。在這種情況下，搞了將近 30 年的人民公社制度已經不再具有存在的基礎，於是中央就開始考慮起草有關文件，廢除人民公社。1982 年秋，中央高層部署起草關於廢除人民公社和建立鄉鎮政府的文件。整個過程持續將近一年，最終於 1983 年 10 月正式出台。至此，中國在 20 世紀 50 年代推行的激進的合作化和集體化運動的產物終於被送進了歷史的博物館。發生在安徽等部分地區的自下而上的農業改革終於獲得了合法性，包產到戶（學名應該是家庭聯產承包責任制）在全國擴散開來的趨勢終於得到來自中央的鼓勵和保護。

---

① 參見趙樹凱：《胡耀邦與「包產到戶」政策突破》。

80 年代的農業增長

在經濟學家看來，1978 年以來發生在中國農業部門的自發變革不僅包括農業組織的非集體化和農戶產權制度的變革，也包括一系列農業價格結構的調整與改革。這些制度及政策的改變極大地改善了農戶的生產積極性，提高了農業的勞動生產率，促成了改革後中國農業的高速增長。

回顧 1978－1984 年農業生產制度向家庭為基礎的承包制的變遷經歷以及 1979－1983 年農業政策的結果的確是令人鼓舞的。在 20 世紀 80 年代末和 90 年代初，一些經濟學家試圖在理論上弄懂為甚麼生產隊制度向家庭承包制度的變遷以及農產品價格結構的改革導致中國農業的高速增長和農業生產率的改善。

林毅夫在芝加哥攻讀博士時即以「中國農業改革」這個主題作為其博士論文要研究的題目。後來他完成了系列的研究並在美國頂級期刊發表了多篇研究論文。根據林毅夫的論文提供的數據，圖 1－1 展示了 1979－1984 年間家庭聯產承包責任制在中國農村地區被接受和採納比重的變化軌跡。我們看到，1979 年，僅有 1% 的農村地區試行家庭聯產承包責任制，而幾年後的 1984 年，家庭聯產承包責任制的普及率已高達 99%。換句話說，中國用了差不多四年的時間完成了從集體農業生產制度向農戶生產制度的變遷，這說明這一制度變遷實質上具有了增進家庭收入的帕累托改善的性質。

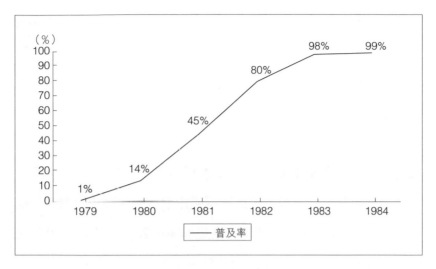

資料來源：Justin Y.F. Lin,"Rural Reforms and Agricultural Growth in China", *The American Economic Review*, 1992, 82(1), pp.34-51。

圖 1-1　農村家庭聯產承包責任制的普及率（1979-1984）

　　包產到戶或家庭承包責任制在農業部門的迅速普及反映了這一制度在當時中國農業發展水平和階段下的適應性。農業集體化和合作組織在當時的主要問題在於它不能為農戶和社員提供有效的勞動激勵。約瑟夫・柴（Joseph Chai）在《中國：向市場經濟的過渡》（*China: Transition to a Market Economy*）一書中曾對 20 世紀 70 年代末以來中國農村地區嘗試和摸索的不同包乾制度的演變做了回顧與分析。[①] 他發現，70 年代末和 80 年代初最早被嘗試的包乾制度是「不聯產責任制」，特別是「定額包乾」。1980

────────

① J. C. H. Chai, *China: Transition to a Market Economy*, Oxford University Press, 1997.

年 1 月，55.7% 的農戶實行了這種責任制。但是，農戶不久就發現，「定額包乾」制度需要有一個計件的精確核算指標，而實際上所採納的「計件」方法執行起來又十分困難，結果人們便逐步用產量或任務包乾去取代計件制度，於是「聯產責任制」發展起來了。這種責任制與計件制相比有兩個優點：一是它大大降低了監督農戶勞動的監督成本；二是農戶因為可以獲得超出生產定額的額外部分，因而勞動的積極性與報酬更加直接地聯繫在一起了。不過，「聯產承包」最初是以組和工分制為基礎的，但很快發現把農戶家庭作為承包制的基礎可以大大減少「搭便車」和其他監督成本，而工分制則不利於將農戶的勞動與報酬更直接地聯繫在一起，於是「包乾到戶」逐步得到確認和選擇，而原來長期實行的「工分制」最終被放棄掉了，1984 年，「包乾到戶」的普及率達 99%。

我前面曾經提到，家庭聯產承包責任制實際上克服了生產隊體制下難以解決的「監督和計算問題」；在承包責任制下，每個農戶成了事實上的「剩餘索取者」，監督因而成為多餘的了。這是家庭承包責任制較之於集體化耕作制度和工分制在產權結構上發生的最顯著的變化。由於產權結構的這一變化，農戶的收入在 1978－1984 年間逐步增長。根據《中國統計年鑑》的數據顯示，農戶在農業淨收入中所佔的比重提高了 7 個百分點，從 1981 年的 81% 提高到 1988 年的 88%，而與此同時，國家和集體所佔的比重分別從 1981 年的 5% 和 14% 下降到 4.5% 和 7%。

表 1-3　中國農業生產責任制的演變（1980-1984）

責任制類型		普及率（%）					
		1980 年		1981 年		1982 年	1983 年	1984 年
		1 月	2 月	6 月	10 月	6 月	2 月	
1. 不聯產責任制定額包乾		55.7	39.0	27.2	16.5	9.0		
2. 聯產責任制	專業承包		4.7	7.8	5.9			
	包產到組	24.9	23.6	13.8	10.8			
	包產到戶	1.0	9.9	16.9	10.8	4.0		
	包產到勞	3.1	8.6	14.4	15.8			
3. 包乾到戶		0.02	5.0	11.3	38.0	70.0	78.7	99.0

資料來源：J. C. H. Chai, *China: Transition to a Market Economy*。

　　我在前面沒有討論的一個話題是農產品收購價格的變化。這是中國農業改革的另外一個重要的內容。價格改革是我在本書第二章要重點記述的。實際上農產品的收購價格在 1979-1984 年間的的確確是被大幅度提高的，與此同時，國家統購的比重也不斷下降，這體現了價格市場化改革的方向。價格調整與農產品銷售市場化比重的提高在很大程度上對農戶的生產決策產生了積極的影響。1979 年，國家決定提高 18 種農產品的徵購價格，其中糧食徵購價格提高 20%，而且徵購額被固定下來長期不變，徵購額以上的那部分農產品價格則提價 50%；棉花徵購價提高 15%，生豬徵購價提高 26%，食用油徵購價提高 25%，油籽徵購價提高 24%。[①]

① 參見 Y. Y. Kueh, "China's New Agricultural-Policy Program: Major Economic Consequences, 1979-1983", *Journal of Comparative Economics*, 1984, 8(4), pp.353-375。

對於另外一些產品，如蔗糖、雞蛋、牛肉等，徵購價格提高幅度平均達 20%–25%。在這一時期，超額徵購價有了更大幅度的提高，達 30%–50%，遠遠高於定額內的徵購價格的提高幅度。但超額徵購價的提高在棉花比在糧食和大豆上的幅度更大，棉花超額徵購價提高了 2/3，而糧食和大豆提高了 1/3 左右。圖 1–2 刻畫了 1978–1984 年間農產品徵購價格指數的上升趨勢。

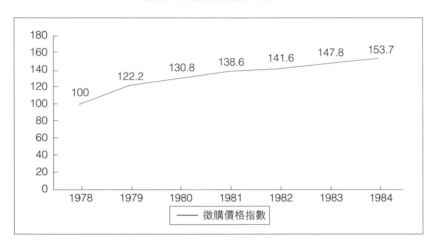

註：1978 年的指數為 100。
資料來源：《中國統計年鑒》(1991)。

圖 1–2　中國農產品徵購價格指數的走勢（1978–1984）

另外，原來在「文化大革命」時期被取消的農產品的「協議價」和「市場價」又被重新引入。農戶在完成了國家定額徵購和超額徵購的「義務」以後，可以按照這個協議價格或市場價格向國家出售多餘的農產品。事實上，農產品的「自由市場」在 20世紀 70 年代末也開始被政府許可開放並不斷發展起來，於是在

1978－1984 年間農戶實際上面臨四種價格：定額徵購價、超定額徵購價、協議價和市場價。隨着時間的推移，後三種價格的比重不斷上升（見表 1-4）。

表 1-4　中國農產品售價結構的變化（1978－1984）

	1978	1984
定額徵購價	84	34
超定額徵購價	8	34
協議價	2	14
市場價	5	18

註：單位為 %。
資料來源：J. C. H. Chai, *China: Transition to a Market Economy*。

　　1978－1984 年間農產品的政府徵購價格的結構變化及其價格的提高自然會影響家庭聯產承包責任制下農戶的生產決策。事實上，當國家的徵購定額被固定不變以及超定額徵購價格被大幅度提高以後，一個典型的農戶所面臨的收益曲線將出現「向上拋」的特點，從而農戶具有增加生產的強烈積極性。假定國家定額收購價格為 p_0，超定額收購價格為 p_1，定額徵購量為 q_0，超定額徵購量為 q_1，那麼，一個典型農戶的平均收益（AR，即國家的需求曲線）則為：

$$\begin{aligned}
\text{AR} &= \frac{p_0 q_0 + p_1 q_1}{q_0 + q_1} \\
&= \frac{p_0 (q_0 + q_1) + q_1 (p_1 - p_0)}{q_0 + q_1} \\
&= p_0 + \left(\frac{p_1 - p_0}{1 + \frac{q_0}{q_1}} \right)
\end{aligned} \tag{1}$$

　　顯然，當農戶面臨定額徵購價和超定額徵購價的組合時，其面臨的國家的需求曲線被分割成兩段：在定額範圍內為 p_0，而且在此範圍內農戶的邊際收益等於平均收益，即：

$$AR=MR=p_0 \qquad (2)$$

當產量超過定額 q_0 時，農戶的平均收益為：

$$AR=\frac{p_1-p_0}{1+\dfrac{q_0}{q_1}} \qquad (3)$$

但因為此時農戶的邊際收益為 p_0，所以對於超定額產出，農戶的平均收益將小於邊際收益，這表明農戶此時將面臨一條遞增的平均收益曲線。我們將農戶的平均收益曲線（即需求曲線）描繪在圖 1-3 中。[1] 由於平均收益在徵購定額右側出現「向上拋」的特點，因此產出越多，農戶的平均收益越大。

　　以上分析旨在說明，關於 1978 年以後家庭承包責任制對生產隊模式的替代和 1978-1984 年農產品收購價格結構的變化為中國農業在 20 世紀 80 年代上半期的迅速增長提供了有力的激勵。表 1-5 提供的數據表明，1980-1985 年間，這一中國農業耕作制度的變遷和農業改革時期，也是中國農業增長最快的時

---

[1] 在徵購定額之外，農戶的平均收益為：

$$AR=\frac{p_1-p_0}{1+\dfrac{q_0}{q_1}}$$

因此，AR 隨 q_0 增加而增加，當然，檢驗一下 AR 對 q_0 的微分，我們馬上知道 AR 曲線的斜率遞減。

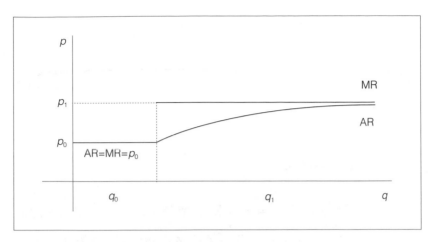

圖 1-3　中國農戶「向上拋」的收益曲線（1978-1984）

期。由於農業的增長，農業在物質生產部門淨產值中所佔的比重從 1978 年的 33% 穩定提高到 1982-1984 年的 40%。世界銀行對中國農業佔 GDP 的比重所作的估計也證實了相似的趨勢，從 1978 年的 29% 提高到 1982-1983 年的 37%。[①] 經濟學家約翰遜的計量研究還發現，1978-1984 年的農業產量增長中大約僅有一半可以用農業的投入增長來解釋，而另一半則歸功於農業生產力的增長所作的貢獻；[②] 而林毅夫的研究證明，20 世紀 80 年代中，農業生產率的增長中約有 20% 被認為應由農業生產制度從

[①] 這一數據轉引自凱姆‧安德森：《中國比較優勢的變化》，經濟合作與發展組織發展中心、中國國家計委技術經濟研究所譯，北京：經濟科學出版社，1992 年，第 58 頁。

[②] 參見 D. G. Johnson, "Economic Reforms in the People's Republic of China", *Economic Development and Cultural Change*, 1988, 36(3), pp.225-245。

生產隊體制向家庭聯產承包責任制的轉變來解釋。[1]

表 1-5　中國農業的增長率

	農業總產值的年平均增長率（%）
1957-1978	2.3
1980-1985	8.2
1985-1990	4.7

資料來源：《中國統計年鑒》（1991）。

　　本章我們記述了 40 年前中國農業變革醞釀和發生的實際過程，我也從經濟學家的視角分析了農業集體化制度的瓦解和回到家庭承包制對中國農業生產率提升的正面影響。萬里説得對，這場變革是農民自己的選擇，中央面臨的抉擇是願意不願意尊重農民的這一選擇並將這種變革合法化。中央領導層在 1978-1982 年間就「包乾到戶」是否應該予以鼓勵並全國推廣的爭議，其實是 20 世紀 80 年代中國整個改革進程的精彩畫面的一個真實寫照。改革就是在這樣自下而上與自上而下的相互交織和互動中、在思想路線和理論的爭議中不斷推進的。

　　不可否認，在那個時期，自發的試驗往往成為很多改革的緣起。星星之火，可以燎原。當 1977-1978 年鄧小平開始謀劃在黨內推動思想路線大轉變的時候，中國一些地區的農民已經在偷偷改變農業的集體耕作制度了。1977-1978 年，安徽多個地區

---

[1]　參見 Justin Y.F. Lin, "The Household Responsibility System Reform in China: A Peasant's Institutional Choice", *American Journal of Agricultural Economics*, 1987, 69(2), pp.410-415。

的生產隊社員自發變革的勇氣和包括當地公社書記、縣委書記在內的基層領導們的膽識實在令人敬佩，在中國 40 年改革歷史中可圈可點。

正是因為底層農民和基層領導人的這種勇氣與膽略，農業改革的苗種迅速播撒全國，困擾中國農業生產長達 20 年的生產率停滯和下降的趨勢被勞動生產率和農業總產出的快速提升所取代，農業增長成為 20 世紀 80 年代上半期中國經濟增長的主要貢獻者。農業的增長和農民實際收入的提高，也為 1984 年中國領導人決定把改革的重心轉入城市和國有部門提供了有利的條件。

第 二 章

莫干山上論戰價格改革

在中國，很多事情都是經驗在先、思想在後的。1984 年之前，在部分農產品和少數生產資料領域裡出現了兩種定價方式並存的做法。但是，1984 年前後中國的經濟學家對價格改革的策略和模式進行了非常集中的討論，尤其是在 1984 年 9 月的「莫干山會議」上，如何實現價格的市場化？價格改革的最好方式是甚麼？在當時出席會議的一批年輕的經濟學者當中，這些問題引起了激烈的討論，被傳為「莫干山會議」的佳話。而華生、張維迎和田源是會議上價格討論組當中不同思路的代表。正因如此，今天他們之間爭論的當然就不再是價格如何改革的話題，而是誰第一個提出了價格雙軌制的改革思想。特別是在 2007 年和 2008 年，關於價格雙軌制的「發明權」，在中國的經濟學界，特別是在那些曾經參與價格改革思路討論與論戰的經濟學家之間是有分歧和爭議的。爭論尤其是在張維迎和華生（從文字上看，捲入爭論的還包括張少傑、高梁、李曉西、羅小朋等所謂「上過山」的人）

之間間接展開的。基於這些爭奪的文字，有的人甚至還總結出了四個不同的版本。我無意考證這些有爭議的問題，儘管我也不能在記述中完全迴避這樣的爭議。對我而言，也許弄明白價格雙軌制的「專利權」在今天已沒有那麼重要了，真正重要的是，中國在經濟轉型的初期的確有些精彩的東西值得好好回憶，並對其採取理論的分析。價格雙軌制肯定就是其中之一，也是最有爭議的一個話題。

莫干山會議

既然提到 1984 年，那麼就讓我先從 1984 年説起。「把價格弄錯」（getting price wrong）是計劃經濟的策略。因此，當中國的經濟改革開始以後，首先要改革價格，「把價格搞對」（getting price right）。微觀經濟學讓我們明白其中的道理，但實際上，當中國經濟的改革中心從農村轉移到城市之後，怎麼「把價格搞對」變得非常複雜。

當時的中國經濟實物色彩很濃，城市的食品和基本消費品實行配給制，國有企業部門非常龐大，普遍實行對生產資料的價格管制，甚至連火柴漲價一分錢，都要由國務院討論和批准。因此，改動任何一個產品的價格都要觸及很多部門的利益甚至於經濟體制。那麼，我們怎麼知道甚麼價格被扭曲了多少？能使供求

關係趨於平衡的「均衡價格」（equilibrium prices）又在何處？價格的改革應該是一次到位呢，還是可以像收音機搜尋頻道那樣「微調」（fine-tuning），不斷地向均衡價格靠攏？這是政府當時面臨的一個極其重要的決策問題。

1984 年 9 月 3–10 日，由《經濟學週報》《經濟日報》《世界經濟導報》《經濟效益報》《中國青年報》《中國村鎮百業信息報》《中國青年》和中央人民廣播電台以及浙江省社會科學院與浙江省經濟研究中心這十家單位聯合發起了「全國首屆中青年經濟科學工作者學術討論會」的活動。會議在浙江省德清縣莫干山舉行，所以又稱作「莫干山會議」。我沒有找到籌劃這次會議的更多細節信息，但是僅有的資料顯示，這次會議是 1984 年 3 月以徵文的形式開始籌備的。向全國發佈的徵文信息實際上不僅吸引了身處大學和研究機構的年輕經濟學者，而且吸引了政府部門裡思想活躍的中青年人士參與。

會議的籌備組收到應徵論文 1300 多篇，而且他們制定了「以文選人」的原則，堅持選拔過程中不講關係、不講學歷、不講職業、不講名氣，代表人選資格一律憑論文水平確定。最後有 120 篇論文入選。我記得，當時復旦大學經濟系剛剛留校的一批青年教師也提交了論文並參加了會議。「莫干山會議」得到了中央有關部門的關注和地方政府的支持，浙江省委書記、省長等都到會講話。有意思的是，這次討論會並沒有採取論文報告的形式，而是以城市經濟改革及相關問題為中心議題，分七八個專題小組展

開討論，論文另外印發。

在我看到的一些參加過會議的人後來寫就的回憶資料中，很多人提到，「莫干山會議」中的很多人不僅血氣方剛，而且具有良好的理論素養，思想活躍、文字潑辣、觀點新穎。大家暢所欲言、平等討論、互相補充，形成集體成果。激烈的討論經常延續到深夜。會議期間，他們不看電影，不遊山玩水，這使得當時出席會議的不少老同志對他們刮目相看。「莫干山會議」把中青年經濟工作者作為一個群體推上了中國改革轉型的大舞台。現任國家發展和改革委員會宏觀經濟研究院教授的常修澤曾經開玩笑地說，後來「上山」成了一種榮耀。「莫干山會議」後不久，《中青年經濟論壇》於 1985 年在天津創刊，這份刊物也獲得了當時經濟學系學生的喜愛。

「莫干山會議」大約討論了八個專題並分成相應的討論小組：（1）關於價格改革的戰略問題；（2）關於工業企業實行自負盈虧問題；（3）關於發揮中心城市多功能問題；（4）關於沿海 14 座城市對外開放問題；（5）關於金融體制改革問題；（6）關於發展和管理股份經濟問題；（7）關於農村產業結構變動問題；（8）關於現階段政府經濟職能問題。其中在理論和思想上討論最熱烈，也最富有成果的是價格改革的戰略問題。

「莫干山會議」在價格改革的戰略問題上主張，一是以提高採掘工業品價格為中心，改革工業品價格體系；二是以解決農產品價格倒掛和補貼過多為中心，調整消費品價格和公用事業收

費。但對於工業品價格如何改革，會上最初形成了兩種意見或者兩種思路：「調放結合，以調為主」和「調放結合，先放後調」，這就是所謂的「調派」和「放派」。會議的最後出現了第三派意見。第三派意見認為，應該通過客觀上已經形成的生產資料雙軌價格，自覺利用雙軌價格使計劃價格和市場價格逐步靠攏，在這個過程中，逐步縮小生產資料的計劃統配的物資部分，逐步擴大市場自由調節的部分，最後達到兩個價格統一，這就是雙軌過渡的價格改革思路，簡稱「價格雙軌制」（dual-track pricing/dual-track approach）。31 歲的華生作為價格組的代表，在會議上向中央領導做了彙報，會後華生寫了一份會議紀要，題目是《用自覺的雙軌制平穩地完成價格改革》。[1]

　　華生於 2005 年在《中國改革（綜合版）》雜誌發表了一篇題為《雙軌制始末》的文章，文中描述了「價格雙軌制」的思想在「莫

---

[1] 1984 年以學生身份參與「莫干山會議」的國家發展和改革委員會經濟體制與管理研究所國有資產研究中心主任高梁回憶說：爭論異常激烈，會議還發明了掛牌辯論的方式，經常將爭論延續到深夜。回想挑燈夜戰的當年，那是理想主義者的大聚會。在激烈碰撞中，一種新的折中思路產生了。高梁還說，他和中國人民大學的研究生蔣躍商討，並從農貿市場中頗受啟發。當時城市居民憑糧票買糧，一人一月 30 斤。如果糧票有富餘，可以拿去農貿市場換雞蛋。如果不夠吃，就去農貿市場買高價糧。他們認為原材料價格改革也可以這樣進行。計劃外調劑價格就是市場價格。逐步縮小計劃比例，從而擴大市場比例。這個想法和中國社科院研究生華生、何家成、張少傑所持的觀點不謀而合。大家覺得華生筆頭快、口才好，最不怯場，就讓他代表發言。「在價格組掛牌爭論的最後一天下午的最後一小時，看大家實在爭不出頭緒，我們報名，說有第三方案。華生上台演講。」參見黃鍇堅：《華生：雙軌》，載《經濟觀察報》，2005 年 7 月 4 日。

干山會議」上的形成過程。他說：

在「莫干山會議」之前，中央對價格改革問題已經進行了長期的研究和醞釀。國務院價格研究中心的田源等人提出了對嚴重扭曲的價格體系，必須進行大步調整的建議，並進行了大量的測算和方案的比較，引起了很大的關注。周小川、樓繼偉、李劍閣等人提出用「小步快調」的辦法，不斷校正價格體系，既減少價格改革過程中的震動，又可以逐步逼近市場均衡價格的主張，也得到了重視和研究。但因為調整價格體系牽一髮動全身，影響到方方面面的利益結構和會產生難以預計的連鎖反應，價格改革起步的決策仍在權衡之中。

由於在中央工作和接近上層的這批同志帶來了這些總攬全局的信息，「莫干山會議」價格組的討論就分外熱烈。爭論最初在「調派」和「放派」之間進行。當時參會的「大調」和「小調」的主流派詳細論證了價格改革的必要性、迫切性和價格調整方案的可行性，闡述了一步走向市場均衡價格存在的困難和風險，而以來自西北大學的研究生張維迎為代表的「放派」則主張一步或分步放開價格控制，實行市場供求價格。反對「放派」主張的主要論點是說在計劃經濟為主的情況下，一下放開價格控制太不現實，同時市場發育也需要一個過程。在市場不完備時，市場均衡價既難

以實現，也未必優化。由於爭論非常激烈，會議還發明出掛牌辯論的方式，挑燈夜戰。記得當時參會的都是年輕人，意氣風發，思想單純，得理不讓人。在會議內外熱烈氣氛的激勵下，我們一批來自中國社會科學院和中國人民大學的在校研究生（華生、蔣躍、高梁、張少傑）經過幾天通宵達旦的爭論和討論，採納和綜合了雙方觀點，形成了實行「放調結合」的雙軌制價格改革思路，並委託我代表大家參加掛牌辯論和答辯。[①]

以上這個說法得到了曾於國家發展和改革委員會經濟體制與管理研究所任職的高梁的證實。正如華生所說，高梁本人當時是作為中國社會科學院的研究生參加「莫干山會議」的。在《經濟觀察報》2005 年 7 月 4 日發表的文章《華生：雙軌》中有一段對高梁的採訪。在被問及價格雙軌制和「莫干山會議」的時候，高梁說：「調派也可以說是算賬派。當時中央組織幾個單位，如航天部 710 所，做出了巨大的價格模型，進行計算機分析。周小川、李劍閣、樓繼偉等來自中國社會科學院工業經濟研究所和清華大學的學者，也在做模型。他們希望把價格算清楚，通過政府調價，然後一下子放開。但在現實中，調價牽扯各方面利益，賬不管怎麼算都會遇到巨大阻力。在莫干山上，以田源為代表的、

---

① 華生：《雙軌制始末》，載《中國改革（綜合版）》，2005 年，第 1 期，第 22–25 頁。

已經參與政策研究的一批學者，提出以『調』為主的意見。與之
相對的，是以西北大學研究生張維迎為代表的『放派』則主張，
應該一步或分步放開價格控制，實行市場供求價格。」①

　　的確，在「莫干山會議」前後，價格改革的「調派」和「放派」
都積極地發表文章闡釋其觀點。代表性的文章包括樓繼偉和周小
川於 1984 年在《經濟研究》上發表的《論我國價格體系改革方向
及其有關的模型方法》，郭樹清於 1985 年發表在《中國社會科學
院研究生院學報》上的《關於中國價格體制改革的目標模式》以
及張維迎於 1985 年在《經濟研究參考資料》上發表的《關於價格
改革中以「放」為主的思路》等。② 而在「莫干山會議」上形成的
價格雙軌過渡的第三派的主張最初則是寫入會議紀要的。在題為
《用自覺的雙軌制平穩地完成價格改革》這份會議紀要中提出的
「放調結合」的雙軌過渡的想法隨即受到國務院領導的重視。「莫
干山會議」之後不久通過的《中共中央關於經濟體制改革的決定》
（1984 年 10 月）特別強調了「價格體系的改革是經濟體制改革成
敗的關鍵」。1985 年 3 月，國務院下文首次正式廢除計劃外生產
資料的價格控制。這個決定被認為是生產資料價格雙軌制改革正
式實施的標誌。而華生等人於 1985 年在《經濟研究》上發表的題

① 黃鐃堅：《華生：雙軌》。
② 樓繼偉、周小川：《論我國價格體系改革方向及其有關的模型方法》，載《經濟
　　研究》，1984 年，第 110 期；郭樹清：《關於中國價格體制改革的目標模式》，
　　載《中國社會科學院研究生院學報》，1985 年，第 3 期；張維迎：《關於價格改
　　革中以「放」為主的思路》，載《經濟研究參考資料》，1985 年，第 6 期。

為《論具有中國特色的價格改革道路》的文章，再次論證了價格
雙軌制思想的形成。①

　　但是，這個在 34 年前召開的學術研討會以及在當時引發爭
論的價格改革的思路，在今天卻出人預料地成為中國經濟改革
40 年中最具爭議的話題。在會議結束的 20 多年後，參與當年「莫
干山會議」價格組討論的親歷者們展開了一場關於價格雙軌制發
明權的爭奪戰。

　　原本，在 20 世紀 80 年代末，價格改革的失敗，特別是價格
雙軌制引發的經濟混亂，使得「價格雙軌制」這個名詞在中國國
內聲名狼藉。這也就可以理解，為甚麼幾乎沒有人站出來，為澄
清誰在當年的「莫干山會議」上首次提出價格雙軌制的改革思路
而著書立說。價格雙軌制的名聲大噪是 90 年代之後的事情，價
格雙軌制的聲譽從國際上開始逐步傳入國內，由壞變好。因為在
國際經濟學界，價格雙軌制在 90 年代之後才開始被公認為是中
國經濟轉型中最具創意的戰略。隨着國際上的經濟學家把價格雙
軌制的思想變成理論，價格雙軌制更是成為來自中國的對現代經
濟學少有的貢獻之一。

　　2008 年 9 月 28 日的《經濟觀察報》發表了記者馬國川對張
維迎的採訪《我總是直截了當地表達我的觀點》。在採訪中，
張維迎再次提到了自己對價格改革的早期觀點，特別強調「價

---

① 華生等：《論具有中國特色的價格改革道路》，載《經濟研究》，1985 年，第 2 期。

格雙軌制」這個詞早於「莫干山會議」就出現在自己的文章中
了。他說：

> 1983 年底開始論文的選題，我意識到研究價格改革問
> 題現實性很強，而且我很有想法，這些想法跟其他人都不
> 一樣，很新穎……經過幾個月的努力，到 1984 年 4 月我
> 就有了一個明確的價格改革思路……思路一旦形成，寫文
> 章就是水到渠成的事了。大概花了兩三天時間就完成了一
> 萬多字的文章「以價格改革為中心帶動整個經濟體制的改
> 革」。……文章就發表在 1984 年 6 月的《專家建議》上。

張維迎在訪談中明確地說，在那篇發表在《專家建議》中的
文章裡，他已經系統地論述了以「放」為主的「雙軌制價格」的改
革思路。那篇文章中有這樣的話，「所謂價格制度的改革，就是
有計劃地放活價格管制，逐步形成靈活反映市場供求關係的平衡
的價格體系，以充分發揮價格機制在計劃經濟中的效能」（「當時
不能講市場經濟，但按照我提出的改革思路，結果不可能是計劃
經濟。」[①]），「價格體制改革的具體辦法，可以參照農副產品價格
改革的辦法，實行雙軌制價格，舊價格用舊辦法管理，新價格用
新辦法管理，最後建立全新的替代價格制度。與價格調整相比，

---

① 這句話是張維迎在採訪中對所引用的前一句話的補充。—— 編者註

價格改革是一個連續的逼近過程。問題不在於第一步是否達到合理，而在於每一步是否都在趨向合理」。

　　張維迎在《經濟觀察報》的這次訪談中總結了自己對價格雙軌制方案的貢獻。他説：「儘管我本人在 1984 年 4 月就提出並系統論證了雙軌制的改革思路，但雙軌制實際上是隨着 20 世紀 80 年代初經濟結構調整、地方分權及鄉鎮企業的出現而自發產生的。我的貢獻在兩點：第一，明確把市場價格制度作為改革的目標模式；第二，把自發產生的雙軌制現象從理論上提升為自覺的價格改革道路。這類似大禹治水中把『堵』轉變為『疏』的思路。」①

　　張維迎還在訪談中回憶了一個細節。他説，除了田源本人，「還有幾個發言者挑戰我。我基本上是單槍匹馬輪番應戰。我一直對自己的邏輯思維很自信，也喜歡用一些淺顯的比喻。隨着討論的進行，有越來越多的人被我説服，至少覺得我講得有道理，我發言時點頭的人越來越多，掌聲也越來越多。我越講越興奮，後來也有人幫助我向大家解釋我的觀點，因為我普通話講得不好，有些人聽不懂」。

　　在對張維迎的訪談記錄發表之後不久，2008 年 10 月 13 日，華生與高梁和張少傑聯名在《21 世紀經濟報道》發表了一篇長

---

① 馬國川：《我總是直截了當地表達我的觀點》，載《經濟觀察報》，2008 年 9 月 28 日。

文，題目是《張維迎為甚麼要盜劫價格雙軌制？》①。在文章中，作者認為張維迎不僅挑起了對價格雙軌制的發明權的爭論，而且還歪曲了歷史真相。他們在文章中說：

　　在 20 世紀 90 年代出版的張維迎自己著作的作者簡介中，首次自稱是「國內最早提出並系統論證雙軌制價格改革思路的學者」，但由於他並沒有提供進一步的細節，人們也無從知曉他是在哪裡提出和論述的。因此，儘管 20 世紀 80 年代過來的人看到後都感到很奇怪，但我們誰都沒有去責疑和駁斥。直到 2006 年張維迎在其出版的《價格、市場與企業家》一書中，首次提出他在 1984 年 4 月就寫成了「以價格改革為中心帶動整個經濟體制的改革」一文，並刊登在國務院技術經濟研究中心出版的《專家建議》上。在該文中他第一次系統提出了雙軌制價格改革思路。他說在「莫干山會議」上「從一開始就形成『調』、『放』兩派，田源是調派的代表，我是放派的代表。最終，我的觀點說服了大多數人，會議組織者以政府領導人『容易聽進去』的方式將我的觀點做了一些修正，向國務院提交了這次會議上提出的價格改革新思路，受到國務院領導的重視，『雙軌制』由此成為中國價格改革的官方政策」。

① 華生、高梁、張少傑：《張維迎為甚麼要盜劫價格雙軌制？》，載《21 世紀經濟報道》，2008 年 10 月 13 日。

　　由於張維迎的說法與 20 世紀 80 年代留下的文獻記載及「莫干山會議」與會者的回憶都完全不同，因而引起所謂關於雙軌制發明權的爭論。

　　作為歷史的親歷者和當事人，我們一直覺得，這種事後對歷史的修改十分令人遺憾，但雙軌制已經載入歷史，爭奪個人的發明權沒有甚麼意思，所以這些年來我們一直迴避對張維迎的說法做出正面的評論。

　　但是，最近在《經濟觀察報》紀念改革三十年的訪談中，張維迎進一步明確說，在「莫干山會議」上「我還講了如何通過雙軌制逐步放開價格的思路，我的發言引起了軒然大波，因為之前沒有人從放開市場的角度考慮價格改革問題」，說他「基本上是單槍匹馬輪番應戰」，「我現在確實想不出還有誰是『放』派了」，「隨着討論的進行，有越來越多的人被我說服」，「掌聲也越來越多」，稱自己是「莫干山會議」上把市場價格作為改革目標並提出雙軌制的唯一貢獻者。這樣，當然就有人，包括媒體向我們尖銳地提問，張維迎的說法與你們的回憶完全對立，不可能同時為真。如果張維迎所言屬實，那麼過去所說我們幾個在「莫干山會議」上提出雙軌制的人，就是在撒謊和偽造歷史。因此，儘管在這種非黑即白的情況下，說清楚真相總會令有些人難堪，但作為歷史的當事人已經再沒有甚麼迴避的餘地。我們也只好在改革開放 30 年之際，澄清事實真相，這既是

對歷史和大眾知情權的尊重，也有助於人們對改革真實歷程的認識。

那麼，張維迎為甚麼堅持認為自己是價格雙軌制思想的第一人呢？從已有的文字資料上不難發現，張維迎要據理力爭的是，在「莫干山會議」之前，他就提出了「價格雙軌制」的思路。他的主要證據就是他於 1984 年 6 月在國務院技術經濟研究中心能源組內部資料《專家建議》中發表過的那篇文章，題為《以價格改革為中心帶動整個經濟體制的改革》，發表時間早於「莫干山會議」三個月。張維迎說就是因為這篇文章自己才入選出席了「莫干山會議」。

那麼，既然張維迎在「莫干山會議」前就提出了「價格雙軌制」，為甚麼會議中卻被稱為「放」派的代表呢？張維迎的解釋是，「放」其實就是雙軌制價格改革的核心。而華生他們認為，張維迎發表在《專家建議》中的文章其實「和改革沒有多大關係」，所以「並不能算數」。他們的原話是：「既然現在張維迎說他早在『莫干山會議』以前就寫文章全面論述雙軌制，並帶着文章上山，他為甚麼在『莫干山會議』上不提雙軌制？……首先，這是因為『莫干山會議』提出的價格改革雙軌制推進戰略與張維迎文中提到的雙軌制價格並不是一個內容。會上進行的是『放』和『調』的爭論，而張維迎是高調的市場化『放』派，堅決反對『調』。本來張維迎的長文還提到一次『調』，說可以『或先調後放』，但這正

是『莫干山會議』上『調』派的思路。這樣，他到『莫干山會議』上遇到了『調』派以後，就完全拋棄了自己『或可以先調』的含糊想法，變成了徹底的『放』派，與『調』派展開了激烈的爭論。在這種情況下出現的第三種思路，是綜合放調兩方面的意見，把放、調各作為一軌，綜合起來叫放調結合的雙軌制。當時講雙軌制主要是從外放內調、兩條腿走路、雙軌推進這個動態意義上說的，並不是強調去搞計劃內外兩個價格，那樣與會者和領導根本都不會接受。……當時在『莫干山會議』的主報告和領導批示中說的都是放調結合，並沒有提及雙軌制。」

那麼，張維迎發表在《專家建議》中的那篇文章到底應不應該「算數」呢？我不是親歷者，自然不能也無須做出回答。在目前披露的文獻中，張維迎的確早在 1984 年的文章中就提出了價格雙軌制的思想。但同時我也理解華生等人認為張維迎的這篇文章與改革沒有多大關係，不應該算數的理由。簡單地說，這是因為「莫干山會議」通過爭論形成的價格改革的思路中，只有調派、放派和「放調結合」派。最後形成的價格改革報告的文稿中沒有使用過「價格雙軌制」這個名詞，當時張維迎是屬於放派的。而張維迎要力爭的是，他在「莫干山會議」前寫出的文章中就使用過「價格雙軌制」，早於「莫干山會議」幾個月。這就使得爭論和爭奪複雜化了。

當年「莫干山會議」上價格改革的主報告「價格改革的兩種思路」的執筆人徐景安先生於 2008 年也就價格雙軌制的來龍去

脈寫過文章，基於文字資料和回憶提供了一些細節，以《雙軌制
價格改革的由來》為題發表在《領導者》2008 年第 2 期（總第 20
期）上。根據徐景安的說法，張維迎於 1984 年 6 月發表在《專家
建議》中的那篇文章《以價格改革為中心帶動整個經濟體制的改
革》，在收錄進張維迎自己的《價格、市場與企業家》文集時做了
很大的修改，而且增加了第五節的新內容，這部分內容「可以說
就像 1984 年制訂的雙軌制價格改革方案」。①

　　徐景安認為，張維迎是國內最早有過價格雙軌制改革思路的
人，但不能說其系統論證過雙軌制價格改革。他認為，應該澄清
的是，張維迎於 2006 年出版《價格、市場與企業家》文集時，對
《以價格改革為中心帶動整個經濟體制的改革》一文做了重大修
改，特別是加了第五節「價格改革與放活市場」的內容。徐景安
發現，在新加的這一節裡，張維迎實際上根據「莫干山會議」的
主報告，將從短線放起改成從長線放起，並列舉了機電、輕工作
為先放開的產品。可是，在張維迎為這篇文章新寫的註釋裡把修
改後的文章仍然說成是 1984 年 4 月 21 日寫的，而且沒有說明在
哪裡做了修改。徐景安說，這樣就使得張維迎於 1984 年撰寫的
文章「看上去不僅具有理論性，而且還有操作性了」。

　　不過，徐景安還是很幽默地說：「對於 1982 年畢業，當時還
在讀研究生的他來說，能寫出這樣一篇有見地的文章確實難得，

---

① 對細節感興趣的讀者，可參見徐景安《雙軌制價格改革的由來》原文。

所以入選參加『莫干山會議』，並在會上嶄露頭角，以『放』派獨佔鰲頭。平心而論，要求他在參加『莫干山會議』前，就系統地論證雙軌制價格改革，提出具有操作性的建議，是難為他了。參加『莫干山會議』後，他受到啟發，堅持研究，修正和完善他原來的想法，寫成系統地論證雙軌制價格改革的文章，那是合乎情理的。」[①]

在這裡，我想張維迎與華生等人之間關於誰提出了雙軌制價格改革思路的爭論應該告一段落了。當年參加過「莫干山會議」和價格改革論戰的人很多，而今天捲入這場爭奪戰的只是其中很少的人。更多的人沒有出來參與論戰和提供證據。可能是因為這樣的發明權爭論根本沒有必要，在那個年代，中國的改革總是經驗走在思想的前面。而早在 1988 年中國經濟改革十周年之際，關於價格雙軌制的經驗與思想誰為先的問題就引起過當事人的爭論。

在 1988 年，為了紀念中國經濟改革十周年，華生、張學軍和羅小朋在《經濟研究》雜誌連續三期發表了題為《中國改革十年：回顧、反思和前景》的長篇論文。在「回顧篇」裡，他們提到在「莫干山會議」上他們的價格雙軌制思想的形成過程。但是，他們的這一文章遭到了石小敏和劉吉瑞的批評和質疑。石小敏和劉吉瑞於 1989 年 2 月在《經濟研究》發表的文章《經濟學家首先

---

① 參見徐景安：《雙軌制價格改革的由來》。

要尊重歷史和事實——評華生等〈中國改革十年（回顧篇）〉》中指出，中國的價格雙軌制形成於 1984 年之前，是 1979 年以來在農產品價格和其他一些商品價格方面已經實行過的改革方法。至於生產資料價格的雙軌制，他們認為，在 1984 年 5 月國務院頒佈的「擴權十條」中就明確認可了，而這比「莫干山會議」早四個月。

石小敏和劉吉瑞提及的生產資料的價格雙軌制的做法和經驗，是眾所周知的事實。曾擔任九年（1982−1990）國家物價局局長的成致平先生在《價格改革三十年（1977−2006）》一書中甚至還肯定地説過，首先明確提出價格雙軌制思想並使它得以推廣的，不是別人，而是前國家經濟委員會主任呂東。[①] 成致平先生解釋説，價格雙軌制首先是從石油行業開始的，當時，我國的石油產量上不去，1981 年國家決定在石油行業實行包乾，包乾以內一個價，超出一個價；計劃內每噸 100 元，超產的每噸 644 元，這種價格的差距就是價格雙軌制。每噸 100 元是國內的收購價，每噸 644 元是國際的市場價。這也是為了防止石油外流，從而採取的出口轉內銷的辦法。到了 1984 年，在其他國民工業生產資料方面也開始實行價格雙軌制。石油行業搞了幾年價格雙軌制以後，為了解決工業領域裡的困難，國家經濟委員會決定在其他工業生產資料方面推廣價格雙軌制，讓價格雙軌制得以普及。

---

① 參見成致平：《價格改革三十年（1977−2006）》，北京：中國市場出版社，2006 年。

成致平特別說道，他所說的「國家經濟委員會」就是特指當時的國家經濟委員會主任呂東。

還應該提及的是，在「上過山」的那些年輕學者當中，當年與華生一起參與到與石小敏和劉吉瑞爭論中的羅小朋在 20 年之後也發表了自己對價格雙軌制發明權的看法。在我收到的來自浙江大學的一份非公開出版的刊物中，羅小朋發表了一篇長文，其中講到了「莫干山會議」和價格雙軌制思想的形成過程。儘管他認為實際上自己才是第一個在「莫干山會議」上提出價格雙軌制改革思路的人，但他的看法還是與已經公開的爭論文字不同，也許這代表了更多參與者避而不談的觀點。在文章中，他特別強調價格雙軌制的思想是那個年代的必然產物，不是孤立的事件，更不是單個人的發明：

> 關於誰最先提出雙軌制的改革思路這一問題的爭議，就是這樣一個問題。我雖然知道自己是在「莫干山會議」首先提出價格雙軌制的人，但是，多年來我並沒有刻意地強調這一點，因為我並不認為自己對雙軌制思路的形成和實施做出了最大貢獻。我的理由是：
>
> 1.「莫干山會議」是當時中國的青年知識分子在老一代改革者的支持下，一次成功的集體行動，而我並不是這次集體行動的策劃者和主要的組織者。這次集體行動的主要目的，就是要擴大青年經濟學者參與改革的機會，與老一

代經濟學者競爭，為改革出謀劃策。而我對這個策劃和組織過程沒有多少貢獻。這個過程中有不少無名英雄，有的人我到現在還不知道。我所知道的策劃者之一，Z君，提出以論文質量選拔人才，對策交流、組織討論的會議方針很幸運地得到採納。如果沒有這個創新，而是像以前那樣，各自宣講自己的文章，「莫干山會議」早已被人遺忘。

2. 我剛參加會議，就得到內部消息，中央領導受到農村改革取得成功的鼓舞，已經決定加快城市經濟改革，但計劃價格成為城市經濟改革的攔路虎，中央決策者急切需要一個可行的價格改革方案，如果「莫干山會議」能夠對此有所貢獻，將是巨大的成功，並將擴大青年一代學者參與改革的機會。消息來自在決策核心部門工作的青年學者，沒有他們的搭橋，不可能有「莫干山會議」與高層決策的互動，也不可能有與會者群策群力的精神。

3. 大家當時就知道，價格改革策略是皇冠上的明珠。因此，會議一開始，對價格改革策略的爭論就成為熱點，除了正式議程，會議還專門開闢了晚間的掛牌討論。擂台一開，主張自由價格的一派便先聲奪人，而代表當時主流思想的計劃價格派，也毫不示弱，提出了以調整計劃價格為主的改革方針。兩派旗鼓相當，爭執不下。會前我並沒有形成雙軌制的改革思路，但是，當我看到「放派」和「調派」相持不下的時候，突然從河北改革的經驗中得到靈感。

於是，在我主持的分組會上首先提出了「兩派都行不通，只有搞雙軌制」的意見。換句話說，沒有當時自由爭論的氛圍，我未必能夠產生「雙軌制」的想法。況且，沒有 S 君提出「統購改稅」的創意，沒有河北的改革試驗，我根本不可能產生這樣的創意。

4. 雖然「雙軌制」的想法是我首先在會議上提出來的，但在辯論中我並不是這一思想的主要發言人。這一思想的主要發言人是 H 君，他辯才過人，使這一創意迅速贏得會議多數人的支持。

5. 更重要的是，H 君最後代表大會說服了高層決策者。一個新政策思路能不能說服決策者，對於決策過程非常重要。我曾經有多次機會接觸高層決策者，提出過不少有創意的政策建議，但是，多數建議都未能說服決策者。世界上有很多高明的辦法早就被人發現了，但只有那些贏得決策者信心和決心的意見，才真正創造了歷史。因此，那些能夠直接說服決策者接受創意的人對歷史的貢獻，應該大於發明這些創意的人。

6. 當然，貢獻最大的是雙軌制的決策者。是他們承擔了巨大的個人政治風險，給青年人參與的機會，同時又承擔了改革的政策風險。價格雙軌制並非沒有風險，當時的國務院領導對此十分清楚。但是，他們在討論是否實行雙軌制的時候，表現出了大無畏精神，毅然決定接受青年人

的建議。而老一代改革者，也扮演了不可替代的重要角色。沒有這些開明的改革領導者，再高明的創意也是白搭。

　　總之，雙軌制思路的形成和實現，是中國20世紀80年代初改革過程的一個成就。這個過程高度調動了中國精英階層的集體認知能力，調動了中國精英階層的集體智慧。誇大少數人的創意，而看不見集體認知能力對政策過程所起的決定性作用，不符合事實，也不符合歷史的邏輯。

　　「莫干山會議」充分體現了這樣一個道理：一個不斷擴大的、具有公共理性的公共空間，對於提高社會精英的集體認知能力極為重要。一群名不見經傳的小人物，突然間對歷史的進程產生了重大的積極影響，究竟是為甚麼？難道僅僅是因為這些小人物的天分嗎？

　　「莫干山會議」不是一個孤立的事件，而是80年代初中國社會公共空間不斷擴大過程中的重要一環。在此之前，恢復高考和研究生教育，吸納智囊團參與政策過程，都為「莫干山會議」做了鋪墊和準備。「莫干山會議」的策劃者、組織者和參與者是在這一過程中成長和篩選出來的社會精英分子。80年代初公共空間的擴展為這些青年精英的成長和選拔提供了一個比較公平的參與機會，這一過程的公平性賦予了這些精英分子寶貴的公共精神。沒有這種公共精神，就不可能有「莫干山會議」上具有公共理性的討論過程。否則，即使有人提出雙軌制，這種思想能否成為

一種改革共識，也有很大的疑問。[①]

我相信，無論當年對價格改革持有甚麼見解的人，他們今天都會對考據價格雙軌制的發明權失去興趣。他們更珍視的一定是，在那個年代，他們這批年輕學生參與了中國經濟轉型 40 年當中一個重要的事件。即使今天他們還有爭奪戰，但是這個會議依然是 40 年來少數能留存永久記憶的事件之一。

23 年後，華生對當年的「莫干山會議」的記憶還是很清晰。他在接受《南方週末》記者採訪時說：「我從小就喜歡聞汽油味，但是在莫干山上連日的開會、不眠不休地討論，在下莫干山去杭州向領導彙報時，我第一次暈了車，好一陣子幾乎失去知覺。那時我是作為價格組的代表，向時任中央財經領導小組秘書長的張勁夫同志彙報，所以印象特別深刻。『莫干山會議』結束不久，就是黨的十二屆三中全會，就是小平同志説，『這次會議文件寫出了老祖宗沒有講過的新東西』的那次會議。[②] 在該次全會上，中共中

---

① 羅小朋：《集體認知能力與改革路徑選擇 —— 對價格雙軌制改革過程的理論反思》，載《浙江大學 CARD 動態》，2008 年，第 1 期（總第 34 期），第 10–11 頁。

② 鄧小平對《中共中央關於經濟體制改革的決定》的這個評價是 1984 年 10 月 22 日在中央顧問委員會第三次全體會議上的講話中提到的。原話是「前天中央委員會通過這個決定的時候我講了幾句話，我說我的印象是寫出了一個政治經濟學的初稿，是馬克思主義基本原理和中國社會主義實踐相結合的政治經濟學，我是這麼個評價。……這次經濟體制改革的文件好，就是解釋了甚麼是社會主義，有些是我們老祖宗沒有講過的話，有些新話。我看講清楚了。過去我們不可能寫出這樣的文件，沒有前幾年的實踐不可能寫出這樣的文件」。參見《鄧小平文選》，第 3 卷，北京：人民出版社，1993 年，第 83–91 頁。

央做了一個關於經濟體制改革的決定。(『莫干山會議』)之後是國慶節,小平同志在天安門廣場上坐敞篷車閱兵,那是改革的鼎盛時期。那時候我們經常被邀請參加國務院的會議,到各地組織改革試點。胡繩同志當時任中國社會科學院院長,我曾陪他出訪東歐,一路上給我講他當年在毛主席身邊的故事,真是學了很多東西。」①

雙軌價格的經驗

正如在「莫干山會議」的討論中有人提到的那樣,其實在1984 年之前,部分農產品和一些生產資料的價格就已經在客觀上形成了雙軌並存的局面。這個重要的經驗現象進入了參與「莫干山會議」的一批年輕經濟學者敏銳的視野中,使他們看到了雙軌過渡有可能作為實現價格市場化的可行策略的價值。

那麼,這些早期的價格雙軌現象又是怎麼形成的呢?在1984 年之後,隨着價格雙軌過渡被中央採納為價格改革的基本策略,價格雙軌制是否推動了中國的市場出清價格(market-cleaning price)體制的形成呢?對於這些問題,我在 1997 年出版的《雙軌制經濟學:中國的經濟改革(1978－1992)》一書中做了詳盡的分

---

① 參見夏榆:《幸福是「心喜歡生」》,載《南方週末》,2007 年 5 月 17 日,第27 版。

析。[①] 我在書中指出，1984 年之前，一些產品的價格出現雙軌並存的現象與改革初期產品分配（流通）體制和增加生產者自由權（經濟分權）的激勵改革政策有直接關係。而 1984 年之後，價格雙軌制更是在此基礎上策略性地成為推進微觀改革和市場體制建立的有計劃的轉型戰略。

在 1978 年之前的計劃經濟時期，由於 1958－1960 年的「大躍進」和自 1966 年開始的「文化大革命」等運動，中國經濟的中央集權的程度大大削弱，這就使中國的計劃經濟與蘇聯模式有了區別。蘇聯的企業在產供銷上都由中央的專業部（中國的計劃官員習慣於把這個稱為「條條」）垂直進行，這是標準的集權管理模式。而由於行政分權的原因，除了中央集中管理一部分企業之外，中國從省（市）到縣的各級地方政府（我們俗稱「塊塊」）也都負責管理國有企業。許成剛和錢穎一曾經把這個計劃管理的組織結構類比於一個多部門的公司治理結構，即 M 型公司。[②]

這個由於行政分權演化出來的條塊結合的模式對 1978 年之後的經濟分權和局部的市場化改革無疑會產生重要的影響。[③] 但

---

① 參見張軍：《雙軌制經濟學：中國的經濟改革（1978－1992）》，上海：生活・讀書・新知三聯書店上海分店、上海人民出版社，1997 年。

② 參見許成剛和錢穎一的論文《中國的經濟改革為甚麼與眾不同 —— M 型的層級制和非國有部門的進入與擴張》，參見錢穎一：《現代經濟學與中國經濟改革》，北京：中國人民大學出版社，2003 年。

③ 詳細討論參見許成剛和錢穎一的論文《中國的經濟改革為甚麼與眾不同 —— M 型的層級制和非國有部門的進入與擴張》。

是，由於分權還只是在中央和地方政府之間的行政性分權，而沒有涉及向微觀生產者的放權，因此，產品的生產和分配當中還沒有真正形成在計劃配額之外進行交易的成分，儘管當時在隸屬於不同計劃管理者的國有企業之間時常也會進行實物性的物物交換或串換。①

經濟性的分權，也就是向生產者的分權，開始於 1979 年。1979 年 7 月，國務院頒佈了《關於擴大國營工業企業經營管理自主權的若干規定》，首次提出了生產企業對其生產的產品享有自銷權。這是擴大國有企業自主權的重要起點，也是改革計劃分配體制的關鍵一步。根據我在《雙軌制經濟學：中國的經濟改革（1978－1992）》中提供的資料，這個規定讓生產者開始享有很少的、但是重要的「計劃外」（above-quota）的決策自由。按照這個規定，企業自銷產品的範圍僅僅局限在而且必須是按照規定分成的產品、超計劃生產的產品、自己組織主要原材料生產的產品、試製的新產品和商業與物資部門不收購的超儲積壓產品。

依照陳共炎和喬剛在 1994 年聯袂撰寫的論文《產品市場的形成與價格改革》提供的證據證明，即使這個允許生產者自銷的

---

① 潘振明和羅首初於 1988 年合著的著作中對計劃經濟體制下企業間的物資串換進行了很好的分析。參見潘振明、羅首初：《社會主義微觀經濟均衡論》，上海：生活‧讀書‧新知三聯書店上海分店，1988 年。關於行政性分權與經濟性分權的區別，參見劉吉瑞：《論行政性分權與經濟性分權》，載《經濟社會體制比較》，1988 年，第 3 期。

產品面臨嚴格的界限，但是到了 1984 年，企業自銷的產品範圍很快就擴展到了國家計劃分配的幾乎所有生產資料，而且企業自銷的產品所佔比重不斷上升。[①]

1981 年，國家允許油田超基數生產的原油可以按照國際市場的價格自行出口。這個政策很快使得生產原油的同一油田出現了兩種價格。1983 年，國家允許出口原油「以出頂進」，在國內加工生產成品油，並按國際市場價格在國內銷售。這就又出現了成品油的雙重價格。根據經濟學家張卓元提供的準確數據，也是在 1983 年，政府為了鼓勵煤炭企業增加產量，對 22 個礦務局實行對超核定能力生產的煤炭加價 25%–50%。[②] 很多經濟學家都提到的「擴權十條」，指的是 1984 年 5 月由國務院頒佈的《關於進一步擴大國營工業企業自主權的暫行規定》，這個「擴權十條」是在 1979 年 7 月國務院頒佈的《關於擴大國營工業企業經營管理自主權的若干規定》的基礎上對企業的進一步放權。

「擴權十條」規定，凡是屬於企業自銷的工業生產資料和完成計劃數之後的「超產部分」（所謂「計劃外」），一般在不高於或低於國家定價 20% 的範圍內可以由企業自行定價，或者由供需雙方在規定的幅度內協議定價。1985 年 1 月，國家物價局與國

① 陳共炎、喬剛：《產品市場的形成與價格改革》，見樊綱、李揚、周振華主編：《走向市場：1978–1993》，上海：上海人民出版社，1994 年。

② 張卓元：《九十年代中國價格改革展望》，見薛暮橋、劉國光等：《九十年代中國經濟發展與改革探索》，北京：經濟科學出版社，1992 年。

家物資局根據國務院的指示，聯合發出了《關於放開工業生產資料超產自銷產品價格的通知》(以下簡稱《通知》)，在《通知》中進一步取消了原定不高於國家定價 20% 的限制，允許企業按市場價格銷售「計劃外」的產品。《通知》同時規定，對於那些在 1983 年以前有權取得計劃內調撥物資的國有企業，以 1983 年的調撥數為基數，仍然按照調撥價享受生產資料的計劃供應，而超過這個基數的部分，則要按照市場價格從市場上自行購買。可以說，到了這個時候，在工業領域，生產資料的價格雙軌制安排正式合法化了。

緊接着在 1985 年 2−11 月，中國經濟體制改革研究所和北京青年經濟學會主持了針對 429 家國有工業企業的價格雙軌制的有關調查。調查發現，1984 年這 429 家企業的平均自銷率 (即自銷產量佔全部銷售產量的比率) 為 30.08%，主要原材料的市場採購比率為 16.41%，而到了 1985 年的上半年，後一比率上升到了 43.8%。

刁新中基於這個調查所撰寫的研究報告《價格：雙軌制的作用和進一步改革的方向》對雙軌價格如何影響了企業的生產決策和行為做了很好的分析。[1] 而我在《雙軌制經濟學：中國的經濟改革 (1978−1992)》一書的第四章也系統地在理論上討論了「邊際影響」或效率增進的效應。我要把這個理論的問題放到本章後

---

① 參見中國經濟體制改革研究所綜合調查組編：《改革：我們面臨的挑戰與選擇》，北京：中國經濟出版社，1986 年，第 45−57 頁。

面專門討論。在這裡我想引用刁新申在研究報告中的一段話來結束本節。他在報告中這樣寫道：

> 雙軌制的含義是，企業的產出品和投入品都同時存在兩種價格——國家行政規定的牌價和由市場力量形成或由交易雙方確定的可以浮動的市場價，企業計劃內生產的產品和計劃供應的物資按牌價調撥、買賣和分配，計劃外部分則按市場價銷售或購買。在此情況下，企業無論是增加或減少生產品或投入品，其增減變化部分的價格實際是按市場價格計算的。也就是說，企業計劃外每增加一個單位的產品，就可以獲得一份按市場價格出售這部分產品的收益；而每節約一個單位的原材料耗費，就等於少到市場買一份市價原材料，從而，也就等於按市價標準獲得一份節約收益。於是，企業進行生產決策時，可以按市場價格而不是按牌價對自己的增產和節約進行評價。這也就同時意味着，市場價事實上已對企業的邊際產出和投入產生了決定性作用，通過這種邊際作用，形成了調整短期供求的信號和影響力量。①

① 參見中國經濟體制改革研究所綜合調查組編：《改革：我們面臨的挑戰與選擇》，第47-48頁。

關於雙軌制的爭論與「配套改革」動議

　　1985 年，當價格雙軌制在工業和生產資料上被鼓勵實施之後，中國的經濟學界卻很快對它的利弊展開了激烈爭論。反對價格雙軌制的經濟學家主要是郭樹清、劉吉瑞、吳敬璉、樓繼偉和周小川等。他們也是後來逐步形成的「配套改革」方案的主要起草人和倡導者。

　　引發 1985 年價格雙軌制爭論的一個很大原因是當時宏觀經濟的失衡狀況和轉型初期出現的一些「設租」（rent-setting）和「尋租」（rent-seeking）現象。

　　由於逐步放開了「計劃外」的數量和價格管制，在計劃內外之間進行的「倒買倒賣」和計劃官員權力「設租」的現象開始有所暴露。而在 1984–1985 年，以所謂「消費基金」膨脹為特徵的通貨膨脹的壓力不斷增加，物價變得越來越不穩定。中國的經濟學家對於應該採取甚麼樣的宏觀政策爭執不休。對這個過程的回顧和討論我會在「巴山輪會議」那一章裡進行，在那一章裡我還會集中討論中國宏觀經濟的不平衡以及所涉及的通貨膨脹的理論與政策問題。

　　在反對價格雙軌制的那一派經濟學家中，重要的觀點是價格雙軌制的推行助推了物價的漲勢，讓通貨膨脹的壓力揮之不去。而且，兩種價格並存在客觀上造成了官員和企業利用體制內外的差價進行套利的現象，滋生了企業向政府的「尋租」活動以及賄

賂等腐敗現象，並且嚴重影響收入的公平分配。[①]

　　早在 1985 年年初，還在中國社會科學院讀研究生的郭樹清、樓繼偉、劉吉瑞和邱樹芳等人就首先上書國務院領導，提交《全面改革亟須總體規劃 —— 事關我國改革成敗的一個重大問題》的報告。[②] 在報告中他們提出，價格雙軌制本質上是有衝突的體制，如果長期維持必將引起經濟領域的協調失敗，產生混亂局面，葬送改革的前途。之後他們在國務院領導的支持下開始研究整體配套改革的方案，並在 1985 年 8 月發表了研究報告「關於體制改革總體規劃研究」。在研究報告中他們進一步指出了價格雙軌制的「八大弊端」，主張盡快取消價格雙軌制，代之以整體配套改革的戰略，來解決當前的宏觀經濟不平衡和腐敗蔓延的問題。[③]

　　1986 年，當時在國務院經濟體制改革方案設計辦公室工作的吳敬璉、周小川、郭樹清和李劍閣等寫出了一系列關於經濟體制改革整體推進的研究報告（最後於 1988 年以《中國經濟改革的整體設計》為名出版[④]），其中也公開反對價格雙軌制。他們認為價格雙軌制等於在同一條道路上同時實行可以靠左行駛和靠右行

---

① 吳敬璉在他的著作《當代中國經濟改革》的第 66–70 頁也剖析了價格雙軌制和局部市場化可能帶來的消極後果。參見吳敬璉：《當代中國經濟改革》，上海：上海遠東出版社，2004 年。

② 他們的這個報告後來發表在《經濟社會體制比較》，1985 年，第 1 期。

③ 參見郭樹清、樓繼偉、劉吉瑞等：《關於體制改革總體規劃研究》，載《經濟研究參考資料》，1986 年，第 35 期。

④ 參見吳敬璉、周小川等：《中國經濟改革的整體設計》，北京：中國展望出版社，1988 年。

駛的雙重規則，必然導致撞車和混亂。同時他們提醒，雙重價格
並存必然助長計劃內外的倒買倒賣和權力「尋租」現象，造成腐
敗蔓延。根據張卓元提供的資料，有的經濟學者主張要盡快恢復
計劃價格體制來取代價格雙軌制，主張 80% 以上的生產資料價
格雙軌制要盡快併軌到計劃軌道上來，只有少量的、次要的和供
求基本平衡的生產資料才可以併為市場軌道。由此可見當時對價
格雙軌制的批評有多麼嚴重。[①]

　　1988 年，吳敬璉在北京和上海組織了關於價格雙軌制帶來
的種種弊端的討論會，並將討論的結果彙編為《腐敗：權力與
金錢的交換》一書出版。[②] 最為硝煙瀰漫的論戰發生在 1988 年
和 1989 年之間的《經濟研究》雜誌上。前文我們提到，華生、張
學軍和羅小朋於 1988 年發表題為《中國改革十年：回顧、反思
和前景》的長篇文章，文章中提出價格雙軌制是中國經濟體制改
革的創舉。這個說法很快遭到石小敏和劉吉瑞的批評。他們於
1989 年初在《經濟研究》雜誌上發表回應文章，批評和反駁了華
生等人的觀點。

　　在 1985 年前後，支持價格雙軌過渡策略的經濟學家並不
多。除了華生等人之外，劉國光算是支持價格雙軌制的。他於
1985 年在《經濟研究》雜誌發表文章，認為價格雙軌制能為生產
者提供有效的激勵，強化降低成本的意識，緩解某些物資的短

---

① 參見張卓元：《九十年代中國價格改革展望》。

② 吳敬璉主編：《腐敗：權力與金錢的交換》，北京：中國經濟出版社，1993 年。

缺，是中國進行價格改革的可行路徑。①

在 1985 年 9 月 2－7 日由中國經濟體制改革研究會（即後來的國家經濟體制改革委員會）、中國社會科學院和世界銀行聯合在「巴山」號遊輪上舉辦的「宏觀經濟管理國際討論會」（人們習慣於把這個會議稱為「巴山輪會議」）中，中外資深經濟學家不可避免地討論到了中國價格改革的方式。在 1987 年中國社會科學院經濟研究所編輯出版的《中國的經濟體制改革 —— 巴山輪「宏觀經濟管理國際討論會」文集》中，劉國光等負責撰寫的材料就特別寫到會議對價格雙軌過渡的討論內容，尤其提到了波蘭經濟學家布魯斯教授對價格雙軌制的肯定：

在我國的雙重體制中，計劃內外產品售價不同的雙重價格是計劃內外雙重計劃體制和雙重物資分配體制的集中表現。在模式轉換過程中，從放調結合的價格改革入手，利用雙軌價格逐漸消長，推動經濟體制的全面改革，可以避免改革中的大的震盪。正如布魯斯所說的，在配給體制向商品體制過渡階段，其他社會主義國家在消費品方面曾經實行雙重價格，但中國在生產資料方面也實行了雙重價格，這可能是一項有益的發明創造。它是從舊體制進入新體制的橋樑，可以使行政的直接控制平穩地過渡到通過市

---

① 劉國光：《經濟體制改革與宏觀經濟管理》，載《經濟研究》，1985 年，第 12 期。

場進行間接控制。[1]

很容易看出，經濟學家對價格雙軌制的爭論在理論上已經牽扯到了中國改革的戰略採擇問題：中國的經濟體制改革到底是應該分步走呢，還是要整體推進呢？在轉型經濟學（economics of transition）的文獻上，這兩種不同的戰略取向被今天的經濟學家習慣地稱之為「漸進的改革」（gradualist reform）和「激進的改革」（radical reform）。但是，國際上的主流經濟學家開始注意並研究轉型戰略的理論問題是 20 世紀 90 年代以後的事，這要比中國的經濟學家對這些問題的討論晚了將近十年。

1986 年在中國經濟改革推進戰略的形成歷史上是最富戲劇性的一年。價格雙軌制的推行受到很多經濟學家的批評，對於價格改革到底應該採取甚麼樣的戰略，經濟學家內部出現了分歧。與此同時，經濟學家內部對改革的順序（sequence of reforms）也產生了分歧：應該優先改革甚麼？當時的分歧主要集中在是應該先推進價格改革還是先推進所有制改革。

從 1978 年 12 月的中共十一屆三中全會到 1984 年 10 月中央召開中共十二屆三中全會，期間，中國的改革是從農業生產的聯產承包責任制開始的。中央政府對經濟體制的整體改革並沒有形成甚麼方案，經濟改革基本上是局部的以及零敲碎打的。但是在

---

[1] 參見中國社會科學院經濟研究所發展室編：《中國的經濟體制改革 —— 巴山輪「宏觀經濟管理國際討論會」文集》，北京：中國經濟出版社，1987 年，第 10 頁。

1984 年 10 月中共十二屆三中全會上通過的《中共中央關於經濟
體制改革的決定》則有了新的突破，被鄧小平高度評價為「有些
是我們老祖宗沒有講過的話，有些新話」。這個決定明確提出了
建立「社會主義商品經濟」的目標，而且在戰略上要求轉移到以
城市為重點，進行全面的改革。

　　緊接着在 1985 年 9 月的中共十二屆四中全會上通過了《中
共中央關於制定國民經濟和社會發展第七個五年計劃的建議》。
這個文件建議用五年的時間或更長一些的時間基本建立起由企業
自主經營體系、市場分配體系以及宏觀調控體制三者相協調的基
本經濟制度。但是在那段時間裡，中國的宏觀經濟發展不平衡的
壓力一直存在，通貨膨脹也迫在眉睫。如何在那樣一種宏觀經濟
的局面下推進經濟體制的改革，就成為當時中國經濟學界和政府
決策部門面臨的最重要的問題。

　　當時，經濟學界很快就出現了關於改革的重心和順序問題的
不同意見。不主張先進行價格體制改革而力推企業改革的經濟
學家、北京大學的厲以寧教授提出了著名的論斷「中國的改革如
果遭到失敗，可能就失敗在價格改革上；中國的改革如果獲得成
功，必然是因為所有制的改革獲得成功」。[①] 厲以寧認為，中國的
經濟處於非均衡的狀態，而且這個非均衡的狀態要持續很長的時
間，在非均衡的經濟裡，價格的作用是有限的，通過價格改革來

---

① 轉引自吳敬璉：《當代中國經濟改革》，第 73 頁。

理順經濟關係並不實際。中國的改革應該繞開價格改革，先集中進行企業所有制的改革，在此基礎上再去逐步理順比價關係。

而另外一些經濟學人，主要就是我們前面提到的還在中國社會科學院研究生院讀書的郭樹清、樓繼偉、劉吉瑞和邱樹芳等，以及後來在國務院經濟體制改革方案設計辦公室工作的經濟學家吳敬璉、周小川和李劍閣等，則不主張實行太長時間的價格雙軌過渡，也不支持局部性的改革戰略，而是堅持改革的系統性和整體性，形成了「整體配套」改革的思想。正如前述，1985 年初，郭樹清、樓繼偉、劉吉瑞和邱樹芳等人向國務院領導提交了題為《全面改革亟須總體規劃——事關我國改革成敗的一個重大問題》的報告。這個報告和後來吳敬璉、周小川等人的一些研究報告肯定產生了一定的影響。

所以，在 1986 年的 1−3 月間，國務院領導在全國經濟工作會議、中央財經領導小組會議以及國務院常務會議等多個場合提出，1987−1988 年要採取比較重大的步驟，要邁大步子、盡快建立一個有利於微觀競爭的好的體制環境，還特別說到「具體說來，明年（即 1987 年——引者註）的改革可以從以下三個方面去設計、去研究——第一是價格，第二是稅收，第三是財政。這三個方面的改革是互相聯繫的」，「關鍵是價格體系的改革，其他的改革圍繞價格改革來進行」。[①]

①　轉引自吳敬璉：《當代中國經濟改革》，第 72 頁。

國務院領導的這些講話很快就得到了貫徹執行，整體配套改革的方案也隨之緊鑼密鼓地進行。吳敬璉在他的著作《當代中國經濟改革》中簡單地回顧了他參與其中的一些細節。他說：

> 為了進行擬議中的配套改革，國務院在 1986 年 4 月建立了經濟體制改革方案設計辦公室。這個辦公室在國務院和中共中央財經領導小組的直接領導下，擬訂了「七五」前期以價格、稅收、財政、金融和貿易為重點的配套改革方案。其中的價格改革方案，準備 1987 年從生產資料價格開始實施。改革的具體辦法，類似于錫克早在 1981 年就向中國同行介紹過的（20 世紀）60 年代中期捷克斯洛伐克改革的做法：「先調後放」。先根據計算全面調整價格，然後用 1−2 年的時間將價格全面放開，實現併軌。在財稅體制方面的主要舉措，則是將當時實行的「分灶吃飯」體制（revenue-sharing system），改革為「分稅制」（tax-sharing system）以及引進增值稅（VAT）等。[①]

吳敬璉在書中還進一步透露了當時富有戲劇性的變化。國務院常務會議在 1986 年 8 月批准了這個配套改革的設計方案，鄧小平本人也支持這個方案並給予了很高的評價。但是在 1986 年

---

① 參見吳敬璉：《當代中國經濟改革》，第 72−73 頁。

10 月，國務院領導突然轉變了想法，與原來提出的價格、稅收、財政、金融等整體配套改革的思路相反，轉向了以國有企業的所有制改革為主線的思路，而且於 1987 年和 1988 年決定在國有企業中實行承包制。[①] 換句話說，厲以寧的思路佔了上風，取代了整體配套的改革思路。

無獨有偶，在 1988 年 5 月國務院準備進行價格和工資改革「闖關」的時期，國務院領導最終也是拒絕了吳敬璉和劉國光等人提出的「先治理，再闖關」的意見，而採納了厲以寧等人提出的通貨膨脹並無大害的主張。這就解釋了為甚麼出現在「中國學術論壇網」上的吳敬璉的個人簡歷中會寫有這麼一段：

> 在幾個關鍵時刻他提出了後被證明是正確的政策建議。他提出的經濟改革與發展戰略的基本思路以及不少政策主張（如 1984－1988 年的反通貨膨脹主張等）現已被實踐證明是正確的。

雖然沒有更多的信息來解釋為甚麼國務院的領導在 1986 年 10 月突然改變了主意，但是這與當時的經濟形勢應該是有直接關係的。我們將在「巴山輪會議」那一章專門討論轉型時期中國的宏觀經濟變化。在這裡我想特別指出的是，由於國務院在 1984－

---

① 參見吳敬璉：《當代中國經濟改革》，第 73 頁。

1985 年那一輪的通貨膨脹中採納了緊縮的治理政策，尤其是中國人民銀行在 1985 年下半年採取了緊縮的貨幣政策，連續兩次提高利率，加強信貸的控制，結果中國經濟在 1986 年的第一季度開始出現了明顯的下滑，2 月份甚至還出現了經濟的零增長。面對經濟不景氣的這個敏感時段，是否放鬆貨幣政策、如何刺激生產的增長極有可能重新成為國務院優先考慮的問題。在這種情況下，企業改革可能比價格改革和整體配套改革對幫助經濟恢復繁榮更具說服力，因為以價格改革為中心的整體配套改革的短期效果很可能是緊縮性的，而以企業承包制和財政包乾等為主的改革堅持的則是放權讓利式的思路，有助於改進供給和恢復繁榮。

價格雙軌制：是奇跡還是神話

從 20 世紀 80 年代中期到現在的 30 多年間，中國經濟改革過程和經濟體制轉型的很多經驗與策略也逐步傳播出去並得到了國際上的認同。中國漸進主義式的轉型戰略相對更為成功也已成為共識。1984 年的「莫干山會議」以及發生在 1985-1986 年的那場關於價格改革的爭論，到今天早已被人遺忘，但是價格雙軌制或雙軌過渡的思想與方法似乎已經被這個世界上的大多數經濟學家所接受。而且，價格雙軌制也成為中國成功進行經濟轉型的最具代表性的「程式化事實」（stylized facts）。也就是說，無論在

世界的甚麼地方、甚麼場合，只要提到中國的經濟轉型策略，就必然要提到價格雙軌制。

前文的回顧表明，價格雙軌制在中國的實踐褒貶不一，而且如果這個雙軌制的策略僅僅局限在工業品領域的話，那麼它究竟在多大程度上幫助了中國可以順利與成功地進行經濟轉型，並沒有定論或十分精確的統計證據支持。從策略上講，雙軌價格的混合體制所堅持的時間是太短了還是太長了，直至今天也沒有足夠的研究來幫助判斷。因此，今天我們對中國的價格雙軌制所可能有的所有評價其實都還缺乏豐富的經驗基礎。我們只能說，計劃與市場的混合體制在中國經濟中的確處處可見，這是中國經濟體制轉型的漸進主義或演進主義的方式產生的結果，未必有那麼濃厚的策略和機制設計的色彩。

但有意思的是，價格雙軌制的思想以及在中國經濟中出現的計劃與市場混合體制並存的現象，卻引起了經濟學家的極大興趣。經濟學家一直希望弄明白價格雙軌制作為一種機制是否可能真的存在？是否在經濟上有意義？是神話還是奇跡？

第一個試圖搞清楚價格雙軌制作為一種機制是否可能存在的經濟學家是年輕的威廉‧伯德（William Byrd）博士，現為世界銀行的經濟學家。他與16世紀文藝復興時期的英國作曲家同名同姓。伯德博士在20世紀80年代中期就敏銳地注意到了中國的計劃與市場雙軌並存的現象以及中國經濟學家關於價格雙軌制的討論，於是他決定把這個問題作為他的經濟學博士論文的選題。

他基於博士論文改編出來的兩篇論文先後於 1987 年和 1989 年在《比較經濟學雜誌》(*Journal of Comparative Economics*) 上發表。[1] 我在《雙軌制經濟學：中國的經濟改革 (1978－1992)》的第四章介紹過他的工作。在 1989 年的論文裡，他給出了一個簡單的一般均衡模型，希望求證價格雙軌制下的均衡是否存在；如果存在均衡，這個均衡是否符合「帕累托最優」(pareto-optimality) 的含義。

伯德博士的模型很簡單。其中幾個關鍵的假設是：存在着計劃定價和計劃配額，計劃外是自由的市場，計劃指標小於企業的生產能力（所謂留有餘地的計劃），國有企業追求利潤最大化等。為了盡量刻畫中國的經驗，伯德博士還進一步假設，人們的工資收入是固定的，完成計劃指標構成生產者（企業）、消費者（家庭）和投資者的最低數量約束。也就是說，對生產者來講，產出品的計劃指標和投入品的計劃分配是最小的數量約束，而對於消費者和投資者來講，計劃分配的產品數量是消費者和投資者購買這些產品的最小數量約束。

伯德博士假定有 n 種不同的產品、m 個生產者和 n 個消費者（家庭），每個產品均有計劃價格和市場價格。然後他把生產

---

[1] William Byrd, "The Impact of the Two-Tier Plan/Market System in Chinese Industry", *Journal of Comparative Economics*, 1987, vol.11, issue 3: 295-308; "Plan and Market in the Chinese Economy: A Simple General Equilibrium Model", *Journal of Comparative Economics*, 1989, vol.13, issue 2: 177-204.

者和消費者都劃分為「受計劃約束」和「不受計劃約束」的兩類。
所謂受計劃約束的生產者，就是生產者的產出和投入數量正好等
於計劃的配額，而不受計劃約束的生產是指生產者可以在計劃配
額之外通過市場來出售和購買一部分產出與投入品。消費者的類
型也類似，受計劃約束的消費者是指消費者的購買量正好等於配
給量，而不受計劃約束的消費者是指消費者可以在市場上購買配
給未滿足的剩餘需求。

　　然後，伯德博士構造了生產者的利潤最大化的均衡、消費者
效用最大化的均衡以及投資者的投資效用最大化的均衡，解出各
自均衡的一階條件。這裡為了簡化，我把投資者的均衡省去。在
求出的均衡條件中，伯德博士發現，對於生產者來説，不受計劃
約束的生產行為與單一市場體制下是一樣的，它只對價格做出反
應。計劃參數（如計劃價格、計劃指標）的變化對產出和投入均
沒有影響，影響的只是利潤水平的高低，即只有收入效應，好比
政府徵了税或者給了補貼。而對於受計劃約束的生產者，伯德博
士發現計劃價格的變化對產出也沒有影響，只影響利潤水平的高
低，與不受計劃約束的生產者的情況一樣。在消費者模塊裡，由
於假設消費者的收入是固定的，結果，計劃配額的減少或者計劃
價格的提高均降低了消費者的福利，但這也意味着工資調整或者
政府的等額補貼可以抵消計劃參數變化的收入效應，不影響最優
化的結果。

　　最後，要證明價格雙軌制的均衡存在，需要中央計劃者或者

政府在物資流量和金融流量上必須保持平衡，即滿足以下三個條件：第一個條件是計劃分配的產品在總量上必須足額，沒有缺口；第二個條件是金融流量上保持平衡，利潤用於投資或擴大再生產；第三個條件是家庭的收入應該大於計劃分配的消費品的價值，換句話說，家庭必須有剩餘的收入來購買配給之外的消費品。有了這三個平衡條件，伯德博士試圖尋找能夠滿足生產者、消費者以及市場出清價格的向量 P*。[1] 伯德博士的研究證明，不受計劃約束的均衡是帕累托最優的，而受計劃約束的均衡則不是。但是，計劃指標和計劃分配的充分減少可以使一個受計劃約束的均衡過渡到一個不受計劃約束的均衡，這就可以使所有的經濟主體參與市場的交易，改進效率。計劃約束的存在僅僅表現為收入或者「計劃內」的分配而已。

伯德博士的這個研究和結論在直覺上是很簡單的。只要滿足一些嚴格的條件，計劃軌與市場軌並存的效率其實就等價於市場軌，因為計劃軌的存在僅僅改變的是收入的分配，而不改變效率的條件。這就好比一個典型的市場體制內的經濟主體面對了一個總量固定的納稅或者補貼。

在伯德博士的論文發表十年之後，經濟學家劉遵義、錢穎一和熱拉爾·羅蘭（Gérard Roland）找到並公開了他們對價格雙

---

[1] 威廉·伯德博士對價格雙軌制的一般均衡的存在性定理的證明，讀者可以直接參閱他的論文。

軌制的一個更為簡單的理論處理。[①] 他們把價格雙軌制處理為一種商品分配機制，然後證明並給出了雙軌制的「帕累托改進」（pareto-improving）和配置效率的條件。他們使用了最簡單的供給與需求的均衡概念來處理價格雙軌制的均衡和效率，並且實際上也得到了與伯德博士相同的結論。

讓我們用他們在論文中給出的兩個圖示來說明這個處理的方法。圖 2-1 與圖 2-2 都是演示供求均衡的簡單圖示。在圖 2-1 中，他們討論了一個特殊的雙軌制的情形。所謂特殊，是因為在圖 2-1 中，他們假設：第一，計劃的配額小於完全市場上的均衡數量。這種情況當然在計劃經濟裡是相當普遍的；第二，由配給滿足的需求（rationed demand）和由計劃安排的供給（planned supply）都是有效率的。這裡所說的「有效率的」指的是經濟學的正宗含義。也就是說，從需求方來說，計劃配給的產品正好是按照消費者的支付意願以由高到低的順序進行分配的，這不僅保證需求線是平滑的，而且使得配給的需求線（黑色的 AB 段）正好與市場上的需求線在圖 2-1 的左上方重合。根據同樣的思路，對於供給方來說，所謂有效的計劃供給是指提供計劃產品的生產者正好也是按照邊際成本以由小到大的順序來排列的。這不僅

---

① 參見Lawrence Lau, Yingyi Qian and Gérard Roland, "Pareto-Improving Economic Reforms through Dual-Track Liberalization", *Economic Letters*, 1997, 55(2): 285-292; Lawrence Lau, Yingyi Qian and Gérard Roland, "Reform without Losers: An Interpretation of China's Dual-Track Approach to Transition", *Journal of Political Economy*, 2000, 108(1): 120-143。

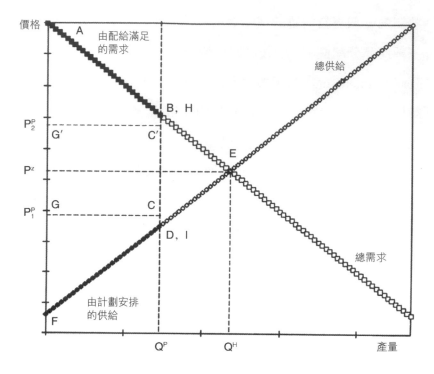

圖 2-1 演示供求均衡的簡單圖示（情形 1）

保證供給曲線是平滑的，而且使得計劃的供給線（黑色的 DF 段）與市場上的供給線在圖 2-1 的左下方重合。在這種情況下，雙軌制的配置效率與市場單軌是一樣的。兩者的不同僅僅在於收入分配方面，這取決於計劃價格與市場價格的相對大小。

　　然後，劉遵義、錢穎一和羅蘭把這個分析推廣到了一般的情況。一般的情況是，配給的產品未必分配給了支付意願最高的消費者，而有提供計劃產品義務的生產者也未必是邊際成本最小的生產者。為了表示這種情況，在圖 2-2 中他們用不連續的線 AH

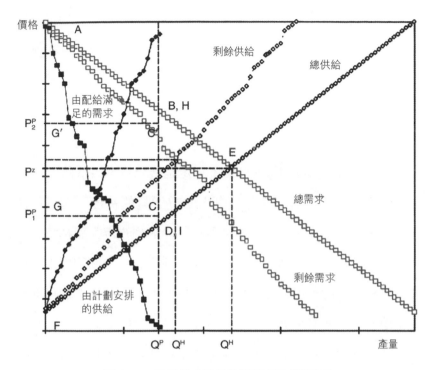

圖 2-2　演示供求均衡的簡單圖示（情形 2）

和 FI 分別代表配給的需求和計劃的供給，而且因為不再是都有效率的，所以這兩條線也不再與市場上的需求線和供給線重合。這樣一來，價格雙軌制的配置效率就取決於市場軌是局部自由化的還是完全自由化的。

　　如果市場軌是局部自由化的，也就是說，計劃和市場是徹底分離的，你可以到市場上去購買計劃外的更多的產品或出售計劃規定之外的更多的產品，但你不可以到市場上去出售你的計劃產品或購買你的計劃產出。這樣一來，市場軌就只包含「剩餘的」

供求，也就是只包含被計劃滿足之後的剩餘部分的需求和供給。剩餘需求與剩餘供給的交點代表了均衡。劉遵義、錢穎一和羅蘭發現，在這個時候，該均衡是「帕累托改進」的，但不是有效率的，因為 AH 和 FI 並沒有與市場上潛在的需求線和供給線重合。換句話說，在這個體制下，一些拿到配給產品的人可能不是支付意願最高的人，而計劃供應商也不一定是邊際成本最低的。

最後，他們考慮了完全自由化的市場軌的情況。在這種情況下，拿到配給產品的人，如果願意，允許到市場上賣掉這個產品，而有計劃供給義務的生產者也允許到市場上去購買別人生產的產品來完成計劃上繳的義務。在這種情況下自然會改進局部自由化的效率，也會同時實現「帕累托改進」和配置效率，因為市場軌在這個時候包含了全部的需求與全部的供給。他們的上述分析可以得到的一個結論是：

> 假如計劃的數量小於完全自由化的市場均衡數量，無論最初的計劃價格和計劃分配是否有效率，那麼，第一，無論市場軌是局部自由化的還是完全自由化的，計劃與市場的雙軌制都是「帕累托改進」的；第二，市場軌是完全自由化的雙軌制還可以實現配置上最有效率的結果。①

---

① 參見 Lawrence Lau, Yingyi Qian and Gérard Roland, "Reform without Losers: An Interpretation of China's Dual-Track Approach to Transition", *Journal of Political Economy*, 2000, 108(1)。

　　此外，劉遵義、錢穎一和羅蘭還考慮了計劃的數量大於完全自由化的市場均衡數量的情況。在計劃經濟裡，勞動就業的分配往往就是這樣，通過簡單的討論就可以知道。在局部自由化的市場條件下，剩餘的需求和剩餘的供給可以從市場軌實現均衡，但是由於計劃分配的數量大，全部的均衡數量會大於有效率的均衡數量，所以這個結果儘管是「帕累托改進」的，但也不是有效率的。

　　而在完全自由化的市場條件下，他們發現，只有允許計劃的權利一方與計劃的義務一方都可以在市場上進行交易，也就是把計劃權利與義務貨幣化（租金化），而不是繼續執行實物的計劃分配，才可能實現配置的效率。因此，他們得到了另一個結論：

　　　　假如計劃的數量大於完全自由化的市場均衡數量，無論最初的計劃價格和計劃分配是否有效率，那麼，第一，無論市場軌是局部自由化的還是完全自由化的，計劃與市場的雙軌制總是「帕累托改進」的；第二，如果計劃的權利與義務是以租金的形式來履行的話，那麼市場軌是完全自由化的雙軌制還可以實現配置上最有效率的結果。①

---

① 參見 Lawrence Lau, Yingyi Qian and Gérard Roland, "Reform without Losers: An Interpretation of China's Dual-Track Approach to Transition", *Journal of Political Economy*, 2000, 108(1)。

　　這個結果讓人們想起了著名的「科斯定理」(Coase Theorem) 的含義。[1] 由於都是「帕累托改進」的，因此，與轉型前的狀況相比，採用價格雙軌制的過渡方法在理論上說就可以使任何人不受到利益的傷害 (no losers)，但肯定有人改善了利益 (winners)，這是個雙贏的策略 (win-win strategy)。

　　當然，以上理論命題是有條件的。如果要保障價格雙軌制的「帕累托改進」性質的話，需要假設計劃的權利和義務都得到了完全的保障和履行。比如，如果計劃的義務沒有得到執行，或者出現了計劃軌向市場軌的串軌行為，價格雙軌制作為過渡機制就會面臨瓦解的危險。實際上，討論價格雙軌制的文獻都要涉及這個問題，劉遵義、錢穎一和羅蘭的文章也討論了這點。簡單地說，政府需要在雙軌制方案下很好地去保障計劃的權利和義務都得到執行。但在經驗上，我們看到計劃與市場兩種體制並行的做法在很多轉型的經濟中並不像在中國那麼突出。這到底是因為甚麼呢？

　　早在 1992 年，凱文・墨菲 (Kavin Murphy)、安德魯・施萊弗 (Andrei Shleifer) 和羅伯特・維什尼 (Robert Vishny) 三位經濟學家就發現，蘇聯的局部市場化改革 (1985–1991 年) 之所以沒有成功，沒有帶來生產的增長，原因很可能在於，蘇聯的改革

---

[1] 本書作者在《雙軌制經濟學：中國的經濟改革 (1978–1992)》中對科斯定理及其在中國經濟轉型戰略上的應用做了分析與討論。參見張軍：《雙軌制經濟學：中國的經濟改革 (1978–1992)》，第 72–78 頁。

者沒有能夠做到在一些重要的國有企業繼續維持一部分重要的生產資料的計劃分配。[1] 結果，一些重要的生產資料的生產者在改革後可以自由地選擇把生產資料賣給誰，而同時，私人企業也可以自由地按照市場價格來採購生產資料，但價格控制卻依然留在了國有部門。國有企業因為受到原有的計劃體制約束和價格的管制而在獲得生產資料方面競爭不過私人企業，生產迫於停頓，大量重要的生產資料從國有企業流向了那些私人企業。

所以，原有生產者的計劃義務是否能夠保證得到履行對於經濟改革初期的生產實現平穩過渡是非常關鍵的。中國之所以能夠在轉型初期避免出現 L 型曲線產出變化，自然也和價格雙軌制下的計劃軌總體上能夠得到繼續維持有很大的關係。凱文‧墨菲、安德魯‧施萊弗和羅伯特‧維什尼在他們發表在《經濟學（季刊）》上的一篇論文中就看到了這一點。他們寫道：

> 中國也走了我們所描述的這種局部改革的道路，但是有一點例外，中央政府仍然繼續維持着對國家計劃配額的非常嚴格的執行，並且只允許企業將超出國家計劃配額的那部分產出賣給私人買主。結果，政府控制住了投入品的流失問題。相反，蘇聯政府名義上保留了對國有企業的調

---

[1] 參見Kavin Murphy, Andrei Shleifer and Robert Vishny, "The Transition to a Market Economy: Pitfalls of Partial Reform", *The Quarterly Journal of Economics*, 1992, 107(3): 887-906。

配配額，但實際上卻大大放鬆了對計劃的履行。[1]

那麼改革者是否有能力在經濟轉型時期保證計劃義務得到執行呢？這是價格雙軌制能夠實現「帕累托改進」的重要前提條件。這顯然取決於政治上的條件，中國是在現有的政治體制和行政結構內推進局部改革的，這就維護了政府的權威，並利用了現有的政治和組織資源。而蘇聯在局部改革時期，執政黨和政府的權威已經大大被削弱，政府也沒有能力維持原來的計劃軌道。這是一個真正的差別。中國的改革在策略上總是能夠充分地去利用它的政治和組織資源，而這就解釋了為甚麼中國的局部和漸進改革能夠平穩地演進過來。

總而言之，當價格雙軌制被作為一種價格改革的思想與方法在 1984 年的「莫干山會議」上被提出來的時候，中國在 20 世紀 80 年代初就在工業生產部門經歷了計劃與市場兩種體制並存的局面，這個雙軌體制經過了整個 80 年代，並幾乎延續到了 90 年代上半期。這種雙軌體制的形成格局總體上沒有引起劇烈的摩擦和動盪，而且產出一直在增長。這是一個甚麼樣的機制？中國為甚麼能夠做到雙軌體制的並存並維持這麼多年？這儼然已經成為一個讓經濟學家迷戀的現象。不僅經濟學家試圖根據經驗現象的

---

[1] 參見Kavin Murphy, Andrei Shleifer and Robert Vishny, "The Transition to a Market Economy: Pitfalls of Partial Reform", *The Quarterly Journal of Economics*, 1992, 107(3): 899。

觀察來研究它，解釋它，尋找它的內在機制，與此同時，這個雙軌制的現象還讓人們聯想到了 20 世紀 30 年代由奧斯卡·蘭格（Oscar Lange）和弗雷德·泰勒（Fred Taylor）提出的市場社會主義（market socialism）的理想模式。

在 20 世紀 30 年代的「社會主義大爭論」中，蘭格和泰勒發展了關於計劃與市場的機械結合模式的思想。[①] 但是，他們當年設想的這個模式面臨嚴重的激勵問題，不僅如此，他們的這個模式也無法克服生產者（國有企業）壟斷以及官僚主義的問題。澳大利亞的經濟學家克萊門德·蒂斯坦爾（Clement Tisdell）教授在 1993 年曾經對中國的價格雙軌制與蘭格和泰勒的市場社會主義模式做過這樣一個評論：

> 在由蘭格、泰勒提出的市場社會主義體制與中國的雙軌價格制之間存在着若干的差異和共性。兩種體制都是致力於使市場供給與市場需求相平衡，但是，蘭格和泰勒提出的市場社會主義模式要求由國家來模擬市場，而雙軌價格制則限定生產單位生產量的一定比例受計劃當局的計劃配額支配。在中國，計劃配額之外的生產則不再受任何生產配額的支配，供給與需求可以通過市場在買者和賣者之

---

① 關於這些思想的闡述，參見奧斯卡·蘭格：《社會主義經濟理論》，王宏昌譯，北京：中國社會科學出版社，1981 年；弗雷德·泰勒：《社會主義國家的生產指導》，載《經濟社會體制比較》，1987 年，第 3 期。

間直接溝通。因此，根據交易成本理論，中國的雙軌價格
制將比蘭格和泰勒提出的市場社會主義模式花費更少的成
本。進一步來說，對於賣者而言，儘管價格雙軌制在制定
價格方面比市場社會主義模式具有更大的風險性和不確定
性，但是價格雙軌制並不要求國家掌握緩衝存貨或利用平
衡資金來影響市場。[1]

---

[1] 參見 C. Tisdell, *Economic Development in the Context of China: Policy Issues and Analysis*, The Macmillan Press Ltd, 1993, London；中文版參見克萊門德‧蒂斯坦爾：《中國的經濟發展》，楊瑞龍等譯，北京：中國經濟出版社，1995 年，第 148 頁。

第 三 章

巴山輪會議

在中國，一提到「巴山蜀水」，人們自然就會想到三峽。三峽兩岸崇山峻嶺，懸崖絕壁，風光奇絕。

在 30 多年前，即 1985 年 9 月 2 日，應該恰是我剛剛開始碩士研究生第一堂課的時候，在這段屬於長江三峽的江面上，有一條遊船，它緩慢地從重慶駛向武漢。而在這艘當時屬於交通部的長江遊輪「巴山」號上，正在舉行着一個由 30 餘位海內外經濟學家參加的國際會議。會議是由中國經濟體制改革研究會（即後來的國家經濟體制改革委員會）、中國社會科學院和世界銀行聯合舉辦的。會議的全稱是「宏觀經濟管理國際討論會」，但人們還是習慣於把這個會議簡稱為「巴山輪會議」。

會議結束後共整理出了七個重要的專題。但實際上，船上的經濟學家討論的問題主要就是一個：中國應該怎樣調控正在經歷通貨膨脹的宏觀經濟。在 30 多年前，我們的政府和我們自己的經濟學家對轉型中的宏觀經濟及其治理的知識都準備不足。這些

問題在「巴山」號輪船上討論了整整一週時間，於 9 月 7 日在武漢正式結束。

30 多年後的今天，如果你在 Google 上搜索「巴山輪會議」，至少有 25800 條關於它的信息，而且大多數是 2005 年「巴山輪會議」召開 20 周年的時候，一些當時參會的中國經濟學家對它的紀念、回憶以及後人對它的評價。的確，在中國經濟改革的頭幾年，特別是 1982－1987 年這段時間，思想和學術領域非常活躍，不僅學者們積極參與中國改革策略的研究，而且政府積極推動與支持，是雙方互動最好的一段時間。

回首往事，中國經濟改革和開放以來，幾乎沒有一場學術性的經濟討論會，像 1984 年的「莫干山會議」和 1985 年的「巴山輪會議」那樣，讓經濟學界那麼記憶深刻，讓與會者至今都津津樂道。而且，如果說「莫干山會議」推動了中國經濟體制改革的進程，那麼「巴山輪會議」則啟蒙了中國的宏觀經濟管理。當然，這兩次會議都無一例外地改變了一群年輕人的命運。

「巴山輪會議」上的經濟學家

我們先說到底都有哪些人參加了此次「巴山輪會議」。我的手頭從 1990 年開始就一直保留着一本書，書名是《宏觀經濟的管理和改革 —— 宏觀經濟管理國際討論會言論選編》。事實上這

本書可能是由出版社公開出版但又僅限「內部發行」的唯一一本關於「巴山輪會議」的詳細資料。這本資料由經濟日報出版社於1986 年 6 月出版。[①]

　　這份資料在今天看來是非常珍貴的。它收錄了「巴山輪會議」上討論並由中國經濟學家整理出來的七個專題報告和 13 位中外經濟學家的專題發言。在書的封二上還有一幀中國領導人在中南海會見與會 11 位國外經濟學家的彩色照片。從照片上可以清晰地辨認出不少經濟學家，儘管我後來只與其中的一部分經濟學家有過見面的機會。從照片上看出，中國的經濟學家薛暮橋、馬洪、高尚全、劉國光等參加了會見。而受到領導接見的國外經濟學家當中，我能很容易地辨認出美國耶魯大學的托賓教授、匈牙利經濟學家科爾內教授、世界銀行駐華辦事處首任主任林重庚博士以及當時在世界銀行任職的英國經濟學家伍德（Adrian Wood）教授。

　　我並沒有見過托賓教授本人，只是見過他的照片，熟悉他的形象。他是 1981 年度諾貝爾經濟學獎的獲得者，於 2002 年離世。當年他在「巴山輪會議」上的言論格外引人注目。而科爾內教授在中國經濟學界的名聲甚旺，尤其是在 20 世紀 80 年代至 90 年代初這段時間裡。他的《短缺經濟學》（*Economics of Shortage*）

---

① 在這之後，1987 年由中國社會科學院經濟研究所發展室編輯出版了《中國的經濟體制改革 —— 巴山輪「宏觀經濟管理國際討論會」文集》（北京：中國經濟出版社）。這是一本公開出版發行的文集。

是 20 世紀 80 年代極少數能夠讓我們看到如此高超的分析能力的經濟學著作，它甚至影響了中國新生代經濟學人頭腦中的經濟研究範式。我清楚地記得，在 20 世紀 80 年代初，《短缺經濟學》還沒有被翻譯成中文出版之前，就在很多大學的經濟學研究生中被廣泛複印和閱讀了。隨後他的其他著作也陸續在中國被翻譯出版。而我與科爾內教授則有過多次見面的機會，一次是 1998 年 9 月，在中國紀念黨的十一屆三中全會召開 20 周年之際，他應經濟科學出版社的邀請來中國參加其著作《短缺經濟學》紀念譯本 1000 本的出版發行活動。那年他訪問了北京和上海，在復旦大學，我邀請科爾內夫婦吃過飯。還有幾次是在哈佛大學，在 2000－2001 年間，我曾去他在哈佛大學經濟系的辦公室當面請教他，討論轉型的理論問題。科爾內教授後來還曾委託他的研究助理給我送來了多篇他的最新論文。

而我與英國經濟學家伍德教授相識的時間則更早一些。那是在 1992－1994 年間，我獲得英國文化委員會的資助，在英國薩塞克斯大學繼續我的博士後項目的研究，當時伍德教授已回到坐落在薩塞克斯大學內的英國「發展研究院」(Institute of Development Studies) 工作。我和他經常一起在 IDS 的餐廳吃午餐。那個時候他正在從事的研究其實就是後來在牛津大學出版的那本著作《南北貿易、就業與不平等》[1]。這本書稱得上是伍德教授最有影響的

---

① Adrian Wood, *North-South Trade, Employment and Inequality: Changing Fortunes in a Skill-Driven World*, Oxford: Clarendon Press, 1994.

研究成果。而在這之前，我是在世界銀行組織的一份關於中國國有企業所有制改革的項目報告上第一次看到伍德這個名字的。他現在執教於牛津大學，2007 年 4 月，在英國諾丁漢大學「當代中國研究學院」（School of Contemporary Chinese Studies）的揭牌儀式上，我與他作為嘉賓巧合地被安排在第一場報告，同台演講。

其他出席「巴山輪會議」的國外經濟學家還包括布魯斯（Wlodzimierz Brus，英國牛津大學安瑟尼學院高級研究員，現已去世）、拜特（Aleksander Bajt，南斯拉夫政府經濟改革執行委員會委員、斯洛文尼亞藝術與科學院通訊院士）、凱恩克勞斯（Alexander Cairn-cross，英國劍橋大學教授、格拉斯哥大學名譽校長，現已去世）、瓊斯（Leroy Jones，美國波士頓大學經濟學教授、韓國財政體制改革委員會顧問）、埃明格爾（Otmar Emminger，聯邦德國證券抵押銀行理事長、教授，現已去世）、阿爾伯特（Michel Albert，法國保險總公司董事長、里昂信貸銀行董事，現已去世）、小林實（日本興業銀行常務董事、調查部主任，現已去世）。

有意思的是，出席「巴山輪會議」的中國方面的人員幾乎都不在大學教書，多半是在政府和學術機構擔任職務的著名經濟學家或官員，也包括了一些初出茅廬的年輕經濟學者。這一方面是因為主辦方是中國經濟體制改革研究會和中國社會科學院，不過，可能更重要的原因是，中國經濟學的學院派在那個時候還沒有真正形成，儘管「莫干山會議」上已經有不少青年經濟學

者嶄露頭角。

如果以當年出席會議者的年齡為序，那麼，60 歲以上的中方與會代表是薛暮橋（81 歲，時任國務院體改辦顧問，2005 年 7 月病逝）、安志文（67 歲，時任國家體改委副主任、中顧委委員）、童大林（66 歲，時任國家體改委副主任）、馬洪（65 歲，時任國務院副秘書長、國務院發展研究中心主任）、劉國光（62 歲，時任中國社會科學院副院長）。

在這裡我要特別提及百歲老人薛暮橋先生，因為他的一本書對我走上經濟研究的道路影響甚大。我在 1981 年進入復旦大學讀經濟學時看的第一本涉及中國經濟的書就是《中國社會主義經濟問題研究》[①]。薛暮橋與鄧小平同年出生，被稱為中國經濟學界的宿將。他是中國科學院學部委員，1949 年中華人民共和國成立以後長期擔任中央政府的經濟領導工作，歷任政務院財政經濟委員會秘書長兼私營企業局局長、國家統計局局長、國家經濟委員會副主任、中國科學院哲學社會科學學部委員、國務院科學規劃委員會副秘書長、全國物價委員會主任等職務。1988 年起任國務院發展研究中心名譽主任。1979 年，他在「牛棚」和「五七幹校」耗費 11 年心血、七易其稿的《中國社會主義經濟問題研究》一書出版，發行 1000 萬冊，成為研究中國經濟體制演變和經濟發展的啟蒙教材。2005 年 3 月，他與馬洪、劉國光和吳敬璉

---

① 薛暮橋：《中國社會主義經濟問題研究》，北京：人民出版社，1979 年。

四人被授予首屆中國經濟學傑出貢獻獎。

　　50−60 歲年齡段的會議代表是戴園晨（59 歲，中國社會科學院經濟研究所研究員）、楊啟先（58 歲，時任國家體改委副主任）、周叔蓮（56 歲，時任中國社會科學院工業經濟研究所副所長）、高尚全（56 歲，時任國家體改委副主任）、吳敬璉（55 歲，時任國務院發展研究中心常務幹事）、趙人偉（52 歲，時任中國社會科學院經濟研究所副所長）、張卓元（52 歲，時任中國社會科學院財貿經濟研究所所長）、陳吉元（51 歲，時任中國社會科學院農村發展研究所副所長，2003 年 7 月病逝）。

　　50 歲以下的參會者包括了項懷誠（46 歲，時任財政部綜合計劃司副司長）、洪虎（45 歲，時任國家體改委秘書長）、樓繼偉（35 歲，時任國務院辦公廳研究室主任科員）、李克穆（33 歲，時任職於國務院發展研究中心）、田源（31 歲，時任職於國務院發展研究中心）、郭樹清（29 歲，時為中國社會科學院博士研究生）。

　　從時任國家體改委副主任的安志文先生為《宏觀經濟的管理和改革 —— 宏觀經濟管理國際討論會言論選編》這本資料寫的序言中可以判斷，會議從頭至尾都是經過精心準備、組織和設計的。會議得到了世界銀行駐北京辦事處的協助（林重庚博士是當時的辦事處主任）。而且，在今天幾乎不可能做到的是，中國方面的上述參會學者，大概 60 歲以下的，還分別負責書面整理了會議上國外經濟學家的專題發言。

1985 年的通脹辯論

即使以今天的標準來判斷，也很少有一次學術會議會像「巴山輪會議」那樣，對經濟政策的影響那麼大。那麼，「巴山輪會議」到底討論了甚麼問題？形成的結論是甚麼？為甚麼 30 多年後的今天人們還是這麼高度評價此次學術會議？

要回答這些問題，先要了解召開「巴山輪會議」的 1985 年，中國的經濟改革和經濟形勢處於甚麼階段。我先引用當時已經 81 歲高齡的薛暮橋先生在會議的開幕致辭中說到的一段話，他說：「專家們都知道，要把微觀經濟搞活，必須加強對宏觀經濟的控制。現在我們還不善於加強宏觀管理，所以微觀放活以後，就出現了許多漏洞。去年（1984 年 —— 引者註）第四季度到今年第一季度，出現了銀行信貸基金失控和消費基金失控等問題，給今年的經濟體制改革增加了困難。」[1]

薛老所說的宏觀失控的情況是從 1984 年初開始蔓延的，直到 1986 年才被控制住，這是中國經濟改革以來發生的第二次經濟過熱和通貨膨脹。第一次則發生在 1979–1983 年間，但之後不到一年的時間，即 1984 年，通貨膨脹又開始抬頭。直到 1993 年之前，這樣的通貨膨脹反覆了多次（見圖 3–1）。我今天的看法是，相對於發生在 1979–1983 年的第一次通貨膨脹，1984–

---

[1] 參見中國經濟體制改革研究會編：《宏觀經濟的管理和改革 —— 宏觀經濟管理國際討論會言論選編》，第 59 頁。

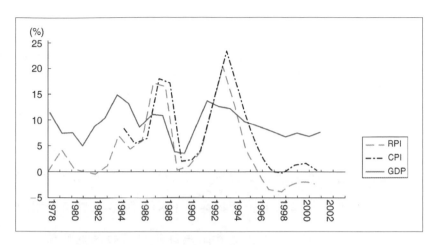

RPI：零售商品物價指數變化；CPI：消費價格指數變化；GDP：增長率。
另外，大多數經濟學家對 1998 年的 GDP 增長率存疑。
資料來源：中華人民共和國國家統計局所編《中國統計年鑒》有關各卷。

圖 3-1　中國經濟增長與價格水平變化

1986 年間的這一次通貨膨脹則開始很好地具備了轉型經濟的典型特徵，因此對經濟研究和解釋性的經濟理論的形成有非常重要的價值。我們先來簡單地回憶一下，在 1984-1986 年的通貨膨脹生成時期，中國經濟的現象是甚麼。吳敬璉教授在他的教科書式的著作《當代中國經濟改革》的第十章中對這個階段的經濟形勢做了以下分析：

　　1982 年 9 月，中共第十二次全國人民代表大會正式確定了到 20 世紀末工農業生產總值「翻兩番」的戰略目標，並提出了相應的戰略重點和戰略步驟。按照原來的部署，1980-2000 年的 20 年間，前十年是打基礎，後十年實現騰

飛。但是，當時大家的熱情很高，在某些中央領導人的鼓
勵下，從 1984 年年初開始，各地方政府競相攀比，層層加
碼，紛紛要求擴大投資規模，以便「提前翻番」。儘管後來
中央政府領導人一再提出頭腦不要發熱，但是一些地方政
府根據以往的經驗，提出了「下馬中上馬」、「批評中前進」，
繼續擴張，使得經濟過熱的勢頭一時間很難遏制。當年 9
月，中共十二屆三中全會扭轉了 1981－1983 年期間計劃經
濟思想的回潮，確立了社會主義商品經濟的改革目標。當
時群情振奮，認為從此可以放手改革，中國經濟也將很快
騰飛。同時，1984 年 10 月適逢建國 35 周年大慶，有人又
提倡「能掙會花」，一些機關和企業突擊提高工資，發放獎
金和服裝等消費品，更使得經濟過熱勢頭火上澆油。[1]

這段時間正是我在復旦大學經濟系讀大三的時候。我至今還
記得，中國的經濟學家在這段時間裡討論最多的話題的確就是通
貨膨脹。在當時看來並用當時的語言來說，通貨膨脹的發生歸咎
於「投資基金膨脹」和「消費基金膨脹」，尤其是，消費基金膨脹
在中國當時正在形成的新生代經濟學人那裡得到了格外的重視。
新生代經濟學人把這個現象在概念上創造性地定義為「國民收入
的超分配」。研究消費基金膨脹的形成機制和「國民收入超分配」

---

[1] 吳敬璉：《當代中國經濟改革》，第 358 頁。

問題成為當時中青年經濟學家的研究新熱點。不僅《經濟研究》雜誌上不斷發表大量從消費和工資上漲的邏輯來解釋通貨膨脹的理論性文章，而且在 1986 年出版的一本影響甚大的大型調查報告《改革：我們面臨的挑戰與選擇》中就專門對消費基金（主要指工資和獎金）的膨脹做了調查，而且參與這個報告寫作和討論的青年經濟學人包括了王小強、刁新申、張少傑、石小敏、白南風、張維迎、宋國青等。[1]

　　為甚麼新生代的經濟學人對消費膨脹這麼感興趣呢？在今天看來，主要原因恐怕是：新生代經濟學人正在實現着「研究範式」從註解型向解釋型的轉變，而消費基金的膨脹現象正好滿足了這些經濟學人範式轉型的需要。所以，在當時，對通貨膨脹給出的有影響的經濟學解釋明顯都帶有這個實證的色彩。大多數青年經濟學者認為，消費基金膨脹的如此經驗現象是與中國的經濟轉型方式聯繫在一起的。當政府在微觀上的控制放鬆以後，激勵機制發生了微妙的變化，引起宏觀上的國民收入分配的失衡或是「國民收入的超分配」。

　　但是，當新生代經濟學人的興趣重在解釋現象的同時，老一代經濟學家對 1984－1985 年中國宏觀經濟的激烈爭論就已經開始了。他們與年輕經濟學人的興趣存在顯著的差別，他們的爭論更加富有政策導向性、更現實，也更具對政策的影響力。比較活

---

[1] 中國經濟體制改革研究所綜合調查組編：《改革：我們面臨的挑戰與選擇》。

躍的老一代經濟學家關心的問題是：經濟過熱了嗎？我們如何看待正在發生變化的宏觀經濟形勢？政府應採取怎樣的對策？而且非常重要的是，當時，在經濟理論界的爭論與政府領導人的政策取向之間有非常密切的關聯。那個時候，中央決策層往往存在着與經濟學家內部一樣的分歧，並且這樣的分歧直接決定了誰將在最後出台的政策中佔上風。

簡單地說，活躍的老一代經濟學家的爭論和意見分歧涉及這樣一個問題：在推進改革與宏觀穩定之間哪個應該優先？到底是先改革，還是先治理通貨膨脹？這取決於怎麼判定通貨膨脹的性質。如果認為經濟總量上的平衡對推進改革而言是重要的前提條件，那麼政府就應該優先治理通貨膨脹而後再進行改革。而如果把通貨膨脹理解為轉型經濟的「非均衡」常態的話，那麼有一定的通貨膨脹並非有害，反而有助於經濟增長和改革的推進，根據這一邏輯，政府不應該採取緊縮政策來對待通貨膨脹。

以上兩種觀點和言論的代表性人物分別是中國社會科學院的劉國光和北京大學的學院派經濟學家厲以寧。其中，當時在青年改革者中影響比較大的是學院派的觀點。他們的觀點認為通貨膨脹是經濟轉型和經濟起飛時期的典型現象，而且，只是表現在結構問題上，而不是表現在總量問題上，所以不應當採取緊縮政策壓制。如果要實行從緊的宏觀政策，那就是打擊和反對了改革。可以看出，當時在爭論中，學術的分歧有時甚至也會上升到政治和原則性問題。

　　經濟學家吳敬璉在他的《當代中國經濟改革》一書中對當時的這個爭論和分歧做了一些記錄。[1] 書中記載，在當時的激烈辯論中，主張採取擴張性宏觀經濟政策的經濟學家認為，經濟的開放和搞活客觀上要求增加貨幣供應量，貨幣供應速度超過經濟增長是經濟本身提出的要求，而且保持貨幣供應在一定限度內的超前對經濟增長是一種推動。這一派觀點的理論基礎是他們自己提出的「非均衡理論」。根據這個理論，在經濟轉型時期，供不應求是常態。在中國這樣一個發展中國家，國民在可以預見的未來將始終處於總需求超過總供給的狀態中。如果政府抑制需求和限制貨幣供應量，不但不利於經濟的高速增長，並且會損害各方面的利益，招致人們對改革的支持減弱。因此，緊縮的宏觀政策是不可取的。不過，吳敬璉在書中並沒有公開提到誰是這個觀點的代表人物，他只是在腳註裡給出了他提到的這些言論的出處。根據這個註釋，這些言論是出自北京大學的學院派經濟學家厲以寧發表的一篇文章。[2]

　　不知道從何時開始，中國的媒體習慣於把厲以寧稱為「厲股份」，而把吳敬璉稱為「吳市場」。這至少説明人們看在眼裡的是，厲以寧是股份制的積極呼籲者，而吳敬璉則是市場經濟的積極倡導者。巧合的是，厲以寧與吳敬璉都是江蘇南京人，而且同

---

[1] 吳敬璉：《當代中國經濟改革》，第 355 頁。

[2] 參見厲以寧：《關於經濟改革中亟待研究的幾個理論問題》，載《經濟發展與體制改革》，1986 年，第 5 期。

生於 1930 年。在中國經濟學界，他們兩人總是作為相反言論的
代表出現在媒體上。比如，兩人自 20 世紀 90 年代以來對中國證
券市場和中國應該走甚麼樣的工業化道路等理論問題一直有着幾
乎針鋒相對的觀點。

　　與上述擴張性宏觀經濟政策的觀點完全不同，支持和主張實
行緊縮政策的經濟學家的觀點主要是，從國際經驗來看，通貨膨
脹不利於經濟發展和經濟改革。中國經濟的主要改革任務是價
格改革，它需要供求關係基本平衡，宏觀經濟環境要比較寬鬆，
政府的財力要有餘地。因此，政府應該採取果斷措施抑制通貨膨
脹，控制總需求，改善總供給。並且，在經濟的體制環境得到治
理的條件下才能迅速推進實施第一批的改革措施。吳敬璉認為，
「劉國光是這種『良好環境論』或『寬鬆環境論』的主要代表」。[1]
他認為，劉國光在 1979 年、1983 年和 1986 年出版的著作和發
表的多篇文章中，反覆闡述了抑制通貨膨脹和為改革創造「寬鬆
環境」的必要性。[2] 當然，吳敬璉本人在當時也是積極主張抑制
通貨膨脹的。

　　在 1984－1985 年間，經濟學家之間對於要不要容忍一定的
通貨膨脹以及要不要實行嚴厲緊縮政策的辯論，對國務院的決策

① 吳敬璉：《當代中國經濟改革》，第 355 頁。

② 劉國光的這些觀點分別參見劉國光：《論經濟改革與經濟調整》，南京：江蘇人
　民出版社，1983 年；《劉國光選集》，太原：山西人民出版社，1986 年；《關於
　發展社會主義商品經濟問題》，載《中國社會科學》，1986 年，第 6 期。

和政策選擇當然產生了一定的影響。1985 年 2 月初，經鄧小平同意，國務院召開了省長會議，要求各地嚴格控制投資基金和消費基金的膨脹。但數月內並未見效，宏觀形勢繼續朝膨脹方向發展，經濟學家針對通貨膨脹的辯論也並未停止。在那個特定的時期，中國經濟體制改革研究會聯合中國社會科學院和世界銀行發起了「宏觀經濟管理國際討論會」，即著名的「巴山輪會議」，其目的就是希望聽取國外經濟學家對宏觀管理的經驗介紹以及針對中國宏觀經濟管理的建議，但更為重要的目的其實是希望此次會議的聲音和結論能真正影響對於是否實行嚴厲的緊縮政策正猶豫不決的中國政府。

　　按照吳敬璉的判斷，「巴山輪會議」使國務院領導堅定了實施宏觀穩定政策的信心。吳敬璉還透露，會議上 1981 年諾貝爾經濟學獎獲得者托賓教授的發言起了很大的作用。托賓認為中國政府應該立即採取「三緊」的政策（即緊的財政政策、貨幣政策和收入政策）來抑制通貨膨脹。[①] 緊接着，在「巴山輪會議」之後，1985 年 9 月在北京召開了中國共產黨全國代表大會（中共十二屆四中全會），會議通過的《中共中央關於制定國民經濟和社會發展第七個五年計劃的建議（草案）》對 1986−1990 年的經濟改革和發展提出了四個基本原則。其中一個原則就是要求堅持總需求和總供給的基本平衡，保持消費與積累的恰當比例。這算

---

① 吳敬璉：《當代中國經濟改革》，第 356 頁。

是 1984–1985 年宏觀經濟政策辯論和「巴山輪會議」影響下的一個非常不錯的結局。

「巴山輪會議」的七大論題

在「巴山輪會議」上，經濟學家們重點討論了宏觀管理的理論和國際經驗，從概念上釐清了計劃與市場的關係、改革的目標以及經濟調控的手段等。會議最後形成了七大專題報告，它們分別是「目標模式和過渡步驟」「財政政策與宏觀管理」「貨幣政策和金融體制的改革」「收入政策與宏觀管理」「經濟增長與投資問題」「通貨膨脹和價格問題」以及「實現宏觀經濟間接控制目標的一個重要前提」。

沒有必要全面介紹這七個專題的討論內容，需要重點回顧的是其中兩個重要的理論問題，因為這兩個問題可能對中央的決策形成在實際上產生了影響。第一個問題是改革的目標與戰略方式，也就是改革的目標模式和朝市場經濟的過渡步驟。科爾內教授在這個問題上給出了有意思的概念構造。

他把協調機制區分為兩種類型：行政協調和市場協調。每一種協調機制又可分為兩種具體的形態。於是就有了直接的行政協調（1A）、間接的行政協調（2A）、沒有控制的市場協調（1B）和有宏觀控制的市場協調（2B）。這個概念組合對當時的中國經濟

學界有非常大的影響，而且在會議上，大多數學者都沿用了這個概念組合並且原則上同意 2B 應該是中國經濟改革的目標模式。與會學者還一致認為，中國的經濟改革要達到這個目標，仍需要較長的時間。因為中國的改革起點不是 1A，而可能是半個 1A。用波蘭經濟學家布魯斯的話說，中國從 1A 向 2B 的過渡將是再一次的長征。[1]

關於過渡的方式，討論主要集中在「一攬子改革」上。與會的國外經濟學家都比較強調「一攬子改革」的重要性，認為改動經濟體制是不能零敲碎打進行的，改革需要整體配套。根據郭樹清和趙人偉整理出來的報告來看，會上的代表多次強調了價格改革的迫切性，主張要盡快設計推出以價格改革為核心的配套改革方案。[2] 包括托賓、瓊斯等在內的經濟學家還提出，等價格改革成功之後再逐步推進資本市場和外匯的改革，而那應該是十年之後的事情了。[3] 這個意見對 1988 年 6 月初中央政治局會議形成的價格和工資改革的「闖關」決定應該產生了較大的影響。

「巴山輪會議」上的討論對中央的決策可能產生了影響的第二個重要的問題是，如何判斷當前的宏觀經濟態勢以及如何實施

---

[1] 參見中國經濟體制改革研究會編：《宏觀經濟的管理和改革 —— 宏觀經濟管理國際討論會言論選編》，第 19 頁。

[2] 參見同上，第 22-23 頁。

[3] 托賓的這番話曾被解釋為「中國十年內不要搞資本市場」。而且在 20 世紀 90 年代經濟學家之間關於中國資本市場的辯論中，這番話多次被吳敬璉教授引用來支持自己的觀點。

宏觀治理的政策。會議上經濟學家普遍認為中國經濟出現了過度需求，用托賓的話說，這麼多經濟思想並不一致的第一流經濟學家對中國經濟做出了相同的診斷，這一情況說明中國政府應當對此給予充分的重視。①

　　如何治理過度需求的問題自然成為會議討論的一個重要話題。多數經濟學家也一致地認為中國應該實行緊縮的財政政策和緊縮的貨幣政策（所謂「雙緊方針」），並對中國銀行體系的現狀和中央銀行的職能等技術性問題給予了比較多的改革建議。此外，會議上還特別針對收入分配的政策進行了研討，這是因為在當時，工資上漲和消費基金的膨脹蔓延正成為中國經濟學家關注的熱點問題。

　　科爾內教授指出，經濟改革有很多風險，主要風險之一就是要求增加工資的壓力過強，如不能正確處理，可能帶來嚴重的問題。托賓的意見是，工資上漲超過勞動生產率的增長速度，會導致工資（成本）推動型的通貨膨脹。他給出了一個教科書上的公式：假設其他條件不變，物價上漲率等於名義工資增長率與勞動生產率增長之間的差額。他認為，政府必須控制名義工資的過快增長，上述公式應該掛在經濟主管機關辦公室的牆上，

① 參見中國經濟體制改革研究會編：《宏觀經濟的管理和改革 —— 宏觀經濟管理國際討論會言論選編》，第 34 頁。

時刻不忘。①

　　在開始改革之後，特別是從 1984 年下半年開始，中國的工
資增長和消費基金膨脹的局面迅速蔓延。在 1985 年由中國經
濟體制改革研究會組織的大型調查中，獲得了 1984－1985 年間
工資上漲和消費膨脹的實際信息（見表 3−1）。根據這一調查報
告，「1984 年勞動生產率提高了 7.8%，國民收入增長了 12%，
而城鎮居民工資性收入增長了 22.3%，包括農村居民在內的全體
居民貨幣收入額增長了 25.3%，社會集團消費中行政管理費支出
增加了 38%。我們調查的城市消費基金增長高於全國水平。這
種城市居民消費、農村居民消費和社會集團消費三者同時大幅
度上漲的現象是新中國成立以來罕見的。1985 年，三種消費基
金還將比去年再增加 800 億元。我們面對的是消費基金的全面
膨脹」。②

　　該報告還調查了消費基金膨脹的特徵。根據調查發現，消費
基金膨脹的主要表現包括：（1）企事業單位超發獎金、濫發實物、
隨意增加津貼、擴大浮動升級；（2）「賬外灑漏」，即單位通過「賬
外」方式發放和增加各種職工收入，如套取現金、公款私存、利
用勞動服務公司作為小金庫、對外承包等；（3）國家用於職工福

---

① 參見中國經濟體制改革研究會編：《宏觀經濟的管理和改革 —— 宏觀經濟管理
　國際討論會言論選編》，第 38 頁。

② 中國經濟體制改革研究所綜合調查組編：《改革：我們面臨的挑戰與選擇》，第
　92 頁。

表 3-1　18 個城市 [①] 銀行統計消費基金增長情況表 (%)

	1984 年 1-6 月比 上年同期	1984 年 全年比上年 同期	1985 年 1-6 月比 上年同期	1985 年 1-6 月比 1983 年 1-6 月
一、工資和對個人其他支出 其中：	13.1	22.8	35.2	52.8
1. 國家工資支出	12.1	16.0	20.2	34.7
2. 國家職工資金支出	2.7	57.4	89.7	94.7
3. 國家對個人其他支出	21.5	37.6	63.2	98.8
4. 國家職工工資和對個人 其他支出 (1+2+3)	13.0	25.1	36.1	53.9
5. 城鎮集體單位工資支出	13.0	22.43	33.8	51.2
二、行政企業管理費支出	19.2	40.4	72.5	105.7

利、物價住房補貼以及其他轉移支付的基金迅速增長。這就導致中國的實際工資成本（勞動力價格）迅速上漲了。在當時，賬面工資佔總成本的比重不到 10%，但加上各種福利支付和補貼，工資性支出比重則達到了 15% 以上，超過了日本 13% 和蘇聯 15% 的水平。[②]

　　由於消費基金的膨脹轉入更加隱蔽以及採用「體制外」的支付方式，造成國家統計局對企事業單位工資總額的統計數據產生嚴重的向下的誤差。調查報告中對國家統計局的工資總額的統計數據與來自銀行的工資性現金支出數據進行了核對，結果發現兩者之間的缺口在 1984 年以後跳躍性地擴大了（見圖 3-2）。

[①] 18 個城市為廣州、杭州、昆明、南昌、天津、福州、廈門、南京、西安、蘭州、合肥、沙市、石家莊、溫州、濰坊、濟南、瀋陽、哈爾濱。

[②] 中國經濟體制改革研究所綜合調查組編：《改革：我們面臨的挑戰與選擇》，第 94 頁。

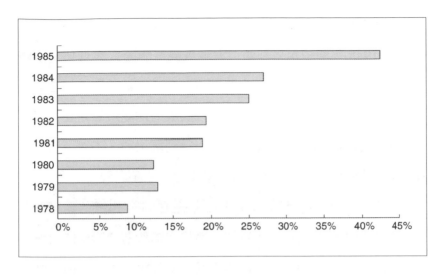

註：本圖的百分比是銀行發放的實際工資性現金支出超過統計局的工資總額統計的幅度。銀行的統計對於監視消費基金的增長更準確，但依然不能充分反映「賬外灑漏」的消費基金的增長部分。
資料來源：中國經濟體制改革研究所綜合調查組編：《改革：我們面臨的挑戰與選擇》，第94頁。

圖 3-2　統計局與銀行統計工資的差距

　　那麼，怎麼控制工資的過快增長呢？在「巴山輪會議」上，布魯斯提出，單純使用經濟手段難以保障工資與勞動生產率之間的正確關係，需要考慮採取必要的行政干預。托賓也主張，中國政府不能馬上放棄行政的控制。他甚至建議把目前由銀行監督工資總額發放的辦法逐步改成控制每小時工資水平的辦法。也有的經濟學家認為中國當前使用的對超額發放的工資實行徵稅的政策應該嚴格執行。但是，總體上，與會的國外經濟學家認為，在西方，由於工會組織和其他因素，政府控制工資過快增長的經驗並不多。但是大多數經濟學家不主張把工資與物價掛起鈎來，這種

「收入指數化」的主張在會議上沒有得到認同。

　　從 1985 年的情況來判斷，大多數經濟學家大大低估了中國非國有部門的擴張以及勞動力跨部門和跨地區流動的發展速度。實際上，中國的工資增長過快和消費膨脹的問題最終是在非國有部門的崛起與勞動力自由化的過程中得到解決的。不過，這些問題在當時的「巴山輪會議」上似乎還沒有人能預料到。

　　但是，中國經濟體制改革研究會於 1985 年組織的那場大型調查報告對中國如何解決工資增長過快與消費基金膨脹的問題卻超前地做出了重要預測。這份由李峻和夏曉汛負責執筆的調查報告《消費膨脹：改革與發展面臨的嚴峻挑戰》在結束部分這樣寫道：「在當前宏觀失控局面未扭轉之前，為了鞏固現有的各個成果，並為進一步改革創造機會，對消費基金加強行政管理約束是必要的，但這不是我們的目標。就中長期來看，對勞動力價格的管理從僵硬的計劃管制下解放出來，開放勞動力市場，把勞動力無限供給的潛能釋放出來，由市場機制 —— 勞動力的供求關係來決定相對工資水平，從機制上抑制勞動力價格上漲趨勢，把國家從煩瑣的具體工資標準的設計中解脫出來，集中精力從事宏觀分配政策和工資基金總量的管理，是改革的方向。」[1] 事實證明，今天倒是真的做到了。

---

① 中國經濟體制改革研究所綜合調查組編：《改革：我們面臨的挑戰與選擇》，第 108 頁。

中國經驗的理論貢獻

在前文中我們實際上討論了 1978-1994 年間四次嚴重的通貨膨脹時期。從圖 3-1 可以看出，中國經濟在 1994 年之後進入了宏觀經濟穩定和通貨緊縮時期，而在 1992 年經歷了改革開放以後最嚴重的通貨膨脹。另外，由於受到 1997 年亞洲金融危機的負面影響，在 1998-2001 年間，物價總水平甚至出現了負增長，即通貨緊縮，不過，很快又恢復到正的但微不足道的增長。

有意思的是，無論是在通貨膨脹時期，還是在通貨緊縮時期，中國經濟的產出始終都保持着高速增長。產出與通貨膨脹之間為正的相關關係在其他轉型經濟裡很少出現。例如，在俄羅斯和其他東歐國家，總產出的下降與通貨膨脹在經濟實行自由化改革中一直並存。而在中國，1978-1993 年間，通貨膨脹與經濟增長始終保持着正相關的關係；而在 1993 年之後，GDP 的增長又與通貨緊縮並存。

頻繁的通貨膨脹和收放循環的那一段經歷雖然已經成為過去，但這個現象留給經濟學家的卻是一次理論創造的機會。我們知道了很多那個階段的故事，包括「提前翻番」，也包括工資增長過快和消費基金的膨脹，我們也比較認同「國民收入超分配」的說法。但是，在很長的時間裡，經濟學家一直希望能夠找到一個可檢驗的經濟學的理論，這個理論需要解釋為甚麼中國在轉型初

期的通貨膨脹會伴隨着產出的增長而不是產出的下降。

一個好的經濟學理論是不容易產生的，它需要創新。它不僅要在邏輯上能夠自圓其說，具有可以實證檢驗的性質，而且它要抓住相對重要的經驗現象，而且解釋最好是比較簡單的。20 世紀 80 年代中期以來，確實在經濟學文獻裡出現了不少解釋中國通貨膨脹循環的理論。的確，從早期的文獻上看，大多數解釋中國通貨膨脹的理論主要是解釋為甚麼會出現消費膨脹、為甚麼國有企業存在追求投資擴張的衝動等。這些解釋對於我們理解中國轉型初期的通貨膨脹循環現象當然是有幫助的，但是，這些理論總體上還只是幫助我們認識了一些局部以及更零碎的現象。這些現象是有用的，但還不是比較重要的經驗現象。所以，在我的印象裡，那個時候大多數解釋通貨膨脹循環的理論不過是在重複教科書上關於通貨膨脹會由總需求的膨脹而拉起的基本原理而已。它們更像是已有理論的應用而不是理論的創新。

一直到了 2000 年 4 月，美國芝加哥大學的《政治經濟學雜誌》（*Journal of Political Economy*，被認為是最有影響的經濟學期刊之一）發表了一篇由多倫多大學的勞倫·布蘭特（Loren Brandt）和朱曉冬（Xiaodong Zhu）署名的論文，文章提出了一個解釋中國在 1981－1993 年間通貨膨脹循環的新理論。我認為這可能是到目前為止最好的一個理論，因為這個理論試圖去捕捉中國現象對經濟學可能存在的貢獻機會。一個理論在沒有更好的替代理論出現之前，我們暫且說它是最好的理論。理論不是

真理，理論是可爭論的。好的理論總是激發出人們去推翻它的慾望。

這篇論文的題目是《一個分權經濟中的再分配：中國改革時期的增長與通貨膨脹》[1]。作者在論文裡給出了一個解釋中國在1981－1993年間通貨膨脹循環的非常簡單的理論。

作者的理論建立在這樣兩個基本的現象關聯之上：第一，1981－1993年間的通貨膨脹總是與貨幣的增發聯繫在一起；第二，這一時期的通貨膨脹總是伴隨着產出的增長。那麼，到底又是甚麼東西使這兩個現象關聯在一起的呢？作者認為，是銀行信貸向非國有部門的分流（credit diversion）把以上兩個現象關聯起來了。

原先，銀行信貸是政府控制的，怎麼可能出現信貸向非國有部門的分流呢？作者認為，這是分權的結果。由於分權化的改革，指令性的信貸分配不再奏效。進一步來説，即使有了信貸的分流，如果信貸總額在當年是固定的，那麼銀行信貸向非國有部門的分流只能解釋非國有部門的產出增長，但並不能解釋為甚麼會伴隨着通貨膨脹。而作者的這篇文章之所以重要，就是因為作者在這裡巧妙地找到了一個外生的東西，它使得信貸的規模不再固定。這個外生的東西就是當時政府對國有企業的就業保障和承

---

[1] Loren Brandt and Xiaodong Zhu, "Redistribution in a Decentralized Economy: Growth and Inflation in China under Reform", *Journal of Political Economy*, 2000, 108(2): 422-439.

諾。而這個就業保障是由中國的社會主義體制決定的，所以對於信貸的分配而言是外生的東西。

於是，解釋通貨膨脹和產出增長相伴隨的理論就出來了：分權化的改革越來越使銀行的信貸開始向非國有企業分流。由於非國有企業的生產率高於國有企業，因此它們之間生產率的差解釋了產出為甚麼會持續增長；而政府為了維持國有企業的就業和福利待遇等（這個承諾是外生的），只能對國有企業實行補貼。由於分權改革造成政府財政補貼能力的下降，因此政府不得不越來越多地依賴貨幣創造（money creation）來補貼國有部門，從而引起通貨膨脹。每一次只要政府想控制通貨膨脹，就必然也只能控制信貸向非國有企業的分流。控制住了這個環節，貨幣創造的壓力就釋放了。這樣一來，抑制了通貨膨脹，但也影響了產出的增長。而要增加產出，又必須再放鬆對信貸分流的控制，從而形成「收—放」的循環。

這個理論與通常人們所接受的理論有一個不同。在解釋中國通貨膨脹和產出波動的形成機理時，一般的理論都突出了投資規模的角色，認為是投資規模的變動引起產出的波動和通貨膨脹。不過，一般的理論在經驗上的基礎並不牢靠，因為大多數情況下，產出波動的時候，投資佔 GDP 的比重並沒有特別明顯的變動。而勞倫‧布蘭特和朱曉冬的理論強調的不是總的投資規模，而是投資在效率不同的兩個部門之間的分配。

為了檢驗這個理論與經驗觀察是否吻合，作者估計了國有企

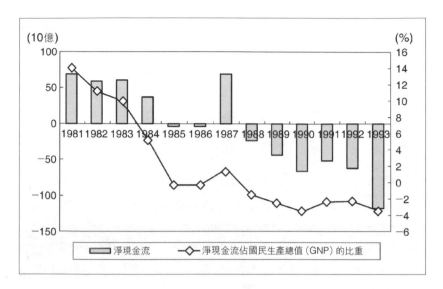

資料來源：根據勞倫・布蘭特和朱曉冬 2000 年發表的論文中的數據繪製而成。

圖 3-3　國有企業的淨現金流變化（1981－1993）

業部門和非國有企業部門的「淨現金流」，它是企業的產出與所有非金融性投入（包括投資、社會福利支出等）的差額。作者用「淨現金流」來衡量國有企業部門的補貼缺口。圖 3-3 是基於作者的數據繪製的國有企業的淨現金流以及其所佔 GNP 的比重的變動模式，我們可以從中清晰地看出，1983 年以後這個缺口越來越大了。之後，作者對其理論進行了統計上的檢驗。

作者在統計上進行檢驗的是這樣幾個由其理論推演出來的命題：（1）信貸向非國有企業的分流應該減少國有企業在全部固定資產投資中的份額，兩者應該是負向關係；（2）國有企業的投資份額下降應該降低 GNP 的增長率，兩者應該是負向的關係；（3）

貨幣的創造應該隨着國有企業投資份額的下降而增加，兩者應該是負向關係；(4) 通貨膨脹應該是貨幣創造的結果，兩者應該是正向的關係。

在數據上，作者用「鑄幣稅收入」(seigniorage) 作為貨幣創造的代理變量。表 3-2 顯示的回歸結果在統計意義上驗證了上述命題。

表 3-2　回歸結果

被解釋變量	解釋變量				
	常數項	非國有信貸比率	國有企業的投資份額	滯後的鑄幣稅	調整後的 R2
國有企業的投資份額	0.878 (28.86)	−0.332 (−3.24)			0.44
GNP 的實際增長率	0.698 (3.89)		−0.757 (−3.37)		0.49
鑄幣稅 / GNP 比重	2.30 (3.19)		−2.553 (−2.87)		0.40
通貨膨脹	−0.028 (−0.78)			0.310 (2.19)	0.43

資料來源：根據勞倫‧布蘭特和朱曉冬的論文中表 2 改編。

2005 年，在《發展經濟學雜誌》(*Journal of Development Economics*) 上，另外兩位作者費爾滕斯坦 (Feltenstein) 和岩田 (Iwata) 把這個解釋框架進一步推廣到了 1952 年以後的中國的商業週期現象上。[1] 費爾滕斯坦和岩田在論文裡的研究證實，在數

[1] Andrew Feltenstein and Shigeru Iwata, "Decentralization and Macroeconomic Performance in China", *Journal of Development Economics*, 2005, 76: 481-501.

據允許的 1952－1996 年間，中國不斷發生的通貨膨脹是財政向地方政府分權的一個不可避免的結果。地方政府不斷獲得的財政自主權經過一個傳導機制最後推動了貨幣創造，使貨幣供給常常失去控制，從而通貨膨脹總是頻繁地發生。按照他們的理論，中國的經濟分權對實物產出有顯著的正面影響，但財政分權卻不利於物價的穩定。這個結論與前文中我們所討論的理論當然是「如出一轍」。

事實上，這個理論也有助於解釋 1994 年以後中國商業週期的變化。1994 年之後，國有企業的佈局發生了變化，國有企業的數量大大減少。再加上 1994 年實行的中央與地方的分稅制大大提高了中央政府的預算收入的比重，從而緩釋了對貨幣創造的需求。1994 年實行分稅制之後，地方政府的財政收入增長緩慢，限制了對地方國有企業的補貼能力，結果大多數地方的中小型國有企業不得不被民營化。所以，在 1994 年之後，超額貨幣創造的壓力沒有了。這是中國在 1994 年之後通貨膨脹消失的主要原因。

在中國的經濟學界，人們總是在思維上習慣於把 1994 年之後通貨膨脹的消失和通貨緊縮的產生簡單地歸因於所謂「產能過剩」。但是，這樣的解釋無異於邏輯上的「同義語反覆」。這好像是在用總供給和總需求曲線去定義甚麼是通貨緊縮，這不是好的經濟學理論。「產能過剩」的流行觀點並沒有告訴我們為甚麼在 1994 年之後產能才過剩，產能的擴張在 1993 年之前就持續發生了，並沒能阻止通貨膨脹的到來（最後一次惡性的通貨膨脹發生

在 1992－1993 年）。而且，沒有理由認為 1993 年之後與之前產能的擴張有着本質的不同。而事實是，在此之前的通貨膨脹高發時期，產能也是一直在增長的。所以，從邏輯上說，「產能過剩」不應該是 1993 年之後通貨膨脹遠離我們的主要原因。解釋中國通貨緊縮生成機制的任何好的理論都要能夠同時解釋為甚麼曾經擺脫不掉頻繁的通貨膨脹的壓力。

在解釋 1994 年之後通貨膨脹壓力的解除方面，勞倫·布蘭特和朱曉冬的理論至少讓我們去關注了更重要的現象，每一次的通貨膨脹總是與中央政府的過多透支行為聯繫在一起。因此，當中央政府在 1994 年之後把更多的財政收入集中在自己手中以後，一系列的事情自然就發生了變化：

第一，過去不斷由中央政府的透支行為而推動的貨幣創造的機會基本被控制住了。

第二，地方的財力被約束之後，地方政府因為財力有限而不得不加快了對國有企業的民營化進程，從前政府保障國有企業部門就業和福利的「外生」承諾被動搖和瓦解了。

第三，中央政府不斷積累的財政收入顯著提高了中央政府對宏觀經濟的平衡和調控能力。特別是，當中央的財力提高之後，可以在宏觀總量上加大對於基礎產業和重要基礎設施的投入，緩解瓶頸行業的約束。而且中央政府財力的大幅度增長提高了中央政府對上游產業的收入或者價格的補貼能力，使得基礎原材料和能源價格的上漲對下游的傳導因為中央政府的補貼能

力而梗阻了。

　　而這些方面的變化與 1994 年以後中央與地方財稅安排的改變以及國有經濟的戰略性重組的精彩故事有直接的關係。要弄明白通貨膨脹為甚麼離我們而去，我們更需要注意這些故事。

第 四 章

特區試驗場

鄧小平在 1985 年 8 月 1 日會見日本公明黨第十三次訪華代表團時説:「前不久我對一位外國客人説,深圳是個試驗,外面就有人議論,説甚麼中國的政策是不是又要改變,是不是我否定了原來關於經濟特區的判斷。所以,現在我要肯定兩句話:第一句話是,建立經濟特區的政策是正確的;第二句話是,經濟特區還是一個試驗。這兩句話不矛盾。我們的整個開放政策也是一個試驗,從世界的角度來講,也是一個大試驗。總之,中國的對外開放政策是堅定不移的,但在開放過程中要小心謹慎。我們取得了一些成績,但一定要保持謙遜態度。」[1]

今天的經濟學家也都這麼説,40 年來中國經濟的改革應該解讀為一場大規模的社會實驗和制度變遷過程。這話聽起來是很震撼人心的。但是,對於 40 年前的中國領導人而言,制度變革

---

[1] 這句話出自《鄧小平文選》,第 3 卷,第 133 頁。

並不是一個可以事先設計得當的試驗，沒有人對此有足夠的知識準備。而當改革的領導人鄧小平決定把一個鄰近香港的南方小鎮闢為中國整體經濟體制改革的試驗場的時候，迎來的多半還是阻力、懷疑、挑戰和指責。於是，這才有了上面鄧小平有所針對的那段話。

40 年來儘管風雨坎坷，深圳作為中國的第一個經濟特區，也確實是名副其實的試驗場。它有 1979 年第一個引進香港「外資」興辦的來料加工企業；它有 1981 年在蛇口第一個採用的建築工程招標制度；它有 1983 年向社會公開發行（IPO）的全國第一張寶安聯合投資公司的股票；它有 1985 年成立的第一個外匯交易中心；它有 1987 年第一個土地使用權的拍賣會；它有全國第一個勞動力市場和工資制度的改革；它還有 1990 年第一個探索出的國有資產三級授權經營的模式；它是建立勞動服務公司和實行勞動就業合同制的第一個嘗試者，是最早進行外匯管理體制改革的區域，也是實行政企分離、廢除幹部職務終身制和引進招聘上崗制度的先鋒。[1]

1987 年春，我有機會與我的同學一行四人坐火車南下，去了廣州、深圳和珠海。那個時候，作為經濟特區，深圳和珠海並

---

[1] 這裡的概括綜合了以下研究文獻：谷書堂主編：《深圳經濟特區調查和經濟開發區研究》，天津：南開大學出版社，1984 年；蘇東斌主編：《中國經濟特區史略》，廣州：廣東經濟出版社，2001 年，第 5 頁和第 94–95 頁；暨南大學經濟學院經濟研究所、深圳市科學技術協會聯合編寫：《中國經濟特區研究》，1984 年內部資料印刷。

不是可以隨便進去的，出發前我們在上海辦理好了去深圳和珠海
的手續。珠海留給我的印象並不深，但深圳給我的印象很深刻。
當時深圳已經出現了一些現代化的建築和購物中心，我們從深圳
大學那裡還搭乘小巴車去了蛇口工業區參觀。20世紀80年代去
深圳的人都想方設法要去一趟地處山區的所謂「中英街」。「中
英街」是在沙頭角鎮上的一條小街，一邊歸屬香港，一邊歸屬深
圳。有意思的是，在「中英街」，內地人跨到街道那一邊的香港
商店裡，內地的警察是要喊他們出來的，因為內地人被允許逗
留在「香港」的時間是有限的。我記不得我們編造了甚麼理由到
深圳公安局拿到了去「中英街」的通行證，只記得我在「中英街」
買的一塊香港的布料至今還鎖在家裡的衣櫥裡，不知道該派甚
麼用場。

試驗改革的回聲

20世紀90年代初的那段時間，國內外的經濟學家都對中國
在80年代以來的改革策略表現出了濃厚的興趣。一個關於轉型
經濟學的領域迅速成長。屬於中國自己的經濟學家也是在這個時
候開始研究和總結中國經濟改革的方式的。1991－1994年間，中
國的經濟學家在上海連續舉辦的經濟學學術會議成為日後在中國
流行多年的「過渡經濟學」（economics of transition）的起點和基

礎。在經濟學家總結的中國經濟改革策略的經驗當中,「增量改革」(incremental reforms) 和「試驗改革」(experimental reforms) 成為最沒有異議的兩個新概念。其中,「試驗改革」所描繪的不僅是一種在改革中央計劃經濟管理體制上遵循的所謂「錯了再試」的經驗主義的方式,而且其顯然也刻畫出了 80 年代經濟學家所觀察到的兩項帶有某些「自發試驗」性質的經驗事實:絕大多數中國農村地區的「包產到戶」以及在廣東、福建和沿海一帶通商口岸的開放。

回想起來,這兩件事情可以說是 40 多年前發生在中國經濟改革初期最重要的事件,而且它們改變了中國經濟及其體制。我做出這樣的評價並不是脫口而出,而是經過深思熟慮的結論。其實,道理是很容易想明白的,不需要我們在這裡展開更多的討論。簡單地說,1979 年之後,中國的農村家庭普遍放棄生產隊和人民公社這樣的集體耕作制度,轉向選擇「家庭聯產承包責任制」(俗稱「包產到戶」),解決了絕大多數中國農民的溫飽問題,釋放出了幾億的農村剩餘勞動力,推動了農村的工業化和中國經濟在部門結構上的變遷;而最早在廣東、福建,後來在沿海一帶開放通商口岸更是打開了中國封閉經濟的缺口,它像閥門被打開一樣,迅速地釋放了中國經濟被長期壓抑的「比較優勢」,有力地將中國帶入了全球化的軌道。

有意思的是,這兩件事情多多少少又都部分地帶有「自發試驗」的性質。即使有政府被動的默許和無奈的選擇在裡面,但「包

產到戶」肯定不是由政府設計和推廣出來的制度試驗，而是農戶自發的選擇。深圳特區的出現，看上去是我們設計好的一個試驗，其實它並不完全是偶然事件，其中也有很多自發而必然的成分，它被與寶安縣禁而不止的偷渡逃港事情聯繫了起來。從這個意義上講，這兩次重要的事件背後掩埋的「火種」比我們通常所說的「改革開放」差不多要早上 20 年。很多人可能都注意到，周其仁教授於 2008 年 1 月在北京的一次演講中有一段內容，就提到了這兩次事件發生的早期線索。

他提到，1959–1961 年間中國的三年困難時期逼出了波及全國多個省區的包產到戶。我在網絡上找到的周其仁演講的現場記錄稿中，周其仁說到，事實上，在 1961 年前後，全國發生了較大規模的包產到戶，比如說河南，但當時不叫包產到戶，叫借地，就是農民向人民公社借土地來種，所謂借地自救；安徽大概 40% 的生產隊實行了包產到戶，當時也不叫包產到戶，叫救命田，把地劃給農民自己種，以度過困難時期。[1]

周其仁提到的第二次事件是發生在 1962 年的廣東省寶安縣（現為深圳市轄區）的偷渡逃港事件。他說，由於各種傳言和國內的經濟困難，就在寶安這個地方，曾積集了 10 萬人口意圖偷

---

[1] 周其仁是在 2008 年 1 月 12 日北京大學光華管理學院主辦的第十屆「光華新年論壇」上做這個演講的，後來他根據演講內容，修改之後發表了文章《重新界定產權之路》，載《經濟觀察報》，2008 年 1 月 20 日（來源：http://www.cenet.org.cn/article.asp? articleid=30173）。

渡逃港，這些人來自全國 12 個省區、廣東 62 個市縣。當時約 6
萬人偷渡出境，其中大部分被港英當局遣返回來。在這樣偷渡猖
獗的背景下，沒有辦法，當地確實被逼出要利用香港發展邊境貿
易來建設寶安和開放市場的政策。用周其仁的話説：「回頭看，
這個事件埋下了未來開放的契機。」[1]

　　很多人在今天説，深圳過去是一個寧靜的小漁村。其實，
它顯然並不寧靜。周其仁提到的寶安縣在 20 世紀 60 年代發生
的偷渡事件，甚至驚動了中央領導。關於寶安這一段並不寧靜的
日子，我還找到了蘇東斌教授主編的《中國經濟特區史略》中記
載的資料。[2] 資料顯示，1898 年 6 月 9 日即清光緒二十四年四
月二十一日，清政府在割讓了屬於新安縣的香港島和九龍半島之
後，又與英國簽訂了《展拓香港界址專條》，將新安縣的新界也
以 99 年的租期借給了英國。深圳河對岸的香港在 20 世紀 50-70
年代一舉成為新興工業化的經濟發展區，而河這岸的寶安縣（新
安縣在 1913 年改名為寶安縣）卻因為它的「邊防」地位而被封閉
起來，經濟和社會長期都沒有甚麼變化發展。其實，在 1951 年
寶安封鎖邊界之後，偷渡就開始產生並不斷蔓延。根據黃也平
主編的《中國大決策紀實：1978-1998》一書提供的數據，寶安
縣的偷渡高潮分別發生在 1957 年、1962 年、1972 年和 1978-

---

[1] 參見周其仁：《重新界定產權之路》。

[2] 以下參考了蘇東斌主編的《中國經濟特區史略》第 1 章的有關內容，第 36-
　　40 頁。

1979 年，行動外逃總計 119274 人次，其中已逃出港的有 60157 人。[①]1979 年深圳第一任市委書記張勳甫上任的頭一個月就發生了 3054 人次的老百姓逃港事件，逃出 1855 人。[②]

陳宏在《1979-2000 深圳重大決策和事件民間觀察》一書中提到，1979 年 5 月 6 日，來自惠陽、東莞、寶安 80 多個鄉鎮的七萬群眾，像數十條兇猛的洪流，黑壓壓地撲向深圳，兩個海防前哨不到半個小時就被人山人海吞噬了。這場驚天驟變是被一則謠言引爆的，謠言説，在英國女王伊麗莎白二世加冕紀念日當天，香港實行大赦——凡滯港人士可於三天內向政府申報香港永久居民。[③]

最有意思的是，董濱和高小林合著的《突破——中國特區啟示錄》以及蘇東斌教授主編的《中國經濟特區史略》中都特別提到，剛剛恢復工作的鄧小平在 1977 年 11 月 11 日視察廣州的時候，作為重大的惡性政治事件，廣東省委向鄧小平彙報了深圳這個不足三萬人的小鎮出現的惡性逃港熱潮。而鄧小平聽後卻沉默了很久之後説「這是我們的政策有問題」，他還説：「此事不是部隊能夠管得了的。」這話在當時着實讓很多人摸不着頭腦，難以

---

① 這個數據來自黃也平主編的《中國大決策紀實：1978-1998》（上），北京：光明日報出版社，1998 年，第 180 頁。轉引自蘇東斌主編：《中國經濟特區史略》，第 1 章，第 38 頁。

② 參見蘇東斌主編：《中國經濟特區史略》，第 39 頁。

③ 摘自陳宏：《1979-2000 深圳重大決策和事件民間觀察》，武漢：長江文藝出版社，2006 年。

理解其中的含義。^① 而等到 1979 年 5 月 14 日時任國務院副總理
谷牧視察深圳時，才終於破了題。針對逃港事件，谷副總理説了
句算是鼓舞人心的話：「現在往那邊跑的多，將來一定是往我們
這邊來的多。我們大家共同努力吧。」^② 不知道香港人今天從羅湖
橋上走往深圳時，是否知道 40 年前谷副總理的這句話。

　　我們剛才提到的這次持續的偷渡事件對中國改革領導人選擇
深圳建設特區的決策的確有着深刻影響。尤其是，它是中國政府
接受設立深圳特區的最初建議的非常關鍵的因素。但是，如果因
此就説深圳特區的設立完全是偶然事件導致的結果，那就錯了。

　　另一個純粹的看法，也是在我翻閱的大多數中英文研究文
獻裡的基本觀點，即深圳特區的設立在戰略上應該理解為中國政
府實現開放並與世界經濟逐步一體化的一座「橋樑」和一個「窗
口」。不過，對於這個純粹經濟理性的邏輯解釋很早就有人提出
過挑戰。比如，在《亞洲公共行政學》(*The Asian Journal of Public
Administration*) 雜誌於 1985 年底出版的一期關於中國經濟特區的
特刊上，龔啟聖 (James Kung) 博士發表了題為「中國經濟特區的
起源與表現」的研究文章。他在文章中這樣説：「假如經濟原則是
適用的話，那麼人們就會問，類似的政策為甚麼不在主要的工業城

---

① 董濱和高小林在他們的《突破 —— 中國特區啟示錄》一書中描述：坐在一旁的
　中共廣東省委組織部副部長劉波聽得非常清晰，他先是驚詫，繼而疑惑⋯⋯省
　委領導的心掉進了雲裡霧裡。直到十天後鄧小平離穗回京，這兩句話仍然沒有
　解開謎底。轉引自陳宏：《1979–2000 深圳重大決策和事件民間觀察》，第 8 頁。
② 參見蘇東斌主編：《中國經濟特區史略》，第 39 頁。

市，如廣州、上海和天津採用，那裡現有的工業基礎和熟練勞動力的環境更適合於外商投資。換句話說，如果在這些城市採用當前的『增長極』（growth pole）戰略的話，單位投資的邊際成本會更低。」[1]

所以，我們不能否認，當時在中國改革領導人的頭腦裡存在着尋找一個體制試驗場和改革突破口的想法。關於這一點，下面行將記述的深圳特區從醞釀到批准的整個過程會給予證明。中國改革領導人明白，突然開放像上海、廣州這樣的大城市不僅社會風險和代價極高，而且在那個時候，外資是否對中國政府的全面開放政策擁有足夠的信心與安全感，仍是一個很大的不確定性問題。在這種情況下，選擇深圳作為試驗場，利用其毗鄰香港的地理優勢，通過新體制試驗和吸引港澳資本的落戶政策，最終向西方投資者證明，中國的開放政策和推進經濟市場化的改革是一個可以信賴的承諾。從這個意義上講，選擇深圳作為特區試驗場其實是一個典型的經濟社會成本—收益分析的理性結果。

成立特區的過程

在 1979 年 5 月，谷牧同志講「現在往那邊跑的多，將來一

---

[1] 參見James Kung, "The Origins and Performance of China's Special Economic Zones", *The Asian Journal of Public Administration*, 1985, Vol.7, no.2 (December): 198-215。

定是往我們這邊來的多」這句話的時候，應該說是鼓勵大於自信的。即使不懷疑中國人的能力，我們仍然對當時的特區決策充滿着重重疑慮。事實上，在 20 世紀 70 年代末，雖然黨的十一屆三中全會決定放棄以階級鬥爭為綱的指導思想，形成了轉向經濟建設的共識，但是如何開始經濟建設？甚麼是經濟發展的可行模式？如何改革一個形成了幾十年的僵化的計劃經濟體制？經濟改革有沒有可遵循的方案？到底從哪兒開始？甚麼是突破口？應該保留多少計劃？引進多少市場？改革的目標模式到底是甚麼？對於政府而言，這些還都是未知數。而且當時，以蘇聯經濟學教科書為教條的傳統馬克思主義政治經濟學還處於經濟理論界的權威統治時期，社會和經濟制度的「性質」（或者「主義」）還仍然是中國經濟學家考慮問題的核心概念框架。因此，今天我們對 40 年前深圳和珠海等為甚麼能被中央考慮並批准成為「特區」充滿好奇。

回想起來，中國經濟改革這 40 年的過程，固然出現了許多新奇的、創造性的做法和現象，值得我們今天認真總結和研究。但從根本上講，中國在經濟轉型中始終採納的是一條折中的道路。我們在中國的黨政文件和媒體上經常見到聽到，也習以為常的說法是「多種經濟成分並存」或是「多種所有制形式並存」。為甚麼那麼多的政治家、官員、老一代的經濟學家不容易接受市場經濟、私營企業、私有制或者經濟自由化、私有化之類的提法，卻在「多種經濟成分並存」這個提法上表現出驚人的一致和認

同？真是奇怪，中國經濟轉型的這 40 年，始終沒有脫離「多種經濟成分並存」的制度框架。如果它是雜亂的和缺乏邏輯的拼盤，那麼它的生命力來自何處？

顯然，現在的經濟學家還沒有對這個具有中國特色的經驗和制度結構給予更多的關注，但這卻是我一直不願意放棄思考的題目。為此，我也總是不斷地去閱讀《鄧小平文選》第三卷，而每一次閱讀都有新的感受。作為政治家的文選，《鄧小平文選》第三卷中的每句話似乎都是不可替代的，都有它在中國經濟轉型和發展中的意義和力量。同樣，儘管深圳的這個試驗帶有自發和倒逼的性質，但是在當時的政治條件下，要在廣東沿海一帶正式設立經濟特區並且中央要做出這個關於特區的決定，聽上去並不是理所當然的，更不會沒有政治上的鬥爭。但是，這個決策似乎又沒有我們想像的那麼複雜和困難。這當然與鄧小平在 20 世紀 70 年代末頭腦中就有的局部開放思想和沿海發展戰略有直接的關係。

「1979 年，那是一個春天，有一位老人，在中國的南海邊畫了一個圈……」這是唱遍大江南北的《春天的故事》裡的歌詞，形象而誇張地描述了深圳經濟特區的由來。為了搞清楚設立深圳特區決策的提出和批准經濟特區的政治決策的過程，我查閱了很多資料，最初發現整個決策過程的線索特別多，要理出一個頭緒還真不容易。後來我慢慢明白了，這裡面不光涉及深圳特區的形成及其決策過程，還有一段關於深圳的蛇口與香港招商局的插

曲，而蛇口工業區的成立要早於深圳特區。這個故事我會馬上講述，但總的來說，1978-1979 年圍繞深圳而發生的高層決策是非常值得記述的一個關於 40 年來中國經濟改革的片段。那麼，讓我從 1978 年關於蛇口的故事說起。

歷史的安排往往就是這麼巧妙。在 1978 年初，可以說中國還處於百廢待興和改革開放的前夜，但中國的高層領導人卻掀起了一次出國考察熱。據說一年裡有 13 位副總理和副委員長以上的領導人先後 20 次訪問了 50 個國家。鄧小平也在這一年訪問了日本、歐洲和亞洲。[①] 在 1978 年 10 月的最後一週裡，鄧小平訪問了日本；11 月 5-14 日，鄧小平前往泰國、馬來西亞、新加坡訪問。他訪問日本時，日本現代科技的發達水平給他留下了深刻印象。他在日本體驗了「新幹線」，還參觀了松下電器公司。我在後來的電視上看到這樣一個片段，印象頗深：鄧小平在參觀松下電器時，在一間展示微波爐的展示廳裡親口品嘗了用微波爐加熱後的燒賣。

後來，鄧小平到了「新馬泰」，它們充分利用外資進行經濟發展的經驗給他留下了深刻的印象。鄧小平在 1979 年 10 月的一次講話中說：「我到新加坡去，了解他們利用外資的一些情況。外國人在新加坡設廠，新加坡得到幾個好處：一是外國企業利潤的

---

① 轉引自董濱、高小林：《突破 —— 中國特區啟示錄》，第 17 頁。但是虹霞在《中國經濟特區的形成之路》一文中則提到領導人的出國訪問是 21 次，訪問了 51 個國家，載《縱橫》，1999 年，第 4 期，第 39-42 頁。

35% 要用來交稅，這一部分國家得了；一個是勞務收入，工人得了；還有一個是帶動了它的服務行業，這都是收入⋯⋯我認為，現在研究財經問題，有一個立足點要放在充分利用、善於利用外資上，不利用太可惜了。」①

就在 1978 年 4 月的時候，國家計劃委員會和外貿部也曾組織「港澳經濟貿易考察團」前往香港和澳門考察。回到北京後，考察團向國務院提交了一份考察報告 ——《港澳經濟貿易考察報告》。報告建議把靠近香港和澳門的寶安和珠海劃為出口基地，力爭三五年內建設成為對外生產基地、加工基地和吸引港澳客人的旅遊區。剛從西歐考察回來的谷牧副總理深感開放的重要性和緊迫性，自然對這個及時送上來的報告十分讚賞。於是，1978 年 6 月，該報告就得到中央領導人的同意，並且鼓勵把出口基地辦起來。②

交通部和廣東省在 1979 年元旦之後，向李先念並國務院遞交了一份建議報告，主張在靠近香港的深圳蛇口建立一個碼頭，發展招商局與香港的貿易。理由很簡單，香港的地價和勞動力價格都太貴，如果能在蛇口建立與航運有關的一個工業區，既可以充分發揮廣東的地價和勞動力價格的比較優勢，又可以利用香港的資金和技術，豈不是一舉兩得。

---

① 《鄧小平文選》，第 2 卷，北京：人民出版社，2008 年，第 199 頁。

② 以下關於蛇口工業區方案提出和決策過程的描述參考了《中國經濟特區史略》提供的資料。參見蘇東斌主編：《中國經濟特區史略》，第 47–49 頁。

　　李先念與谷牧聽取了當時交通部駐香港的商業機構「香港招商局」（前身是由李鴻章於 1872 年創辦的輪船招商局）的常務副董事長袁庚關於香港招商局建立廣東寶安工業問題的彙報，聽完彙報後李先念決定給袁庚「一個半島」去試驗。袁庚先生後來回憶說，他當時「思想不夠解放」，不敢要個半島，而只要了 2.14 平方千米。就這樣，「香港招商局蛇口工業區」先於深圳特區在 1979 年初掛牌成立了，於是也才有了後來關於「蛇口模式」的說法。事實上，經濟特區以及後來在整個中國推進的體制改革很大程度上都與「蛇口模式」有聯繫，是從「蛇口模式」擴散出去的。

　　中國這 40 年的改革往往就是這樣，只要是成功的做法，試驗區的經驗和模式很快就擴散開來，被別的地方吸收。我在 2007 年 5 月去參觀安徽鳳陽小崗村「大包乾紀念館」時就有很強烈的感受。我在想，為甚麼鄧小平和時任安徽省委書記的萬里對小崗村 1978 年「違規」的「包產到戶」採取了寬容的政策而沒有堅決取締？一直有人傳說，在鄧小平看來，小崗村的「包產到戶」不過是一個小的試驗，等做了之後並且看到了結果再下結論也不遲。我在國外講課中經常會把這個細節與著名的耐克鞋的一句廣告語「Just do it！」聯繫起來，每次都會引來學生們的陣陣笑聲。

　　當然了，成立的「香港招商局蛇口工業區」還只是一個彈丸之地，但它的確反映了當時的一些領導人，包括副總理李先念、谷牧等對開放中國經濟有一種緊迫感。而在這個時候，鄧小平頭腦中設想的藍圖似乎就更遙遠、更透徹了。也就在這個時候，

他已經有了所謂「讓一部分地區先富起來」的想法和政治策略了。于光遠在十幾年前有過一次回憶，提到了有關鄧小平的一個細節。

在鄧小平 100 周年誕辰（2004 年）的一天，著名經濟學家于光遠在北京的家中接受了記者的採訪，其中涉及有關深圳經濟特區決策前後的話題。于光遠回憶說：「1975 年我在國務院政治研究室工作，就在這期間鄧小平又被打倒。1977 年鄧小平第三次復出，國務院政治研究室也改名為國務院研究室。1978 年我參加了那次中央工作會議，黨中央五個常委差不多每週都要聽取一次華東、中南、西南、西北、華北、東北六個代表團的彙報，彙報時各常委的發言和插話，由各代表團去彙報的人回去傳達。大會對傳達沒有甚麼限制，各常委也就利用這個方式去講想讓參會的人知道的話。其中有一次鄧小平講他的『一部分城市可以先富起來』的主張，舉了十來個城市為例，第一個就是深圳，而且說的就是深圳這個地名，而不是寶安。」[①]

其實，就在這次中央工作會議之前，國務院於 1978 年 6 月決定同意《港澳經濟貿易考察報告》的建議，要在靠近香港和澳門的寶安和珠海建設生產加工和出口基地。於是，1979 年 2 月，國務院正式下達了 38 號文件，明確提出在寶安建立出口基地和新型的邊防城市。1979 年 4 月 1–2 日，廣東省委常委會議為即

[①] 參見歐陽薇蓀：《于光遠談鄧小平與深圳特區》。資料來源：http://www.hznet. com.cn/kjdt/hzkj/2004/0004/hk2404t02.htm。

將召開的中央工作會議準備材料，討論中大家對出口工業區提出
幾個名稱，難以確定。

　　于光遠還回憶道：「鄧小平在中央工作會議上提出『一部分
城市可以先富起來』，把深圳放在首位，就是要劃出一塊地方來
實行特殊的辦法。吳南生……在 1998 年和記者談話時講了自己
當時的心情，其中包括『發愁這塊地方叫甚麼名稱好呢？』他想
可以叫『出口加工區』，但這就和中國台灣地區一樣，那就糟糕
了，也可以叫『自由貿易區』，但那又好像『資本主義擺在臉上
了』。習仲勳、吳南生向葉劍英彙報了廣東省委常委會討論的情
況和省委的設想，葉劍英要求廣東省趕快向鄧小平彙報。鄧小平
聽說要劃出的地方的名稱老是定不下來，他就說那就叫它特區
吧，陝甘寧邊區就是『特區』，鄧小平這句話使吳南生覺得事情就
好辦了。」[1]

　　對於經濟特區這個說法的來龍去脈，後來吳南生有過一個
更詳細的考證，[2] 而且對過程交代得非常清楚，也涉及很多人，這
裡我就不去細說了。其實，我在閱讀中注意到，廣東省領導人在
1979 年初已經有按照特殊政策的待遇先走一步的想法了。

　　根據中山大學嶺南學院的徐現祥和陳小飛的文章，1979 年

[1] 參見歐陽薇蓀：《于光遠談鄧小平與深圳特區》。原文個別地方與史實有出入，
　　此處引文做了適當增刪。—— 引者註
[2] 參見吳南生：《真實的歷史：敢闖的記錄 —— 讀〈經濟特區的由來〉有感和一件
　　重要歷史資料的說明》，載《南方日報》，2002 年 3 月 31 日。

1 月底，廣東省委書記吳南生帶領工作組到汕頭市開展調查工作。其間產生了一個大膽的設想，在汕頭可否仿照中國台灣地區的做法也辦一個出口加工區？汕頭是中國對外開放歷史悠久的港口城市，其歷史可追溯至五口通商時代。甚至恩格斯都曾為汕頭寫下這樣的文字：「其他的口岸差不多都沒有進行貿易，而汕頭這個唯一有一點商業意義的口岸，又不屬於那五個開放的口岸。」解放初期，汕頭還是一個商業繁榮的地方，與香港的差距並不大。① 吳南生的設想得到汕頭地方領導認可。之後，習仲勳和吳南生一起向在廣州的葉劍英副主席彙報這個設想，葉帥聽了非常高興，希望廣東省委盡快向小平彙報。②

1979 年 4 月 5−28 日，中央經濟工作會議期間，廣東省委第一書記習仲勳在會議上公開向中央「要權」。他說，如果中央能給點權的話，「廣東幾年就可以搞上去，但是在現在的體制下，就不容易上去」。他特別談到，廣東要求中央能在深圳、珠海、汕頭劃出一部分區域實行單獨的管理，給些特殊的政策，自主權大一些，作為華僑回來投資辦廠的地方，可以叫作「貿易合作區」。習仲勳還在懷仁堂向鄧小平做了彙報。③

在這個時候，提出希望實行特殊政策的不僅有廣東，福建也

① 轉引自盧荻的文章《廣東經濟特區的主要拓荒者吳南生》（上），載《廣東黨史》，1990 年，第 5 期，第 8 頁。

② 參見徐現祥、陳小飛：《經濟特區：中國漸進改革開放的起點》，載《世界經濟文彙》，2008 年。

③ 轉引自董濱、高小林：《突破 —— 中國特區啟示錄》。

曾提到了特區試驗的想法。國務院副總理谷牧還組織中央部委
領導前往廣東和福建進行了考察並向中央提交了報告。1979 年
7 月 15 日，中央下達了 50 號文件，即《中共中央、國務院批轉
廣東省委、福建省委關於對外經濟活動實行特殊政策和靈活措施
的兩個報告》，決定在廣東的深圳、珠海、汕頭和福建的廈門，
劃出一部分區域試辦出口特區，給地方更多的自主權，發揮比較
優勢，吸引外資，把經濟搞上去。但報告主張先在深圳和珠海試
驗，取得經驗後再考慮汕頭和廈門。50 號文件特別強調了要重
點把深圳的出口特區辦好。

　　《中國經濟特區史略》中披露，1979 年 12 月 11 日，國務院
副總理谷牧主持召開第一次特區籌建的專題彙報會議（京西會
議）。吳南生在彙報籌建工作時建議把「出口特區」改成「經濟特
區」。1980 年 5 月，中央正式批准，將「出口特區」改成「經濟
特區」。[1] 根據徐汝超的介紹，當時對於深圳特區的劃定面積也
有爭論。為了劃出深圳特區的範圍，深圳的領導張勳甫、賈華和
方苞等帶隊實地察看，最後經市裡反覆討論，確定深圳範圍為東
起背仔角，西至南頭一甲村，東西長 49 千米；北沿梧桐山、羊
台山分水嶺，南至深圳河，南北寬約 6.5 千米，總面積 327.5 平
方千米。

　　但是這個規劃的範圍遭到當時「省特區辦」的否定，理由是

---

① 參見蘇東斌主編：《中國經濟特區史略》，第 51–52 頁。

深圳搞這麼大的特區規劃不現實，不是一般的大，而是大得無邊，比全世界特區的總面積還大。張勳甫等人就回覆「省特區辦」，深圳特區比延安時期「陝甘寧」小得多，應該要殺出一條血路來推廣到全國，特區是全國的特區，6 平方千米這麼小怎麼「殺」？最後這件事情一直等到請示了中央才最終獲准這 327 平方千米的範圍。

與此同時，一部關於特區的法規條例也在緊鑼密鼓地籌備着。僅僅 2000 字的《廣東省經濟特區條例》經過一年多的討論和 13 次之多的修改，終於在 1980 年 8 月 26 日第五屆全國人民代表大會常務委員會第十五次會議上被批准公佈。一部地方法規在全國人大的會議上審議批准還是一個例外。而 1980 年 8 月 26 日這一天也就從此成為深圳經濟特區的誕生日。

設立經濟特區的政治經濟學

我在本章的前面提到過一個關於中國經濟特區起源的很有意思的學術研究，即龔啟聖博士發表的那篇《中國經濟特區的起源與表現》。據查，發表這篇論文時，作者還是香港理工大學的講師，正在英國劍橋大學攻讀博士學位。我認識他很晚，但我知道他的名字應該是在 20 世紀 90 年代後期。那個時候我看到美國《比較經濟學雜誌》上有一組圍繞林毅夫的一篇關於中國農業

集體化危機的論文展開討論的文章，其中有一篇文章就是這位作者寫的。當時我並不知道他的中文名字，不過後來我在林毅夫北京的家裡拜訪時順便問到這位作者是誰，林毅夫告訴我他是香港人，中文名字是酈啟新，還特別說香港人中有不少「酈」這個姓的。從那以後我就記住了這個罕見的姓氏。可是後來有機會見到他本人，而且還認識了他的不少學生和合作者，才發現他的中文名字是龔啟聖，目前在香港科技大學擔任教授，是發展經濟學和政治經濟學領域的著名學者。有意思的是，我至今不能解釋，為甚麼林毅夫能給出酈啟新這個名字呢？

　　龔啟聖在文章中提出的核心問題是，在將近十年的平衡增長[①]與自力更生之後，中國為甚麼戲劇性地轉而採取了開放政策，特別是成立了四個經濟特區？具體而言，他在文章中問了以下兩個問題：第一，如何認識經濟特區對於中國近期改革的重要性？是否還有替代方案？例如，為甚麼中國要等到 1984 年才開始尋求振興主要工業城市，例如廣州、上海及天津？為甚麼這些主要城市已有的基礎設施以及勞動力並沒有吸引到特區的那些改革措施，反而中國需要去成立新的經濟特區？第二，四個經濟特區的表現到底如何？它們是否完成了中國政府提出的任務目標？我們需要用甚麼指標來衡量它們的表現？

　　龔啟聖對第一個問題的回答大概是：第一，外國投資者對投

---

① 關於「平衡增長與自力更生」的表述，原文如此。

資主要城市缺乏信心。雖然主要城市（廣州、上海和天津）的基礎設施和勞動力基礎更好，單位投資的邊際成本更低，但是一旦考慮中國在過去 30 年（1949－1978）發生的一系列政治風波和動盪，投資者更擔心投資無法得到保護。因此，即便中國馬上向西方無差別地開放主要城市，也很難吸引到外資。

第二，中國需要考慮開放對社會主義國家形象的衝擊。從中國角度看，它在相當長的一段時間內對西方是關門的，缺乏「與資本主義打交道」的經驗，因此在這一階段一旦開放主要工業級港口城市（廣州、上海和天津），中國將面臨更大的經濟和政治風險。

第三，他還認為，開闢特區是有利於中國實現統一的。成立南方沿海的經濟特區作為緩衝區，以此完成中國恢復對香港行使主權，乃至從更長遠的角度對台灣實現統一的歷史任務。

經濟特區的概念，其背景來源於 1978 年十一屆三中全會宣佈的中國經濟新政策。全會宣佈停止使用「以階級鬥爭為綱」的口號，並要求改善中國經濟績效，改變相對落後的境況。正是在這個背景下，中國採取了「門戶開放」政策，以實現社會主義現代化。由此，廣東與福建 —— 兩個沿海省份 —— 被給予特別地位，以此實驗一種與以往不同的經濟發展模式：利用資本主義企業與資本，但同時要服從地方政府的規劃與審批。

四個經濟特區相繼成立，包括廣東省的深圳、珠海和汕頭，以及福建省的廈門。根據暨南大學特區港澳經濟研究所所長陳肇

斌教授在《中國特區經濟》一書中的説法，成立經濟特區的主要
目的，是劃出特別區域作為橋樑和窗口，以吸引外資、技術、知
識，以及管理技巧（management knowhow）。[1]

　　龔啟聖認為，成立經濟特區的想法在中國共產黨內部是有意
見分歧的。自 1979 年特區概念出現，到一年以後最終被官方決
策同意，期間中共內部對特區性質進行了激烈爭論。長期領導中
國的經濟建設並且在黨內擁有很高威望的領導人陳雲對於經濟特
區的運作方式一直持謹慎的態度。根據時任新華社副社長曾建徽
1984 年在《瞭望》週刊的文章所述，1982 年陳雲曾經批示：「特
區要辦，必須不斷總結經驗，力求使特區辦好。」[2] 陳雲的這個意
見對特區在早期的發展狀況有很大的影響。

---

[1] 參見趙元浩、陳肇斌主編：《中國特區經濟》，北京：科學普及出版社，1984 年。

[2] 參見曾建徽：《一項重要決策的誕生 —— 對外開放的新步驟》，載《瞭望》週刊，
1984 年，第 24 期，第 9–13 頁。對於創辦特區，至少在 1992 年之前，陳雲一
直有自己的看法。據記載，1981 年時他談到，現在只能有這幾個特區，不能增
多，要認真總結經驗。1982 年春節，他又強調：「特區第一位的問題是總結經
驗。」1984 年 4 月，陳雲在聽取中央書記處書記、國務委員谷牧關於沿海城市
開放問題的彙報時說：特區貨幣究竟怎麼辦？是一個特區發，還是每個特區都
發？「如果特區貨幣只在特區內發行，也沒有甚麼了不得的問題。如果各個特
區都發貨幣，那麼實際上就是兩種貨幣並存。而兩種貨幣並存，人民幣的『腿』
會越來越短，特區貨幣的『腿』會越來越長。因為『優幣驅趕劣幣』，這是貨幣
的客觀規律。」後來，陳雲在中國銀行工作人員一封反映特區貨幣發行問題的
信上批示：「特區貨幣發行權必須在中央，決不能讓特區貨幣與人民幣在全國範
圍內同時流通。如果不是這樣做，就會出現國民黨時期法幣發行之前的狀況。」
陳雲緊緊把住了特區貨幣發行權在中央和特區貨幣不能在內地流通這兩條，使
主張發行特區貨幣的同志也感到再搞特區貨幣意義不大了，便撤回了原來的要
求。參見朱佳木：《陳雲不贊成發行特區貨幣》，載《黨史博覽》，2016 年，第
6 期。

1982 年，在經濟特區成立僅僅三年後，反對經濟特區的意見就頗具規模了。反對的聲音主要有兩類。第一類是直接反對，認為特區的概念等同於「租借」和「賣國」；特區增加了經濟犯罪的機會，也加劇不平等。反對者認為，在社會主義改造 30 年後，允許外資進入中國並投機倒把，這是倒退並復辟半殖民地。

第二類反對意見認為，「關門」政策才適合經濟特區。與按照老制度運行的其他地區相比，經濟特區應當在規模上更小，在發展上更慢一些才對。

事實證明，第二類反對意見沒有站住腳，特區的發展非常快。在這種情況下，1984 年 1 月 24−29 日鄧小平首次考察深圳和珠海經濟特區，並寫下了一句著名的話：「深圳的發展和經驗證明，我們建立經濟特區的政策是正確的。」之後不久，中央通過一系列會議進一步決定開放 14 個沿海城市，允許這些城市採取部分類似深圳的政策措施。

不過，鄧小平對深圳的肯定並沒有消除第一類反對意見。這類意見雖然主要從意識形態角度出發，但也揭露了特區存在的實際問題，特別是經濟犯罪愈演愈烈，例如腐敗與走私。可以說，持第一類觀點的反對者更關注經濟發展的社會影響。

龔啟聖認為，直到他的文章發表的 1985 年，中國官方表述仍然將純粹的經濟邏輯作為設立特區的主要依據。但他指出，即便中國官方對設立經濟特區的理由不以特區的社會影響為主，但在成立特區的動機上，也許還是必須將政治原因與經濟原因相結

合才能合理地解釋這個問題。那麼，龔啟聖是如何解釋中國建立經濟特區的緣由的呢？

龔啟聖給出的解釋因素，正如前文所述：第一，社會成本與收益；第二，地緣政治因素；第三，中國恢復對香港行使主權，乃至從更長遠的角度對中國台灣地區實現統一的政治策略。

龔啟聖在文章中認為，眾多西方觀察家誤讀了中國 20 世紀 70 年代末開啟的經濟改革，將其誤解為中國融入世界資本主義經濟體系的漸進步驟。這些人只看到了經濟計劃系統對市場元素的強調和經濟去中心化，但他們沒有看到的是中國在融入世界資本主義體系的第一步就選擇採取經濟特區政策，這應當被視作中國戰略的一部分。

中國之所以採取經濟特區政策作為建設社會主義的道路，主要原因也許還是出於社會成本—收益考慮。正如鄧小平所說，經濟特區本質上是「試驗」，在這裡可以用較低的社會成本來進行一場「試驗」。如果成功了，那麼基於這種實驗可以形成重要政策結論，並適用於其他地區。即便失敗了，其對國家整體的破壞也可以被控制住。一旦這種情況發生，中國可以提前終結經濟特區實驗。

因此，龔啟聖認為，從社會成本—收益分析框架來解讀經濟特區，可以認為設立經濟特區的意圖不在於說明中國對資本主義進行無差別開放；相反，可以清晰地看到，雖然新一屆中國領導人鄭重承諾要改革中國經濟，但是，他們考慮到中國缺乏「與資

本主義打交道」的經驗，如果此時將中國主要城市向外資開放，並允許外資主導，這將是極為冒險的。

在龔啟聖看來，內地希望在一開始吸引香港和澳門資本（而非跨國資本）來投資，為的是鼓勵國際資本能根據港澳資本的示範模式陸續來華投資。正如中國官方的說法，在這一背景下，對中國而言更為理性的策略是，劃出一些人口稀疏地區，並發展這些地方，在實驗基地的基礎上，使其轉為西方國家企業園區的改良版本。

龔啟聖在文章中説，因為毗鄰香港，深圳經濟特區就能夠擔當「緩衝區」（在政治上和意識形態上）。深圳可以成為香港與其他地區的「雜交體」。

龔啟聖猜測，經濟特區這個概念也蘊含了一個更為樂觀的看法：中國期待經濟特區能夠在香港回歸方面完成「歷史使命」。中國可以在香港與經濟特區之間做第一層地區分工，並在經濟特區與中國其他地區之間做其他層面的地區分工。同時，也期待這樣一種模式可以適用於中國台灣地區（對廈門特區而言）。

在龔啟聖看來，如果期待經濟特區完成「歷史使命」，就要看它們在樹立經濟發展模範方面做得如何。這就需要評估一下特區的表現。他以深圳為例做了如下的分析。

在經濟特區成立的早期階段（1979-1980），深圳發展得很慢。深圳的主要發展體現在「三來一補」。這種組裝加工工作涉及服裝、金屬和塑膠製品，也包括農產品，如蔬菜、鮮活水產。

此類投資的規模很小，通常每個項目在十萬港幣左右。

　　深圳發展的起步較慢，主要原因有兩點。第一，基礎設施缺乏，投資規模小。由此，對基本建設的投資少，基礎設施投資力度不足（見表 4–1），並且公佈的外資規模也僅有 1.2 億港幣（見表 4–2）。

表 4–1　基本建設投資

單位：億元人民幣

1978 年	1979 年	1980 年	1981 年	1982 年	1983 年	1984 年上半年
–	0.4988	1.2487	2.7039	6.3265	8.8593	6.03

數據來源：《人民日報》，1984 年 3 月 29 日，第 5 版。

表 4–2　公佈的外商投資金額

單位：億元港幣

1978 年	1979 年	1980 年	1981 年	1982 年	1983 年	1984 年上半年
–	1.2	2.5	5.9	8.8	11.3	5.9

數據來源：《人民日報》，1984 年 3 月 29 日，第 5 版。

　　第二，決策和立法滯後。雖然廣東省人大第二次會議於 1979 年 12 月 26 日通過了在深圳、珠海和汕頭成立經濟特區的決議，但是相關規定仍然在草案階段，直到 1980 年 8 月份全國人大常委會才通過了相關規定。

　　作為外因，香港可以解釋投資規模小的問題。在深圳成立經濟特區的同時，香港正經歷嚴重的通貨膨脹，實際工資與地價都在上升。這極大地增加了香港製造業的生產成本，而製造業正是當時香港經濟的基石。同時，組裝加工工作對技術要求不高。

本地生產成本高，但組裝加工技術門檻不高，這使得香港將組裝加工工作轉移到了深圳，並且不需要太高的資本支出。可見，在早期階段，香港投資者主要關心的是，通過將組裝加工分包給深圳，可以降低其生產成本。

第二階段（1981－1982），出現了一些工業發展，但是增長的主要動力來自房地產的迅猛發展，以及一系列旅遊相關的項目。

第三階段，1983年是深圳經濟發展的分水嶺。受惠於1982年對基礎設施的巨量投資，深圳的工業產值迅速增加。

龔啟聖說，也就是在第三階段，深圳遭受了多方的批評。第一，深圳成了以貿易為中心的經濟體，這會侵蝕中國的外匯創收能力。第二，由第一點引申，深圳的進口遠遠大於出口。第三，深圳非但沒有依賴外資來刺激經濟增長，反而吸引了大量中國自己的企業利用深圳作為套利的窗口。第四，深圳沒能促成西方先進技術向中國的轉移。

龔啟聖在文章中認為以上批評並不公允。第一，那時就斷定深圳的發展績效，還為時過早。無論從出口導向工業化角度，還是從引入外資的角度，深圳還在積累階段，結構質變尚未發生。第二，宏觀經濟不均衡。中國百廢待興，國內需求遠大於生產水平，特別體現在家電方面。經濟出現了嚴重的不均衡問題。深圳作為市場經濟和自由口岸，出現了進口大於出口的現象，國內資本逐利而聚，這是國內不均衡問題的表現。第三，技術轉化條件不成熟。關於技術轉移的問題，可以拿香港做參照。其實，以深

圳的水平，當時就提出發展高科技產業並不現實。技術轉化需要
時間、資本投入和示範引導。這需要深圳的探索，更需要中央政
府的支持。

40 年來，深圳特區一躍成為中國內地最具創新活力的地方，
聚集了一大批中國最有國際競爭力的公司，深圳也成為當今中國
的一線大都市。這些成就在 20 世紀 80 年代初是根本無法想像
的。公允地看，在 1980 年代初，深圳等特區所提供的示範效應、
創業活力以及其利用更靈活的政策促進經濟發展的能力，對於那
之後的中國經濟改革的影響毫無疑問都是有益的。

特區的制度試驗

我清楚地記得，在 20 世紀 80 年代以後，包括在 90 年代初
的一段時間裡，總能聽到一些聲音，特別是經濟學者對深圳經濟
特區的比較負面的評價和批評，甚至種種批評涉及中國的政治以
及意識形態問題，以至於中央領導人得出來發表意見平息這些公
開的爭議。不過，對這些問題的記述我準備放在後面進行。當
然，我在後面要記述的主要內容還是集中在經濟學家之間的研究
和爭議上。而在本節和下一節中，我想討論一下深圳的試驗在挑
戰原來的計劃管理體制和試驗新的體制方面所作的貢獻。在我看
來，這個貢獻應該是深圳特區對中國經濟轉型的最大貢獻。而有

意思的是，40 年來在對深圳的批評和質疑中大多數針對的卻是它的產業結構和增長模式，而忘卻了它在體制試驗上的貢獻。

在我自己的書櫃裡藏有多本關於深圳特區的研究著作。除了《中國經濟特區史略》之外，還有一些在 20 世紀 80 年代中期出版的書籍，這些書籍大多數寫於 80 年代初，內容是調查和總結深圳特區在體制改革和試驗上的經驗。我的很多學生在我的書櫃裡發現這些有關經濟特區的文獻資料時都會覺得奇怪，當時我怎麼會對經濟特區感興趣呢？其實，在復旦大學讀書期間，我並沒有把深圳特區作為我的研究項目，一直到了 90 年代初前往英國薩塞克斯大學之後，才對經濟特區試驗和沿海發展戰略有了一些接觸，因為當時我的指導老師華大偉（David Wall）正在從事關於中國經濟特區和沿海發展戰略的研究。總之，因為有了這樣一個參與經濟特區和沿海發展戰略研究項目的機會，我才收集了一些早期的研究文獻。現在看來，調查和記錄深圳特區體制創新試驗的文獻是非常珍貴的資料。

我想，在當時的政治和經濟局限下，深圳特區的建設一開始就必然受到整個經濟管理體制的制約。儘管廣東省制定了深圳作為經濟特區的特區條例，但要執行這個條例，則需要創新體制，打破原來的管制，需要得到特區之外的舊體制在很多方面的容忍、讓位和配合。深圳仍然要與它的上級主管部門，乃至中央部委打交道。所以，深圳在經濟管理體制上進行的種種變革和對新體制的試驗一開始就對中國經濟改革有了全局性的價值。事實

上，到了今天深圳依然算是中國最市場化的經濟體，像華為、中興和萬科這樣的公司出現在深圳而不是上海，一點兒都不奇怪。

深圳在經濟管理體制上的改革和創新涉及很多方面。首先它需要創新融資制度；需要改變原來體制的投資管制；需要引入競爭機制；需要改革外匯管理體制；需要突破原來的土地管理和經營模式；需要允許和建立勞動力市場；需要政企分開；需要改革和建立新的行政官員治理；需要有地方的立法權；需要改變計劃經濟的工資決定和福利分配機制；需要改變商品的計劃定價體制；需要引進新的激勵模式。而深圳在這些方面對新體制的試驗對中國其他地區的經濟體制改革和開放進程具有重要的參考價值。我們今天在中國經濟中觀察到的許多新體制和新規範，幾乎都能在當年的深圳找到它們的影子。

一個很好的例證大概就是我書櫃裡藏着的谷書堂先生主編的《深圳經濟特區調查和經濟開發區研究》這本書。這本書在 1984 年由南開大學出版社出版。主編在前言中這樣説：「今年四月，黨中央、國務院又作出重大決定，繼續擴大開放地區，把天津市列入了新開放的十四個沿海港口城市之中。因此，如何結合天津的實際情況，學習、借鑒深圳經濟特區及其所屬的蛇口工業區的經驗，更好更快地興辦開發區，實現對外開放，便成了人們普遍關切的問題。基於這種客觀情勢，我們也先後分兩批去深圳和蛇口，對其開發建設、經濟管理體制、引進外資和技術、計劃與市場、對內聯合、勞動和工資、產品內銷和外銷、引進外資銀行、物價

和人民生活，以及典型企業等多方面的問題進行了實地考察。」①

作為一個特區，深圳必然會受到香港成功經驗的影響，在突破舊的體制和探索新的體制方面做了很多的試驗和改革。我在這裡不想逐一討論，只是選擇以下幾個方面進行點評，希望能「以偏概全」。但有一點是肯定的，記述深圳在體制上的這些改革試驗，是因為過去40年來，在中國整個經濟體制改革的歷程中總是能找到深圳早期試驗的影子。那麼，讓我擇取以下幾個片段：

第一，對建築工程廢除官方包辦的敝習，引進和採取公開招投標制度和承包制。今天的中國在基礎設施和公共工程建設中早已建立起來的符合國際規範的、透明的競爭性投標合約制度，它最早是在深圳的蛇口工業區嘗試的。根據調查，嘗試這樣新的體制縮短了工程的建設工期以及加快了建築的速度。例如，在實行招投標制度之後，六層住宅樓從200天的施工時間縮短為100天；高層建築從原來25天一層的速度減少到了三—五天一層。②競爭性投標合約制度也進一步派生出更加細緻的分工和專業化的合約結構，即承包公司內部再進行的逐級向下的發包制度，而且承包出去的不僅是工程，還有承包造價和質量。經濟學家對這樣

① 參見谷書堂主編：《深圳經濟特區調查和經濟開發區研究》，第1頁。

② 分別參見暨南大學經濟學院經濟研究所、深圳市科學技術協會合作編寫：《中國經濟特區研究》，1984年1月內部資料印刷，第106-108頁；谷書堂主編：《深圳經濟特區調查和經濟開發區研究》，第28頁。

的發包制度是有成熟的理論分析的。「承包」（或者包工）這種市場合約體制成為今天中國建築施工領域的基本制度規範。

　　第二，人事制度改革。從大的方面來講，40 年來中國幹部人事體制的改革和演進是非常有記述價值的。它肯定是中國經濟體制改革的重要組成部分，因為如果把地方政府和官員的角色去掉，這個經濟體制就要坍塌下來。事實上，經濟學家在過去十年中顯然已對這個問題給予了比較多的關注。

　　不過，在人事制度方面，深圳蛇口工業區最早的試驗涉及的只是屬於經濟學和管理學上所講的「人力資源管理」的範疇。企業的高級管理人員、政府部門主管的任命在蛇口工業區都從過去的由上級主管部門直接委派改革為聘任制度，取消職務終身制度，聘書上寫明的是職責、權利、待遇、解聘和續聘等內容，公開透明，且一般任期為兩年。這樣的改革試驗顯然加快了管理部門的人力資本更新速度，為職業經理人市場的建立和後來向公司治理模式的轉型奠定了基礎。

　　第三，勞動就業制度的改革。中國自從計劃經濟體制建立之初就實行「統包統配」的固定用工制度。它的經濟學性質被形象地描述為「鐵飯碗」和「大鍋飯」。深圳的勞動就業制度的改革試驗是從 1980 年左右在蛇口的外資和合資企業中開始的，之後推廣到整個深圳特區。1983 年，深圳根據蛇口的經驗制定了《深圳市實行勞動合同制暫行辦法》，把勞動合同制作為特區的主要用工形式。眾所周知，勞動合同制的引入需要有完全社會化的新的

社會保障制度的支持，所以深圳率先在全國建立起由勞動保險公司統籌辦理的「社會勞動保險基金」，由該基金來解決勞動合同執行中因為解雇和辭退等原因造成的職工困難補貼和退休金的來源問題。基金由企業和職工按月交納。在該制度的試驗中，深圳採取了「老人老辦法，新人新辦法」的雙軌過渡的方式，以避免就業體制轉軌引起的社會成本過高的問題。實際上，這個試驗對其他地區改革勞動就業制度提供了重要的經驗。

　　第四，工資決定機制的改革。勞動就業制度的改革必然也要求改革原來的工資決定機制。蛇口工業區最早的工資決定是按照十類工資區的標準支付基本工資和基本工資的 1－1.5 倍的工業區補貼。儘管在當時這個工資水平大大高於內地，但依然是延續計劃體制的做法。而且到了 1982 年前後，其弊端越來越暴露出來。根據南開大學經濟學家對蛇口工業區 13 家企業的工資改革的調查，1983 年 10 月，蛇口工業區開始對工資決定機制進行改革，主要是實行多元工資制度。根據他們的調查，蛇口工業區改革後的工資由基本工資加崗位、職務、職稱工資，再加邊防津貼和副食品補貼，最後加浮動工資，這四大部分組成。根據 1984 年 3 月的統計，在工資總額中，基本工資佔 30.5%，兩項補貼佔 10.3%，崗位、職務和職稱工資佔 37.2%，而浮動工資佔 22%。[①]

① 參見谷書堂主編：《深圳經濟特區調查和經濟開發區研究》，第 109－116 頁。

　　在這個工資結構中，基本工資、邊防津貼和副食品補貼是基本固定的，因此真正可變的是工資的另外兩項內容，即崗位、職務、職稱工資和浮動工資。而且，蛇口工業區的崗位、職務和職稱工資被細分為 15 個等級，最高 158 元，最低 30 元。浮動工資是浮動的，其來源有三：（1）按照人均工資提取每月 14 元的獎金；（2）每月 16 元從基本工資以及崗位、職務和職稱工資中提取的浮動部分；（3）從利潤留成中提取的基金。[①]

　　第五，關於土地批租制度的引入。這是中國經濟 40 年來能在財政分權的狀況下實現經濟增長的一個重要制度，也是最近幾年隨着問題的暴露在中國的學術界最有爭議的一個制度。

　　第六，對於深圳特區而言，土地批租制度的引入顯然是為了解決融資問題的需要。據說，就在 1979 年 4 月的中央經濟工作會議期間，鄧小平曾向廣東省委第一書記習仲勳表示「中央沒有錢，你們自己去搞，殺出一條血路來」。[②]而吳南生在 1980 年到深圳負責特區的基本建設（所謂的「四通一平」）時，除了來自銀行的 3000 萬元人民幣的貸款，能想出的辦法也就是土地收入了。有人曾經在開發羅湖區時估算，按照每平方米 5000 港元計算，可用作商業用地的 40 萬平方米土地的總收入可以達

①　參見谷書堂主編：《深圳經濟特區調查和經濟開發區研究》，第 115 頁。

②　參見林洪主編：《珠江三角洲「經濟奇跡」的理論思考》，廣州：廣東人民出版社，1995 年，第 4 頁。

20 億港元。[①]

第一步，深圳特區先嘗試了有償使用國家土地的制度。1982年，深圳最終起草頒佈了《深圳經濟特區土地管理暫行規定》，率先對劃撥土地進行了有償、有期使用的改革。規定還說明了各類劃撥用地的使用年限及土地使用費的標準。其中，工業用地最長年限為 30 年；商業用地 20 年；商品住宅用地 50 年；教育、科技、醫療衛生用地 50 年。[②]

第二步，1987 年之後，深圳部分借鑒了香港的土地批租制度，率先在特區試驗了土地出讓或者批租的制度。在這個制度下，取得土地的投資者或者開發商，為了獲得一定年限的使用權，需要交納一筆出讓金。1987 年的下半年，深圳特區曾分別將三塊土地先後以協議、招標和拍賣的方式出讓使用權，獲得地價款 2000 餘萬元人民幣。[③]

在總結土地有償使用和土地出讓試驗經驗的基礎上，《深圳經濟特區土地管理條例》於 1988 年 1 月 3 日正式實施。條例明確規定，土地使用權和所有權相分離。政府擁有土地的所有權，但土地的使用權不但可以出讓，而且可以轉讓、抵押、出租。就在同年 4 月，中國的《憲法》進行了再次修正，其中將「土地使用權可

① 參見蘇東斌主編：《中國經濟特區史略》，第 3 章，第 61 頁。

② 參見暨南大學經濟學院經濟研究所、深圳市科學技術協會合作編寫：《中國經濟特區研究》，第 129 頁。

③ 這個數據來自陳善哲：《深圳個案凸現土地使用權與房產權的「時差」困局：土地到期「空中樓閣」告急》，載《21 世紀經濟報道》，2004 年 10 月 8 日。

以轉讓」寫入了《憲法》，等於追認了深圳土地制度改革的合法性。在 1992 年鄧小平南方談話之後，地方政府的土地批租制度開始在特區之外被廣為採用，成為各級地方政府重要的財政收入來源。

「土地批租制度」是香港的譯法，其對應的英文為「the land leasehold system」。在該制度下，批租只涉及土地的使用權，不改變土地的所有權。業主取得的只是某一塊土地在一定年限內的使用權，以後業主之間能轉讓的也僅僅是土地的使用權。而當批租期限屆滿，承租人就要將這塊土地的使用權連同附屬其上的建築物，全部無償地歸還給土地所有權人。

深圳率先實行的土地使用權與所有權的分離在土地國有制的局限條件下對於城市土地要素的使用和配置效率的改善當然具有重要的意義，並且，也進一步幫助實現了土地的級差地租。我記得經濟學家張五常先生曾對土地的「兩權分離」在中國經濟體制當中扮演的角色給予過很高的評價。根據張五常的解釋，事實上，中央與地方的財政分權體制，特別是 1994 年實行分稅制度之後，中央與地方共享的增值稅的來源主要就是與土地批租不可分離的新增投資和生產活動，從這個意義上講，在中國的財政分權下形成的激勵模式似乎與「租金分成」的模式很類似。

當我統計地方政府依靠土地批租而獲得的收入數據時，發現這並不容易。雖然從 1994 年至今，土地批租的收入全歸地方政府所有，但我的學生幫我查找得到的數據卻多涉及土地的稅費收入，而並沒有依靠土地批租獲得的收入數據。的確，從統計上

看，地方政府利用土地批租所獲得的收入並不能完全從政府的稅費收入和財政預算中得到充分的反映。事實上，在中國與土地有關的各種名義稅種和稅率中，即使包括佔比最多的土地增值稅，來自土地的各種稅費也最多只佔到地方預算財政收入的 5%–8%，而土地批租的收入是不列入地方政府的預算收入的。例如，2006 年中國的城鎮土地使用稅和土地增值稅還不到 250 億元，當然也就不會超過當年 3 萬億稅收收入的 8%，見圖 4–1。

但是，來自土地批租的收入到底會有多少呢？有各種不同的估計。因為地區和城市的不同，現有的估計值落在財政預算收入的 15%–35% 的範圍內。對於相當一部分的中國縣市而言，可能用於基礎設施投資的財政資金中有 60%–70% 是來自土地批租收

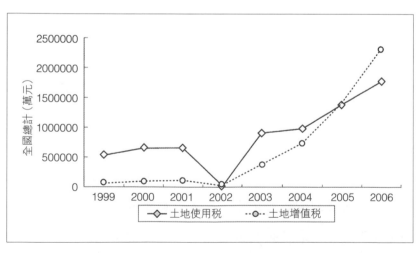

資料來源：中華人民共和國國家統計局編：《中國統計年鑒》(2000–2007 年各卷)，中國統計出版社。

圖 4–1　城鎮土地使用稅和土地增值稅趨勢圖

入的。這也就是為甚麼人們在今天往往把土地批租收入戲稱為地方政府的「第四財政」的原因。

特區為甚麼會遭遇經濟學家的批評

自深圳特區成立以來，人們對它的批評就不絕於耳。這當然不難想明白，在 20 世紀 80 年代初期，「文化大革命」以來「左」的思潮依然流行，政治環境不盡如人意，因此在深圳實行特殊的制度試驗和開放政策，引入市場經濟的商業模式和生產方式，在政治上是有一定風險的。在姓「資」姓「社」的問題仍然是一個核心理論問題的時候，爭論的焦點自然首先落在特區的制度是否符合社會主義的性質。于光遠的回憶為此提供了一個小小的片段：

當然事情並沒有完。1982 年的 1 月，「冷空氣」大量南下，北京有一個單位制定了白頭文件，題目是「上海租界的由來」，說的是清朝末年由於上海道台的腐敗，帝國主義在上海設立了租界，我們因此喪失了主權。這是攻擊搞深圳特區的人的語言，意思是說搞特區不是搞社會主義，有一段時間這樣的輿論鋪天蓋地而來。另外，當時又發生了一個以計劃經濟為主的問題。1982 年 4 月 22 日到 5 月 5 日，在北京有一次專門為廣東深圳而召開的會議，主持

人最後講話說，堅持計劃經濟為主市場經濟為輔的方針必須進一步統一認識，我認為深圳搞那麼大的規劃是不現實的，深圳不是一般的大，而是大得無邊，深圳特區面積達327平方公里，比全世界特區的總面積還要大，這麼大的一塊特區面積，全都搞起來不是一個簡單的事情。吳南生說他手邊有這個人講話的原件，他是按照這位同志的原件念的，原件中還說特別需要指出的是有的人想和計劃經濟脫鈎，想割一塊土地出去自己搞，我認為搞計劃經濟是客觀需要，不是哪一個領導想怎麼搞就怎麼搞，你想的是不可能的。現在的資本主義國家，包括日本、美國、法國都認為要搞計劃經濟，而南斯拉夫則搞得太自由化了。事實說明不搞計劃經濟是不行的。計委的主要任務是搞好綜合平衡，按客觀規律辦事，計委工作要有全面的觀點，不要怕困難，不要怕得罪人。[①]

于光遠認為深圳特區的制度是符合社會主義性質的。1983年第2期的《經濟研究》雜誌發表了于光遠的文章《談談對深圳經濟特區的幾個問題的認識》。他的主要理由是，深圳特區不是政治社會制度的特區，而是經濟政策和管理的特區，而且特區裡仍然有公有制企業的主導地位。可以想像，他的看法並不會得到

---

① 參見歐陽薇蓀：《于光遠談鄧小平與深圳特區》。

多數人的認同。

　　當中國內地的老一代經濟學家正在為深圳特區定性的時候，1985 年 5 月出版的香港《廣角鏡》第 152 期發表了香港大學亞洲研究中心陳文鴻的文章《深圳的問題在哪裡？》，開始對深圳特區五年來的試驗結果進行評估和質疑。有人稱這篇文章打響了「特區失敗論」的第一槍，而且揭開了「深圳第一次大圍剿」的帷幕。

　　陳文鴻在文章中得出的結論是：中央和深圳政府對深圳經濟特區的期望，是建成能發展成為以工業為主體的綜合體經濟，可是，事實上直至目前而言，深圳的工業仍從屬於貿易，經濟是以貿易為主。就這方面而言，深圳的成績還未如理想。這個結論來自他簡單而「定量」的分析。

　　根據陳文鴻的分析，第一，資金以外資為主、產業結構以工業為主、產品以出口為主是中央給深圳定下的發展目標，深圳特區尚沒有做到以上所説的三個「為主」。1983 年進口大於出口，引進的主要是被香港地區、日本淘汰不用的設備；引進的外資只佔 30%，這 30% 中又主要是港資；1983 年深圳工業總產值 7.2 億元人民幣，而社會零售商品總額為 12.5 億元人民幣，做生意賺的錢比工業掙的錢多得多。

　　第二，陳文鴻指出，特區其實賺了內地的錢。他在文章裡詼諧地説：「更妙的是，一些上海人跑到深圳買了一把折骨傘，發現竟是從上海送去香港，又轉回深圳的。上海人很高興，説是比在上海買少花了幾塊錢；深圳人也高興，説賺了幾塊錢。香港百

貨公司也高興，同樣說賺了幾塊錢，真不知誰見鬼了！簡直是阿凡提到井裡撈月亮。」

最後，陳文鴻又對深圳的貿易模式提出了批評。他認為深圳的經濟是依賴貿易的，而在貿易中又主要是對國內其他地方的轉口貿易，無論是直接的或間接的，轉口商品主要是包含相當比例的進口商品。外引內聯的資金之所以投資深圳，主要是因為這個龐大的貿易和由此而來的高利潤。深圳五年多時間發展的表面繁榮，也主要根植在此。

有意思的是，陳文鴻文章所引用的數字，幾乎全是摘自內地或者特區報刊公佈過的。陳文鴻通過對這些數字的邏輯推理和估算來得出結論。例如，陳文鴻實際上是根據深圳公佈的 1983 年社會商品零售總額和人口總數來推算出深圳市的人均社會購買力高達 4170 元人民幣的。而在同一時期，上海的人均社會購買力為 912 元，北京為 896 元，廣州為 504 元。深圳比上海、北京高出四倍多，比廣州高出八倍多，這顯然是不符合常理的。因此，陳文鴻得出結論認為，深圳的市場繁榮，主要是靠內地顧客來維持的。

在 20 世紀 80 年代中期，國內的經濟學家還多以概念和定性分析見長，而陳文鴻的文章雖然簡單，卻是「讓數據說的話」。所以，文章雖然沒有涉及深圳特區的性質，卻提出了讓那些關注深圳特區性質的人備受鼓舞的問題與結論。而且，讓人耳目一新的文章風格在那個時候肯定是最具殺傷力、影響力和傳播價值

的。於是，文章一經發表，引起譁然。如果是身處互聯網當道的今天，陳文鴻的名字定會紅遍中國大江南北。

其實，根據我的記憶，在 20 世紀 80 年代中後期，不僅僅是陳文鴻，其他一些經濟學家也對深圳特區有過相似邏輯的批評。這讓我想起 1992 年 9 月我初到英國薩塞克斯大學時與華大偉教授的一場對話。[①] 我之前曾經提到，華大偉當時正在從事關於中國特區和沿海發展戰略的研究。我到了薩塞克斯大學之後就去辦公室找他。他對我說，他正在為世界銀行準備一份評估深圳特區的背景報告。他還拿出了一些他寫就的相關文章，希望我能幫助他收集一些資料和數據，同時也能參與他的項目。我問他對特區的基本評價是怎樣的。他直截了當地說，經濟特區是一個扭曲的環境，它像磁石一樣把內地的資源吸引過去，短時間裡發出耀眼的光芒。

正在這個時候，成都《經濟學消息報》的主編高小勇先生與我聯繫，希望我在英國期間能為《經濟學消息報》寫點評論文章或者開一個專欄。我答應了他並開始動手寫一些評論。有一次我對華大偉建議，也許我可以把他關於深圳特區的文章編譯出來，在報紙上發表。於是，《經濟學消息報》不久便在第一版發表了華大偉的文章，題目是《發光的並不都是金子》(*All that glitters is not gold*)。華大偉教授說這是他在中國的報紙上發表的第一篇文

---

① 華大偉教授不幸在 2007 年 8 月病逝於英國。

章，那應該是 1993 年的春天。

華大偉教授的觀點，當時的我並不十分同意。我認為他總是
無法擺脫以西方主流的概念和框架來審視中國，因而在研究中國
問題上總是比較傾向批評中國。不過，他對中國非常友好，批評
顯然也是善意的。因此，我們彼此之間從那時候起就成為很好的
朋友。每年我們會在中國和英國多次見面。我還策劃並幫助上
海財經大學出版社編輯出版過一本他的研究文集《中國的開放經
濟》①。只是我們之間並沒有任何研究上的合作。

總之，在深圳特區建設的最初階段，尤其是特區的試驗在黨
內和政治上還有不同意見的時候，深圳遭遇到這些來自學術界的
批評自然就備受關注了。在這種背景下，1992 年 1 月，鄧小平
再一次來到深圳，發表一系列針對深圳特區試驗的講話，從中我
們可以感受到在這之前的那場爭論的火藥味。

1992 年 1 月 19 日，鄧小平再次到深圳。他在深圳參觀過程
中說：「對辦特區，從一開始就有不同意見，擔心是不是搞資本
主義。深圳的建設成就，明確回答了那些有這樣那樣擔心的人。
特區姓『社』不姓『資』。」

1 月 23 日，鄧小平在深圳開往珠海的快艇上還說：「現在，
有右的東西影響我們，也有『左』的東西影響我們，但根深蒂固
的還是『左』的東西。有些理論家、政治家，拿大帽子嚇唬人的，

① 參見大衛·沃爾（華大偉）：《中國的開放經濟》，姜建強等譯，上海：上海財經
大學出版社，2002 年。

不是右，而是『左』。『左』帶有革命的色彩，好像越『左』越革命。『左』的東西在我們黨的歷史上可怕呀！一個好好的東西，一下子被他搞掉了。右可以葬送社會主義，『左』也可以葬送社會主義。中國要警惕右，但主要是防止『左』。右的東西有，動亂就是右的！『左』的東西也有。把改革開放説成是引進和發展資本主義，認為和平演變的主要危險來自經濟領域，這些就是『左』。我們必須保持清醒的頭腦，這樣就不會犯大錯誤，出現問題也容易糾正和改正。」

鄧小平最後説：「我們推行三中全會以來的路線、方針、政策，不搞強迫，不搞運動，願意幹就幹，幹多少是多少，這樣慢慢就跟上來了。不搞爭論，是我的一個發明。不爭論是為了爭取時間幹⋯⋯不爭論，大膽地試，大膽地闖。農村改革是如此，城市改革也應如此。」①

不搞爭論，那是政治上的務實和策略。但爭論的過程確實讓更多的人去思考了這樣一個更根本的問題：局部性的改革和試驗改革，儘管有其策略性的意義和價值，但的確會產生局部與整體經濟體制的落差，如果處理不當，將引發普遍的「尋租」現象。事實上，在一些經濟學家批評深圳特區的管理體制時常常會用發達國家的「企業區」或是國際上流行的「出口加工區」作為參照組。深圳特區在當時顯然已經超出了「出口加工區」的概念，

---

① 《鄧小平文選》，第 3 卷，第 374 頁。

也不再是完全封閉的管理體制。不僅如此，深圳特區還在鼓勵和促進與內地省份以及內地企業的經濟聯繫（所謂「內聯」）上大做了文章。

根據谷書堂主編的《深圳經濟特區調查和經濟開發區研究》一書在深圳所作的調查，所謂「內聯」，是指經濟特區與內地各省、市，各部門、各企業在經濟上或技術上的聯合。它主要是採取雙方在特區共同投資、聯合辦廠、開店等方式，達到共同開發和建設特區的目的。[1] 毫無疑問，由於特區的政策和體制優越，內地的企業和政府有足夠的動機來深圳投資辦廠和開設經營窗口，同時也為深圳建設提供了資金、熟練勞動力以及管理型的人力資本。[2] 這本來是一個想推動深圳特區與內地省份經濟聯動的善意想法，但也不可避免地誘導出了越來越嚴重的內地企業利用深圳特區尋求「直接非生產性尋利」（UDP）現象。

1994 年春節前我離開了英國薩塞克斯大學，走前我提交了一篇研究論文《壟斷特權的社會成本》（*The Social Costs of Special Privileges in China*），這篇論文從理論上討論了特區政策扭曲的社會成本。該論文的中文版後來收錄在我寫的《特權與優惠的經濟學分析》一書中。[3]

---

[1] 參見谷書堂主編：《深圳經濟特區調查和經濟開發區研究》，第 71 頁。

[2] 根據調查，在當時，深圳的總投資當中有 20% 的資金實際上是來自內地的。參見同上，第 73 頁。

[3] 參見張軍：《特權與優惠的經濟學分析》，上海：立信會計出版社，1995 年。

　　我清楚地記得，1993 年我還在英國薩塞克斯大學時，我的同事陳志龍教授也參與到華大偉教授的研究項目中，並受邀專程前往英國考察「企業區」，了解英國一些老工業地區實施特殊政策待遇的「企業區」（類似於我們的「開發區」）的體制和管理模式。後來他回到上海寫了不少內部研究報告遞送到政府部門。也就在這個時候，中央政府醞釀多時的關於繼續擴大開放地區的一系列政策也出台了。在我的印象中，到了 20 世紀 90 年代中期，早期那種備受關注的尋租現象逐漸消退了，説明在深圳和其他一些地方的特區試驗所產生的局部扭曲效應基本消除，更大範圍和地區的體制趨同在加速發生着。

特區與沿海開放戰略：空間經濟學的視角

　　就我的閱讀範圍而言，關於深圳特區和整個中國經濟特區戰略的研究文獻裡，絕大多數的研究只是集中在深圳特區創立的政治經濟學分析方面[①]，或者對深圳特區經濟發展狀況以及經濟結構的一般分析。當然，偶爾也會有一些比較研究的文獻出現，這

[①] 例如，我手頭上的這本對深圳特區進行政治經濟學分析的著作是：George Crane, *The Political Economy of China's Special Economic Zones*, M.E. Sharpe, Inc., 1990。這可能是在西方出版的研究深圳特區比較早的一本書了。在圖書館裡我們可以發現，在 20 世紀 80 年代中後期，中國國內研究深圳和經濟特區的著作的確相當豐富。

些文獻把中國的深圳特區與其他國家的出口加工區或者自由貿易區等模式進行比較分析。當然，早期對深圳特區進行批評的文章也多半是一般的描述分析和規範分析，少有建立在嚴謹的理論框架和統計計量分析之上的研究成果問世。

我想，從理論上說，經濟學家感興趣的問題往往是深圳特區（或是全部的經濟特區）的存在是否對中國經濟改革和增長存在「擴散」的正面效應。這樣的問題在理論上類似於外商直接投資（FDI）的流入是否對本土的企業產生技術存在擴散效應一樣。經濟學家對後一個問題，也就是技術擴散問題給予了比較多的經驗研究，儘管在結論上還不是那麼確定。但就早期而言，經濟學家對前一個問題的研究卻是不足的。這些年來，隨着經濟地理學的復興和經濟學家對空間變量在經濟解釋中的意義有了更多的認識，以區域經濟和經濟地理學的視角來考察中國經濟變化的研究開始受到越來越多的關注。在這個時候，創設特區和推進沿海發展戰略的政策是否產生了預期的正面效應，就有可能得到一定程度的回答。

要更好地理解並且研究一個特定區位上的經濟活動對當地經濟增長可能的影響，我們需要考慮的一個重要因素是「外部性」，而且我們需要把區位和地理的因素考慮進「外部性」的生成問題中去。在經濟地理學的文獻裡，這樣的問題往往是在城市經濟學的範疇內被提出來並被這樣加以表述的：以技術或者知識在企業間的擴散為話題，我們需要弄明白的動態擴散機制是，一個特定

地區的企業主要是從自己所在的產業內學到東西，還是主要從產業外的企業學到東西？

經濟學家的定義是這樣的：如果企業主要是從自己的產業內學到東西，那麼技術在企業間的擴散或者技術的採納過程就會明顯得益於「集聚」效應。這是一種屬地化的外部效應。一旦存在這樣的效應，企業當然就趨向於集中在某個特定的地區或者城市。這個現象也就是我們習慣上說的「扎堆」。

而如果某個特定地方的企業主要是從自己所在的產業外的企業學到東西，並且面臨着競爭性的環境，那麼經濟學家就認為該地存在所謂「城市化」的外部效應。在這種外部效應下，技術和知識的擴散需要一個產業多樣化的學習環境。

1992 年，包括格萊澤（Glaeser）和施萊弗（Shleifer）在內的四位經濟學家聯名在著名的《政治經濟學雜誌》上發表了一篇題目很短的論文——「城市的成長」[1]。對於空間經濟學和城市經濟學的復興而言，這是一篇非常重要的文獻。隨後，在 1995 年，同樣的雜誌上發表了亨德森（Henderson）等另外幾位經濟學家合作的論文「城市的工業發展」[2]。我之所以說這些重要的經驗研究文獻復興了城市經濟學的早期思想，是因為關於外部經濟和

---

[1] 參見 E. Glaeser, H. Kallal, J. Scheinkman and A. Shleifer, "Growth in Cities", *Journal of Political Economy*, 1992, 100: 1126-1152。

[2] 參見 V. Henderson, A. Kuncoro and M. Turner, "Industrial Development in Cities", *Journal of Political Economy*, 1995, 103: 1067-1090。

空間經濟學的早期思想可以追溯到馬歇爾的《經濟學原理》和加拿大籍的簡‧雅各布斯（J. Jacobs）1969 年出版的《城市經濟》（*Economy of Cities*）中。

得益於過去十多年一些經濟學家在空間、地理和城市經濟學上的前沿工作與貢獻，這些年來，使用空間地理經濟學、城市經濟學的理論和分析技術研究中國區域經濟整分模式與產業組織結構的文獻也開始不斷湧現了。我在這裡需要重點提及的是我於幾年前讀到的塞西爾‧巴蒂斯（Cécile Batisse）寫的一篇論文「動態外部性與地方的經濟增長：對中國各省的面板數據分析」[1]。這篇論文的研究有助於我們更好地去理解 20 世紀 80 年代以來，中國的特區試驗計劃和沿海開放戰略是怎麼影響中國經濟發展格局的。

塞西爾‧巴蒂斯的文章實際上先後討論了兩個問題。第一個問題是，改革開放以來，主要工業行業在中國各省的區域化狀況是怎麼演變的。也就是說，甚麼行業變得更集中（在某些特定的省份），而甚麼行業在地理上的分佈變得更加分散了。如果我們可以找到一個度量上的方法把這個問題量化，那麼第二個問題就自然是，這些工業行業的地理分佈（集中或者分散）對當地的經濟增長到底有甚麼樣的影響。

---

[1] 參見 Cécile Batisse, "Dynamic Externalities and Local Growth: A Panel Data Analysis Applied to Chinese Provinces", *China Economic Review*, 2002, Vol.13, No.2-3: 231-251。

很明顯，巴蒂斯套用了格萊澤等人在 1992 年使用的方法，把「城市—產業」的組合數據變成了「省份—產業」的組合數據。然後對中國 30 個工業行業在每個省份（用 p 表示，$p=1$，…，29）的所謂地方化（或者專業化）的程度進行了測度。給定一個產業（用 s 表示，$s=1$，…，30），她用工業增加值（VA）測度了衡量專業化程度的所謂「Isard 指數」，其定義是：

$$L_{sp} = \left| \frac{VA_{sp}}{VA_{sn}} - \frac{VA_p}{VA_n} \right|$$

這裡的 n 表示整個經濟的總體。一看就知道，Isard 指數度量了某個省份在一個給定的產業上相對於其他省份的「分量」，這個分量從一個側面可以反映出某個產業在某地區的地方化或者專業化的程度。作者發現，的確，以這個指數來度量，能源（石油、天然氣等）產業主要集中在中國北部和東北省份，而大多數接近消費者市場導向的製造業則主要集中在沿海地區。作者把每個省的專業化指數進行加總之後發現，改革開放以來，中國的產業明顯出現了區域化和地區專業化的趨勢。

有了這個指標之後，我們再來討論另外一個問題。當一個省份在某些產業上形成了比較集中和專業化的結構之後，它對當地的產業發展和經濟增長有甚麼樣的影響？我們在前面提到，在經濟學文獻中，對於甚麼樣的產業空間更有利於技術和知識的傳播與消化，經濟學家是有不同的理論解釋和經驗支持的。一個理論認為，產業朝某區域的集聚和較高的區域專業化的程度有助於技

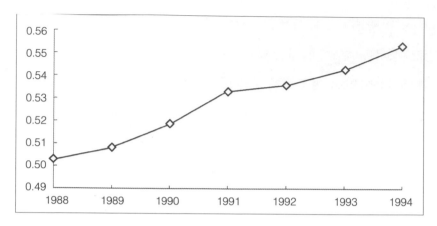

資料來源：Cécile Batisse, "Dynamic Externalities and Local Growth: A Panel Data Analysis Applied to Chinese Provinces", *China Economic Review*, 2002, Vol.13, No.2-3: 231-251。

圖 4-2　中國的產業區域化趨勢（1988-1994）

術的擴散和消化，從而促進產業發展和經濟增長；而另一個理論認為，一個區域的產業越分散，越異質化和多樣化，越有利於技術和知識的擴散與學習，從而越促進產業的成長與經濟增長。基於中國改革開放之後的產業空間分佈的演變模式（1988-1994），巴蒂斯對這兩個基本的理論假說做了一個實證上的檢驗。她設定的回歸方程是：

$$\ln G_{s,p} = \beta \ln (K_{s,p}) + \chi \ln (S_{s,p}) + \delta \ln (T_{s,p}) + \ln (\mathrm{div}_{s,p}) + \gamma (X_p) + \alpha_s + u_{s,p}$$

被解釋變量 $\ln G_{s,p}$ 是一個產業在一個省份的增加值率，反映產業和地方經濟的成長速度。在解釋變量中，作者考慮了人均資本存量 $\ln (K_{s,p})$ 和反映地區與產業特徵的變量。在反映地區的特徵變量裡，作者把經濟特區和沿海開放城市作為「虛擬變量」，為

的是檢驗這些特區和開放城市所代表的地理因素是否對地方的產業成長和經濟增長有顯著的影響。除此之外，作者重點考慮了各省份在 1984 年的產業專業化指數 $\ln(S_{s,p})$、競爭指數 $\ln(T_{s,p})$ 以及產業多樣化指數 $\ln(\mathrm{div}_{s,p})$。

之前，我們已經介紹了產業專業化指數。此外，巴蒂斯還計算了競爭指數 $\ln(T_{s,p})$ 以及產業多樣化指數 $\ln(\mathrm{div}_{s,p})$。一個省份在某個行業內的競爭指數，是以該行業在這個省份的企業數量與行業的工業增加值的比率除以這個比率的全國值來衡量的：

$$T_{s,p,t} = \frac{\mathrm{NBE}_{sp}/\mathrm{VA}_{sp}}{\mathrm{NBE}_{sn}/\mathrm{VA}_{sn}}$$

而行業的多樣化指數是用正規化的赫分達爾指數（Herfindahl-Hirschman Index）的倒數來衡量的：

$$\mathrm{div}_{s,p,t} = \frac{1/\sum_{s^t \neq s}^{s}\left(\frac{\mathrm{VA}_{s'p}}{\mathrm{VA}_p - \mathrm{VA}_{sp}}\right)}{1/\sum_{s' \neq s}^{s}\left(\frac{\mathrm{VA}_{s'n}}{\mathrm{VA}_n - \mathrm{VA}_{sn}}\right)}$$

準備好了中國 29 個省 30 個行業在 1988-1994 年的這些數據，作者用固定效應的面板技術回歸了上面的方程。回歸的結果發現：第一，1984 年的產業專業化水平對後續的產業增長有不利的影響。換句話說，產業在一個區域早期越集中，之後越不利於產業的增長。第二，1984 年的產業競爭指數對後續的產業增長卻有積極的影響。這意味着，給定一個產業的組織結構，一個

地區的中小企業越多，這個地方的動態效率越高。第三，產業的多樣化指數對後續的增長也有正面的影響。這也就是説，企業在一個產業多樣化的環境裡更有利於其成長。產業的分散化和多樣化在一個地區要比產業的集聚更有利於增長。第四，經濟特區和沿海開放城市虛擬變量的回歸係數為正，而且非常顯著。這説明，經濟特區和沿海開放城市的產業成長速度比其他地區更快。

因為經濟特區和沿海開放城市虛擬變量的回歸係數格外顯著，作者進一步把數據按照地理的區位分成了兩個組，再分別進行回歸，一個組包含經濟特區和沿海開放城市，另一個組包含所有其餘的省份。這樣做的目的是想檢驗產業的多樣化更有利於產業增長的這個結論是否過分受到了地理位置的顯著影響所致，或者説，是否因為某些地理上的因素導致某些產業對多樣化指數、競爭指數或者專業化指數這些變量更敏感。回歸結果的確發現，那些分佈在經濟特區和沿海開放城市的產業似乎與內地的產業不同，前者明顯受到產業間的外部性的正面影響，而這種影響在內地卻不明顯。這意味着分佈在經濟特區和沿海開放城市的企業對動態外部性比內地企業更敏感。[1]

總的來説，如果我們把該研究的所有四個結果綜合起來考察，我們就會發現它們實際上幫助揭示了一個關於企業之間的動態外部性和技術在空間上擴散的機制。由於執行了經濟特區和沿

---

[1] 對回歸細節感興趣的讀者可以參考作者的論文，我在這裡省略對回歸報告的介紹。

204

海開放城市的政策，讓中國的這些沿海地區更好更快地接受了外商直接投資，而且接近國際出口市場，發揮了比較優勢，並通過產品的生命週期和產業組織結構的變化迅速向內地及行業擴散技術和管理知識，整體加快了產業的成長進程。

另外，除了動態外部性和產業成長中的技術擴散效應之外，其實經濟特區還有更重要的價值。在經濟特區進行的體制改革和試驗不斷地被全國其他地區仿效，這也是一種知識的溢出效應。而且隨着經濟特區的經驗不斷被推廣，模仿新體制的過程就是經濟體制改革的過程。新體制的這種動態外部性最終也就消除了不同體制和不同地區之間的「租金」差距，避免了早期我們看到的跨地區的「尋租」活動。

中山大學嶺南學院的青年經濟學者徐現祥和陳小飛寫就的文章中把這個過程稱為特區的「試驗—推廣—趨同模式」，其結果是不可避免地實現各地區經濟績效的趨同。[①] 這裡我很願意使用他們給出的一張圖。在圖 4-3 的左半圖中，作者展示了深圳、珠海、汕頭和廈門四個經濟特區與全國經濟增長速度在 1980-2004 年間的標準差。從中我們可以看到，這個標準差明顯呈現下降趨勢。這意味着，特區的經濟增長績效在逐漸與全國的水平靠攏。在圖 4-3 的右半圖中，我們可以看出，在改革開放的初期，深圳的經濟增長速度遠遠高於全國平均的增長速度，二者的差距高達

---

① 參見徐現祥、陳小飛：《經濟特區：中國漸進改革開放的起點》。

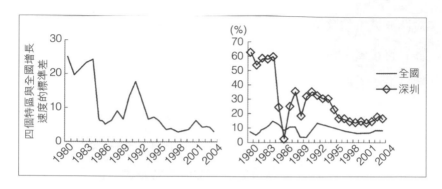

圖 4-3　經濟特區與全國經濟增長速度的趨同

50 個百分點左右。而到了 1996 年，這個差距已經下降到 7 個百分點。從那個時候至今，雖然深圳的經濟增長速度還是高於全國平均水平，但二者之間的差距趨於平穩，基本上穩定在 7 個百分點左右的水平。

特區的使命

應該說，到了今天，甚至再早些年，特區的歷史使命就已完成了。但是特區這個大膽的試驗在當時的意識形態和思想界引起的震盪至今還有餘波。只是對於「80 後」的新人來說，特區的故事更像是編造出來的，也許難以讓他們相信這個誕生曲折而又顯得多餘的試驗。

如果我們閉上眼睛認真回顧一下中國經濟改革和開放這 40年，從我們眼前閃過的一定是一次次精彩的歷史事件。從歷史學的角度來看，這一次次事件看上去是在特定時間和環境下發生的，而且涉及不同的人。可是，如果我們把這些事件像電影膠片一樣連接起來回放，我們就會發現它們其實不是隨機的、雜亂的，而是像珍珠脫離鏈子一樣，一連串發生的，存在着邏輯。是這個邏輯吸引了經濟學家的眼球，經濟學家試圖歸納這些事件發生的內在邏輯、評估它們在中國經濟轉型與增長中的重要性。

我能體會到，一些當年參與深圳特區決策和建設而現已離退休的地方領導人或中央政府官員，在今天回憶起自己親歷深圳特區成立的前前後後，一定百感交集。在深圳特區成立的時候，我還是一名剛進大學的學生。40 年後，我是以一個經濟學者的身份在頭腦中尋找我對深圳特區的記憶。我的很多朋友都說我的記憶力特別好。的確，我對自己的記憶力是充滿自信的。因此，我在本書記述的改革事件，首先來自我長期儲存起來的記憶信息，另外也是這 40 年裡發生的在經濟學家看來非常重要的改革事件。用這種標準來衡量，深圳特區正是其中之一。

第 五 章

分權與增長

　　很多經濟學家都曾預言，過去 40 年中國經濟的起飛與高速增長對經濟學的發展必將產生深遠的影響。這麼多年來，不可否認，現代經濟學對中國經濟的轉型和增長產生了不凡影響，而且幫助我們搞懂了很多發生在這 40 年中的事情。但同時，中國的經濟轉型與增長的經驗也在影響和推動着經濟學的發展。這並不是文字遊戲。這裡面隱藏着一個有趣的、不容易看清楚的機制在起作用。我記得德國著名物理學家海森堡（Werner Heisenberg）表達過這樣一個觀點：理論決定了我們能真正觀察到甚麼。我想這句話的含義是深遠的，不僅僅局限於量子力學，對經濟學家來說，當他們觀察中國的經驗時，他們可能常常不是因為找到了好的經驗才去建立理論，而是因為有了理論才容易發現好的經驗。事實上，經濟學家的頭腦中有很多現成的理論和知識體系，而這些東西很大程度上決定了經濟學家能否在中國經濟轉型中看到一些不同的東西。

一個很好的證據就是關於「財政聯邦主義」理論與中國經驗觀察的形成。過去十多年來，經濟學家對中國政府間的財政關係和財政分權現象表現出濃厚的興趣，研究文獻隨後迅速增長。而在這些研究文獻的背後，實際上你可以找到關於聯邦制的非常豐富的研究內容。這大概給海森堡的觀點提供了又一個註腳。

寫作本書期間，我在加拿大女王大學政策研究院遇見了已經退休四年的彼得·萊斯利（Peter Leslie）教授。我們相約一起吃了午餐。他在過去幾十年間的研究興趣一直是加拿大的聯邦制，同時參與了很多關於憲法修正的辯論。他是政治學家而不是經濟學家，但經他介紹，我結識了研究「財政聯邦制」的經濟學家。其實，在歐洲和北美的大學裡，你總是可以很容易地找到以研究「財政聯邦主義」或者「地區主義」為專長的學者。這並不奇怪，因為聯邦制是政治制度當中非常重要的一個憲政制度，它劃分了上下級政府之間的權利和義務，建立了政治秩序。當然，由於歷史和政治傳統的原因，世界上的聯邦制國家雖然很多，但模式差異也相當大。如即使同屬於英聯邦的國家，加拿大和澳大利亞的聯邦制至少在財政意義上也相去甚遠。

因為制度的差異總是持久地存在，至少在過去半個世紀裡，政治學家和經濟學家對財政聯邦主義的研究興致從未減弱過。而這些研究的文獻不僅為經濟學家觀察改革後中國經濟經驗提供了一個視角，更重要的是，他們希望在觀察和研究中國經濟轉型與增長的經驗現象中能夠尋找到那些也許還不曾熟悉的東西。

中國不是一個聯邦制的國家。但是自從 20 世紀 50 年代實行了中央集權計劃經濟模式之後不久，中央與地方之間圍繞計劃管理權力與財政收支管理的制度就一直處於政策和理論爭論的中心，導致中央與地方之間反覆不斷進行權力的劃分、調整與妥協。

事實上，這種現象並不典型，在中央集權計劃經濟模式下也是不多見的。蘇聯式的集權計劃經濟模式一直都是依賴中央的專業部門對生產者進行垂直的計劃控制，在財政上地方政府並沒有自主的權力。但中國的計劃經濟模式一開始就烙上了分權的印記。即使中央多次嘗試重新集權，地方政府的權力也始終沒有受到削弱。每一次的集權努力都是短暫的、不成功的，而且都是以過渡到更大程度的分權而收場的。政治學家王紹光教授曾經說，毛澤東本人從骨子裡不喜歡蘇聯的集權計劃經濟模式，他一直試圖要打破蘇聯式的模式，在經濟上實行「虛君共和」的治理體制。[①] 虛實真偽，我們就留給政治學家和歷史學家去研究吧。

總而言之，由於長時期演變出來的在計劃管理和財政上的地方分權體制，特別是又經過了「文化大革命」和 1970 年大規模向地方分權的運動，[②] 使得中國在 1978 年決定實行經濟體制改革之後，具有與標準的蘇聯型計劃經濟非常不同的初試條件。這個經

---

① 參見王紹光：《分權的底限》，北京：中國計劃出版社，1997 年，第 4 章。

② 1970 年的大規模分權還有軍備上或者戰略上的原因。因此這次的分權有着更加明確的備戰目的。為了備戰，全國被劃分為十個協作區，中央要求各個協作區（包括一些省市）都要建立起自己的工業體系，能夠自己武裝自己。

驗現象後來成為一些經濟學家解釋中國經濟轉型成功的一個重要
的經驗觀察。

向地方分權有多重要

　　2007 年 3 月 2−3 日，澳門大學舉辦了一次國際性的學術會
議「中國經濟增長：原因與前景」，會議的主題是聚焦中國的經濟
增長。其中，擔當會議演講嘉賓的經濟學家包括了兩位諾貝爾經
濟學獎獲得者，道格拉斯‧諾思（Douglas North）教授和詹姆斯‧
莫里斯（James Mirrlees）教授。另外，還有倫敦經濟學院的許成
鋼教授、新加坡國立大學的黃朝翰（John Wong）教授和我本人。

　　諾思教授雖年事已高，但仍然精神抖擻，詼諧幽默。他的報
告清晰地講述了英國和西歐的歷史，一如既往地強調了制度在經
濟發展中的重要性。許成鋼教授在會議上也做了報告。成鋼是一
位非常優秀的理論經濟學家，在報告中，他也繼續闡釋了十多年
來與錢穎一等人發展起來的一個理論，這個理論強調了財政分權
在解釋改革後中國經濟增長方面的重要性。

　　其實，我們很容易發現諾思教授和許成鋼的這兩個報告可
以很好地拼在一起，它們具有很強的互補性。為甚麼這麼說呢？
我們都知道，諾思教授發展起來的新的經濟歷史學有一個重要的
理論，這個理論說，是「好的制度」導致了增長而不是相反。諾

思教授所謂的「好的制度」大概是指一些在英美國家發展起來的制度，比如清晰界定和保護私人財產、有效的資本市場、獨立的司法程序以及有效率的執法習慣等。很顯然，中國沒有可以對照的制度。因此，諾思教授的理論所作的預測與中國的經驗是不符合的。但是，大多數經濟學家到現在也不認為諾思教授的理論有錯。與大多數經濟學家的理論不同，諾思教授強調制度是最重要的，關於這一點大多數經濟學家也是接受的，而且他的理論的確解釋了很多很重要的歷史現象。

但是，經濟增長肯定受許多因素的驅使，依賴很多條件。最近 30 多年來，經濟學家花費了很多的精力和智慧想弄明白為甚麼一些經濟增長了而另一些經濟卻沒能夠增長。即使制度是最重要的，也還可能有多樣化的形式。的確，我們所看到的英美現象與中國現象（包括很多其他經濟的經驗現象）是有差別的。但是，很多制度即使形式上存在很大的差別，也許也發揮着類似的功能，它們彼此可以替代。至於為甚麼它們會有差別，則是另一個需要研究和回答的問題。

這樣一來，要揭開中國經濟增長的謎團，就需要回答甚麼是那些可替代的制度？而許成鋼的報告試圖要回答的正好是這個問題，所以我才説他與諾思教授的報告正好可以拼在一個盤子裡。那麼，是甚麼驅動了中國經濟的增長呢？許成鋼的解釋是，不是諾思教授講到的那些制度，那些制度在中國不是現成的，驅動增長的是中央向地方的分權。這樣就回到了他在 1993 年之前的一

個比較有影響的理論研究了。

　　1993 年，許成鋼與錢穎一在《轉型經濟學》（*Economics of Transition*）雜誌上發表了一篇題目比較冗長的文章——《中國的經濟改革為甚麼與眾不同——M 型的層級制和非國有部門的進入與擴張》。[1] 這篇文章最初是在倫敦政治經濟學院的「三得利—豐田經濟學和相關學科研究中心」（STICERD）的工作論文上印行的。這篇論文讓他們開始了長達十年的研究財政聯邦制的項目。在 1993 年發表的這篇論文中，他們已經有了一個初步的觀察，認為中國改革前的經濟在組織結構的意義上與蘇聯就不同，他們認為這個組織結構的不同對後來的改革方式和經濟增長都有影響。在蘇聯，計劃經濟的管理模式是垂直的、縱向的，而中國的計劃體制內始終存在着多層次以及多地區的管理模式，這樣就構成了產業組織學上所謂 U 型和 M 型組織結構的分野。在中國，這個結構被習慣地稱為「條條」（中央部委）和「塊塊」（地方各級政府）。

　　這個早期的觀察強調了地方政府相對於中央政府是與眾不同的角色。而在後來的一篇研究論文中，他們則進一步把這個基於中國的經驗現象理論化了，於是在 2000 年，許成鋼與埃里克·馬斯金（Eric Maskin）、錢穎一聯合發表了《激勵、信息與組織的

---

[1] Chenggang Xu and Yingyi Qian, "Why China's Economic Reforms Differ: The M-Form Hierarchy and Entry/Expansion of the Non-State Sector", *Economics of Transition*, 1993, 1(2): 135-170.

形式》一文。[1]

　　從某種意義上講，這篇理論文章提升了中國經驗的經濟學意義。雖然這個理論依然留下了一些更基本的問題沒有解決，比如它還不能回答這樣的問題：由分權驅動的地方競爭為甚麼一定是良性的而不是惡性的呢？但是，向地方分權的思想在理論上得到了進一步的發展，形成了後來的「中國特色的財政聯邦主義」（fiscal federalism, Chinese style）的基本概念框架，用這個框架來解釋中國的經濟轉型與增長，這樣就把經濟學和公共財政文獻裡早已存在的財政聯邦主義的研究向前推進了。

　　在經濟學文獻裡，有關財政聯邦主義的研究至少也有半個多世紀了。一般認為查爾斯‧蒂布特（Charles Tiebout）於 1956 年在芝加哥大學的《政治經濟學雜誌》發表的《一個關於地方支出的純理論》是一個轉折點。[2] 因為在這之前，公共財政的學說，如果有的話，也都是關於國家財政的理論或者「集權」的理論。在發表了這篇經典的論文之後，分權的重要性開始受到經濟學家的注意。隨後，喬治‧斯蒂爾（George Stigler）、理查德‧阿貝爾‧馬斯格雷夫（Richard Abel Musgrave），尤其是華萊士‧ E. 奧茨（Wallace E. Oates）等經濟學家進一步發展了向地方分權的思想，

---

[1] Chenggang Xu, Eric Maskin and Yingyi Qian, "Incentives, Information, and Organizational Form", *Review of Economic Studies*, 2000, 67(2): 359-378.

[2] Charles Tiebout, "A Pure Theory of Local Expenditure", *Journal of Political Economy*, 1956, 64: 416-424.

形成了早期的財政聯邦主義，他們撰寫的相關文獻可以看成是第一代的財政分權理論。2006 年 6 月，正是蒂布特發表他的那篇經典論文進入 50 周年的時候，美國的林肯土地政策研究院出版了威廉‧菲謝爾（William Fischel）編輯的一本公共經濟學的紀念文集《蒂布特模型 50 年》，不過，封面上卻寫着「為了表彰華萊士‧E. 奧茨的貢獻」。

蒂布特的分權理論簡單地說是這樣的：在公共品的供給問題上，向地方政府分權可以解決困擾中央政府面臨的信息缺損的問題。因為只要居民可以在不同地方之間自由遷徙，他們自己的真實偏好實際上就通過「用腳投票」的機制顯示出來了。而且，因為地方政府的收入與「逃離」的居民多少成反比，所以也就必然因此產生地方政府之間的競爭，這個類似於競爭性市場的機制就可以影響地方政府的公共支出模式。後來，這個重要的思想得到很多經濟學家的發展，逐步形成了中央與地方分權的財政聯邦主義的基本思想。

但是，早期財政聯邦主義的思想還主要局限在公共財政的範疇內，還沒有更集中地涉及地方政府的激勵模式以及分權與經濟增長的關係等問題。一直到了 20 世紀 90 年代初，隨着中國和俄羅斯等經濟轉型國家的經驗現象受到重視，早期財政聯邦主義的思想才得以發揚光大。在這個時候，許成鋼、錢穎一、熱拉爾‧羅蘭以及政治學家巴瑞‧R. 維恩格斯特（Barry R. Weingast）等人開始把財政分權的思想更多地與地方政府的激勵模式、經濟轉型

和經濟增長聯繫起來。這在很大程度上是受了中國和俄羅斯經濟轉型經驗現象的影響，他們的研究方法和視角與早期的公共財政理論已經不同，這一轉變把公共經濟學引入了更精彩的領域，形成了在今天可以稱為第二代財政分權或財政聯邦主義的基本文獻。[①]

這些研究的貢獻是，它們發展了早期的分權理論，尤其是，這些文獻突破了公共品供給的局限，然後進一步把向地方的財政分權與地方政府的激勵和地方之間的競爭聯繫起來，建立了解釋經濟轉型的一個概念框架。在這個框架裡，他們強調了向地方的分權促成地方競爭的條件，而且他們顯然認為這是一個「良性競爭」。概括來說，分權競爭：(1) 促進了不可逆轉的市場機制的發展（所謂的 market-preserving）；(2) 促進了鄉鎮企業的發展；(3) 促進了城市化和基礎設施的建設；(4) 導致了改革實驗的發生和模仿；(5) 促進了外商直接投資的流入。

當然，這個分權理論也面臨一些挑戰。

第一，我剛剛說過，這個理論的核心是，向地方的分權產生了地方之間的競爭，而競爭維護了市場，競爭推動了經濟增長。由此自然而生的一個問題是，這個「良性競爭」是必然的嗎？我們也許需要問的是，這個「良性競爭」發生的條件是甚麼？在甚麼情況下向地方的分權可能產生「惡性競爭」呢？

問題恰好在於，「良性競爭」和「惡性競爭」在中國似乎同時

---

① 參見Wallace Oates, "Toward a Second-Generation Theory of Fiscal Federalism", *International Tax and Public Finance*, 2005, 12: 349-373。

出現了，尤其是在經濟轉型和經濟增長的後期階段。在經驗現象上，這些年來人們用來描述中國經濟轉型和增長過程中的那些可以稱之為「惡性競爭」的現象有許許多多。比如，市場的分割、地方保護主義、重複建設、過度投資和過度競爭、宏觀調控的失靈、司法的不公、地區差距的擴大、對環境的破壞、「裙帶資本主義」以及忽視基礎教育和衛生保健支出等。這些問題最終又要回到政府的性質和目標上才能回答。財政分權並不解釋政府的目標。我們在中國觀察到的現象似乎意味着在財政分權體制下，地方政府的目標已經演化成了「單任務」性質了。但這是向下分權的必然結果嗎？顯然，分權還不能很好地去解釋這個問題。

第二，就地方政府推動經濟增長的激勵來說，從 20 世紀 80 年代以來，財政體制和中央與地方的行政分權一直在變化之中，為甚麼地方官員推動經濟增長的激勵沒有甚麼改變呢？這個問題是北京大學的周黎安教授在他的研究中提出來的。他認為，雖然行政與財政分權確實構成地方政府激勵的重要來源，但它們是否是構成中國地方政府內部激勵的最為基本和長期的源泉，這是值得進一步推敲和討論的。由於中國不是聯邦制國家，按目前的體制，中央和地方的分權只能屬於行政管理性質的向下授權，下放的權力隨時可以收回。事實上，自分權改革以來，中央和地方的管理權限的劃分一直處於調整和變動之中，但地方政府的增長激勵為甚麼幾乎不變？

第三，目前中國治理地方官員的激勵模式在深層次上與市場

經濟的培育和發展有着內在的矛盾。換句話說，這種激勵模式與一個良好的市場經濟所需的政府「多任務」職能之間存在嚴重衝突，使得行政與財政分權可能無法確保市場維護的合理激勵。

我在復旦大學的年輕同事王永欽等人於 2006 年完成了一篇文獻綜述——《中國的大國發展道路：論分權式改革的得失》。[①]在這篇文章中他們給出了四個理由來說明為甚麼中國地方政府的激勵模式與市場經濟所需要的政府職能是不可能協調起來的。他們認為政治組織中的激勵與經濟組織中的激勵相比有很大的不同。

第一，政治組織委託人的偏好往往是異質的，而企業組織中股東的偏好基本上是一致的，即收益最大化。在政治組織中，每個利益集團都有它自己的偏好和利益，因而，無論對於任務本身，還是對於委託人，都很難界定一個指標對績效進行衡量。

第二，與委託人偏好的異質性有關的是，政治組織一般是多任務的，這也與主要追求利潤最大化的企業不同。除了效率和經濟增長之外，政治組織還需要追求社會公正、收入平等、環境保護、公共服務質量等目標。所以，從理論上來說，由於政治組織的這種多任務性，在政治組織中很難通過基於單一維度（任務）的類似企業中計件工資式的強激勵來追求各種目標，而且基於增長目標的考核很容易損害其他社會目標。

第三，與企業績效易於找到同類企業做參照不同，政治組織

---

① 王永欽、張晏、章元、陳釗、陸銘：《中國的大國發展道路：論分權式改革的得失》，載《經濟研究》，2007 年，第 1 期。

的績效難以找到一個可以參照的標準。中國的地方政府之間雖然可以進行一些比較，但地方之間的巨大差異也使得地方政府間的相互參照非常有限。換言之，政治組織是一個壟斷組織，因而很難找出一個具有充分信息量的指標對其進行比較。

第四，政治組織與經濟組織不同，它在激勵機制的設計方面更多地會採用相對績效評估，而非絕對績效評估。所以，在中國演變出來的一個機制是把相對的 GDP 增長率作為評估的唯一信息。但相對績效的評估會造成代理人之間相互拆台的惡性競爭。其中，最典型的就是形形色色的地方保護主義，地方保護主義造成的地區分割和「諸侯經濟」會阻礙中國國內市場整合的進程。在資源配置方面的深遠影響是，這種市場分割會限制產品、服務（甚至還有思想）的市場範圍，市場範圍的限制又會進一步制約分工和專業化水平，從而不利於長遠的技術進步和制度變遷，這最終會損害到中國長期的經濟發展和國際競爭力。

以上這些問題的提出給了我們一個有益的提醒。我們必須要對地方政府的激勵來源做更深入的分析才能準確地把握分權與競爭的關係。對地方官員激勵的觀察和分析肯定需要聯繫中國的政治制度和官員治理的重要特徵才能有望獲得突破。這是我將在另一章專門去討論的題目，我將回顧中國政治制度的演變過程以及對官員的治理模式，更深入地去討論官員的激勵，以幫助回答為甚麼向地方的分權既驅動了增長也產生了諸多的負面效應。

總而言之，在現有的政治組織和政治集權體制保持不變的格

局下，向地方的分權不僅有收益，也是有成本的。似乎，這是一個有關權衡的問題，也就是說，這個問題本身是無望在財政分權的範疇內找到解決辦法的。

分權的政治

有人說，在經濟研究中，中國太大了以至於不能把中國僅僅當成同一個經濟體來處理。的確，今天的中國是一個大國。在國土面積上中國相當於 100 個韓國，按人口計算也有 30 個韓國那麼多。治理這樣一個面積和人口都巨大的國家，在當今世界上也算是一個智力的挑戰了。如果我們把中國的經濟想像成一架龐大的空中客車 A380，那麼真正值得我們去問的問題是，甚麼力量可以推動它離開跑道，實現經濟的起飛？這個問題讓中國人思考和探索了至少 150 年。

幾年前我讀過這樣兩本書：一本書是辛向陽撰寫的《百年博弈：中國中央與地方關係 100 年》。[①] 這本書回顧了中國的中央與地方關係在整個 20 世紀所經歷的重大調整與重要事件，其描述的畫面相當精彩。後來我又看了張明庚和張明聚合著的《中國歷代行

---

① 辛向陽：《百年博弈：中國中央與地方關係 100 年》，濟南：山東人民出版社，2000 年。

政區劃：公元前 221 年—公元 1991 年》，[①] 更是讓我大開眼界。悠久的地方行政區劃的歷史，也反映出中央與地方關係的演進過程。

張明庚和張明聚認為，真正的國家地方行政區劃，始於秦始皇統一六國後。秦始皇在公元前 221 年統一中國後，徹底廢除分封制，實行中央集權制，在中央統轄下，地方設立諸多郡、縣，並把地方的郡縣制推行到全國。所謂郡縣制，就是將全中國土地劃分若干郡，郡下再設若干縣，郡縣各設地方政府，由中央政府任命郡、縣官員，以協助中央辦理地方諸多行政工作的一種政治制度。

自秦代後，歷代在其地方行政區劃上均仿效秦制，雖經歷朝的更替，但在其地方行政區劃設置上，少者為二級制，多者為五級制。朝代變更時，各代在地方行政區劃上，雖有沿襲、變動或新增設置，區劃層次或多或少，但有一點是共同的，即均是為了加強中央對全國的統治和領導。

經歷了 20 世紀 50 年代和 60 年代的行政區劃的反覆調整之後，到了改革開放初期，基本上形成了今天政府的基本結構和公共行政的管理體系。1977 年之後，地方各級「革命委員會」逐漸改稱為各級人民政府；撤銷人民公社，復稱為鄉或鎮；「地區」不再作為省下的一級政權機構，而是確立為省府派出機關，稱行政公署。同時由於經濟的發展，在全國各省、市、自治區以下，大量的地級市、縣級市相繼出現，在必要的地方設立了「特別行政

---

① 張明庚、張明聚：《中國歷代行政區劃：公元前 221 年—公元 1991 年》，北京：中國華僑出版社，1996 年。

區」，也出現了一些直屬於中央的「計劃單列市」（不屬於行政實體）。此階段的行政區劃序列為：省、直轄市、自治區 / 地區、市轄區、市（地級）、自治州、盟、特區 / 縣，市、市轄區、自治縣、旗、特區 / 鄉、鎮（旗）。在這一時期，還出現了大量由地區改稱的市（地級市），下轄幾個縣；並有很大數量的縣升格為縣級市，形成全國地、縣數量減少，地、縣級市相應增多的局面，同時全國鄉的數量減少，鎮的數量增多。

1949 年之後行政區劃的調整看起來涉及的只是政府的管理體制和行政管理權力的設置問題，但由於在 20 世紀 50 年代的中期急於要建立集中的計劃經濟體制，因此，在行政區劃結構內中央與地方管理權限的分配就成為計劃體制下的中央與地方之間產生的實質性矛盾，因為計劃經濟體制本質上是中央集權的決策體制。這樣一個集中計劃管理的體制格局差不多到 20 世紀 50 年代中後期就基本形成了。

本來，在 1949 年中國共產黨取得革命勝利之前的 20 世紀40 年代，毛澤東有過一個重要的思想。他在 1940 年 1 月演講的「新民主主義論」以及 1945 年 4 月發表的《論聯合政府》的報告中一直認為，中國的新民主主義經濟要在新民主主義政權下適當發展私人資本主義經濟。[1] 新中國成立前夕和初期，毛澤東和黨

---

[1] 關於這兩篇經典文獻的全文，可分別參見《毛澤東選集》，第 2 卷，北京：人民出版社，第 662–771 頁；《毛澤東選集》，第 3 卷，北京：人民出版社，第 1056–1060 頁。

中央的其他領導同志都曾表示，要讓私人資本主義工商業先發展一個相當長的時期，比如説 15 年，二三十年，至少十年，多則15 年或 20 年，等等，然後再向社會主義過渡。但是到了 1952 年土地改革完成的時候，這一設想發生了重大的變化。1953 年，他正式提出了「過渡時期的總路線」。根據這個總路線，過渡的時間實際上被縮短為三年。為了完成這個急促的目標，加快對資本主義的改造和所有制的國有化成為重要的任務。這是中國集中計劃經濟體制模式建立的基本開端。

　　實際上，中國的集權計劃經濟建立之初，集權和分權的問題很快成為爭議的焦點。吳敬璉教授認為這也是新中國成立以來最早提出的中國經濟體制改革的問題。[①] 他在《當代中國經濟改革》一書中提到，由於當時處於毛澤東提倡「百花齊放，百家爭鳴」的寬鬆時期，在 1956 年前後，經濟學家孫冶方和顧準就針對中央計劃經濟的集權模式提出了尖鋭的批評，兩人都提出了社會主義經濟不能違背市場規律的重要看法。[②] 雖然兩人的思想在 1958年之後均受到嚴厲批判，但至少在 1956–1958 年間，中央領導人對集權模式的弊端還是有所察覺和回應的。

---

① 參見吳敬璉：《當代中國經濟改革》，第 39 頁。

② 孫冶方在 1956 年發表的文章是《把計劃和統計放在價值規律的基礎上》以及《從「總產值」談起》，均見《孫冶方選集》，太原：山西人民出版社，1984 年。顧準於 1956 年寫成的論文是《試論社會主義制度下的商品生產和價值規律》，見《顧準文集》，貴陽：貴州人民出版社，1994 年。當然後來兩人在 60 年代都受到審查和批判，並分別成為「修正主義」和「資產階級右派」清洗運動的受害者。

　　根據薄一波的回憶記載，[1] 為了準備中共第八次全國代表大會，毛澤東在 1956 年 2–5 月連續聽取了 34 個中央部委和省市領導的工作彙報。這些彙報的內容涉及諸多方面，其中包括中央與地方的關係。在此之後，中央政治局對好些問題進行了多次討論和總結，形成了十個方面的問題。於是，在 1956 年 4 月底至 5 月初，毛澤東在政治局擴大會議上和最高國務會議上先後講述了這十個方面的問題。1976 年 9 月毛澤東逝世後，由胡喬木主持整理修訂的「論十大關係」講話稿正式發表。這就是毛澤東著名的文章「論十大關係」的形成過程。在「論十大關係」中，列入第五個關係的就是「中央與地方的關係」。

　　毛澤東在 1956 年 4–5 月間形成的「論十大關係」的講話報告直接決定了中共第八次全國代表大會對經濟管理體制進行改革的決定。於是在 1958 年開始了首次向地方的分權。這次向地方政府的行政分權主要包括：(1) 向地方政府下放計劃權力。把原來由中央向地方逐級下達的計劃管理制度改為以專業部門與地區相結合的計劃管理制度。(2) 向地方政府下放企業管轄權。把大多數國有企業下放給地方政府 (包括街道和人民公社) 管理。(3) 向地方政府下放物資分配權和勞動管理權。(4) 向地方政府下放財政和稅收權以增加地方政府的收入。(5) 向地方政府下放投資和信貸的審批權。

---

① 參見薄一波：《若干重大決策與事件的回顧 (上)》，北京：中共中央黨校出版社，
　　1991 年。

關於中央與地方財政分權的細節，我們將在後面繼續討論。但是，由於 1958 年向地方政府下放權力的指導思想是要配合毛澤東的「大躍進」運動，而且在農村強制推行集體化耕作制度和人民公社，[①] 結果很快造成了經濟的混亂並在 1959－1961 年出現了三年困難時期。

面對「大躍進」造成的嚴重後果，從 1961 年開始，中央的政策不得不進行調整以及重新集權。其中最著名的事件是 1962 年 1 月召開的由中央局、省、市、地、縣五級政府官員參加的中央工作擴大會議，也就是所謂的「七千人大會」。毛澤東在這個會議上承認了錯誤並願意承擔責任，同時恢復以陳雲為組長的中央財經領導小組，負責經濟的調整和恢復工作。在這次會議上，中央又強化了加強集中制和全國一盤棋的思路。隨後從地方收回了絕大多數原來下放的權力，並加強了中央對金融、財政和統計實行的集中領導。

到了 1963 年，中國的經濟得到了部分恢復。不過根據政治學家王紹光的分析，對毛澤東來說，收權僅僅是擺脫暫時困難的權宜之計。一旦經濟好轉，他決心再一次打破蘇聯式的中央集權

---

① 吳敬璉在《共和國經濟 50 年》一文中提到，在這一輪改革中，農村發生了與國營工商業體制相反方向的運動：後者的變革方向是放權讓利，前者卻是將原來只有 15－20 戶規模的高級農業合作社歸併為「大社」，並於 1958 年夏秋之交建立起「一大二公」的人民公社。在保持命令經濟行政協調的總框架不變的條件下，層層分權的行政社會主義體制和農村的人民公社一起，形成了「大躍進」的組織基礎。這是 1958 年中國經濟生活陷於混亂的重要成因。

計劃體制。1966 年 3 月，毛澤東在杭州政治局會議上提出「虛君共和」的口號。在他看來，中央政府只應是個象徵性的「虛君」，經濟實權仍應分散到各地區去。他批評中央部門收權收得過了頭，指示凡是收回了的權力都要還給地方。用他的話說就是「連人帶馬全出去」。[1] 這之後緊接着就是「文化大革命」的爆發，向地方分權的這種局面可以說一直持續到了 1976 年毛澤東逝世和「文化大革命」結束。[2]

王紹光在《分權的底限》裡說，毛澤東的權力下放不僅喚醒了地方政府的自我利益意識，也擴大了地方政府的財力。自我意識加上獨立財源使地方政府有可能變成潛在的離心力量。毛澤東留下的政治遺產中因此既包括集權主義的統治方式，也包括一個裂痕重重的政治經濟體制。

實際上，1951−1978 年經濟改革之前，中國的中央—地方財政關係經歷了頻繁的變動，這充分反映了在集中計劃體制內尋找集權與分權之平衡的不可能性。蘇州大學的黃肖廣教授對計劃經濟時期中央與地方財政關係的變遷做了細緻的梳理與回顧。[3] 我以他提供的資料為基礎把中央—地方的財政關係做如下簡單的說明。

1951−1957 年間實行的是劃分收支和分級管理的體制。1950 年，

---

[1] 參見王紹光：《分權的底限》，第 4 章。

[2] 王紹光對「文化大革命」期間的分權以及經濟的混亂做過政治的分析。參見王紹光：《分權的底限》，第 4 章。另外吳敬璉從經濟學的視角對這段時期的行政分權過程也進行了分析。參見吳敬璉：《當代中國經濟改革》，第 45−54 頁。

[3] 黃肖廣：《財政資金的地區分配格局及效應》，蘇州：蘇州大學出版社，2001 年。

當時的政務院頒佈了《關於統一管理 1950 年度財政收支的決定》，決定實行集權管理和統收統支的財政體制。該《決定》規定地方的財政收入一律上繳中央，地方的支出一律由中央撥付，實行收支兩條線，地方的收與支之間沒有關係。

1951 年 3 月，政務院頒佈《關於 1951 年度財政收支系統劃分的決定》，修改了 1950 年的決定，改為中央與地方劃分收支和分級管理的制度。在收入方面，劃分為中央預算收入、地方預算收入以及中央與地方比例分成收入。分成比例一年一定。在支出方面則劃分了中央和地方各自的支出範圍。

1953 年中國開始了第一個「五年計劃」（1953−1957）。為了適應這個時期經濟建設的需要，不僅行政區劃上做了調整，而且在財政上堅持了 1951 年頒佈的劃分收支的辦法，實行了中央、省和縣三級財政體制，並且還決定把地方「超收節支」的部分全部歸地方所有。

由於 1956 年毛澤東發表「論十大關係」的演說強調了發揮地方積極性的重要性，中央決定大面積下放企業的計劃管理權給地方政府。國務院在 1957 年 11 月頒佈了《關於改進財政管理體制的規定》，決定從 1958 年實行「以收定支、五年不變」的體制。但是，由於「大躍進」運動造成的經濟混亂，這個體制實際上只執行了一年不到的時間。1958 年 9 月，國務院決定用「總額分成、一年一定」取代原來的「以收定支、五年不變」的規定。從 1959 年到 1971 年間，中央與地方的財政體制基本上是在這個框

架裡修改的。其間，因為三年困難時期的發生，1961 年起中央又實行了集中管理的體制來恢復和調整經濟，但後來很快又轉向擴大地方財權的體制。因為「文化大革命」的爆發和出現經濟混亂的局面，1968 年中央曾決定實行早期的收支兩條線的做法，但最終也沒有執行。

1970 年前後，中央決定把大多數企業下放給地方政府管理。為此，從 1971 年，也就是第四個「五年計劃」開始，中央決定實行地方財政收支的「大包乾」制度。具體做法是「定收定支，收支包乾，保證上繳（或差額補貼），節餘留用，一年一定」。「大包乾」制度擴大了地方政府的預算收支的範圍，在理論上自然可以增加地方的可支配收入，提高地方政府的激勵。

但是，中央在執行中馬上就發現，地方超收的大小「苦樂不均」，更重要的是，由於在「文化大革命」期間，政治和經濟上的混亂使大多數地方的預算收支難以平衡，超收成為空話。因此，在 1974－1975 年間，中央對「大包乾」體制進行了修正，調整為「收入按固定比例留成，超收另定分成比例，支出按指標包乾」。這個規則顯然把地方的收與支之間的關係切斷了，當然難以給地方以激勵。

因此，在 1976 年之後，中央再進行調整，回到之前的規則，即改為「收支掛鈎，總額分成」的辦法，同時於 1977 年將江蘇省設立為財政管理體制的改革試點，試行「固定比例包乾」的體制。按照這個試點體制，江蘇省可以根據最近幾年的預算支出佔預算

收入的比例來確定上繳中央和留用的比例，一定四年不變。比
例確定之後，地方的預算支出從留給地方的收入中解決，多收多
支，少收少支，自求平衡。1978 年，中央選擇十個省市為「收支
掛鈎，增收分成」的試點，給予地方政府增加預算收入的激勵。

　　所有這些改革的重要結果之一，就是把過去的「條塊結合，
以條條為主」的財政體制改變成了「條塊結合，以塊塊為主」的
財政體制。可以這麼說，在 1957−1978 年的這 20 多年間，中國
所執行的中央計劃和集權財政體制不斷被修改和瓦解。「大躍進」
和「文化大革命」這樣的政治事件對中國的經濟體制造成的破壞
更像是經濟學家熊彼特所說的「創造性破壞」，因為它破壞了蘇
聯式中央集權的計劃經濟模式，逐步演變成為「向地方分權的權
威主義體制」。而這就成了後來中國經濟改革的「政治邏輯」。[1]

　　記憶中，我在 1990 年前後對蘇聯型的中央計劃經濟體制的
演進路徑產生過濃厚的興趣。1992 年，我在上海的一本經濟學
雜誌《經濟發展研究》上發表過一篇題為《信息費用、有限理性
與計劃約簡：關於中國傳統計劃結構的一個理論解說》的論文。[2]

　　在這篇論文中，我從計劃當局處理信息的能力有限這個假設
（這個假設當然是很現實的）出發，討論了計劃管理的體制會朝

---

[1] 參見政治學家謝淑麗的研究。Susan Shirk, *The Political Logic of Economic Reform in China*, Berkeley: University of California Press, 1993.

[2] 該文發表於《經濟發展研究》1992 年第 3 期。這本雜誌是華東理工大學經濟發展研究中心創辦的，後來因為種種原因停刊了。這篇文章也收錄於我的《制度、組織與中國的經濟改革》（上海：上海財經大學出版社，2004 年）一書中。

甚麼方向變化的問題。事實上，說計劃當局處理不了那麼多的微觀信息一點兒都不誇張。蘇聯在 20 世紀 60 年代初期就發現，要做到有效的計劃，一家企業包含的數據就多達 4 萬個，一年需要至少完成 600 萬次運算。蘇聯當時有 17 萬家企業、60 萬家零售店。可想而知，計劃當局怎麼能夠有效地進行計劃管理。中國在改革開放初期有將近 10 萬家國有企業、700 萬家集體企業，要實行集權計劃管理，在信息上已經大大超出了中央的能力。[1]

在這種情況下，中央計劃當局一定會做出理性的反應，對計劃的範圍和計劃任務進行大幅度的壓縮與約簡。如果我們把計劃任務想像成投入—產出的矩陣，那麼，約簡計劃任務的最簡單方法就是讓矩陣中出現更多的「零向量」，這意味着計劃單位之間沒有關聯，從而能減輕中央計劃的協調和綜合平衡的工作量。遵循這樣的思路，如果計劃的再約簡能夠按照地理區域或者特定的產業部門來規劃，上述條件就可以基本滿足。這是因為地理區域相對來說在其內部容易產生合作，減少對外部的依賴程度。特別是當這個區域在經濟上基本能做到自給自足的時候更是如此。而按照特定的工業部門來約簡中央計劃，條件相對來說要更嚴格一些。只有那些在生產中對外聯繫不多，而較多依賴本行業內部提供投入品的產業才最適合。不用說，重工業比其他類型的產業更適合。[2]

中國對計劃的約簡與蘇聯有着根本的不同。中國的工業部歷

---

[1] 參見張軍：《制度、組織與中國的經濟改革》，第 6 頁。

[2] 參見張軍：《制度、組織與中國的經濟改革》，第 11–12 頁。

來不夠發達，地方政府扮演了更重要的角色以及擁有更強的談判能力。資源大都控制在地方政府的手裡而不是工業部的手裡，這與蘇聯有着根本的區別。所以，中國的計劃約簡基本上是以行政區劃為單位的，中央把計劃的權力更多地下放給了地方政府。儘管也存在着工業部的計劃範圍，但整體而言，中國的地方政府擔當了更多計劃者的角色。而在蘇聯，工業部是計劃的主要制定者和管理者。

1978 年以後的財政分權

1980 年以後，中央與地方的財政關係進入一個以「包乾」為特徵的體制。「包乾」或者「承包」是我國民間對一種簡單的合約形式的俗稱。有意思的是，中國過去 40 年的經濟改革在微觀上基本就是依靠「包乾」或「承包」這種方式推進的。私人產權的所有制是中國經濟改革中的一個意識形態「禁區」，但在實際操作中「包乾」卻很容易被改革者接受，因為在「包乾」或「承包」中政府依然擁有所有權。在經濟學上，「包乾」大概就是一種「固定租約」。

就這樣，中國進入經濟改革時期之後，中央與地方的財政關係也開始以地方與中央簽訂財政上的「承包」為主，形成了以劃分收支為基礎的分級包乾和自求平衡的協議關係。這種體制也時常被稱為「分灶吃飯」。但其間因為國有企業改革政策的推行，

也使得中央與地方的財政體制相應地做出了一些調整。

1980 年 2 月，國務院頒發《關於實行「劃分收支、分級包乾」財政管理體制的規定》，決定除了三個直轄市之外，其餘地方均實行形式各異的財政包乾體制，實行所謂的「分灶吃飯」。這個規定的主要內容是對財政收入進行分類，劃分為固定收入、分成收入和調劑收入三類。而財政支出按照企事業單位的行政隸屬關係進行劃分，地方財政在劃分的收支範圍內多收多支、少收少支，自求平衡。

但是，由於各地區的經濟發展水平和初始的財政條件不同，在實際執行過程中各地區的包乾方案是有所不同的。根據鍾曉敏教授的總結與分析，1980－1985 年，大概有四類方案在不同的地區得到了執行。

第一類是執行標準的「劃分收支、分級包乾」的體制。執行這一體制的是四川等 15 個省。這 15 個省根據 1979 年的收支預計數作為基數，收大於支的，按比例上繳中央；收少於支的，不足部分由中央從工商稅中根據某一比例進行調節。中央承諾這個方案一定五年不變，地方自求財政平衡。

第二類執行的是特殊的地方預算財政體制。這類體制主要是在新疆等五個少數民族自治區和幾個視同民族自治區待遇的省內實行。根據這個方案，這些地區除了繼續享受原來的特殊待遇之外，也參照第一類方案劃分收支範圍，確定中央的補助金額，並保證每年增加 5%，五年不變。地方的收入增長全部留歸地方。

　　第三類方案的設計針對了廣東和福建兩省。在這兩個省實行的是「劃分收支、定額上繳或定額補助」。這個特殊的政策是為了配合開放和經濟特區的建設。

　　第四類也就是我們前面提到的江蘇省的試點方案。在 1980 年後，江蘇省繼續按照試點辦法執行，即實行「固定比例包乾」的體制。但是實際上在 1981 年後江蘇省也實行了上面第一類方案的包乾體制。

　　在 1980 年中央決定實行財政包乾的基本體制之後，決策者本來的想法是把這種「分灶吃飯」的體制作為過渡體制，只準備實行五年。因為在當時的改革設計中，之後準備實行按照稅種劃分中央與地方的財政收入的體制。甚至在 1986 年國務院準備「價稅財金貿」配套改革方案時就曾想以「分稅制」取代「分灶吃飯」體制。[1] 後來在「價稅財金貿」配套改革方案流產之後，國務院反而決定將財政包乾體制繼續執行下去，而且在 1988 年向更大的範圍推廣了。

　　1988 年的財政大包乾體制基本延續了 1980 年的體制模式，而且因為把新興的「計劃單列市」也納入了財政包乾的範圍，結果涵蓋的地區達到了 37 個省、直轄市、自治區和計劃單列城市。如表 5−1 所示，財政包乾的具體安排實際有六類：

　　（1）收入遞增包乾。以 1987 年的決算收入和地方支出為基

---

① 參見吳敬璉：《當代中國經濟改革》，第 252 頁。

數，參照近幾年的收入增長，確定地方收入遞增率（環比）和留成、上解比例。在遞增率以內的收入，按確定的留成和上解比例在中央與地方之間分成；超過遞增率的收入全部歸地方。達不到遞增率的由地方自行解決。從表 5–1 可以看出，實行這種體制的有北京、河北、遼寧等十個省市。

（2）總額分成。根據前兩年的財政收支狀況，核定收支基數，以地方支出佔總收入的比重確定地方的留成和上解中央的比例。天津、山西和安徽三省市實行了該體制。

（3）總額分成加增長分成。這種辦法是在「總額分成」基礎上增加的收入再進行與中央的比例分成。實行這個體制的是大連、青島和武漢 3 個計劃單列市。

（4）上解額遞增包乾。以 1987 年上解中央的收入為基數，每年按照一定比例遞增上解。廣東省和湖南省採用了這個體制。

（5）定額上解。按照原來核定的基礎，收入大於支出的部分，確定固定的上解數額。上海、黑龍江和山東實行了這個定額上解的體制。

（6）定額補助。按照原來核定的基礎，支出大於收入的部分，實行定額補助。實行這種財政包乾體制的有吉林、江西等 15 個省市（區）。①

---

① 這裡綜合參考了鍾曉敏：《政府間財政轉移支付論》，上海：立信會計出版社，1998 年，第 6 章。黃肖廣：《財政資金的地區分配格局及效應》，第 2 章。吳敬璉：《當代中國經濟改革》，第 7 章。

表 5-1　1988－1993 年中央與地方的財政收入分享合約類型

	收入遞增包乾		總額分成	總額分成加增長分成		上解遞增包乾		定額上解（億元）	定額補助（億元）
	合同規定的增長率（%）	地方留成率（%）		總額分成比例（%）	增長分成比例（%）	上解額（億元）	遞增包乾比例（%）		
北京	4	50							
河北	4.5	70							
遼寧	3.5	58.3							
瀋陽	4	30.3							
江蘇	5	41							
浙江	6.5	61.5							
寧波	5.3	27.9							
河南	5	80							
重慶	4	33.5							
哈爾濱	5	45							
天津			46.5						
山西			87.6						
安徽			77.5						
大連				27.7	27.3				
青島				16	34				
武漢				17	25				
廣東						14.1	9		
湖南						8	7		
上海								105	
黑龍江								2.9	
山東								3	
吉林									1.1
江西									0.5
陝西									1.2
甘肅									1.3
福建									0.5
內蒙古									18.4
廣西									6.1
西藏									9

	收入遞增包乾		總額分成	總額分成加增長分成		上解遞增包乾		定額上解（億元）	定額補助（億元）
	合同規定的增長率（%）	地方留成率（%）		總額分成比例（%）	增長分成比例（%）	上解額（億元）	遞增包乾比例（%）		
寧夏									5.3
新疆									15.3
貴州									7.4
雲南									6.7
青海									6.6
海南									1.4

註：本表的廣東包括廣州市，陝西包括西安市；武漢和重慶從湖北和四川分離出來後，這些省從向中央提供淨稅收變為了從中央得到淨補貼的省份。它們的收支差額由武漢和重慶向省上繳的收入作為中央給地方政府的補貼加以彌補。武漢和重慶上繳給所在省的百分比分別是 4.6% 和 10.7%。

資料來源：財政部預算管理司和 IFM 財政事務局編：《中國政府間財政關係》，北京：中國經濟出版社，1993 年，第 26–27 頁。轉引自鍾曉敏：《政府間財政轉移支付論》，第 137–138 頁。

　　作為一種固定租約的變種，五花八門的財政包乾體制至少在邊際上改變了地方政府的激勵，應該會顯著加強地方政府對增加收入的努力。我將會在下一節結合一些重要的經濟學研究的文獻專門來討論這個問題。不過，這種財政上的分權體制產生了很多負面的結果。最明顯的結果是地區之間的「待遇」不平衡，最突出的表現在廣東和上海之間。比如，在 20 世紀 80 年代中期，上海每年上繳中央財政 120 億元左右，而廣東在其經濟迅速發展之後上繳額依然只有十多億元。另外，經濟學家也認為，財政包乾制度還造成了地方經濟之間的相互封鎖，有礙市場的整合。

　　不過，最終導致 1994 年中央用「分稅制」方案取代多年實行的「財政包乾制」的一個主要原因還在於中央對其財政預算收入

佔全部預算收入或佔 GDP 比重的持續下降的擔憂。這個擔憂與學術界和思想界在當時的討論有很大的關係，而且顯然是一些政治學家主張的所謂「新權威主義」和「國家能力」的言論佔了上風。

1988−1989 年前後，中國的政治學界和思想界出現了一場關於「新權威主義」的激烈爭論。主張新權威主義的學者（如吳稼祥、蕭功秦、張炳久等）在理論上援引哈佛大學薩繆爾·亨廷頓（Samuel Huntington）教授的政治學說，並以韓國等國家和地區在「二戰」後先通過精英治國實現經濟起飛，然後實現政治民主化的經驗為證據，主張中國的政治民主化必須以經濟的充分市場化為前提，而中國的經濟市場化只能在集權體制下才可以推進，因此，中國需要政府的權威和集權體制。

「新權威主義」的思想立即遭到以黃萬盛、榮劍、于浩成等人為代表的政治文化學者的反對和批評。後者認為中國經濟改革中出現的財政困難、通貨膨脹等問題正是高度集中的政治經濟體制下所產生的負面後果，因此中國必須推進政治民主化體制的改革，用民主的政治體制推動經濟的市場化改革運動。這場爭論在 1989 年之後逐漸消退，但此間許多青年學者也加入其中，探尋中國政治現代化的道路。「新權威主義」的討論對中央決策者重新認識財政分權以及中央財力的下降等現象產生了重要的影響。

從統計上看，財政包乾制度的大面積推行的確逐步改變了政府預算財政的增長格局和中央財政的相對地位，集中表現在財政預算收入的增長開始出現落後於 GDP 增長的趨勢，同時中

央財政也出現相對下降的趨勢（見圖 5–1）。政治學家王紹光對 1978–1994 年間出現的這個財政現象有過這樣一段描述：

中國的政府財政收入佔 GDP 的比重從近 31% 跌至不到 11%，下降二十多個百分點。政府開支與 GDP 之比也有較大幅度的下降，但跌幅要小一些。結果，預算赤字持續增加。更耐人尋味的是，目前各級政府的資金都嚴重短缺。中央政府的財政狀況尤其糟糕，其在國家財政收入中的比重大幅下滑，從改革前的約 60% 降至 1994 年的不足 33%。到了 1995 年，中央政府的開支中有 50% 多是靠國

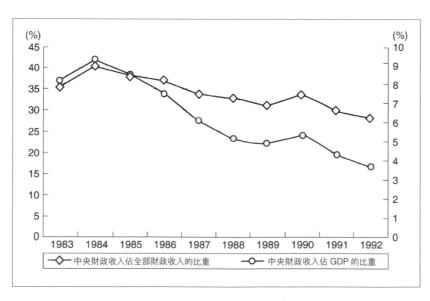

資料來源：中華人民共和國國家統計局編：《中國統計年鑒》，北京：中國統計出版社，1995 年。

圖 5–1　中央財政能力的相對下降

內外借債維持的。儘管地方政府收入在國家財政收入中的
比重有所增加，它們在 GDP 中佔的比重也下降了。這一
比重在三分之二的省份裡縮小了 10% 還多。我們完全可以
說，地方和中央政府都陷入了嚴重的財政危機。①

　　王紹光教授在《分權的底限》中對中國的財政分權為甚麼會
導致中央政府預算收入佔 GDP 比重的下降給出了一個有意思的
解釋。他認為，中國的財政包乾制本來是為了調動地方政府的積
極性，刺激他們加大徵稅的力度，從而使中央和地方都能從稅收
增長中獲益。然而，其結果並非如此。不僅財政緊張造成了中央
和地方政府之間的矛盾，而且財政緊張一直出現在中國持續的經
濟增長期間。這是一個悖論。用王紹光教授的話說，這個悖論的
根源是，中國財政體制的設計讓中央和地方政府都擁有了太多的
自由裁量權，這為機會主義行為的盛行打開了方便之門。中央和
地方都指望從機會主義行為中得到好處，但結果雙方都以財政收
入不斷下降而告終（相對於 GDP 而言），他們陷於典型的囚徒困
境之中：

　　　　如果地方政府不遺餘力地加大徵稅力度，他們有理由
　　擔憂，中央會在下一輪談判中調高他們的上繳比重。所有

---

① 參見王紹光：《分權的底限》，第 8 章。

地方政府都知道他們與中央達成的分成合同會在幾年之內重新討論，而中央政府則背著「鞭打快牛」的壞名聲：財政收入快速增長的省份，基數可能調低，上繳比重可能調高。事先預料到中央的這種事後機會主義，地方政府的響應是自己的機會主義，即徵稅努力程度上留一手。[1]

的確，很多學者都指出了自 20 世紀 80 年代以來頻繁調整的財政體制使得中央與地方財政分配關係缺乏穩定性的問題。例如，以研究中央—地方關係為專長的經濟學家黃佩華（Christine P. Wong）也提到，中央為了擴大在財政收入總額中所佔的份額，採取多種措施頻頻從地方財政「抽調」資金。她列舉事件：從 1981 年起，國家每年發行國庫券，並向地方借款；1983 年起開徵能源交通重點建設基金，並將骨幹企業收歸中央；1987 年，發行電力建設債券；1988 年取消少數民族定額補助遞增規定。除此之外，中央還陸續出台了一些被戲稱為「中央請客，地方拿錢」的增收減支措施，致使財政包乾體制變得很不穩定，挫傷地方積極性。而地方也相應地發展出一系列應對中央的策略性辦法。[2] 按照閻

① 參見王紹光：《分權的底限》，第 8 章。

② 參見 Christine P. Wong, "Fiscal Reform and Local Industrialization: The Problematic Sequencing of Reform in Post-Mao China", *Modern China*, 1992, 18; 以及 Christine P. Wong, "Can China Change Development Paradigm for the 21st Century? Fiscal Policy Options for Hu Jintao and Wen Jiabao after Two Decades of Muddling Through", 2005, *Paper for Stiftung Wissenschaft und Politik*。

彬的說法，這些中央「抽調資金」與地方「明挖暗藏」的行為極大地加深了雙方的戒備心理。①

　　張閆龍在《財政分權與省以下政府間關係的演變》一文中的研究還特別提到，中央相關政策文件的一些措辭能清晰地揭示這一時期中央與地方財政關係中存在的巨大摩擦。例如，國務院於1988年發佈的多個文件的結尾處反覆有這樣的文字：

> 　　各級人民政府領導同志要嚴格按照國家的方針政策，發展經濟，管好財政。要進一步加強全局觀點，體諒中央的困難，正確處理中央和地方的利益關係。
>
> 　　要嚴格執行財政、財務制度，加強審計監督。各地實行財政包乾辦法以後，要認真執行國家規定的各種財政、財務制度。凡應當徵收的稅款要按時、足額收上來，不能違反稅收管理權限，擅自減稅免稅；不能把預算內的收入轉移到預算外，或者私設「小金庫」。
>
> 　　各項開支要嚴格按照國家有關規定支付，不能違反財務制度、會計制度；所有收支都要按規定如實反映，不得打「埋伏」、報假賬。凡是違反財政紀律或弄虛作假的，審計部門要認真檢查處理，問題嚴重的，要給予紀律處分。
>
> 　　要加強對財政工作的領導，積極支持財政部門履行自

---

① 參見閆彬：《正確處理中央與地方財政關係的關鍵：逐步實行分稅制》，載《財經研究》，1991年，第4期。

己的職責，嚴肅財經紀律。各級人民政府要帶頭執行國家的財經制度，不得越權行事，自作主張，影響全局，更不得以或明或暗的方式去指使財政部門違反國家規定處理財政問題。[①]

以上不努力徵稅的理論有助於解釋財政包乾制度下預算收入的增長為甚麼趨於下降。可是，如果因此相信地方政府沒有從地方的經濟增長中獲得更多的收入控制，那就錯了，否則我們不能解釋是甚麼為地方經濟的增長提供了強有力的正面的激勵。正如國務院的文件提醒的那樣，「把預算內的收入轉移到預算外，或者私設『小金庫』」其實已經成為地方政府的重要收入來源。這個更為複雜的問題把我們引向了一個非常獨特的中國現象，那就是地方預算外收入的存在和增長。

預算外收入並不是財政分權改革的產物，而在計劃經濟時期就已經存在，但是規模小。在 20 世紀 80 年代中央與地方財政分權之後，預算外收入才演變成為一個龐大的地方收入來源。預算外收入的構成和來源並沒有固定的模式，但都是地方政府自收自支不納入預算管理的收入。一般包括地方財政部門管理的預算外資金（如各種稅收附加和基金、集中事業單位的經營性收入、集中企業單位的收費等）、行政事業單位管理的預算外資金（如地

---

① 參見張閆龍：《財政分權與省以下政府間關係的演變》，載《社會學研究》，2006 年，第 3 期。

方政府的稅收附加和基金、行政事業單位的收費等)、國有企業的預算外資金 (如部分折舊上繳、部分利稅上繳等) 以及由地方政府管理的社會保障基金等。根據國家統計局的數據,由於預算外資金的增長,到 1992 年全國預算外資金的規模為 3855 億元,是當年預算內財政收入的 97.7%。[①]

1993 年 11 月,中共第十四屆三中全會通過了《關於建立社會主義市場經濟體制若干問題的決定》,明確提出了整體推進的改革戰略。其中包括要從 1994 年起建立新的政府間財政稅收關係,將原來的財政包乾制度改造成合理劃分中央與地方 (包括省和縣) 職權基礎上的「分稅制」。分稅制的方案早在 1986 年前後就已準備和研究多時,後來被擱淺,1992 年曾恢復實行分稅制的試點。1993 年 12 月 15 日,國務院頒佈了《關於實行分稅制財政管理體制的決定》,對分稅制的方案進行了詳細說明。

分稅制預算財政管理體制的主要內容:(1) 中央和地方明確劃分了各自的政府事權和財政支出的範圍;(2) 中央和地方明確劃分了各自財政收入的範圍,明確劃分了中央稅、地方稅以及中央與地方共享稅;(3) 建立了中央對地方的轉移支付制度,即稅收返還和專項補助以幫助實現地區平衡。此外,還清理了地方的預算外資金,取消或減少了大量的政府收費項目;推行以增值稅為主體的間接稅制度,統一個人所得稅等。

---

① 參見黃肖廣:《財政資金的地區分配格局及效應》,第 225-228 頁。

中央與地方共享的預算收入主要來自增值稅和資源稅。增值
稅由中央分享 75%，地方分享 25%。資源稅按不同的品種劃分，
陸地資源稅全部作為地方收入，海洋石油資源稅作為中央收入。
證券交易印花稅在 1994 年的時候確定為中央與地方五五分成，
但自 2002 年起改為中央分享 97%。

圖 5−2 描繪了分稅制改革前後中央預算收支佔全部預算收

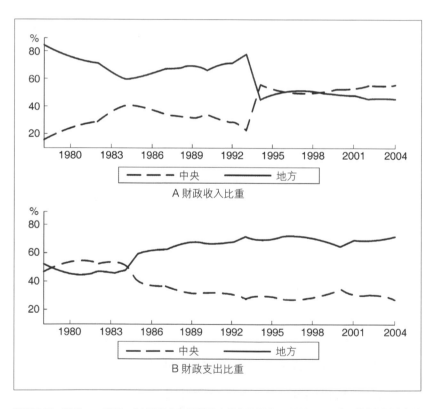

資料來源：陳詩一、張軍：《中國地方政府財政支出效率研究：1978−2005》，載《中國社會科學》，2008 年，第 4 期。

圖 5−2　中央預算收入和支出的相對變化（1994 年分稅制的影響）

支的變化趨勢。中央財政收入佔總財政收入的比重在 1984−1993 年間一直呈下降趨勢，從 40.5% 下降至 22.0%，而實行分稅制後，該比例得到扭轉，顯著上升。2003 年中央財政收入佔總財政收入的比重已達 54.6%。而地方的財政收入從 1994 年前所佔的 70% 左右下降到 1994 年後的 50% 左右。

圖 5−2 是否暴露出分稅制設計的問題是存有爭議的。一些財政學家認為，中央的收入當中有相當一部分實際上返還給了地方政府。因此，中央的預算收入並沒有圖 5−2 所顯示的比重那麼高。但大多數經濟學家的看法是，即使考慮了轉移支付，1994 年的財政體制改革總體上還是只涉及了財政體制的收入方面，而仍然保留了改革前的帶有計劃經濟色彩的支出責任體制，讓地方政府扮演着中央政府的支出代理人的角色。因此，1994 年的分稅制改革使地方政府相對中央政府的支出比例大幅度提高了，這是事實。我們從圖 5−2 可以看出，地方財政支出在近 20 年中比例變化並不大，基本穩定在 60% 以上。實際上，在 2002 年，地方政府在全部預算收入中的比重大約為 45%，卻負擔了全部預算支出的 70%。即使把中央政府的返還收入考慮進來，也不足以達到收支的平衡。更重要的是，財政體制的改革沒有為地方政府的融資提供更多的選擇機會；實際上，在 1994 年分稅制改革之後，在地方政府層面上切斷了收入與支出需求的聯繫，使地方政府，尤其是落後地區的政府負擔加重了。

之後的很多研究都發現，即使有中央的稅收返還和專項補

貼，但分稅制的實行似乎沒有能夠在平衡地區收入差距方面發揮更大的作用。1994 年為了推進分稅制，取得富裕省份的支持，中央採取了保障地方政府不少於 1993 年收入基數的讓步政策。中央政府從專享稅和分享稅中取得的收入如果超過了 1993 年稅改前的收入，則將多出的部分返還給地方政府，以保障地方政府在實行分稅制後的實際收入不低於該地區 1993 年的水平。對於超出 1993 年基數的收入，中央與地方按照 7：3 的比例分成。由於 1993 年地方有做大「基數」的策略性動機，結果使得中央的返還收入負擔過大，直接影響了用於平衡地區收入差距的財政能力。

另外，正如黃佩華指出的，因為中央與地方的共享稅和稅收返還的主體是增值稅，而增值稅主要來自製造業和服務業部門，

表 5-2　富裕省份和貧窮省份所佔的財政和經濟份額（%）

	1990 年	1998 年
5 個最富的省份		
GDP 的百分比	22.80	25.10
人口的百分比	12.70	12.20
稅收收入的百分比	26.00	23.00
政府開支的百分比	19.80	18.50
5 個最窮的省份		
GDP 的百分比	12.70	11.70
人口的百分比	18.90	18.70
稅收收入的百分比	12.30	9.80
政府開支的百分比	14.00	8.60

註：最富的省份為上海、北京、天津、廣東和浙江；最窮的省份為貴州、甘肅、陝西、江西和河南。因為數據方面的考慮，西藏和海南沒有包括在內。
資料來源：黃佩華：《21 世紀的中國能轉變經濟發展模式嗎？》，載《比較》，2005 年，第 18 期。

因而分稅制和主要建立在稅收返還基礎上的中央轉移支付實際上是一個擴大地方財政能力差距而更有利於富裕和發達地區的財政體制。[1] 在表 5-2 中，我們大致可以看出分稅制改革前後，富裕省份和貧窮省份在經濟發展和財政收支上的差距在逐漸擴大。

分權財政告訴了我們甚麼

2008 年初，我與北京大學的周黎安教授聯袂編輯了一本文集，並取了《為增長而競爭：中國增長的政治經濟學》這樣的書名，可謂煞費苦心。我們編輯這本文集的目的是為了能夠總結和體現這些年來中國經濟學家對財政分權與增長研究的成果。我認為這是轉型經濟學文獻的重要內容。接下來我將結合這本文集的內容對十多年來經濟學家研究分權與增長的文獻做一些回顧和討論。

1985 年以來的財政分權體制演變至今，判定中國已是一個高度分權的國家，應該沒有甚麼疑問了。即使 1994 年的分稅制使得中央的收入更加集中了，但依然沒有改變由地方擔當經濟發展和組織投資活動的分塊結構。如果用地方政府支出的相對比重來衡量的話，中國可能算是當今世界上最分權的國家了。

---

[1] 參見黃佩華：《21 世紀的中國能轉變經濟發展模式嗎？》，第 29-46 頁。

　　由 1997 年世界發展報告《變革世界中的政府》提供的數據顯示，在發達國家，省（州）級政府財政支出佔各級政府支出總額的平均比重只有 30% 左右，最分權的加拿大和日本也只有 60%。[①] 在 20 世紀 90 年代，發展中國家的平均比重是 14%，轉型經濟是 26%，美國也不到 50%。從圖 5-2 我們可以看出，中國的省級財政支出十幾年來一直維持在佔全國財政支出的將近 70%。[②] 因此，高度的分權體制成為觀察改革後中國經濟增長的一個重要的特徵性現象。這就解釋了為甚麼我一開始就以「向地方分權有多重要？」為標題寫下許成鋼等經濟學家努力構造「中國特色的財政聯邦主義」的理論框架。

　　在經驗上，處理財政分權與經濟增長的關係是複雜的工作。我們先來看圖 5-3。圖 5-3A 給出了用省級政府的財政支出佔全國財政支出的比重（FDR）來度量的分權，圖 5-3B 給出了 GDP 的實際增長率（y），兩者都用對數（ln）進行了處理並經單位根檢驗，兩者都是一階單整時間序列數據。[③] 看上去，總體的趨勢是，兩者表現出某種正相關的關係。但是，我們之後要提到的那些細緻的計量檢驗卻告訴了我們不同的「故事」。

---

① 參見世界銀行編著：世界發展報告《變革世界中的政府》，蔡秋生等譯，北京：中國財政經濟出版社，1997 年。

② 這個數據參考了黃佩華的文章。參見黃佩華：《21 世紀的中國能轉變經濟發展模式嗎？》。

③ 參見周文興、章錚：《中國財政分權對經濟增長的影響：一個假說及檢驗》，打印稿。

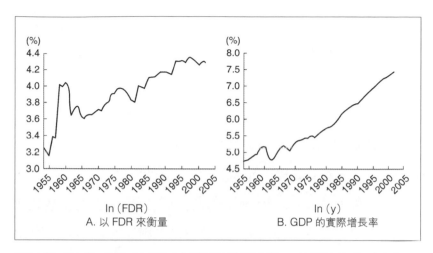

資料來源：周文興、章錚：《中國財政分權對經濟增長的影響：一個假説及檢驗》，打印稿。

圖 5-3　中國的財政分權與經濟增長（1955-2005 年對數值）

在經濟學文獻裡，查爾斯‧蒂布特於 1956 年發表的經典理論以及華萊士‧E. 奧茨於 1972 年在《財政聯邦主義》一書中提出的分權有利於增長的理論總是會受到挑戰。[1] 比如，巴德漢（Pranab Bardhan）教授曾經評論説，在蒂布特的理論裡，要素（尤其是居民／選民）的完全自由流動和政府對選民負責是兩個最重要的假設。而這兩個假設對不發達的經濟顯得過於苛刻了，不太容易得到滿足。[2] 對中國的經驗而言，要素的流動在改革開放之後的確在不斷加快，但各地區的稟賦差異巨大，依然難以支持要

---

[1] Wallace Oates, "Fiscal Federalism", New York: Harcourt Brace Jovanovic, 1972.

[2] 參見Pranab Bardhan, "Decentralization of Government and Growth", *Journal of Economic Perspectives*, 2002, 16(4): 185-205。

素流動的假設。另一方面，中國的政治體制和官員治理的特殊性又使得政府與地方民眾的關係變得微妙和複雜了。看上去，中國的地方政府更多地對中央負責，但又因為受到中央執政理念（合法性）和官員治理模式的約束而又未必不向下負責。

對經驗現象的觀察研究也是極為複雜的。技術上，影響經濟增長的因素複雜難辨，而準確衡量分權程度的方法並不容易獲得，也常常不可靠。經濟增長與分權之間必然相互影響，要找到合適的工具變量來確認因果關係不容易做到。華萊士‧E. 奧茨在 1993 年的論文「財政分權與經濟發展」中對這些問題做了細緻的討論和說明。所以，要弄清楚中國的財政分權是否正面影響了經濟增長，絕不是一件簡單的事情。

比如，1998 年張濤和鄒恆甫在《公共經濟學雜誌》（*Journal of Public Economics*）上發表了題為《財政分權、公共開支與中國的經濟增長》的文章，這幾乎是英文世界裡第一篇公開發表的用中國數據系統檢驗財政分權與增長關係的論文。[1] 他們使用 1978−1992 年的省級數據檢驗了財政分權與經濟增長的關係，發現財政分權有利於經濟增長的理論沒有得到中國經驗的證實。他們給出的解釋是，財政分權之後中央政府對外部性較強的基礎設施的公共投資減少了。

---

[1] 參見 Tao Zhang and Heng-fu Zou, "Fiscal Decentralization, Public Spending, and Economic Growth in China", *Journal of Public Economics*, 1998, 67: 221-240。

　　2000 年，林毅夫和劉志強共同撰寫的論文《中國的財政分權與經濟增長》卻證實中國的財政分權改善了經濟效率，促進了經濟增長。[1] 他們使用的是 1970－1993 年 28 個省市的面板數據。

　　這兩項研究的被解釋變量都是人均 GDP 的增長率，而且都使用了巴羅—曼昆（Barro-Mankiw）式的增長經驗方程來進行回歸估計。對於經驗研究而言，讀者往往更感興趣的是他們使用甚麼樣的數據來源，如何形成數據，對財政分權的度量方式以及計量策略有甚麼不同。在這裡，這兩項研究除了度量分權的方式不同，其他方面沒有實質性的差別。張濤和鄒恆甫用地方相對於中央的預算支出的比重這個傳統的指標來度量財政分權的程度。[2] 這個方法常常因為是否要把轉移支付計算進來等原因而受到批評，支出是否比收入能更恰當地衡量財政分權也是有爭議的。不過，對於中國的具體情況而言，用支出比用收入衡量分權更適當。真正的問題在於他們度量分權的支出是預算內支出，而給定中國預算外資金膨脹的事實，他們肯定低估了向地方的分權程度。

　　在林毅夫和劉志強的研究中，他們認為財政分權應該從

---

[1]　參見 Justin Yifu Lin and Zhiqiang Liu, "Fiscal Decentralization and Economic Growth in China", *Economic Development and Cultural Change*, 2000, 49(1): 1-21。中文版見林毅夫、劉志強：《中國的財政分權與經濟增長》，載《北京大學學報》，2000 年，第 4 期。

[2]　他們選取的指標分別包括人均省級財政支出與中央財政支出的比率、人均省級預算支出與中央預算支出的比率以及人均省級預算外支出與中央預算外支出的比率。

1985 年算起。他們還進一步確認在 1985－1987 年共有四種類型
的中央與地方的財政分權安排，1988－1993 年有五種類型。他
們以省級政府提留的財政收入的增加額作為省級政府在本省預算
收入中的「邊際分成率」，用這一指標來衡量財政分權。假如某
省可以從其財政收入中保留一個份額，那麼，度量的財政分權的
程度就等於所提留的份額。他們發現，1985－1987 年有 14 個省、
1988－1993 年有五個省都可以歸入這一類。其餘幾種類型的財政
安排根據定義都意味着 100% 的邊際分成率。根據這個定義，接
受財政補貼的省份當然也意味着 100% 的邊際分成率。而在 1985
年以前，所有省份的財政分權程度都記為 0。作為例子，表 5－3
給出了部分省份的邊際分成率的計算。

表 5-3　邊際分成率（部分省份）

省份	1985－1987 年		1988－1993 年	
	分權方案	分權程度	分權方案	分權程度
北京	a	49.55	b	100.00
上海	a	23.54	c	100.00
河北	a	69.00	b	100.00
山西	a	97.50	a	87.55
黑龍江	c	100.00	c	100.00
江蘇	a	40.00	b	100.00
四川	a	100.00	a	100.00
甘肅	e	100.00	e	100.00

註：a 為上繳當地收入的一個份額；b 為在基年上繳當地收入的一個份額，在接下來的幾年裡
上繳總額按已商定的一個比率上升；c 為向中央政府上繳一個固定數量的收入；e 為從中央接
受一個固定數量的補貼。
資料來源：Justin Yifu Lin and Zhiqiang Liu，"Fiscal Decentralization and Economic Growth
in China"。

林毅夫和劉志強用這種方法衡量的分權指標很容易把經濟發展程度完全不同的省份以及前後不同的時期都處理成相同的分權程度。這是他們的研究中存在的一個比較大的問題。因此，總體上，這些早期的研究都因為數據的約束和度量方面的差異而導致結果上存在較大的分歧。同時，以上兩項研究都沒有涵蓋1994年實行分稅制以後的經驗數據。

2006年，張晏和龔六堂發表《分稅制改革、財政分權與中國經濟增長》一文，[①] 改進了對分權的度量方法，也獲得了更完整的數據（包括28個省市1986-2002年的數據），並重新對中國的財政分權和經濟增長之間的關係進行了檢驗。他們使用的估計方法與以上研究並沒有不同，但是他們在度量分權程度時考慮了轉移支付和預算外資金，構造了四類分權的定義。他們除了用預算內本級政府的財政收入（支出）佔中央預算內財政收入（支出）這個傳統的方式度量分權程度之外，還分別使用了不包括轉移支付以及包括預算外收支的另外兩種定義。但是他們發現估計的結果是一致的。由於考慮到了1994年的分稅制並涵蓋了1994年之後的數據，他們的估計顯示，中國的財政分權與經濟增長存在明顯的跨時差異，在1994-2002年間顯著為正，而1986-1993年間則為負。因此，他們認為分稅制改善了財政分權對經濟增長的影響。

但是他們對不同地區所做的計量檢驗部分地顯示了上述結論

___
① 張晏、龔六堂：《分稅制改革、財政分權與中國經濟增長》，載《經濟學（季刊）》，2005年，第4期。

的原因。他們發現，人均 GDP 高於 6000 元的 14 個發達地區，財政分權對經濟增長的影響顯著為正，而對另外 14 個不發達地區而言，這一影響則不顯著異於 0。因此，在他們看來，財政分權對經濟增長的影響同時也存在跨地區的效應。

毫無疑問，這類研究總是有益的。但是，因為經濟增長與財政分權的關係複雜，彼此相互影響，在經驗研究中如何巧妙處理內生性的問題對於研究者來說總是一個嚴峻的考驗。人們當然可以說，在沒有找到更好的工具變量 (IV) 解決內生性問題之前，都有理由對這些研究結果報以謹慎的態度來對待。但無論如何，財政分權對地方政府支出行為的影響是不能低估的。問題只是在於，這種影響在不同的地區可能以不同的方式影響了經濟的增長。

要說明地方政府在財政分權之後的財政激勵是否得到加強並不難做到。從邏輯上說，如果分權導致地方政府的支出越來越受制於地方的財政收入，那麼，一般而言，地方政府就有更大的激勵致力於地方的投資與經濟增長、稅基擴大。所以，一個簡單的處理技巧是拿地方的財政支出對財政收入做回歸，看看相關係數有多大。這個方法曾出現在葉卡捷琳娜·茹拉夫斯卡亞（Ekaterina Zhuravskaya）在 2000 年發表的對俄羅斯分權的研究論文中。[1] 她用俄羅斯 35 個城市的數據，考察城市收入的變化

---

[1] 參見Ekaterina Zhuravskaya, "Incentives to Provide Local Public Goods: Fiscal Federalism, Russian Style", *Journal of Public Economics*, 2000, 76, 337-368。

對自己支出的影響。結果發現，相關係數為−0.9。也就是説，俄羅斯地方政府自有收入增加 1 元，地方的分享收入就下降 0.9 元，地方的財政收入只能增加 0.1 元。所以，葉卡捷琳娜‧茹拉夫斯卡亞認為俄羅斯的財政分權無法給地方提供足夠的財政激勵，地方政府也沒有動力去發展地方的經濟。後來，金和輝等人在 2005 年的論文裡用中國 1982−1992 年的省級面板數據，也進行了回歸分析，[①] 有意思的是，他們的論文題目使用了「Fiscal, Federalism, Chinese Style」，顯然是為了與茹拉夫斯卡亞的「Fiscal Federalism, Russian Style」相互呼應。

　　2007 年 5 月，我指導的博士研究生傅勇在其博士論文中也做了這樣一個財政激勵的檢驗，他把數據擴展到了 1970−2004 年，而且考慮了轉移支付和分稅制。[②] 與茹拉夫斯卡亞的研究一樣，他也控制了地方的人口規模，還加入了時間虛擬變量來控制宏觀波動。結果是，1970−1979 年，支出對收入的相關係數為 0.16，説明兩者基本沒有關係。而 1980−1993 年，相關係數變為 0.85−0.91；分稅制後的 1994−2004 年，相關係數為 0.95−1.08，這個結果取決於是固定效應還是隨機效應。張曉波使用 1993 年和 2000 年 1860 個縣級的財政數據所做的類似回歸也得到非常接

---

① 參見 Hehui Jin, Yingyi Qian and Barry Weingast, "Regional Decentralization and Fiscal Incentives: Federalism, Chinese Style", *Journal of Public Economics*, 2005, 89: 1719-1742。

② 傅勇的博士論文題目是《中國式分權、地方財政模式與公共物品供給：理論與實證研究》，復旦大學中國經濟研究中心，2007 年。

近的結果。 1993 年的相關係數是 0.815， 2000 年的相關係數則是 1.144 。[①]

我們自然會想到一個問題，財政分權之後地方政府面臨這麼強大的財政激勵是促進了地方的經濟增長還是阻礙了經濟增長呢？金和輝等人的研究使用的是分稅制改革之前的數據，他們發現地方的財政激勵促進了經濟增長。但是，陳抗、阿耶‧L. 希爾曼（Arye L. Hillman）以及顧清揚三人的論文則堅持認為 1994 年實行分稅制使中央加強了預算內財政收入的集權，從而改變了地方政府的行為，從「援助之手」回到了「攫取之手」。

不過，陳抗、阿耶‧L. 希爾曼以及顧清揚的邏輯是有問題的。在他們給出的一個簡單模型裡，分成比例是中央決定的，中央的份額越大，地方越傾向於選擇非預算收入來回應。當中央採取集權之後，地方的最好策略是選擇非預算收入來增加自己的利益。但是他們認為，非預算收入的擴張代表了地方政府從「援助之手」到「攫取之手」的轉變。他們的論文沒有去證實 1994 年實行分稅制後預算外收入的增長是否促進了經濟增長，但是他們相信這一轉變會使腐敗加劇、投資減少，從而不利於經濟增長。

他們的這個推理有待經驗的檢驗。但經驗的觀察似乎是，對地方政府來說，預算外收入的增加很可能更促使地方政府致力於加快經濟增長。比如說， 1994 年以來，地方基礎設施的投資活

---

① 參見 Xiaobo Zhang, "Fiscal Decentralization and Political Centralization: Implications for Regional Inequality", 2006，打印稿。

動事實上反而加快了，投資環境更加顯著地得到改善，外商直接投資也是在 1994 年之後加快了落戶中國的步伐。不過，問題是，實行分稅制以後地方政府財政行為的變化是促進還是妨礙了經濟增長，答案依然取決於地區的初試條件。

以基礎設施的投資為例。在我和我的學生們做的一個關於基礎設施的研究中發現，[①] 在基礎設施融資中，國家預算內資金已從 1987 年的 32.6% 迅速下降到 20 世紀 90 年代中期的 10% 左右；國內銀行貸款的比例近年來也一直在 23%–25% 之間徘徊，自籌投資成為中國基礎設施建設的中堅力量。這就意味着對基礎設施建設的投入在 20 世紀 90 年代中期轉入以地方預算外投資為主的階段。在 1994 年之前，基礎設施項目中來自中央的比例一直在 50% 以上，而到了 1999 年僅佔 32.5%。這樣一來，東西部地區之間在基礎設施投資上的差距就變得明顯了。新疆、甘肅等經濟欠發達省（區）市，中央項目的比例普遍高於全國平均水平，新疆甚至在 1998 年達到了 55.9%；而海南等沿海經濟發達地區，中央項目的比例不到 15%，完全依賴地方的自籌資金。因此，基礎設施的投資在分佈上向沿海地區偏斜就不足為奇了。

傅勇在其博士論文中考察了實行分稅制之後財政分權對地方財政支出結構的影響。他使用了 1994–2004 年中國 29 個省市的面板數據，分別估計了財政支出中基本建設支出和科教文衛支出

①　張軍、高遠、傅勇、張弘：《中國為甚麼擁有了良好的基礎設施？》，載《經濟研究》，2007 年，第 3 期。

的比重是如何受到分權和地方競爭影響的。他用人均省級財政支出佔人均中央財政支出度量分權，用各地外商投資企業的實際負擔稅率去除均值作為競爭程度的度量。在控制住其他因素之後，傅勇發現，在 1994－2004 年間，財政分權對東部和西部的基本建設支出比重的影響顯著為正，而對科教文衛支出比重的影響顯著為負；不過，對中部的影響不顯著。而把數據推廣到 1986－2004 年再做回歸，他發現在 1994 年實行分稅制之前，財政分權對基本建設支出比重的影響不顯著，而對科教文衛支出比重的影響顯著為負。

　　這個發現幫助說明了實行分稅制之後，地方政府的財政約束更明顯了，似乎誘導了增長導向的財政支出結構。[1] 當然，我們在前面曾經討論指出，由於地區的經濟發展水平和稟賦條件不同，分稅制對投資和經濟增長的影響就會不同，而這又會進一步幫助拉大地區間的差距。張曉波用 1860 個縣的財政數據計算發現，縣級政府財政支出中生產性支出比重的基尼係數從 1993 年的 33.04 增加到了 2000 年的 41.61，增加了 26%。回歸之後他還發現，農業比重大的地方，經濟增長慢。[2] 這背後的邏輯可能是，一個地方如果工業基礎雄厚，他們的財政稅收就比較容易徵

---

[1] 張恆龍與陳憲的研究也得到了類似的結論。參見張恆龍、陳憲：《財政競爭對地方公共支出結構的影響》，載《經濟社會體制比較》，2006 年，第 6 期。

[2] 參見Xiaobo Zhang, "Fiscal Decentralization and Political Centralization: Implications for Regional Inequality", 2006。

收，地方政府就有財力致力於改善投資環境和推動經濟增長；而一個農業比重大的地方，當地的企業必然需要承擔更大的稅負，這會惡化投資環境，不利於經濟增長。地方的不平衡發展就會愈演愈烈。

在這些問題上，我們還需要更多的經驗研究。歷史上長期以來的演變導致中國各地區在初始稟賦上的差別驚人，很難把中國經濟想像成一個單一的經濟。所以，在經驗研究上把地區分開的做法是更有意義的。對某一地方進行案例的跟蹤和試驗研究有時候會對澄清一些複雜的經驗現象非常有用。

一個很好的例子是埃里克‧圖恩（Eric Thun）對中國汽車產業崛起模式的研究。[①] 在財政分權和對外開放之後，上海、北京、廣州、武漢和長春等地汽車產業的成長表現出了非常不同的模式。埃里克‧圖恩發現，在體制上，上海模式的特徵是集權的官僚系統加上等級制的企業關係，這種模式更像日本；而北京和廣州的模式是分散的官僚系統加上市場化的企業關係；長春和武漢的模式則正好是分散的官僚系統加上等級制的企業關係。這些體制上的差別以及對汽車產業的成長與競爭力的影響需要進行更深入的案例研究才能看得更清晰。埃里克花了7年時間在這5個地方進行調查和追蹤，寫就了這本書，頗受好評。

① 參見 Eric Thun, *Changing Lanes in China: Foreign Direct Investment, Local Governments, and Auto Sector Development*, Cambridge University Press, 2006。

　　另外，在有些情況下，中國各地區的稟賦、社會、政策與體制條件的持久差異也為我們經濟研究提供了一個很好的自然試驗的場地。比如，做教育回報、貧困、收入分配以及公共政策的評估等，這樣的自然試驗是不可多得的。於是，細心的觀察常常帶來額外的驚喜。

第 六 章

重建金融

　　不用說，中國經濟這 40 年的變化是全面而深刻的。但要說哪些方面的變化更大，金融或許是要排在第一位的。儘管經濟學家對中國的金融體系和金融改革是最不滿意的，但至少在城市範圍內，金融對我們每個中國人、對每個基層單位的影響都是不可估量的。我很難想像還有甚麼比金融對我們的經濟和生活更有影響力。

　　在我的案頭，一眼就能從一堆書中看見幾本關於金融的書。這並不奇怪，在出版社和朋友送給我的書籍當中，金融方面的書總是佔了大多數。讓我說說就在我眼前的這樣幾本書。一本叫《紅樓理財》[①]，是匯豐晉信基金管理有限公司的何寒熙編寫的。寒熙是我很多年前指導的碩士研究生，從復旦大學畢業後在上海從事基金方面的研究工作。她巧妙地把投資理財的思想演繹在了

[①] 匯豐晉信基金管理有限公司：《紅樓理財》，上海：上海人民出版社，2007 年，文字作者何寒熙。

《紅樓夢》的賈府和紅樓兒女中。

另一本書是《我在美聯儲監管銀行》，由盧菁所著。[①] 盧菁也曾是復旦大學的學生，世界經濟專業畢業，後去了加拿大。我於2008 年 2 月在紐約與她相遇，閒談中了解到她豐富而精彩的經歷。這本書記錄了她 1998–2001 年在紐約聯邦儲備銀行工作的所見所聞和思想心得，值得局外人一讀。

還有一本書是王禾生撰寫的《大道平安》。[②] 這本書以漂亮的文字記錄了 30 多年前在深圳蛇口誕生的平安是如何一步步成長為今天中國著名的保險和金融公司的。2007 年夏天，應平安的掌門人馬明哲的邀請，我與巴曙松和趙曉等專程前往位於上海浦東的平安上海運營管理中心訪問。平安的後台信息管理系統的效率和它學院派的建築風格給我們留下了極為深刻的印象。

貨幣和銀行的監管、金融公司的崛起以及投資理財走入家庭和老百姓的生活，這三個方面恰好代表了金融領域的勢力範圍。我念大學是在 20 世紀 80 年代初，課堂上只有貨幣銀行學，沒有金融學。而今天的金融課程表則大為不同，豐富多了。中國的經濟在改變，金融也在改變。雖然中國有許許多多的改革是自下而上的，是從局部的試驗和經驗中提煉出來的，可是金融改革卻一開始就是自上而下的。這就需要政府事先知道要改成甚麼樣的金融體制，並需要有明確的目標模式。不幸的是，經濟學家卻不能

① 盧菁：《我在美聯儲監管銀行》，北京：清華大學出版社，2007 年。
② 王禾生：《大道平安》，北京：中信出版社，2008 年。

給出這個目標模式。經濟學家發現，金融體制的問題極為複雜，其他領域的轉型套路對它來說並不適用。這使得我國的金融改革不僅一再拖延，而且無法加速其轉型的過程。

　　我總覺得，在經濟學上，經濟學家至少有兩個問題至今都沒有很好的答案。一是儲蓄的多寡，另一個就是金融與經濟的關係。金融到底有多重要？是銀行主導的金融還是市場主導的金融更重要？這兩個問題到了今天其實已經是全球性的問題了，對很多國家的政策制定者而言都非常重要，而在這些問題上，經濟學家沒有給出明確的答案。這典型地驗證了那句人們經常用來嘲諷經濟學家的話：It depends！

　　仔細想想，這也難怪經濟學家，這兩個問題似乎都與具體的歷史、傳統和文化有密切的關係，在邏輯上不容易做到一般化。金融的問題在每個民族和文化之間都有不同的含義、結構組合和運作模式。正因為這樣，中國的金融變革過程就格外的「中國」和精彩，我希望在我的記憶中能夠尋找到這些精彩的片段。

重建銀行

　　我自己並不是從事金融研究的。可是我每年審閱的校內外博士和碩士研究生的學位論文中，屬於中國轉型時期金融領域的研究主題佔了將近一半。在中國，金融的含義包括了貨幣、銀行和

金融市場等方面。有趣的是，貨幣與銀行是我讀大學時期金融專業的主要課程內容。我清楚地記得，我進入復旦大學後閱讀的第一本關於中國金融方面的著作是香港的饒餘慶先生撰寫的《現代貨幣銀行學》，這本書是 1983 年由中國社會科學出版社出版的，在當時非常有名。[1] 當然，在 20 世紀 80 年代初的時候，復旦大學世界經濟系的陳觀烈教授（復旦大學經濟學院的首任院長）也是貨幣銀行學方面的資深學者。我沒有聽過他的貨幣銀行學的課，卻在 1987 年的《世界經濟文彙》雜誌上認真拜讀了陳先生撰寫的 12 篇關於貨幣銀行學的系列文章。[2]

貨幣銀行學對於我們理解中國 20 世紀 80 年代初金融體系的特徵具有重要的意義。當時人們總是說，是財政部而不是銀行控制着中國的金融資源，事實上的確是這樣。1949－1978 年，中國人民銀行不僅不是中央銀行，而且還隸屬於財政部，成為財政部的一個部門。2007 年底我偶然翻得 1978 年美國國會聯合經濟委員會出版的《毛主席以後的中國經濟》一書，發現該書第一卷「政策和執行情況」中，根本沒有提到有關中國的銀行或者金融的內容。[3]

---

[1] 遺憾的是，儘管我的印象深刻，但我在自己的書架上再也沒有能夠找到當年我閱讀的這本 1983 年的著作。不過，這本書的新版《貨幣銀行學》於 1998 年由中國社會科學出版社出版。

[2] 陳觀烈的這些文章後來收錄在了文集《貨幣、金融、世界經濟：陳觀烈選集》中，上海：復旦大學出版社，2000 年。

[3] 參見美國國會聯合經濟委員會：《毛主席以後的中國經濟》，第 1 卷（上、下），中文版，內部發行，北京：中國財政經濟出版社，1980 年。

這並不奇怪，當時，銀行幾乎就不存在。一直到了 1978 年這一年，中國人民銀行才與財政部正式脫離，成為真正的銀行並升格為正部級單位。

1978 年之前，中國農業銀行、中國銀行和中國建設銀行在行政上隸屬於中國人民銀行。1979 年 2 月，中國農業銀行得以重建，一個月之後中國銀行則正式從中國人民銀行的行政管理體制中獨立出來，成為負責國際貿易、外匯和海外匯款的專業銀行，而不再是中國人民銀行的附屬機構。1984 年 1 月，中國人民銀行被命名為中國的中央銀行。[1] 而且也是在 1984 年 1 月，中國人民銀行原有的商業銀行業務移交給了新成立的中國工商銀行。所以，中國工商銀行與中國的中央銀行是同時成立的。

因此，記述改革初期中國的銀行部門的變化以及之後貨幣與銀行體系的演進，從中國人民銀行入手尋找線索是一個捷徑。根據香港的饒餘慶於 1990 年發表的一篇英文文章介紹，中國人民銀行實際上是對 1949 年之前就存在的政府銀行與私人銀行進行國有化以及合併的產物。但 1949 年之後，原有的交通銀行和建設銀行幾乎被取消了（1952 年和 1963−1965 年除外），中國人民保險公司作為中國財政部的一個單位於 1959 年也停止了國內的業務。所以，剩下來的就只有中國人民銀行和農村的信用合作

---

[1] 1983 年 9 月國務院做出決定，授權中國人民銀行僅僅執行中央銀行的職能。

社。[1] 這是中國 30 多年前開始金融改革的初始條件。

就在中國銀行從中國人民銀行分離出來之後，中國政府在 1981 年還組建了一家銀行，叫中國投資銀行。我之所以很早就知道這家銀行，是因為我有一個兒時的好友，他的太太在 20 世紀 80 年代末就進入了這家銀行工作。我那時時常去北京，總會與他們夫婦見面。

我聽説，這家銀行的使命最初就是為了從世界銀行和國際貨幣基金組織等機構引進項目資金，為中小型投資項目提供貸款，因為在當時，中國已經恢復在世界銀行集團中的席位。1985 年世界銀行還在北京開設了辦事處，而這個辦事處的首任主任就是後來參與創辦中國國際金融有限公司的經濟學家林重庚。他在 1980 年就到北京幫助世界銀行開展工作了。[2]1986 年中國成為亞洲開發銀行的成員，中國投資銀行也就自然擔當起該行對中國的項目貸款工作。1994 年中國人民銀行批准中國投資銀行可以吸收公眾存款並從事商業銀行的業務，完成向商業銀行的轉型。

1987 年 4 月，交通銀行重新組建並把它的總部從北京遷入上海。這家銀行是股份制銀行，政府佔 50% 的股權。有意思的

---

① 參見 Y. Jao, "Financial Reform in China, 1978-1989: Retrospect and Reappraisal", *Journal of Economics and International Relations*, 1990, Vol.3, No.4。

② 參見林重庚的回憶文章《中國改革開放過程中的對外思想開放》，收錄於吳敬璉等編著：《中國經濟 50 人看三十年：回顧與分析》，北京：中國經濟出版社，2008 年。

是，交通銀行不僅是綜合性商業銀行，從事海內外的銀行業務，而且還是地區性銀行，因為它的業務範圍在當時集中在華東和沿海地區。交通銀行不屬於傳統的國有商業銀行，也沒有必要必須受到國家產業政策和信貸計劃的影響。實際上，它是中國商業銀行中第一家實行資產負債率管理的銀行。它於 1993 年開始實行資產負債率管理，這就意味着銀行的貸款要受其存款的制約。此做法對於在當時還嚴格實行信貸配額計劃分配的銀行體制來説當然具有改革的意義。

在新建銀行方面，還必須要提到另外幾家在今天已相當有名的銀行，它們分別是中國光大銀行、華夏銀行和中國民生銀行。中國光大銀行和華夏銀行都是企業創辦的銀行，這與中信銀行（原名中信實業銀行）類似。

在我的印象中，中國光大集團應該是王光英（王光美之弟）在香港創辦的。我查了維基百科，上面提供的信息説，中國光大集團在創辦之初的註冊名為「紫光實業有限公司」。1984 年 7 月更名為「中國光大集團有限公司」，總部繼續設在香港。進入 20 世紀 90 年代後，公司業務發展向中國國內傾斜，並將重點放在金融業。1990 年 11 月，中國光大集團總公司在北京成立。至此，光大集團擁有兩個總部：一個在北京，另一個在香港。1992 年 8 月，中國光大銀行成立，1996 年 4 月又成立了光大證券有限責任公司。

1995 年，中國光大銀行改制成為股份合作制銀行，中國光大集團的股份佔 51%，其餘股份出售給了更多的機構，其中包括亞

洲開發銀行。據説，這是外國機構首次被允許持有中國的銀行股權。值得一提的是，1996 年 10 月，原中國人民銀行副行長朱小華擔任了中國光大集團的第三任董事長，但不到三年時間就因為受賄罪被判刑入獄。

華夏銀行是北京的首都鋼鐵公司創辦的。首鋼是著名的大型國有企業，總經理是當時將近古稀之年的老革命周冠五。周冠五在 20 世紀 80 年代成為中國著名的具有改革精神的企業家。1992 年 5 月鄧小平視察首鋼之後，政府給了首鋼許多經營上的特權，還專門下發擴大首鋼自主權改革的試點文件，其中包括融資的權利，於是首鋼就想到了主辦一家銀行。1992 年 12 月華夏銀行組建成立。1995 年年初，華夏銀行也被轉制為股份制銀行，而且好像就在這一年，周冠五離職，時年 77 歲。

中國民生銀行算得上是中國第一家民營銀行，總行於 1996 年 1 月在北京開業。這家銀行由全國工商聯合會主辦，最初的 59 個股東全是工商聯的會員單位，而且清一色是私人企業。後來，股東的數量迅速增加到 2000 多家公司。2000 年 12 月 19 日，民生銀行 A 股在上海證券交易所公開上市。

從 1985 年到 20 世紀 90 年代初期，中國正處於創辦銀行的時期，這當中大多數銀行是地區性或者專業銀行。我找到了我在 20 多年前出版的書《中國經濟改革的回顧與分析：1978－1998》，裡面有一段對當時開辦銀行的描述：「1985 年至 90 年代初陸續建立了其他地方銀行或者專業銀行，包括廣東發展銀行、廈門國際銀

行、福建興業銀行、深圳發展銀行、上海浦東發展銀行、中國國際投資信託公司實業銀行、中國招商銀行、蚌埠住房儲蓄銀行和煙台住房儲蓄銀行。前五家銀行的目的是為廣東、福建兩省和上海、廈門與深圳經濟特區的發展籌資。廈門國際銀行也是中國第一家合資銀行。中國國際投資信託公司實業銀行是該公司的銀行部門。中國招商銀行是一家國營航運公司 —— 中國招商控股有限公司的銀行部門。蚌埠住房儲蓄銀行和煙台住房儲蓄銀行專門從事住房抵押業務。從廣義上說，後兩家銀行有點類似於美國的儲蓄與貸款協會（S&L）或英國的建築協會（Building Society）。」[①]

記述中國的銀行在 20 世紀 90 年代之後所經歷的改革過程是需要更多篇幅的。在這裡，我只想提一下商業銀行在 2004 年之後經歷的財務重組和制度改革。毫無疑問，對整個銀行部門而言，這是最重要的改革。此番重組改制的直接目的是為了降低銀行的不良信貸資產，提高資本的充足率。當時，人們之所以總是說，中國的商業銀行在「技術上」已經破產了，就是因為資不抵債，只是由於中國的企業和家庭還繼續在中國的銀行存款，銀行依靠儲蓄才能活下來。更多的人擔心的是，外國銀行一旦以競爭者的身份出現在中國的儲戶面前，中國的商業銀行是否會面臨滅頂之災？根據當時的推測，中國在「入世」並且即將結束過渡期之後很快就要面臨那樣的局面。事後發現，我們的擔心其實被誇

---

① 參見張軍：《中國經濟改革的回顧與分析：1978–1998》，太原：山西經濟出版社，1998 年，第 154 頁。

大了，事態的發展沒有那麼可怕。但是，中國的確在這個令人擔心的環境裡完成了商業銀行的財務重組與改制，這是可喜的。

在很多方面，中國的銀行部門面臨着與韓國在 1997 年之前類似的「健康問題」。最主要的表現為銀行經常受到政府的干預；沒有過硬的信貸審查程序和機制以及風險管理制度來進行信貸的決策和執行；企業過度依賴銀行的信貸支持，銀行的壞賬率高，資本金不足。就程度而言，中國的國有商業銀行的壞賬率高於韓國銀行在 1997 年之前的平均水平約 10%–15%，企業的負債率則低於韓國企業財團的負債率平均水平，後者通常高達 300%。當然，中國的商業銀行與韓國的商業銀行唯一有顯著不同的地方在於，在 1997 年之前，韓國的銀行積累了大量的國外短期負債，而中國的商業銀行沒有。這是因為中國的金融部門還沒有真正向外國金融資本開放，儘管這些年來非正式的短期資本的流入其實從沒有中斷過。

從 2004 年開始，中國政府加快了對國有銀行部門重組和改革的步伐，儘管看起來並不是一帆風順的。其中最重要的工作就是按照「一行一策」的原則，將國有四大商業銀行股份化，吸收非國有的機構股東或所謂的戰略投資者，包括國外的大銀行集團，希望最終實現其在海內外上市的目標，完成改革和重組的任務。而為了實現這個目標，「四大」首先進行財務的重組（如剝離大量的壞賬，提高資本充足率），因為這對於實現股權的資本化和有效的治理結構的目標是必要的第一步。但是，銀行的財務重

組只是把身上已有的傷疤抹平了，但是否從此進入一個健康的狀態，這在很大程度上還要看通過股權的改造和資本化是否能建立起一個有效的銀行治理結構和業務戰略。到目前為止，工行、中行、建行和交行、農行相繼進行股份制改造並成功上市了。

為了銀行的重組，中央財政曾多次動用外匯儲備為銀行注資，核銷不良資產據說超過兩萬億元人民幣，資本充足率也能保持在《巴塞爾協議》規定的水平以上。但是，中國的商業銀行在財務重組和改制中，特別是在引進國外戰略投資者的問題上一直備受指責，被認為在操作中存在國有資產流失的問題。2008 年 10 月，身為中國國際金融有限公司董事長的李劍閣在「紀念改革開放 30 周年經濟學家座談會」上有一次發言，首次回應了這些指責和批評的聲音，他說：

> 然而，銀行改革之初卻引來了許多爭論、懷疑和指責。當初建設銀行準備引進國外投資者時，國外金融機構普遍沒有投資意願。經過中央政府承諾注資、改組，一些外國投資者看到了發展前景，才開始注資，其中就有美國銀行。建設銀行上市後股價走勢一度非常好。於是，又有人眼見美國銀行賬面利潤非常豐厚，便指責引進國外投資者是「賤賣國有資產」。特別是根據協議條款，美國銀行還擁有繼續從中央匯金投資有限責任公司購買部分建行股票的期權，而在當時市場價格遠高於行權價格的情況下，很多人抨擊

國有銀行改革導致的國有資產流失，就像「動脈出血」……
這些人忽略了一個重要事實：按照市場契約原則，戰略投
資者注資時承擔了風險，以後獲得收益也是應得的回報。
但是，在這些人看來，似乎只有交易對手賠錢，才能證明當
初的決定是正確的。照此邏輯，我們如何對外開放？有趣
的是，10 月 27 日是美國銀行的行權日，而當日建行的收
盤價已經低於行權價，也就是說美國銀行有可能放棄行權。
我們知道，期權是有價格的，美國銀行當初獲此期權，在談
判中肯定要在其他方面做利益讓步。如果美國銀行這次放
棄行權，對他們來說，這筆買賣就是賠了。因此，當初有些
人據此批評銀行改革，從邏輯上和事實上都是不成立的。[1]

李劍閣的此番言論後來經過整理，全文發表在了著名的《財
經》雜誌上。我應邀為該文寫了一篇評論《金融危機了，思想不
能危機》發表於同期，但發表時題目被改為了《思想混亂更危險》。

非銀行金融機構

除了開設和重建銀行機構之外，在這個時期也開始恢復和

---

[1] 這裡引用的是經作者審定發表的版本。參見李劍閣：《抵禦風暴，仍需改革》，
載《財經》，2008 年，第 23 期。

重建了大量非銀行金融機構。在中國，非銀行金融機構，主要是說它們不可以吸收短期存款，特別是不能吸收居民儲蓄存款。據說，國際貨幣基金組織關於非銀行金融機構的定義會有不同，它只強調存款和非存款的概念。因此，如果按照國際貨幣基金組織的定義，中國的信託投資公司就應該屬於銀行機構了，因為在中國，信託投資公司是可以吸收存款和發放貸款的。另外，1995年的《中華人民共和國商業銀行法》規定銀行不得從事保險、經紀和信託投資業務，只做存貸款等銀行傳統的業務。諾貝爾經濟學獎獲得者約瑟夫・斯蒂格利茨（Joseph Stiglitz）教授來上海時曾對我說，看起來，這次金融危機（指 2008 年金融危機）讓我們反思，中國的銀行倒真正做了銀行原本做的事情，而美國的銀行做了它不應該做的業務。

近 40 年前，中國非銀行金融機構的組建是從 1979 年 10 月由榮毅仁在北京創辦中國國際信託投資公司（CITIC）開始的。「中信」在當時是中國規模最大的國際金融投資公司。創辦這家金融投資公司的最初想法來自 1979 年 1 月榮毅仁與鄧小平的一次會面。參與會面的還有胡子昂、胡厥文等工商界的民主人士。據說當鄧小平談到在新的歷史條件下如何發揮原工商界人士專長問題時，榮毅仁在會上提出了引資興辦實業的建議。這個建議引起了鄧小平的濃厚興趣，希望榮毅仁盡快寫出一份報告。[1] 榮

---

[1] 參見馬克鋒：《榮氏家族》，廣州：廣州出版社，1997 年。

氏家族有 400 多位親屬分佈在世界各地，其中大多都是工商界及科技界知名人士，這當然是天然的優勢。就這樣，中信公司在 9 個月之後在北京掛牌，榮毅仁擔任董事長。在 20 世紀 90 年代初，中信控制的資產約達 250 億元人民幣，創辦了 300 多家合資企業，其中包括 1987 年註冊成立的中信實業銀行（現更名為中信銀行）。

除了中信之外，其實各省基本上都在政府的支持下建立了自己的信託投資公司。我記得人們習慣於把地方政府支持創辦的信託投資公司稱為地方政府的「第二財政」。很多年前我讀到謝平的一篇介紹中國的非銀行金融機構的文章時，感到驚訝，非銀行金融機構的繁殖速度非常快。謝平博士當時就職於中國人民銀行非銀行金融司，他的這篇文章是作為中國經濟改革研究基金會國民經濟研究所的「工作論文」印行的。[1] 根據謝平提供的數據，信託投資公司是中國非銀行金融機構的主要形式。1996 年年底，中國具有獨立法人資格的信託投資公司共有 244 家，其中全國性公司 22 家，地方性公司 222 家；國務院直屬的一家，就是中信，國家部委獨資的 15 家，商業銀行獨資的 5 家，地方政府獨資和控股的 143 家。

在當時，信託投資公司出現的違規案例是比較多的，製造的風險非常大。在國內，最著名的事件製造者當屬中國農業發展

---

[1] 謝平：《中國非銀行金融機構研究》，中國經濟改革研究基金會國民經濟研究所「工作論文」(1997)，電子版可以參見 www.neri.org.cn/workpaper/20xp.pdf。

信託投資公司，也就是我們所説的「中農信」。該公司於 1988 年成立，財政部是大股東，隸屬國家計委，後歸屬農業部。其規模龐大，在全國有 300 多個分支機構。但是它卻盲目投資，嚴重虧空。最後中國人民銀行不得不在 1997 年 1 月 4 日決定關閉並解散該公司。由此可見信託業當時的混亂。實際上，根據我在自己的書裡曾經記錄的數據顯示，中國有 1200 多家信託投資公司，僅 1992 年就成立了 300 多家。但是這些信託投資公司是否都具有法人資格就不得而知了。

　　地方政府也是在這個時候迅速建立起自己的信託投資公司的。正因為有地方政府這個背景，這些信託投資公司迅速吸引了國外的眾多銀行和其他投資機構投資其中。1997−1998 年東亞金融危機期間，於 1980 年成立的有政府背景的廣東省投資信託公司在 1992 年之後，因為投資失誤出現嚴重虧損和資不抵債，而國外的投資者相信廣東省政府會承擔賠付責任並紛紛提出要求，這次事件一時間將中國再次推上全球媒體的風口浪尖。

　　關於賠償的猜測可以説愈演愈烈。但廣東省政府説，它自己也是投資者，也蒙受巨大損失，而信託投資公司是獨立的法人實體，不應該由省政府承擔賠償。就在這場爭執的關鍵時候，朱鎔基總理決定讓該信託投資公司破產。[1] 現在看來，這個決定無疑

---

[1] 在經濟學家鄒至莊的《中國經濟轉型》一書中也有一段關於該事件的描寫。參見鄒至莊：《中國經濟轉型》，曹祖平等譯，北京：中國人民大學出版社，2005 年，第 246 頁。

是最好的選擇和出路。在破產清算的過程中，外國投資者還是享有了某些優先權。至於為甚麼以及是哪些投資者，我不知道這其中的細節。中國的信託投資公司的確出了很多問題，這個案例只是其中之一而已。實際上，中國曾多次整頓過信託投資公司，而且一直到 2001 年之後，中國才制定頒佈了《信託投資公司管理辦法》和《中華人民共和國信託法》。

除了信託投資公司之外，再就是中國人民保險公司（PICC）的恢復。「人保」於 1980 年恢復了國內保險業務並於 1983 年 9 月正式從中國人民銀行分離出來成為非銀行金融機構。中國人民保險公司是 1949 年 10 月創辦起來的，並在 1958 年之前開展了國內保險業務，但 1958–1979 年間，中國人民保險公司成為並且只是中國人民銀行的一個部門，停止了國內的保險業務，只做幾個對外港口的保險業務，儘管它對外還是稱中國人民保險公司。

由中國人民郵政承辦的郵政儲蓄於 1986 年恢復。當然，郵政儲蓄最早其實是國民黨在 1919 年創辦的業務，1949 年之後由中國人民銀行接管並於 1953 年被終止。在郵政儲蓄恢復 20 年之後，中國於 2007 年 3 月 6 日成立了中國郵政儲蓄銀行（PSBC）。

另外，易綱在他的《中國的貨幣、銀行和金融市場：1984–1993》一書中基於樓繼偉在 1993 年的文章，提到中國有 20 多家財務公司、4 家保險公司、9 家租賃公司和 3000 多家城市信用

合作社。[1] 而我查閱的由柴健（Joe Chai）提供的數據則顯示，中國在 1994 年初有 1500 多家城市信用合作社和 590 多家信託投資公司。[2] 看來，兩者的數據有不小的出入。

關於證券公司，謝平在 1997 年發表的那篇文章裡的數據說，證券公司在 1996 年底有 94 家，其分公司 22 家，營業部 1100 多個。不過，在中國沒有政府獨資的證券公司，也不允許由個人投資者出資組建，因此這些證券公司都為法人投資組建的。有意思的是，在 1996 年之前，中國人民銀行各分行還控股了 43 家證券公司，但之後，在整頓中這些證券公司都被要求轉讓和脫鈎了。

外資銀行

中國的金融開放是緩慢和謹慎的。可是，在 1949 年之前的上海，金融市場是自由的，有 200 多家國外的銀行，而且貨幣可以自由兌換。我記得鄧小平 1991 年初在上海曾說過，上海曾經是金融中心，貨幣可以自由兌換。他還說，我們今後也要做到這些，而且中國在金融方面取得國際地位，首先要靠上海。

[1] 參見易綱：《中國的貨幣、銀行和金融市場：1984–1993》，上海：生活‧讀書‧新知三聯書店上海分店、上海人民出版社，1996 年，第 273–274 頁。

[2] 這個數據轉引自張軍：《中國經濟改革的回顧與分析：1978–1998》。原始數據出自 Joe Chai, *China: Transition to a Market Economy*, Clarendon: Oxford University Press, 1997。

可能很多人並不知道，上海是今天的美國國際集團（AIG）、滙豐銀行（HSBC）和國泰航空公司的出生地。AIG 誕生在上海，是因為 AIG 的前身是史帶（C. V. Starr）1913 年在上海創立的「美亞保險公司」（AAU）。復旦大學管理學院的「史帶樓」就是 AIG 捐贈的。因為具有這樣的歷史背景和淵源，中國的金融開放一開始就在地理上選擇性地進行。上海成為中國金融開放的前沿地帶。其實，早在 1978 年，上海就有了滙豐銀行（英國）、渣打銀行（英國）、東亞銀行（香港）和華僑銀行（新加坡）四家海外銀行的分支機構了。它們落戶上海的時間遠遠早於中國金融開放的真正時間。而中國金融開放的時間我認為應該是 1990 年之後。

1990 年 9 月 8 日，中國人民銀行頒佈了《上海外資金融機構、中外合資金融機構管理辦法》（以下簡稱《辦法》）。這個《辦法》加快了境外金融機構進入中國的步伐。儘管這個《辦法》是針對上海的外資金融機構，但允許外資金融機構落戶的城市則包括了北京和深圳等經濟特區。1991 年，日本、美國和法國的多家著名銀行紛紛進入中國。

從很多方面來判斷，1991 年算是中國改革開放 40 年歷程中的一個轉折年份。這一年中國的領導人開始考慮更大程度的開放和改變政策了。在我的印象裡，江澤民主席在 1993 年前往美國西雅圖參加了 APEC 首腦會議，會見了克林頓總統，參觀了波音公司。據說，之後的那一屆廣交會也創下了歷史紀錄。1992 年

春，88 歲高齡的鄧小平發表的一系列重要談話更是一個敦促中國要加快改革和開放步伐的老人的心聲。

1991－1998 年，外資銀行在中國的分支機構迅速增加到了將近 200 家。1998 年 8 月 12 日出版發行的中國版《金融時報》上，我讀到並記錄下的一個數據是，到 1998 年 6 月底，中國的外資金融營業性機構有 178 家。其中，外資銀行的分行 146 家，註冊的獨資銀行 6 家，中外合資銀行 7 家，外資財務公司 7 家，外資保險公司 11 家，中外合資的投資銀行 1 家。外資銀行的總資產為 373.9 億美元，佔中國金融資產的 2.58%。

當時在上海發行的《國際金融信息報》則披露了上海的外資金融機構的早期信息。根據 1998 年 3 月 12 日發行的這份報紙，到 1998 年 2 月底，上海批准設立的外資金融機構有 51 家，其中外資銀行開設的分行 39 家，外資財務公司 2 家，合資財務公司 2 家，合資銀行 2 家，外資獨資銀行 1 家，外資保險公司 4 家，合資保險公司 1 家。外資金融機構代表處 162 家，其中，外資銀行代表處 65 家，外資證券代表處 35 家，保險代表處 49 家，信用卡公司代表處 4 家，金融經紀代表處 8 家，信貸財務公司代表處 1 家。到 1998 年 2 月，上海的外資金融機構的總資產為 180 億美元，佔了中國全部外資金融機構總資產的一半。

外資銀行在 1996 年之前是不被允許經營人民幣業務的，它們的主要服務對象是在中國的外資企業。但是，1996 年底，中國人民銀行頒佈了《上海浦東外資金融機構經營人民幣業務試點暫行

管理辦法》，批准了僅在上海浦東的 9 家外資銀行允許經營人民幣業務的試點。這 9 家銀行分別是花旗、滙豐、渣打、東京三菱、第一勸業、三和、日本興業、法國東方匯理以及上海巴黎國際銀行。之後一年，國務院同意中國人民銀行擴大外資銀行經營人民幣業務的試點範圍，不僅增加了上海浦東的外資銀行經營人民幣業務的試點名單，而且決定深圳成為上海之後可以進行試點的城市。

在試點擴大的同時，中國人民銀行也放寬了外資銀行經營人民幣的業務範圍。例如，允許個案報批外資銀行增加人民幣營運資金的規模，但總量不能超過人民幣 1 億元。1998 年 4 月，允許上海 9 家可以從事人民幣業務的外資銀行中的 8 家與中資銀行以相同的條件進行人民幣的同業拆借，在市場上買賣債券和回購債券。在這個規定下，1998 年 7 月東京三菱銀行從上海城市合作銀行拆入為期 4 個月、金額 1000 萬元人民幣的資金，[①]這算是第一筆外資銀行在中國國內拆借人民幣的行動，具有紀念意義。

我在新華網上看到的資料顯示，截至 2007 年 7 月末，有 22 個國家和地區的 71 家外國銀行在中國設立了 132 家外國銀行分行，另有外商獨資銀行 19 家（下設分行 88 家）、合資銀行 4 家（下設分行 6 家）和 3 家外資獨資財務公司。

---

① 這個細節是由上海的《新民晚報》在 1998 年 7 月 30 日報道出來的。

中國在 2001 年 11 月加入世界貿易組織之前就承諾，入世後將取消對外國銀行的所有非審慎性限制並給予外國銀行國民待遇。於是在 2006 年底決定對外資銀行實施法人導向的政策，鼓勵外國銀行在中國註冊法人銀行。2007 年 8 月，中國的銀監會批准了 20 家外國的銀行可以在中國境內改制成外資法人銀行，據說有 12 家已經改制成功。這些改制的銀行實際上就是中國的銀行或者是具有中國身份的銀行。

金融市場

中國的金融市場至少在早期大概應該包括商業票據市場、同業拆借市場、資本市場和農村的非正規信貸市場。不用說，我自己對商業票據市場和同業拆借市場根本沒有太多的關注。不過，1995－1997 年前後，我在浙江溫州對非正規信貸市場有過調查並在香港出版的學術雜誌上發表過一篇研究論文。[①] 在 2003 年之後我對中國資本市場也僅有少許的經驗實證研究，而且是與我的博士研究生合作進行的。[②]

我先簡單講述一下同業拆借市場的開始。閱讀饒餘慶早期的

① 參見張軍：《改革後中國農村的非正規金融部門：溫州案例》，載《中國社會科學季刊》（香港），1997 年，秋季卷，總第 20 期。

② 例如張軍、鄭祖玄、趙濤：《中國上市公司資本結構：股權融資偏好、最優資本結構、還是過度融資？》，載《世界經濟文彙》，2005 年，第 6 期。

那篇論文才知道，① 中國人民銀行在 1984 年 10 月才批准銀行間的同業拆借，目的是為了改變長期以來信貸規模自上而下分配的做法。據説，銀行間的拆借到 1986 年才真正發生。這可能是因為中國人民銀行由於種種原因缺乏資金而不得不讓一些缺乏資金的商業銀行從別的銀行借入。到了 1992 年，大約 30 個城市建立了自己的資金拆借市場，但是因為地方政府的保護和封鎖，資金拆借往往發生在同一地區的銀行之間而很少發生在跨地區的銀行之間。拆借的利率在 20 世紀 80 年代末大約為 10%－14%。②

就在 20 年前，中國資本市場的興起和發展是非常熱門的研究方向，我指導的研究生中就有不少人選擇這個方向作為學位論文的題目，我自己也從中學到了很多。其實，我對股票和債券的早期知識多是來自上海譯文出版社的沈志彥在 1992 年贈送我的一本美國學者寫的《投資經濟學：股票證券知識入門》。③ 後來，隨着更多研究文獻的出現，關於中國證券市場如何起步、證券市場的政策是如何不斷突破的以及監管當局與市場如何互動，自然有了很多的文字記錄。

差不多 20 年前，退休後受聘於英國倫敦大學亞非學院的華

① 參見 Y. Jao, "Financial Reform in China, 1978-1989: Retrospect and Reappraisal", *Journal of Economics and International Relations*, 1990, Vol.3, No.4。

② 參見張軍：《中國經濟改革的回顧與分析：1978－1998》，第 164 頁。

③ 本頓·蓋普：《投資經濟學：股票債券知識入門》，孫惠新等譯，上海：上海譯文出版社，1991 年。

大偉教授向我推薦，說在倫敦政治經濟學院攻讀博士學位的斯蒂芬‧葛霖（Stephen Green）—— 與英國滙豐銀行集團的總裁同名同姓 —— 想前往上海為其博士論文收集素材。我欣然答應為斯蒂芬到復旦大學提供便利。經我介紹，他深入訪問了上海證券交易所並接觸了上海證券界的朋友。我記得他的博士論文題目大概是「關於中國證券市場產生和演進的政治經濟學」。

2003 年，他的一本名為《中國的證券市場》（*China's Stock Market*）的書出版了，在西方獲得了好評。他現任渣打銀行中國研究部主管，有了一個在中國財經媒體界頗有名氣的中文名字 —— 王志浩。

《中國的證券市場》這本書詳細描述了中國證券市場起步、爭議和發展的政治過程，有許多鮮為人知的細節，這顯然是他自己在中國進行文獻搜集和訪問當事人的結果。

眾所周知，在 1991 年之前，中國的金融市場主要就是國庫券和其他金融債券的交易。政府債券、金融機構發行的債券以及企業債是當時主要的金融產品，股權融資的擴張是之後的事情。在 1981−1991 年間，中國金融市場上的債券總額為 3770 億元，其中 1600 億元到期回購，餘額為 2170 億元。在這些債券中，政府發行了 1308 億元，金融機構發行了 598 億元，企業發行了 657 億元，股票 75.4 億元，還有就是銀行的大額存單。[1] 很明顯，早

---

[1] 參見易綱：《中國的貨幣、銀行和金融市場：1984−1993》。

期的金融市場上，政府債券是主要的產品。

中國是從 1981 年才開始恢復發行政府債券的。到了 1987年，財政部也開始發行重點建設債券。之後，建設債券、保值公債和特種國債不斷發行。我記得很清楚，早期發行的政府債券是不允許進入市場交易的，但隨着發行規模的擴大，自然阻擋不了對債券交易的需求，如果不允許交易，大家就私下進行黑市交易。一直到 1986 年 8 月，中國人民銀行瀋陽分行第一個批准當地一家信託投資公司的請求，同意開闢債券交易的營業櫃台。在這之後，更多的地方開始了債券二級市場的交易。當時，大量的經紀公司、信託投資公司和信用社都在從事債券交易的業務。

中國真正在全國範圍內允許成立債券交易市場（即債券交易的二級市場）是 1988 年 4 月。經國務院批准，政府債券的二級市場進行試點。第一批試點的城市包括瀋陽、重慶、武漢、廣州、哈爾濱和深圳。兩個月後，試點的城市增加了 54 個。也是在 1988 年，中國人民銀行批准成立 34 家金融證券公司。在這些證券交易市場上，90% 是國庫券的交易。

但是，1988 年注定是不平凡的一年。這一年，金融市場還是出現了混亂，非法交易層出不窮。我們前面提到過，這個時候，一些大的信託投資公司也出現了問題。這讓中央政府決定在 1989 年整頓金融機構，特別是信託公司和證券公司，這次整頓活動使證券交易量明顯下降。這個局面持續到了 1990 年。1990 年2 月，上海和重慶終於允許 1987 年和 1988 年發行的國庫券進入

市場交易。之後，更多的城市允許交易擴大。這樣，金融證券的
交易規模方有大踏步地增長。表 6–1 給出了 1986–2002 年中國
債券品種的基本結構及其變化趨勢。

表 6–1　中國的債市（1986–2002）

年份	規模（億元）			比重 %		
	企業債券	國債	金融債	企業債券	國債	金融債
1986	100.00	62.51	30.00	51.95	32.47	15.58
1987	30.00	116.87	60.00	14.50	56.49	29.00
1988	75.41	188.77	65.00	22.91	57.35	19.75
1989	75.26	223.91	60.66	20.92	62.23	16.86
1990	126.37	197.23	64.40	32.57	50.83	16.60
1991	249.96	281.25	66.91	41.79	47.02	11.19
1992	683.71	460.78	55.00	57.00	38.41	4.59
1993	235.84	381.31	0.00	38.21	61.79	0.00
1994	161.75	1137.55	776.00	7.79	54.81	37.39
1995	300.80	1510.86	200.00	14.95	75.11	9.94
1996	268.92	1847.77	1070.20	8.44	57.98	33.58
1997	255.23	2411.79	1463.50	6.18	58.39	35.43
1998	147.89	3808.77	1950.23	2.50	64.48	33.02
1999	158.00	4015.00	1800.89	2.64	67.21	30.15
2000	83.00	4657.00	1645.00	1.30	72.94	25.76
2001	147.00	4884.00	2590.00	1.93	64.09	33.99
2002	325.00	5934.30	3075.00	3.48	63.58	32.94
總計	3424.14	32119.67	14972.79	6.78	63.58	29.64

資料來源：張軍、鄭祖玄、趙濤：《中國上市公司資本結構：股權融資偏好、最優資本結構、還是過度融資？》。

　　在這個階段內，中國的股票市場或者股權交易並沒有真正發
展起來。有意思的是，1984 年 7 月，中國第一家股份制企業北

京天橋百貨股份有限公司成立，它還發行了據説是三年期到期償還的「股票」（其實就是債券）。當時，只有上海飛樂電聲總廠向公眾發行了不可償還的股票，因此人們總是把這個舉動解釋成中國經濟改革後發行的第一隻真正的股票。股票發行的實驗於是就這樣開始了。後來也陸續成立了一些股份公司，比如上海真空電子、瀋陽金杯、重慶渝中等。儘管大股東是政府，但這些股票是不可償還的，所以這些公司發行的當然就不再是債券了。

實際上，就在一些企業發行了股票之後，在中國的部分地方，股票的自發交易就開始活躍起來了。這些交易的產生先於交易所的成立。我清楚地記得，20 世紀 90 年代初北京天則經濟研究所組織的有關中國經濟制度變遷的案例研究中，有兩篇文章寫的是關於股票交易的案例。[①] 一篇是楊曉維撰寫的《產權、政府與經濟發展市場化 —— 成都自發股票交易市場的案例》，另一篇是陳郁撰寫的《制度變遷、市場嚴禁與非正式的契約安排 —— 1986–1990 年上海股票交易的一個案例分析》。在為這批案例舉辦的討論會上，我對陳郁寫的這個案例還做了評論。

1990 年 12 月 19 日，上海證券交易所正式成立。1991 年 7 月 3 日，深圳證券交易所也正式開業。這算是中國證券市場的一件大事。交易所剛開業的時候，在上海證券交易所掛牌交易的只有 8 家上市公司。我所看到的數據是，到 1991 年底，上海和深圳兩個

---

① 參見張曙光主編：《中國制度變遷的案例研究（第一集）》，上海：上海人民出版社，1996 年。

市場上交易的股票一共也只有 14 隻，總市值正好 100 億元。與後來股市的發展情況正好相反，剛開始的時候，大型國有企業是不能上市的，因為當時在政治和意識形態上還在激烈爭論着股票市場「姓資姓社」的問題，要上市也只能讓那些小企業去上市（小盤股）。而且投資者（股民）也只以上海和深圳的居民為主。

　　前面提到的兩則案例記錄的都是股票的場外自發交易的故事。成都的紅廟子（因成都證券公司紅廟子營業部而得名）地下股票交易市場在 1992−1993 年上半年間非常流行，一度成為中國最大的自發性股票交易市場；所交易的主要是企業發行而未上市的股票以及其他權證品種，據說多達 70 多種。而上海在交易所成立之前的股票交易也帶有很強的自發性。也就是說，在沒有合法的和被允許的交易制度之前，投資者已經在尋找正規交易的替代方式了。

　　從 1993 年開始，中國的股票市場真正進入快速擴張的時期。在政治上，1993 年的主流意識形態發生了根本性的轉變。鄧小平在 1992 年發表的一系列講話實際上徹底改變了中央的政策基調。關於 1992 年之後中國主流政治舞台上發生的意識形態的轉型，美國經濟學家巴里・諾頓（Barry Naughton）教授做過很好的分析。[①]

---

① 參見 Barry Naughton, "A Political Economy of China's Economic Transtion", 2008，收錄於 Loren Brandt and Tom Rawski (eds.) *China's Great Economic Transformation*, Cambridge University Press, 2008。

　　對中國的證券市場而言，由於政策上和意識形態上的解禁，1993 年之後最大的變化是要建立全國性的證券市場，改變當時的局部和區域性的狀況。這就要求建立全國性的交易中心並與上海和深圳兩個市場聯網，推廣股票的網上發行。到了 1996 年，中國證券市場的投資者迅速從 1991 年的 11 萬人增加到 2300 萬人。上海和深圳兩個市場的市值也突破 1 萬億元。同時，大型國有企業的上市帷幕也被拉開，標誌性事件當屬青島啤酒於 1993 年的成功上市。一旦大型企業上市，中國證券市場的結構和性質就發生了微妙的變化。監管問題也提上了議事日程。儘管國務院證券委員會和中國證監會於 1992 年 10 月成立，但是全國性的證券監管系統並沒有建立起來。一直到 1993 年 7 月國務院證券委員會頒佈了《證券交易所管理暫行辦法》以及 1997 年 8 月國務院宣佈上海證券交易所和深圳證券交易所由中國證監會直接領導和管理，垂直監管的結構才逐步成型。

　　1996 年之後的證券市場完全改變了之前小盤股主導的局面，大中型國有企業的上市融資成為政府的優先戰略。1997 年 5 月，國家計劃委員會公佈了 300 億元的上市額度並明確說要向大中型國有企業傾斜。另外，我在本書第七章「一場錯了再試的改革」中也有記述，1997 年 7 月 18–24 日，時任國務院副總理的朱鎔基在遼寧考察國有企業時提出了後來被稱為「三年國企脫困」的軍令狀，即用三年左右的時間使大多數國有大中型虧損企業走出困境。為了執行這個軍令狀，政府把注意力轉移到了證券

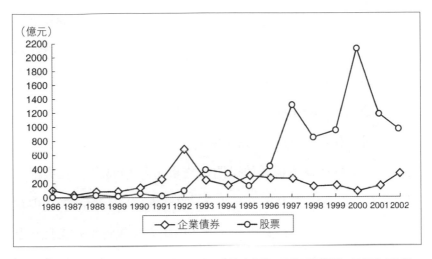

（億元）

資料來源：張軍、鄭祖玄、趙濤：《中國上市公司資本結構：股權融資偏好、最優資本結構、還是過度融資？》。

圖 6-1　中國企業的債權融資與股權融資

市場。結果在政策上，政府的主管部門鼓勵並優先批准有困難的國有企業經過重組和改組之後上市。正如圖 6-1 所顯示的那樣，因為國有企業加速了上市的步伐，1997-2001 年間，中國的股權融資規模開始大大領先於企業債務融資。

民間借貸市場

與其他發展中國家類似，「非正規金融」或者「民間借貸市場」在中國的很多鄉村和城市都存在。我曾經在蘇南地區調查，了解到民間借貸的存在對當地私人企業發展的重要性。當然，最

為典型的民間金融市場當屬浙江的溫州。所以，只要說起民間的借貸，溫州自然是不可不提的。被經濟學家廣為接受的「溫州模式」其實很大程度上是由溫州民間金融市場的歷史傳統決定的。

我是在 1995–1997 年這段時間裡關注起溫州的民間金融的。其間，我在 1996 年承擔了北京天則經濟研究所的一項案例研究項目，專門調查溫州的民間借貸市場。1996 年，我與浙江農業大學（現為浙江大學的一部分）的錢彥敏博士一同多次前往溫州，與中國農業銀行溫州市分行、中國人民銀行溫州支行和溫州發改委接洽和訪談，而且還查閱了不少當地的政策法規與民間借貸案例的第一手資料。更重要的是，我們見到了溫州當地那些從事溫州民間借貸研究的學者，比如張仁壽、陳國興等，了解到更多的細節，還拿到了他們撰寫的文章和著作。回到上海後，我撰寫了《改革後中國農村的非正規金融部門：溫州案例》並於 1997 年發表，這篇文章後來被廣泛引用。

其實，在過去 40 年裡，大多數發展中國家的金融市場和金融體系都有二元分割的體制特徵。也就是說，在這些國家的金融市場上，同時並存着正規金融部門和非正規金融部門。在我的書房裡藏有一本我在 20 世紀 90 年代曾經反覆閱讀的著作《發展中經濟的農村金融》，它對發展中國家的農村信貸市場進行了很好的研究。[1] 可能就是因為這本書，讓我對中國的民間融資市場有

---

[1] J. D. 馮匹斯克等編著：《發展中經濟的農村金融》，湯世生等譯，北京：中國金融出版社，1990 年。

了興趣並去溫州做了案例研究。

　　我還記得美國著名的金融經濟學家麥金農（Ronald McKinnon）在他的經典著作中給出的解釋。他認為，對於發展中國家來說，「金融抑制」是導致非正規金融出現的主要原因，而這種金融抑制主要是由於政府的政策干預和歧視造成的。[①]

　　但是，後來的許多經驗研究發現，除了政府的政策之外，發展中國家金融分割的產生還有更基本的原因，這些原因包括司法體系的不確定性、人力資本的水平低、基礎設施（特別是通信設施）的欠發達等。這些因素都可能導致無法寫出正規的金融合約，要有效執行合約就更困難了。根據這樣的理論，在信貸市場上非正規金融的出現正是為了彌補正規金融由於信息不對稱和合約無法執行等問題導致的信貸真空。由於以上原因，在發展中國家非正規借貸市場的存在是一個普遍現象。表6-2提供了對發展中國家的非正規金融規模所做的大致估算。

　　印象中我是1996年的春天前往溫州做調查的，在這一年中應該是去了好幾次。我到溫州後先去拜訪的是中國農業銀行溫州市分行的陳國興。聽他介紹，溫州歷史上的民間融資活動就很發達。有「呈會」或「成會」之說。當然，「呈會」在中國農村的很多地區都存在，一般被認為是一種高利貸。「呈會」在溫州還分為「輪會」「標會」以及「抬會」等。但是，當地的學者告訴我，「抬

① 參見麥金農：《經濟發展中的貨幣與資本》，盧驄譯，上海：生活·讀書·新知三聯書店上海分店，1988年。

表 6-2　非正規金融跨經濟體比較

國家 / 地區	非正規信貸 / 所有正規信貸（%）	參與非正規金融的人口比例（%）	調查時間
孟加拉國（農村）	63	36.5	
玻利維亞（城市）	49.4	>33	1987
喀麥隆	27	70	1988
中國（農村）	25	20	1994
多米尼加共和國	20		20 世紀 80 年代
印度（農村）	39		1981－1982
印度尼西亞	>80		
岡比亞	67		
加納	60		
幾內亞	200		
韓國（農村）	50		1986
老撾	46.5	38	1996
馬拉維	>100	>19	1988
馬來西亞（農村）	62		1992
墨西哥（農村）	50－55		
尼日爾（農村）	45		1985－1986
尼日利亞	65	85	1987－1988
尼泊爾	57.1		1982
巴基斯坦（農村）	69	33	
菲律賓	59－70	33	1987
斯里蘭卡	45		1976
中國台灣	24－40	>50	1964－1990
泰國	21－50		
贊比亞	84		
津巴布韋	87		

資料來源：Kellee S. Tsai, "Back-Alley Banking: Private Entrepreneurs in China", Ithaca, NY: Cornell University Press, p.221, 2002.

會」具有金融投機的性質。在 20 世紀 80 年代初，溫州的「呈會」非常活躍，規模小、數量多，成為當時民間信用的主要形式之一。

　　但是，對於企業的經營活動而言，溫州最發達的還是民間集資活動。在農村，民間的集資主要是為了增加企業的流動資金和為投資提供一定的融資。我的好友張仁壽教授曾經送我一本名為《溫州模式研究》[①] 的著作，裡面提到，社會集資的 70% 用於私人和集體企業的流動資金，30% 用於基建投資。民間集資的渠道多種多樣，包括職工投資、合股經營、以資代勞、掛戶公司等，一般集資的期限為 1－3 年，利率與民間借貸的利率相當，月息約為 2%－3%。這個判斷也被由張震宇和毛春華提供的關於溫州瑞安市民間集資的典型調查的數據所證實。[②]

　　調研溫州的民間借貸市場，最有意思的是它的利率水平。從觀察來看，溫州農村民間私人自由借貸的利率平均為月息 25‰，高的超過 30‰；而企業在民間的借款利息率平均為月息 20‰，高的不超過 25‰，兩者都高於官方正規金融部門當時的利率水平達 2－3 倍。更有意思的是，雖然國家的金融機構幾次向上調整利率，但民間資金信貸的利率卻基本保持穩定不變，對官方部門的利率調整似乎沒有做出明顯的反應。

　　這個現象應該意味着民間信貸市場與官方的金融部門之間

---

① 參見張仁壽、李紅：《溫州模式研究》，北京：中國社會科學出版社，1990 年。

② 參見張震宇、毛春華：《社會主義市場經濟條件下的溫州金融現象透視》，杭州：浙江大學出版社，1993 年。

是相互分割的。這幾乎是所有民間借貸市場的一個十分重要的特徵。另外，我在調查中也發現，民間利率隨時間的變化並不明顯，這或許反映了農村民間金融市場不完全是古典自由市場的結構的又一特徵。如果這一點是正確的話，那麼，在溫州農村的民間信貸市場上一直存在着超額需求這一經驗現象就可以理解了。因為，如果農村信貸市場能夠出清，那麼，在溫州我就應該能夠觀察到更高的民間利率出現。而如果農村借貸市場的結構不是古典自由市場的結構，那麼，利率水平就未必能出清農村的信貸市場，即使在這個市場上存在着超額需求，利率也未必向上調整。

這些疑問和觀察促成了我後來去完成文章《改革後中國農村的非正規金融部門：溫州案例》。我在那篇論文中試圖回答以下問題：為甚麼民間的金融部門能夠維持高於官方正規部門的利率水平；特別是，為甚麼非正規部門的利率對正規部門的利率變動反應不靈敏；為甚麼民間的利率不能出清民間市場。這些問題簡單地說就是，為甚麼溫州民間的借貸利率這麼高；為甚麼這些利率還不夠高，不用說，這些問題可以很容易在「信息經濟學」的概念框架裡得到解釋。實際上，因為在信息經濟學上的理論貢獻而榮膺諾貝爾經濟學獎的約瑟夫·斯蒂格利茨教授就曾經有過這方面的研究。[1]

---

[1] 參見 Karla Hoff and Joseph Stiglitz, "Imperfect Information and Rural Credit Markets-Puzzles and Policy Perspectives", *World Bank Economic Review*, Oxford University Press, 1990, vol.4 (3), pp.235-250, September。

中國金融體制的特徵

中國的金融部門從重建銀行到建立資本市場，再到金融開放，經歷了太多的曲折，有說不完的精彩故事。但至今，中國的金融還是以銀行為主。中國人的剩餘收入和金融資源主要還是通過銀行這樣的中介來分配出去。

十幾年前，我曾經發表過一篇文章，題目為《迷失在亞洲增長》。起這個名字是因為有一部電影《迷失東京》(*Lost in Translation*)。我沒有看過這部電影，但我覺得這個中文的片名翻譯得非常好，很有寓意。對兩個美國人來講，在東京能與普通百姓生活一段時間，那是「相當」不容易的，可以想像他們如何迷失在日本人講的英文裡 (這可能是英文片名的直接含義)。

亞洲和西方在語言和生活方式上差別巨大。我個人的體察常常是，與西方人相比，亞洲人傾向於把一些手段當作目的來生活。這方面的例子比比皆是。比如，亞洲人熱愛儲蓄，亞洲人愛講面子，亞洲人對待子女勝過對待自己，亞洲的家庭把讀書好幾乎看成衡量孩子成功的唯一尺度，深受「學而優則仕」的傳統教義的影響。我在韓國和日本都曾有過生活的經歷，深知家長如何望子成龍。與中國家庭一樣，韓國和日本的家庭也為子女請家教，孩子週末上補習班或者父母陪子女學習鋼琴等。亞洲人能吃苦、有生意經、精打細算、生活井井有條，但往往循規蹈矩，不太有發明和創造的稟賦。與西方人相比，亞洲人過於相信和依賴

政府，崇尚官本位。因為這些方面的差異，西方人對亞洲經濟的很多現代現象也就不太容易看得明白。

在亞洲（主要是在東亞），近 40 年來的經濟增長和經濟發展成就非凡，這是有目共睹的。從東京、新加坡、首爾到香港和上海，這些城市的崛起可以説是亞洲經濟發展的一個縮影。與倫敦和紐約相比，這些地方曾經並正在告訴古老的歐洲和歐洲人的後裔們甚麼是快速的工業化和現代的經濟發展。對歐洲人和他們的後裔們來説，亞洲的經濟成就彷彿是神話。他們會問，哪來的這麼快的變化？我們常説，這是因為亞洲人非常勤勞，能吃苦。中國人、韓國人和日本人都是這樣的典型代表。經濟學家保羅·克魯格曼（Paul Krugman）先生曾把這種勤勞比喻成汗水。[1] 在從事「增長核算學」的經濟學家們看來，亞洲人為自己的經濟發展揮灑了更多的汗水，而靈感則少了一些。[2]

如果我們把經濟學家所説的「更多的汗水」解釋成更多的生產能力和更多的產品，讀者一定更容易接受。更多的生產和更多的產品本身就是經濟的增長，可是，為了獲得更多的生產和產品，我們需要更多的花費，經濟學家把這個花費稱作資本的形成或者投資。所以，多數經濟學家傾向於把亞洲的增長解釋成政府

---

[1] 我指的是他 1994 年的文章。參見 Paul Krugman, "The Myth of the Asia Miracle", *Foreign Affairs*, 1994, November/December。這篇文筆優美的長文發表之後頃刻間引起了持續的批評和討論，尤其是在亞洲。

[2] 在英文世界裡，汗水（perspiration）與靈感（inspiration）在拼寫上很接近，拿汗水與靈感做對比，不僅寓意深刻，而且文字上很俏皮。

主導的更多和更快的投資花費的結果。

　　於是，我們進一步要問的問題是，為甚麼亞洲的政府可以更多更快地為投資而花費呢？答案是，亞洲的銀行裡資金充沛。這些銀行集中了政府、企業和公眾百姓的巨額儲蓄，而公眾也總是願意把錢存在本國的銀行裡面。這就是亞洲政府的幸運，也是西方人根本做不到的事情。我們設想一下，假如美國政府今天能像亞洲新興市場經濟的政府一般作為，其經濟早就會因為金融市場的原因而垮掉了。而在亞洲，政府這樣的所為卻幫助實現了高速的經濟增長。

　　說起儲蓄，歷來有很多概念上的糾纏。的確，在概念上我們如何定義儲蓄是很重要的。我們經常聽到更多的人把一個國家的儲蓄等同於老百姓的銀行存款。例如，一說起中國的高儲蓄，大多數人習慣於把這個特徵想像成銀行存款過多的現象。銀行存款多的確是亞洲的普遍現象。而且，亞洲人喜歡把錢放在銀行裡用於未來的消費，銀行變成了可以信賴的保險箱。

　　可是，即使是家庭儲蓄的概念，對經濟學家而言，也可以從存量和流量兩個層面來核算和度量。從存量的角度核算家庭儲蓄，就是要估計家庭的實物資產和金融資產的存量規模。這並不是一件容易的事情，因為這還涉及家庭的耐用消費品的價值估計，選擇甚麼樣的折舊率，如何估計農民的實物資產以及是否應該包括農民自存的農副產品等問題。在我的記憶中，已故的諾貝爾經濟學獎獲得者弗蘭科·莫迪利安尼（Franco Modigliani）教

授生前曾經依據生命週期理論從資產存量的角度考察了中國家庭的儲蓄率的變動。其論文的中文版是由上海社會科學院的權衡教授推薦給《比較》雜誌並最終發表的。[1]另外，山東大學的臧旭恆教授曾經在 1994 年對中國家庭的耐用消費品和家庭的資產存量做過一個初步的估計。他選擇了 10% 的折舊率，時間範圍是1978−1991 年。[2]

除了實物資產外，對金融資產的估計也涉及很多問題，因為金融產品的價值與市場波動有關，選擇甚麼樣的價格（是賬面值還是市值）來核算金融資產是存在很大爭議的。儘管如此，一些經濟學家還是希望能找到一些好的方法對金融資產進行估計。例如，莫迪利安尼教授和臧旭恆教授都曾經在他們各自的研究中對中國家庭的金融資產做了估計和核算。我手頭還有一本李鷹撰寫的著作，他綜合了已有的很多研究成果並依賴有限的數據集得出的基本估計是，自 1981 年開始，中國家庭金融資產的增長開始加速，超過實物資產的增加速度。1992−1995 年，在比重上，中國家庭的金融資產也超過了實物資產。這當中，至少在 20 世紀90 年代中期之前，儲蓄存款一直是中國家庭持有金融資產的主

---

[1] 參見莫迪利安尼：《生命週期理論和中國的居民儲蓄》，載《比較》，2005 年，第 21 期。

[2] 參見臧旭恆：《中國消費函數分析》，上海：生活‧讀書‧新知三聯書店上海分店、上海人民出版社，1994 年。後來臧旭恆教授與他人還於 2001 年在上海人民出版社出版了《居民資產與消費選擇行為分析》一書，可以看成前部著作的姊妹篇。

要形式並且在金融資產的流量當中佔據絕對的份額。[1]

　　從流量的角度估計儲蓄率則相對容易一些。就中國而言，我們有中國資金流量表，為這樣的估計提供了便利。一般而言，經濟學家把國家的儲蓄定義成國民收入扣除最終消費的剩餘。由於國家的儲蓄應該涵蓋家庭、公司與政府部門，所以國家儲蓄就不再僅僅是老百姓存款的概念了。觀察國家的儲蓄，或者要核實國家儲蓄率的變動方向，我們需要去熟悉一個國家的國民收入賬戶和資金流量表，而不僅僅注意銀行存款的變動。

　　2007 年 1 月，我在清華大學參加了「2007 中國生產率研究專題研討會」。在此次會議上，世界銀行北京代表處的高路易（Louis Kuijs）博士做了一個報告，核算了中國的投資回報率。這是一個非常有爭議的問題。在此之前，高路易對中國的儲蓄做過研究並寫出了引用率很高的論文《中國的投資與儲蓄》。[2]

　　《中國的投資與儲蓄》利用中國的國民賬戶和資金流量表的數據資料估算了中國的總儲蓄率。根據這個估算，1990 年代，國家儲蓄佔 GDP 的水平大約為 36%，而 2000 年左右已經上升到了差不多 46%。這個模式看上去與老百姓的銀行存款的增長是類似的，其實並非如此。例如，如果我們用家庭的可支配收入

---

[1] 參見李鷹：《中國資金宏觀配置問題研究》，北京：中國金融出版社，2001 年，第 3 章。

[2] 參見 Louis Kuijs, "Investment and Saving in China", World Bank Policy Research Working, Paper 3633, 2005, June。

減去家庭的消費來估計家庭儲蓄的話，那麼，家庭儲蓄佔 GDP 的比重在此十年是不斷下降的，而不是像銀行存款那樣持續增加的。2000 年左右家庭儲蓄佔 GDP 的比重只有 16% 左右，而 1990 年代則超過了 20%。

在流量上，政府有儲蓄，也有存款，但兩者並不是一回事。在國民賬戶中，我們用政府的收入扣除政府消費（不包括政府投資）來測算政府的儲蓄。政府的儲蓄佔 GDP 的比重當前達到了 6% 左右，與 1990 年代的 5% 相比，政府的儲蓄雖有增長，但並不顯著。原因不難想明白，儘管在每年的國民收入中政府部門獲得的份額在這十年來不斷增加，但政府的消費也增長較快。而儲蓄增加最明顯的是企業部門，由於企業部門基本上沒有消費，也很少派息分紅，國有企業更沒有向政府上繳收益，於是，中國的企業部門的總儲蓄在此十年來獲得了非常顯著的增加。1990 年代，中國的企業總儲蓄佔 GDP 的比重約為 12%，而 2000 年左右已經高達 20% 以上，超出了家庭的儲蓄水平，在世界上也許只有日本達到了這個水平。實際上，如果說中國和美國的國家儲蓄率的最大差異是在家庭儲蓄方面的話，那麼，中國和印度的國家儲蓄率的差異就主要在企業儲蓄方面了。印度的企業儲蓄只佔 GDP 比重的 5%。

因為企業的消費微不足道，企業儲蓄水平的大幅度增長應該主要反映了企業的可支配收入，尤其是利潤的顯著增長。而這一點恰恰會引起爭議。因為，這麼多年了，我們已經習慣於不把中

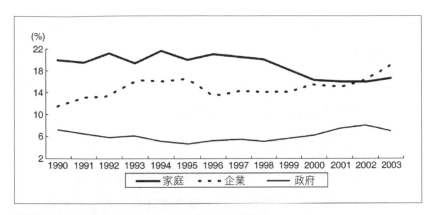

資料來源：Louis Kuijs, "Investment and Saving in China"。

圖6-2　中國的總儲蓄率（佔 GDP 的比重，1990－2003）

國的企業，尤其是國有企業，看成可以贏利甚至贏利可以大幅度改善的企業。久而久之，我們似乎也不願意接受中國企業的利潤大幅度增長的事實。如果我們中國企業的贏利狀況真的大幅度改善了，那豈不是説明了中國企業變得更有競爭力了嗎？其實不然。企業的贏利增加是一回事，企業的利潤率提高是另一回事，而企業的生產率提高更不同於前兩者了。如果外部市場需求條件不變，利潤率的提高應該反映生產率的提高，而如果市場需求條件改善了，企業的投資擴張就能改善贏利水平。即使利潤率未必變化，如果能夠贏利的企業數量增加了也能導致企業贏利的整體增長現象的發生。

關於中國企業的贏利和利潤分配我們姑且擱置起來，它不是我在這裡要討論的問題。我介紹了那麼多關於儲蓄方面的研究，目的是想説明，在中國，與其他東亞經濟體一樣，高儲蓄匹

配了中介化的金融體制，兩者相輔相成，雖然還難以説清楚兩者的因果關係。

在美國，因為家庭和政府的儲蓄率非常低，美國的政府做事要花錢，錢不夠就得向資本市場發行國債來融資。而且因為國民的儲蓄率低，資本市場融資的代價必然就更大，而過高的資本成本必然阻礙私人部門的投資從而最終妨礙經濟增長。如果沒有老百姓更高的儲蓄率，亞洲政府的發展目標就會面臨金融的嚴重約束而難以實現。所以，高儲蓄率是快速工業化和亞洲經濟發展模式的關鍵因素。

但是，亞洲的高儲蓄率同時又意味着亞洲的金融資產結構中的高負債率。這是亞洲經濟發展模式的顯著金融特徵。我們説美國人的存款很少，但美國人擁有的金融資產並不少，只是在這些擁有的金融資產中，銀行儲蓄的比重微不足道罷了。從這個意義上講，與亞洲人相比，美國人更多地扮演着投資者的角色，而亞洲人則是銀行的儲戶。推而廣之，我們就會發現，在美國的金融資產中，股權資本一定佔絕對的比重，而在亞洲，債權的份額佔絕對的多數。在公司的資產結構中，這個差異也一覽無遺。負債率在亞洲公司中的比重大大高於在美國公司中的比重，這也是眾所周知的事實。這彰顯出亞洲的中介化金融的特徵。

中國、亞洲和西方國家在金融體制和金融發展上的差異曾經是很多金融經濟學家熱衷討論的問題。很多年以前，我在韓國慶北國立大學訪問，我的韓國同事拿來一篇論文給我看，論文是

美國著名的金融經濟學家富蘭克林・艾倫（Franklin Allen）教授在韓國中央銀行的演講稿。在這篇演講稿中，他試圖回答的問題就是為甚麼亞洲的金融中介化程度高於西方？我們是否知道哪種金融體制更有效率？最後的答案卻是不明確的，「只能各打了50大板」。

圖6-3是我在課堂上經常使用的一張圖，可以幫助刻畫金融體制的某種差別。在圖中，我以相對較寬的貨幣口徑（M2）佔GDP的比重來度量金融中介化的程度，用證券的市值佔GDP的比重作為對直接融資重要性的相對度量指標，那麼，就像圖中所顯示的那樣，中國與其他經濟體相比，金融中介化的特徵非常突出。從圖中還可以看出，韓國更接近於中國的金融體制。當然，這個粗略的度量和對比並不十分準確，但還是能說明一些特徵性

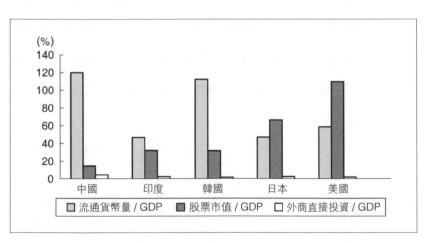

資料來源：原始數據來源不詳，來自作者的課件。

圖6-3　幾個經濟體的金融發展指標（1993-2000的平均值）

的事實。不用説，這樣的度量需要更長的時間範圍才有意義。

與以上的問題有關，由於銀行金融在亞洲的經濟發展中佔有主導地位，導致融資成本相對低廉，資金充沛，可在亞洲要發展資本市場似乎就顯得非常困難。這樣的判斷會讓人覺得難以接受。可是，有的研究真的可以給出這樣的結論。數年前我在《遠東經濟評論》上讀到的一篇文章説，1988 年以來，在亞洲只有中國香港資本市場的投資回報超過了世界的平均水平，而投資於亞洲其他資本市場的平均所得還不敵在美國銀行裡的存款利率。而 1993 年以來的 12 年裡，四個新興亞洲資本市場（包括中國、菲律賓、泰國和印度尼西亞）的股市實際上已經摧毀了投資者的資本。只有中國香港和印度的資本市場獲得了超過美元存款利率的收益率。在 1993－2004 年的 12 年時間裡，在亞洲資本市場最初投資的 1 美元變成了 73 美分，而同期在英國則變成了 2.13 美元，在美國為 2.51 美元，在拉美為 2.5 美元，在東歐和中東則變為 3.85 美元。這的確與這些經濟的 GDP 增長率不相稱，中國 15 年來維持了 9% 以上的經濟增長率，但自 1992 年以來證券市場的指數卻幾乎下跌了 2/3 。[①]

這是一個「亞洲之謎」，更是亞洲現象。在經濟增長和資本市場繁榮的關係上，通常的理解是兩者高度正相關。亞洲高速增長的經濟本應為證券投資者提供巨大的贏利空間。可是，真正發

---

① 因為我不記得具體的發表細節，只記錄了這段文字，因而我沒有能夠在網上找到該文的原始版本。這裡是援引我對該文寫的一篇評論文章。

生的情況並非如此。外國投資者實際上是通過直接投資而不是證
券投資在亞洲市場獲利的。以此而論，亞洲的高速經濟增長（包
括 30 多年來中國的增長）從根本上說不是金融現象而是財政現
象。看上去是經濟增長沒有帶動金融資本的發展，但同時，因為
沒有資本的發展，經濟的增長更加依賴政府的財政行為。

那麼，到底資本主導的經濟增長與銀行主導的經濟增長有
甚麼不一樣呢？我想，它們的區別在製造業或者出口加工領域中
會看得更明白。中國過去 20 多年製造業的發展就是一個典型的
案例。我們今天常常說，來自中國的出口產品中，中國人自己賺
到的只有微薄的加工費，而出口所得的絕大部分收益歸屬於外國
的投資者。香港中文大學的宋恩榮教授有一項研究，[①] 他發現，
中國香港的資本投資者越來越多地通過把加工區段外包到中國內
地，然後再出口到世界其他市場的方式來獲得越來越高的回報。
由於加工在中國內地，香港的投資者則主要通過承接來自世界市
場的訂單和負責出口產品的營銷渠道等服務而獲得更多的利潤，
而內地則保持了快速的貿易擴張和經濟增長。與亞洲其他經濟體
的經歷類似，由於儲蓄率過高和十分寬鬆的貨幣環境，中國沒有
資本投資者和資本的增長，但有銀行信貸的擴張。兩者的區別僅
在於，前者會去主動發現投資的機會和市場，後者則聽從政府的
指揮並為政府的發展戰略與支出埋單。有一次在巴塞羅那，一位

---

① 我沒有找到宋恩榮教授的論文，只知道這是他於 2005 年 12 月在復旦大學的演
　講中報告的，演講的題目是「中國是世界工廠還是血汗工場？」。

印度的著名經濟學家告訴我，與西方經濟增長歷史相對照，東亞的經濟增長顯著的不同是，它更多地表現為國家的增長。細細想來，也不無道理。

中國經濟的貨幣化進程

在 20 多年前，我的同事尹翔碩教授送給我一本書，是美國斯坦福大學的麥金農教授的《經濟市場化的次序》。這本書於 1997 年由生活‧讀書‧新知三聯書店上海分店、上海人民出版社出版。[①] 譯者分別是周庭煜、尹翔碩和陳中亞，他們三位都是我的好友。周庭煜是我在生活‧讀書‧新知三聯書店上海分店出版的第一本學術著作的責任編輯，陳中亞是我在攻讀碩士研究生學位時同住一間寢室的室友。

麥金農的這部論著討論的是計劃經濟國家在市場化轉型時期政府如何有效控制貨幣供給，從而控制通貨膨脹。我很喜歡該書的寫作風格。我見過麥金農教授幾次，他針對中國的匯率問題發表的文章我都拜讀過。當然，他在 20 世紀 80 年代就為我們所知，不是因為這本書，而是因為他與他在斯坦福的同事愛德華‧肖（Edward Shaw）教授在同一年出版的著作《經濟發展中的貨幣

---

① 麥金農：《經濟市場化的次序》，周庭煜等譯，上海：生活‧讀書‧新知三聯書店上海分店、上海人民出版社，1997 年 2 月版。

與資本》和《經濟發展中的金融深化》。這兩本著作被廣泛稱為
「金融抑制」理論的開篇之作。①

　　麥金農在《經濟市場化的次序》中的第 13 章專門討論了中國
的金融增長與宏觀穩定，時間跨度是 1978－1992 年。他在書裡
有這麼一段話：「總之，從 1978 年到 90 年代初，中國出現了持
續的財政惡化。不斷增加的公開和隱蔽的赤字主要由來自國家銀
行體系的借款彌補，並且中國廣義貨幣的增長也非常高 —— 十多
年平均每年大約 23%。由此就有了我們的謎：中國如何成功地
比面臨類似財政收入下降的東歐社會主義國家更好地抑制了這種
通貨膨脹的壓力呢？可以肯定，中國在 1985 年，然後在 1988－
1989 年，都遭受了嚴重的價格上漲，但都通過貨幣緊縮而成功地
恢復了過來。」②

　　麥金農的這個「中國之謎」也時常被其他經濟學家提起。它
讓後來的很多經濟學家有興趣去尋找「謎底」。簡單地說，麥金
農的疑問是，中國與東歐那些轉型經濟一樣，在市場化的轉型中
都經歷了經濟的貨幣化進程，即貨幣量比 GDP 增長得更快，而
且政府的財政狀況持續惡化，可是為甚麼中國的通貨膨脹控制得
比它們好？這個問題也可以更簡單地歸結為：中國的貨幣到底哪
裡去了？

　　20 多年前在復旦大學從事博士後研究的張傑教授（那時他

---

① 這兩部著作的原始英文版都是 1973 年出版的。

② 參見麥金農：《經濟市場化的次序》，周庭煜等譯，第 276 頁。

是陝西財經學院的教師）曾經與我討論過麥金農的這個「中國之謎」。他自己對中國經濟的貨幣化頗有興趣。他在 1998 年出版的《中國金融制度的結構與變遷》一書中，有專章討論過麥金農的「中國之謎」和中國的貨幣化進程這個問題。[1] 當然了，從某種程度上說，易綱博士在 1996 年出版的著作《中國的貨幣、銀行和金融市場：1984－1993》就是討論中國的貨幣化進程的。實際上，前幾年他在商務印書館出版的論文集乾脆就使用了《中國的貨幣化進程》作為書名，[2] 可見易綱是多麼青睞貨幣化這個既淺顯又深奧的問題。

對麥金農提出的「中國之謎」的一個最直接的解釋是，中國經濟在轉型初期的貨幣化程度比東歐低。例如，世界銀行的研究報告說，俄羅斯在經濟轉型初期（1990 年）的 M2/GDP 為 100%，而中國在 1978 年改革開始時的 M2/GDP 則只有 25%。這當然只是一個間接的證據。但是如果我們一開始的貨幣化程度確實低的話，那麼經濟的市場化就意味着需要更多的貨幣交易。換句話說，我們的經濟在轉型初期存在着更大的非貨幣化部分，當經濟進入貨幣化進程的時候，這部分經濟開始去吸納更多的貨幣。用張傑的話說，「在低貨幣化水平上起步的經濟改革具有某種特殊的優勢，即存在一個較長的貨幣化區間。由於低貨幣化的經濟潛存着巨大的貨幣需求，因此具有極強的貨幣稀釋能力。在這種情

[1] 張傑：《中國金融制度的結構與變遷》，太原：山西經濟出版社，1998 年。
[2] 參見易綱：《中國的貨幣化進程》，北京：商務印書館，2004 年。

308

況下，國家可以給經濟注入一定量的貨幣而無需擔心通貨膨脹的後果，這就意味着國家將獲取一大筆貨幣化收益」。[1]

可是問題在於，當這部分沒有貨幣化的經濟被逐步貨幣化之後，國家發行貨幣的收益（即所謂的「鑄幣税」）就必然會大幅度下降，之後的貨幣增發就必然會導致通貨膨脹。易綱在他的書裡認為，這個能產生顯著貨幣發行收益的貨幣化區間大約就在 1979-1984 年。在這個時間段裡，由於最初的貨幣化程度非常低，中國經濟開始大量吸收政府發行的貨幣，從而貨幣的超常增長不僅迅速提高了貨幣化的程度，而且沒有造成通貨膨脹。但是，1985 年之後，貨幣化進程就開始放緩了，貨幣的超常增長不斷造成通貨膨脹，這説明貨幣發行的收益開始大幅度下降。[2]

許多經濟學家發現，在最初的時期，貨幣化的進程中一個重要的現象是居民和企業對現金需求的超常增長。特別是農民、個體戶、私人企業和鄉鎮企業進入市場，而它們主要使用現金進行交易。所以，這個時期的貨幣化進程表現為對現金的需求。但有意思的是，如果我們觀察貨幣流通中的現金比率指標的話，我們又會馬上發現，這個指標在 1985 年之後並沒有持續上升。實際上，現金比率基本穩定在 20% 上下的水平。這就意味着之後的時期，中國的中介化金融開始發揮作用。居民的銀行存款開始增

---

① 參見張傑：《中國金融制度的結構與變遷》，第 52 頁。

② 參見易綱：《中國的貨幣化進程》，第 132 頁。

長，企業的貸款也開始增長。

經濟學家發現，居民儲蓄存款的增長對於回答「貨幣到底哪裡去了？」的問題至關重要。最初階段，銀行存款的增長主要來自農村。農民的收入增長和對現金的需求很快就表現為銀行存款的增長。貨幣發行的很大一部分變成了農民的銀行存款，而這個存款的累計等於中央銀行向國家的貸款。1978－1984年，銀行和信用社向農村地區的貸款只佔全部貸款的 1/3，卻從農村地區獲得巨額的銀行存款。這個「金融剩餘」的大部分直接補貼了城市的國有企業部門，而不需要國家再更多地發行貨幣進行補貼，這是中國在 20 世紀 80 年代基本上保持超常貨幣發行而又免遭惡性通貨膨脹襲擊的重要原因。這就是麥金農在他的著作中所說的，農民和農村在這個時期實際上扮演了政府「淨貸款人」的角色。[1]

到了 20 世紀 80 年代中後期，隨着鄉鎮企業和個體、私人企業的崛起與擴張，它們也開始為國有部門提供越來越多的金融剩餘，也開始扮演「淨貸款人」角色。張傑提供的數據說，儘管非國有企業在工業總產值中的比例持續上升，到了 90 年代中期已佔 70%，剛開始它們從銀行獲得的貸款基本上只佔 20%。[2] 這說

---

[1] 麥金農說：「更多的是出於巧合而不是出於有意的設計，構成人口 3/4 以上的農民在 20 世紀 80 年代初期，通過國家銀行體系開始成為政府的一大淨貸款人。」參見麥金農：《經濟市場化的次序》，周庭煜等譯，第 277 頁。

[2] 參見張傑：《中國金融制度的結構與變遷》，第 57 頁。

明，國家可以從非國有部門那裡獲得金融剩餘而不需要求助於再多發貨幣（也就是通過通貨膨脹稅）用來補貼國有企業。

但是，誰都知道，中國經濟的貨幣化進程不可能像 20 世紀 80 年代早期那樣一直持續下去。當貨幣發行佔 GDP 的比重達到一定水平，經濟部門吸收貨幣的能力就可能下降，也就是說貨幣化進程結束了。這個時候，貨幣的發行規模就只能根據經濟增長所能創造的貨幣需求來決定了。那麼，中國的貨幣化進程是甚麼時候結束的呢？

要回答這個問題並不容易。它不可能僅僅從 M2 佔 GDP 的比重上簡單地看出，它同時也需要考慮通貨膨脹的因素，更重要的是要考慮貨幣需求性質的變化以及國家的貨幣管理方式等。但總體而言，經濟學家傾向於認為中國經濟的貨幣化進程在 20 世紀 80 年代中後期就結束了。有人把這個時間確定在 1985 年，也有人確定在 1988 年，還有人認為約在 1991–1992 年。

圖 6–4 提供的是 M2 佔 GDP 的比重變化。對該圖怎麼解讀是存有爭議的。至於貨幣化進程是甚麼時候結束的，我們當然還需要更多的證據。但不管怎麼說，在 1984 年之後，通貨膨脹畢竟還是更頻繁地發生了。儘管中國每次都能夠控制住通貨膨脹，但與 1984 年之前相比，通貨膨脹顯然更嚴重了，這應該表明貨幣化的進程肯定慢了下來。事實上，在圖 6–4 中我們的確看到，1984–1992 年，貨幣相對於 GDP 的增長更起伏不定，而這正是通貨膨脹的高發期。

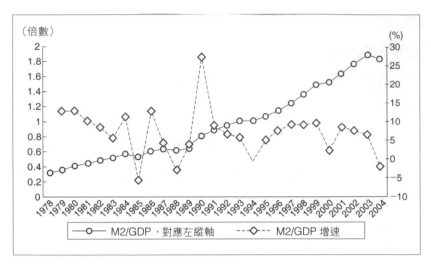

資料來源：《中國統計年鑒》和《中國人民銀行統計季報》相關各期內容。

圖 6-4　中國的貨幣增長（1978-2004）

金融深化與經濟增長：熊彼特可能錯了嗎

　　1993 年，國際上當紅的實力派經濟學家 R · 金（Robert King）和羅斯 · 萊文（Ross Levine）在哈佛大學主辦的經濟學刊物《經濟學季刊》（*Quarterly Journal of Economics*）上發表了一篇論文，而且還起了一個非常有趣的題目，叫作《金融與增長：熊彼特也許是對的》。[1] 他們利用 1960-1989 年來自 80 個國家的跨國數據重新審視和檢驗了著名經濟學家約瑟夫 · 熊彼特 1912 年出版的《經濟發展理論》中所論述的金融發展促進經濟增

---

[1] 參見 Robert King and Ross Levine, "Finance and Growth: Schumpeter Might Be Right", *Quarterly Journal of Economics*, 1993, 108(30): 717-737。

長的命題。①

　　一般而言，金融發展（或者金融深化）通過兩種途徑成為經濟增長的「發動機」：其一，金融深化增加資源的流動性，減少了金融投資的交易成本，從而導致投資增加；其二，金融深化提高金融資源的配置效率以及回報率，從而提高生產率，而生產率的提高是經濟增長的最終源泉。

　　在熊彼特之後的半個世紀裡，對於金融發展與經濟增長之間因果關聯的系統研究則主要集中於史密斯（1969）、麥金農（1973）和肖（1973）等發展經濟學家的著作之中。這幾位經濟學家我們在前文曾經提到了，這裡就不再贅述。實際上，得益於他們的研究，金融對於經濟發展和增長的重要性在今天才得到了更多的理解和認識。金融部門的自由化和解除政府對金融部門的抑制是實現有效經濟增長的重要條件。正是因為這樣，在現有的文獻裡，人們普遍認為金融深化（即減少政府對銀行信貸分配的直接干預）對經濟增長有顯著的積極影響。

　　中國在過去 30 多年所經歷的轉型與增長為我們觀察和研究金融發展與經濟增長的關係提供了一個很好的經驗素材。我和我的學生與同事在十幾年前做了一項經驗研究並發表了四篇研究論文。其中一篇是《中國的金融深化與生產率關係的再檢

---

① 熊彼特教授的這本名著最初是 1912 年以德文出版的，1934 年才由哈佛大學出版社出版了英文版，列入了「哈佛經濟叢書」第 46 卷。中文版是根據英文版翻譯出來的，由商務印書館於 1990 年 6 月出版。

測：1987－2001》，[1] 另一篇是英文的「The Financial Deepening-Productivity Nexus in China: 1987－2001」。[2] 在這些論文中我們發現，金融發展與經濟增長的正向關係這個結論在中國經驗面前並不牢靠。在中國，相對外資的影響，銀行部門的發展對於經濟增長的貢獻僅僅流於表面。雖然跨國數據的經驗證實了金融深度的發展通常提高了投資率和投資回報，但是中國改革後期（尤其是 20 世紀 90 年代之後）的情況並非如此。我們的觀察是：第一，與其他發達經濟和發展中經濟相比，中國的金融發展幾乎全然體現為信貸規模的增長；第二，一旦我們使用全部銀行信貸與 GDP 的比重作為「金融發展」的代理指標，不僅僅是金融發展與經濟增長的正面關係不顯著，我們很快就發現金融發展與經濟增長之間出現了負相關的關係。

例如，在我們的研究裡，我們利用中國 29 個省（市）1984－2001 年間的數據計算了每一年各省的「金融發展」（即當地的貸款佔 GDP 的比重）指標，然後我們以這個指標的均值為參照把 29 個省（市）分成了兩大地區，分別簡稱為「高貸款地區」和「低貸款地區」，與各自的經濟增長率相對照，結果發現，高貸款地區的經濟增長率總體上顯著不如低貸款地區的經濟增長率。反過

---

① 張軍、金煜：《中國的金融深化與生產率關係的再檢測：1987－2001》，載《經濟研究》，2005 年，第 11 期。

② 參見 Jun Zhang, Guanghua Wan and Yu Jin, "The Financial Deepening-Productivity Nexus in China: 1987－2001", *Journal of Chinese Economic and Business Studies, Taylor and Francis Journals*, 2007, 5(1): 37-49。

來，我們把經濟增長率的均值作為參照把 29 個省（市）分成「高
增長地區」和「低增長地區」，然後分別與各自的信貸佔 GDP 的
比重去對照，得到了同樣的結論，也就是說，高增長地區的信貸
佔 GDP 的比重反而更低。

同樣以信貸佔 GDP 的比重來衡量中國各地區金融發展水
平，為此我們還製作了一張包含中國 29 個省市、跨度為 1984—
2001 年這 17 年間的「面板數據」的散點圖（見圖 6–5）。我們發
現，經濟增長與信貸水平之間呈微弱的負相關關係。而相比之
下，如圖 6–6 所示，如果我們利用同樣的跨省市的數據，外商直
接投資與 GDP 增長之間卻有正相關關係。因此，國際上跨國研
究發現的金融發展與經濟增長之間的正向關係在中國也許並不存
在。我們不禁要問，熊彼特教授的觀點錯了嗎？

圖 6–5 所展示的信貸增長與經濟增長之間微弱的負相關關
係是在沒有控制住其他影響經濟增長的因素的前提下出現的。如
果我們把那些有可能影響經濟增長的相關因素都考慮在內的話，
也就是說，如果我們對經濟增長進行多元回歸分析的話，那麼信
貸水平與經濟增長之間的負相關關係就會更加顯著。事實上，在
其他一些經濟學家的研究文獻裡，得到的往往也是這樣的結論，
即跨國研究所發現的金融發展有助於經濟增長的關係在中國看上
去不存在。

表面上看，圖 6–5 顯示的負相關的關係可以歸因於我們在
前文提到的中國金融發展的一個重要特徵，即中國的金融發展主

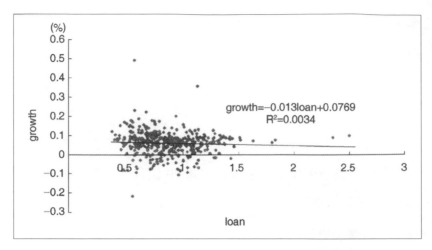

1. 樣本是 1984–2001 年中國內地 29 個省、自治區、直轄市（不含重慶、西藏）的數據。
2. growth 是人均實際 GDP 的年度增長率，loan 是信貸佔 GDP 的比重。
資料來源：張軍：《中國的信貸增長為甚麼對經濟增長影響不顯著？》，載《學術月刊》，2006 年，第 38 卷第 7 期。

圖 6-5　中國的信貸與經濟增長

要是信貸規模的增長所致，而直接融資市場則發展不足。可是，從理論上說，銀行作為金融中介，它的存在與資本市場一樣有助於增加資源的流動性，減少投資的交易成本，從而導致投資增加和經濟增長。不僅如此，銀行信貸的功能還有助於發現投資的價值，提高金融資源的配置效率以及投資的回報率，從而提高生產率。這也有利於經濟增長。那麼，為甚麼信貸規模的增長在中國從整體上沒有能夠促進經濟增長呢？

我想，一個在經濟學家中非常流行的看法是，如果金融抑制依然存在，那麼，信貸的增長並不能促進有效率的投資項目的增長，反而讓無效率的投資不斷實現，這樣一來，經濟的實質性增

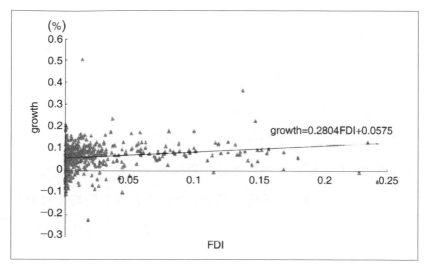

1. 樣本是 1984−2001 年中國內地 29 個省、自治區、直轄市（不含重慶、西藏）的數據。
2. growth 是人均實際 GDP 年度增長率，FDI 是外商直接投資佔 GDP 的比重。
資料來源：張軍、金煜：《中國金融深化與生產率關係的再檢驗：1987−2001》，載《經濟研究》，2005 年，第 11 期。

圖 6−6　中國的經濟增長與外商直接投資比重的關係

長就成了問題。考慮到改革開放之後，中國的對外開放政策、地理因素、基礎設施、外資流入、教育和人力資本以及其他有利於增長的因素被不斷發現並對經濟增長發揮積極的作用，我們顯然應該對圖 6−5 所展示的負相關關係進行更深入的分析。

　　經濟學家會通過不同的途徑並使用不同的方法解釋信貸規模增長沒能很好地促進經濟增長的這些經驗觀察。一個幾乎沒有異議的解釋是，政府對於金融系統的影響力常常導致對中國經濟增長起主要作用的非國有部門並未得到更有利的金融支持。這一觀點似乎符合人們對中國經濟增長和金融部分關係的一般看法。從

信貸分配結構上說，中國 70% 的銀行信貸給了國有企業部門，而國有企業部門大體上只能提供 GDP 的 30%，這也是目前中國主流經濟學界中最流行的觀點。

根據這個判斷，只要沒有從根本上改變信貸過度向缺乏效率的國有企業部門的分配慣例，我們就很難在信貸增長與經濟增長之間看到一個清晰的正相關關係。根據這一見解，更多的信貸分配給了低效率的國有企業應該是信貸規模增長沒有能夠從總體上促進經濟增長的根本原因。儘管不斷有人想挑戰，可是，國有企業缺乏效率早已不是一個新的問題，也不是中國的特有現象。不管怎麼說，只要存在着全面的金融抑制和信貸分配的扭曲，金融發展與經濟增長之間的「熊彼特猜想」就難以被證實。

不過，這個觀點基本上只是一個經驗的觀察，需要一些嚴密的論證。前幾年我做了一些工作就是為了檢驗這些命題。我們設想的去檢驗上述命題的一個可能的路徑是觀察信貸水平的地區差異對地區經濟增長差異的影響。我們假設檢驗途徑的一個基本想法是，既然更多的信貸分配給了低效率的國有企業是信貸增長沒有能夠從總體上促進經濟增長的根本原因，那麼，一個合乎邏輯的推論似乎應該是：非國有企業獲得的信貸增長總體上是應該有助於促進經濟增長的。而如果這個推論成立的話，那麼一個地區非國有企業獲得的信貸越多，該地區的經濟增長就越顯著。進一步而言，根據這個推論，地區之間經濟增長的差異也就應該可以由各地區非國有企業所獲信貸水平的差異來解釋了。

　　由於數據不可得的限制，我們沒有辦法獲得改革以來中國各省市的國有企業部門每年實際獲得的信貸規模的數據。但是，我們可以用計量回歸的方法來間接地估計出這一數據來。在這裡我省略掉具體的估計細節，讀者可以參見論文《中國的金融深化與生產率關係的再檢測：1987－2001》。簡單地說，我們用計量經濟學上的「殘差結構一階自相關（AR1）的固定效應面板數據方法」來估計銀行貸款總量中實際給予國有企業的部分。為此，我們假設銀行分配給當地國有企業的貸款變動可以用當地國有企業的產出佔當地工業總產出的比重變動的固定倍數來表示。由於中國的國有企業資金來源主要是銀行貸款，所以國有企業的產出比重與銀行貸款的分配結構的關係應該是相對穩定的。

　　利用中國各省市 1987－2001 年間「國有企業的產出／工業總產出」的比重數據作為解釋變量，用「銀行貸款／地區生產總值」的比重數據作為被解釋變量，我們採用固定效應模型估計出了銀行貸款中給予國有企業的部分。由於銀行貸款往往具有時序性質，也就是說銀行貸款往往與過去的貸款規模相關，所以對於「殘差」，我們採用了一階自相關的技術調整。估計的結果還是令人滿意的。在估計了銀行貸款中給予國有企業的部分之後，我們用各地區每年總的銀行貸款減去估計的國有企業獲得的信貸部分就得到了當年非國有企業部門獲得的銀行貸款比重的估計值。用這個方法，我們計算出了 1987－2001 年間中國各個省市非國有企業獲得的銀行信貸佔各自 GDP 的比重。

在此基礎上我們還計算了 1987−2001 年間中國沿海地區（包括北京、天津、河北、遼寧、上海、江蘇、浙江、福建、山東、廣東、海南、廣西）與內陸地區（包括山西、內蒙古、吉林、黑龍江、安徽、江西、河南、湖北、湖南、四川、貴州、雲南、西藏、陝西、甘肅、青海、寧夏、新疆）的信貸分配結構的變化模式（見圖 6−7）。

從圖 6−7 中我們發現，在去除國有企業獲得的貸款部分之前（圖 6−7A），沿海和內陸地區的銀行貸款佔地區生產總值的比重相差無幾，在一段時期內，內陸地區的比重甚至超過了沿海地區，但實際上，這是由於內陸地區更高的國有經濟比重造成的。而在去除了國有企業獲得的貸款部分之後（圖 6−7B），沿海地區總體上則比內陸地區表現出更高的「金融自由化」程度，尤其是 1996 年以後。我們注意到，1992−1995 年間沿海地區的金融深化指標有所下降，我們知道這恰恰是中國經濟開放程度進一步加快的時期，相對來說金融就成為經濟發展的制約因素。對於內陸地區來說，1996 年之後與沿海地區金融深化差異的擴大是一個不利的信號，凸顯了沿海地區與內陸地區經濟差距擴大背後的金融原因。

在估計和計算了各地區非國有企業部門獲得的信貸比重的年度數據之後，我們就需要進一步從整體上檢驗一下非國有企業部門獲得的信貸增長是否有助於經濟增長。為了這一目的，我們選擇了 GDP 和全要素生產率（TFP）兩類指標作為經濟增長的代理指標。除了 GDP 的增長率之外，我們選擇全要素生產率指標

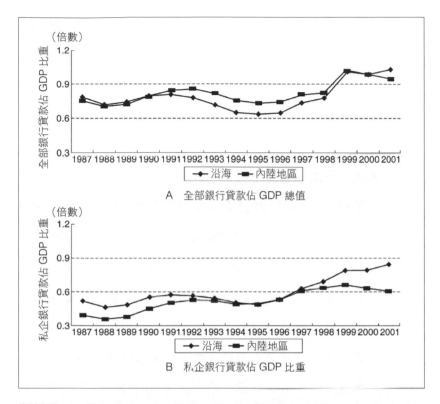

資料來源：Jun Zhang, Guanghua Wan and Yu Jin, "The Financial Deepening-Productivity Nexus in China: 1987–2001"。

圖 6-7　中國沿海及內陸地區的信貸增長
及其分配結構的差異（1987-2001）

的考慮是：第一，生產率增長是經濟實際增長的唯一可持續的因素；第二，在最近一些關於地區經濟增長的差別的研究中，人們發現地區間的生產率增長的差異越來越成為解釋地區間經濟增長差異擴大的主要原因。所以，我們分別使用 GDP 的增長率和全要素生產率的增長率作為「經濟增長」的代理（被解釋變量），

在控制住其他一系列影響 GDP 增長或生產率增長的因素之後，我們來檢驗一下非國有企業獲得的信貸比重的增長是否有助於經濟增長。我們的控制變量包括標準的增長回歸所涵蓋的因素，如政府的支出、城市化水平、基礎設施、教育、投資、開放的程度等因素。

如我們期望的那樣，涵蓋 29 個省市、跨度 15 年的面板數據的估計結果顯示，1987-2001 年，在控制了其他因素對經濟增長的影響以後，中國的非國有部門獲得的銀行信貸支持對於 GDP 增長和生產率增長的貢獻都顯著為正。這個結論與圖 6-5 所反映的負相關關係形成了鮮明的對比。因此可以這麼説，如果説改革以來中國的信貸增長在總體上未能促進經濟增長的話，那的確是因為信貸的分配結構尚未能從過度偏向國有企業的格局中徹底扭轉過來而造成的。更有意思的是，自從 20 世紀 90 年代中期以來，沿海地區與內陸地區在信貸分配結構上越來越表現出差異。如圖 6-7B 所示，非國有企業部門獲得的信貸比重在沿海地區比內陸省份增長得快，這是解釋沿海地區與內陸地區經濟增長差距拉大的一個非常重要的線索。

原先，在 20 世紀 80 年代初農業改革和農村工業化全面鋪開之時，經濟學家就發現建立一個有利於私產增長和效率改善的金融體制變得非常必要。這需要把政府職能的轉變和金融部門的自由化置於頭等重要的地位。但實際情況卻不是這樣。回顧過去 40 年的改革歷程，我們發現，中國在 20 世紀 90 年代後的高速增

長根本不是經濟學家原來所預料的那種「金融現象」。金融的發展，尤其是銀行信貸的分配在這個經濟高速發展的過程中依然受到了嚴厲的抑制。中國到目前為止的金融發展更像是經濟高速增長的一個結果。經濟增長越來越與政府參與熱情和財政開支聯繫在一起，幾乎成了一種「財政現象」。

在研究中國經濟轉軌的文獻裡，一些經濟學家在理論上把地方政府之間為「招商引資」而競爭產生的一種「納什均衡」理解為財政分權的結果。他們發現，中國在向市場化體制轉型的過程中，中央政府將更多的權力轉移給地方政府，產生了財政聯邦主義的地區分權制度，地方政府為了引進境外資本（包括吸引外資）發展地方經濟而展開激烈的相互競爭，提高了資金使用的成本，從而限制了預算軟約束。實際上，1994 年之後，地方政府為「招商引資」而展開的競爭導致了對城市形象工程和基礎設施的持續投資。在最近的文獻裡，一項經驗研究發現，中國財政分權與經濟增長的關係事實上存在顯著的跨時差異和地區差異。該研究證實，1994 年之前二者之間的關係顯著為負，而分稅制改革後的財政分權則有利於經濟增長。這支持了我們這項研究的一種思路和觀察結果。實際上，在我們的研究中，我們基於 1987−2001年 29 個省市的面板數據的計量回歸發現，在控制住其他因素之後，政府支出比重的增長對全要素生產率的增長有正面的影響。這表明，差不多在 1994 年以後，「資本形成」成了經濟增長的主要來源。

在資本形成成為經濟增長的主要來源的時候，金融部門的自由化受到了進一步的抑制和干預。這與 1994 年分稅制改革後地方政府面臨的財政局面有直接關係。因為在分稅制安排下，共享稅和稅收返還的主體是增值稅，而增值稅主要來自製造業和服務業部門，因而分稅制和主要建立在稅收返還基礎上的中央轉移支付實際上是一個擴大地方財政能力差距而更有利於富裕和發達地區的財政體制。更重要的是，分稅制的引入和財政體制的改革只涉及了財政體制的收入方面，而沒有將中央與地方的支出責任劃分清楚，仍然保留了改革前的帶有計劃經濟色彩的支出責任體制，讓地方政府扮演着中央政府的支出代理人的角色。實際上，1994 年分稅制改革之後，在地方政府層面上切斷了收入與支出需求的聯繫，使地方政府，尤其是落後地區的政府負擔加重了。

落後地區的政府在收入比重下降和支出比重上升的情況下必然重新尋找途徑來解決不斷增加的收支缺口。這些方式通常包括：第一，擴大非預算和預算外的收入來源；第二，通過建立政府擁有的公司向銀行間接借貸；第三，以各種方式和手段去影響銀行的信貸分配和間接補貼國有企業。一般而言，地方政府擴大非預算和預算外的收入來源主要用於地方基礎公共產品的提供，而干預銀行信貸決策並向銀行舉債則更多地與促進地方經濟發展和補貼國有部門等扭曲行為相聯繫。

不難想像，由於地方財力所限，地方政府，特別是落後地區的政府早已疲於奔命。對於富裕的地區來說，由於地方政府擁有

更多的資源提供給公共服務和基礎建設等，所以更具有「招商引資」的潛力，當地的國有企業的重要性更快地被非國有企業所替代。而且一旦經濟發展顯示出活力，步入良性循環，也使得地方政府不會過多通過干預銀行系統的信貸分配來維持對國有企業的貸款進而維持社會穩定。但是，對於貧窮的地方來説，初始的基礎建設水平相對落後，地方的銀行系統本來就需要在國有企業改制方面承擔更多的責任。缺乏資源的地方政府又因為在解決社會穩定（包括國有企業員工下崗問題）、改造和建設基礎設施、改善投資環境和提供公共服務等方面處處需要向銀行借款。這樣造成的情況往往是，銀行的信貸與地方政府的支出和投資高度互補。實際上這就加大了政府對銀行系統的信貸決策和信貸行為的干預與影響力度。一項研究發現，由於地方政府過度投入城市建設和政績工程，1998－2002 年，銀行對地方政府的信貸平均每年增長了 61.6%，而同一時期，銀行對企業的淨貸款只增長了 10.4%。[1]

　　總之，在中央與地方實行財政分權的體制下，地方政府之間的政績競爭有助於約束地方政府對企業的直接干預行為，因此，財政支出和由此誘導的資本形成總體上有利於經濟增長。但是在退出直接干預企業之後，地方政府對於銀行信貸分配的行政干預卻有礙金融資源分配效率的提高和中國金融深化的進程，尤其是在廣大的內地省份。

---

[1] 這個數據出自張軍：《中國的信貸增長為甚麼對經濟增長影響不顯著？》。

小結

　　過去 20 多年來，中國經濟依然實現着高速的增長，但其增長模式卻受到了經濟學家的質疑。因為在此增長模式下，過度投資、地區經濟不平衡擴大的問題，尤其是金融深化嚴重滯後的問題變得越來越突出，經濟增長越來越成為財政現象而不是金融現象。事實上，現階段的金融體系由於受到地方政府的干預並與地方國有企業和地方政府的公共支出相互關聯，還沒有很好地發揮價值（項目）發現和監督這兩方面的金融功能。金融資源配置持續的低效率在相當大的程度上影響了中國非國有部門的增長和經濟增長模式的轉型，大大延緩了中國經濟發展時期金融深化的進程。

　　解釋中國經濟增長的任何努力都必然要與中國在 1994 年開始的政府間財政關係的重塑相聯繫。中央與地方政府的財稅關係的演變（尤其是 1994 年的分稅制改革）雖然有助於貫徹經濟增長的目標，卻強化了財政對金融的干預，不利於金融市場的整合與發展，也難以形成地區平衡發展的機制。由於中央和地方的協調，中央向地方的轉移支付更多依賴收入返還和固定補貼，而平衡性的轉移支付制度並沒有真正建立和實施，結果默許和強化了地區在人均財政支出上的巨大差別。落後地區捉襟見肘的財政收入和日益增長的公共支出以及投融資需求微妙地改變了地方政府的行為，助長了地方政府特別是落後地區的政府對經濟活動和銀

行信貸分配的干預行為。要糾正地方政府的行為和激勵方式，需要將政府體制的改革、中央與地方的財稅關係以及銀行部門的改革過程納入一個統一的架構中。總的來說，改革 40 年來，雖然中國經濟在推動實物經濟部門的增長方面找到了切實可行的辦法，但要維持一個依賴金融中介實現有效率的資源配置和保持地區平衡的發展模式，看起來還有很長的路要走。

第 七 章

一場錯了再試的改革

我還記得日本著名經濟史學家、中國經濟學家朱紹文昔日就讀於東京大學時的同窗小宮隆太郎曾經在 1985 年說:「在中國不存在企業,幾乎完全不存在。」[①]30 多年前,這句話讓小宮的名字響徹中國大地。

而在今天,除了 150 多家所謂「中央企業」那顯赫的規模、地位和在國際上備受關注的投資行為之外,上百萬家的地方國有企業早已在國企改革 —— 那場我曾經稱之為「光榮革命」的過程中退出了歷史舞台。在這裡,我將記述改革或改造國有企業那

[①] 小宮隆太郎的這句話出自他 1985 年在日本沖繩舉行的「日中經濟學術討論會」第二次會議上提交的一篇論文。該論文後來收錄在他的著作《現代中國經濟:日中的比較分析》(中文版見北京大學現代日本研究班譯,北京:商務印書館,1993 年)一書中。他在該書的前言中還提到他的這個說法當時在中國引起的震動。他說,曾經有一次,他在中國被要求在企業領導人會議上做一次講演,主持人在介紹他時說:「這位就是認為『在中國不存在企業的東京大學的小宮先生』。」參見小宮隆太郎:《現代中國經濟:日中的比較分析》,第 4 頁。

段曲折而精彩的歷程。①無論如何，曾經作為中國經濟改革重中之重的國企改革，30多年來基本走完了複雜而又耗時的脫胎換骨之路。

今天，我不知道該怎麼去定義這場改革，也難以用最簡單的方式去評價它。甚麼是它取得成功或者遭遇失敗的標準？這些問題到了今天我仍然難以回答。但有一點也許是肯定的，40年之後，這場企業改革終於卸下了壓在政府肩膀上的沉重負擔，而肩負起它們的是整個社會的寬容和創業家的力量。

回眸40年來的歷程，國有企業的改造可謂是一項艱巨的系統工程。而最令我感興趣的是這個龐大的工程是如何開始、如何實施以及如何完成的。在中國的經濟改革進程中，國有企業的改革可謂集中了比任何其他改革都多得多的經濟學家的智慧，但它無疑也比其他改革更消耗精力、更具爭議性，甚至更危險。尤其是，這場改革是從一個錯的起點上開始的，並被接連不斷的試驗所延續。無疑，這就是一場「錯了再試」的改革。讓我們一起尋找這場錯了再試的改革被喚起的線索吧。

---

① 請注意，1992年10月12日，在中共第十四次全國代表大會上，首次將全民所有制企業由過去的「國營企業」改稱為「國有企業」。1993年3月29日，第八屆全國人大第一次會議通過的《中華人民共和國憲法修正案》，正式將「國有企業」的稱謂以法律形式固定下來。

「試錯」的開始

從改革的政策和決策來說，國有企業才是第一個改革的目標
領域。在有關農村經濟的文件中，並沒有真正出現過「改革」的
字樣，其內容也基本屬於政策調整的範圍。而且農村耕作體制
的變革本來就是農戶的一種「自發秩序」，帶有自下而上演進的
性質，還算不上「改革」。從已披露的文獻判斷，中央政府的決
策層在醞釀和試行改革時，選擇的突破口恰恰是工業企業的管
理，辦法是擴大企業自主權。可以說 1978－1980 年，改革的焦
點一直放在擴大企業自主權上。只是這個突破口的選擇並不是很
成功。[1]

1976 年「文化大革命」宣告結束之後，中國的國有企業部門
實際上正處於人心渙散和管理混亂的局面，這一點從著有《中國
國有企業改革編年史：1978－2005》的章迪誠提供的數據中可略
見一斑。儘管 1978 年國家的基本建設有雄心勃勃的計劃安排並
且撥款較上年增加了 40%，但全國 1/3 的國有企業的生產秩序卻
依舊不正常。其中，全國重點企業主要工業產品中的 30 項主要
質量指標中有 13 項低於歷史最好水平，38 項主要消耗指標中的
21 項沒有恢復到歷史最好水平；國有工業企業每百元工業產值

---

[1] 歷史學學者蕭冬連教授在其文章《國有企業改革的起步及其矛盾》中提到了這
個看法。該文發表於《中共黨史研究》，並由中國共產黨新聞網於 2008 年 3 月
20 日獨家網絡發表。

提供的利潤比歷史最好水平低 1/3；獨立核算的國有工業企業虧損面達到 24.3%，虧損額達 37.5 億元。①

在計劃經濟時期，改善企業的生產和管理一直是令計劃者頭痛的問題。有資料顯示，1977 年 11 月，國家計委向中央政治局提交的《關於經濟計劃的彙報要點》和《關於加快工業發展的若干問題》（簡稱「工業三十條」）兩份文件，就主要涉及了工業企業的生產和管理體制問題。當時頻繁派出政府代表團出國考察，了解和介紹國外工業企業管理的經驗也成為代表團的一個重要的使命。據經濟學家房維中回憶，1978 年 6 月 30 日，華國鋒在聽取谷牧訪問歐洲五國彙報後說：「外國企業管理確實有些好經驗值得借鑒。」②

1978 年 7−9 月，在國務院召開的務虛會上，李先念提出實現專業化、發展合同制和貫徹執行按勞分配原則；賦予企業必要的獨立地位，讓企業根據所需，主動地履行經濟核算，增收減支。此次講話代表的顯然是一個壓抑了許久的思想。它發出了國有企業改革的先聲，使得「擴大企業自主權」成為國有企業改革的一個歷史起點。

1978 年 10 月底，國家經委又組團訪問了日本，回國後考察

① 參見章迪誠：《中國國有企業改革編年史：1978−2005》，北京：中國工人出版社，2006 年。

② 房維中：《在風浪中前進：中國發展與改革紀事 1977−1989》第一分冊。轉引自蕭冬連教授的論文《國有企業改革的起步及其矛盾》，中國共產黨新聞網，2008 年 3 月 20 日。

團的主要成員袁寶華、鄧力群、馬洪、孫尚清等再向李先念彙報。李先念非常認同搞好搞活企業的重要性。而要把企業搞好，當時的看法就是要擴大企業自主權。經委組織赴日考察團向國務院提交了《日本工業企業管理考察報告》。據說，這份報告經余秋里和康世恩的批示印發下去，產生了非常大的影響。[①]

1978 年 10 月，四川省率先選擇六家地方性國有工業企業下放實行「擴大企業自主權」的試點權利。這六家試點企業分別是：寧江機床廠、重慶鋼鐵公司、成都無縫鋼管廠、四川化工廠、新都縣氮肥廠和南充絲綢廠。試點改革的主要內容是，在年終完成計劃指標之外，一是允許企業提留少量利潤，二是給職工發放少量獎金。以今天的眼光來看，這一改革的分量實在微不足道，但在當時無疑是一次「破冰之旅」。

前國家經濟體制改革委員會綜合規劃局局長、國務院經濟體制改革方案研究辦公室副主任、中國經濟體制改革研究會副會長楊啟先教授在 2004 年 9 月 20 日出席新浪財經舉辦的「國企產權改革與社會公正」沙龍時曾回憶了早期的這段經歷。他說：「1979年，中央專門組織 100 多人的一個調查小組，總結過去改革的經驗，當時計委、經委必須都是老一點的同志參加。從調查的結果得出一個結論，現在看是一個很大的進展：國有企業的問題看來不是原來說的中央管得過多，還是地方管得過多；中央管或地方

[①] 參見賀耀敏：《擴權讓利：國企改革的突破口 —— 訪袁寶華同志》，載《百年潮》，2003 年，第 8 期。

管都只是一種行政管理，如果要解決企業的問題，搞活企業，必須適當地建立企業自主權。從這時開始提到自主權了。究竟怎麼拿到自主權呢？當時開了很多的座談會，和企業商量。企業就説我要自主權，但我現在最缺自主錢，希望你們給我錢。大家既想搞活企業，又想讓企業擁有自主權，但是給自主錢國家財政不答應。後來商量能不能實行利潤分成制，預算的錢不能給，只能分一定的計劃外的利潤給企業。但是，由於財政的任務很重，需要 100% 交給國家，分多了不行，所以分了 1%–3%，能達到 10%的很少。」[1]

　　楊啟先教授所説的這個結論實際上早在 1961 年就被經濟學家孫冶方提出來了。孫冶方在 1961 年後多次提出，經濟管理體制的中心問題，不是中央政府與地方政府的關係，而是「作為獨立核算單位的企業的權力、責任和它們同國家的關係問題，也即是企業的經營管理權問題」。[2] 當然，他的這些觀點在「文化大革命」中受到了批判，不可能得到政府的重視。1978 年夏天，國家計劃委員會研究所在薛暮橋的帶領下曾到江蘇進行計劃管理體制調查，同年的 7 月 24 日，寫出了《關於計劃管理體制的一些意見》，指出現行計劃體制的根本缺點有兩個：一個是條條與塊塊

---

① 該處文字引自人大經濟論壇，詳細出處參考 http://www.pinggu.org/bbs/b32i3272.html。

② 參見孫冶方：《關於全民所有制經濟內部的財經體制問題》，見《孫冶方全集》，第 2 卷，太原：山西經濟出版社，1998 年，第 229–242 頁。

的相互分割，另一個是國有企業沒有機動的權力。這樣的體制割斷了行業之間和地區之間的經濟聯繫。用報告的話説：「企業與企業不能自由結合，兩個企業能夠商量解決的事情，必須分別層層上報，請兩個領導機關協商批准，許多一天半天能夠解決的問題，往往要拖延幾個月。」《意見》提出，改革計劃管理體制，不僅要解決條條與塊塊之間的矛盾，還要解決行政管理與經濟發展客觀規律之間的矛盾；不僅要擴大地方的權力，更重要的是擴大企業的權力，發揮企業的積極性。①

1979 年初，四川省委批轉了省經委黨組《關於擴大企業權力，加快生產建設步伐的試點意見》，批准對四川化工廠等一百家企業進行更大範圍的擴大自主權試點。四川大型國有企業改革試點的成功為中央政府開啟國有企業改革的決策全局提供了有力的支持。1979 年 5 月 25 日，國家經委、財政部、對外貿易部、中國人民銀行、國家物資總局、國家勞動總局六個部門聯合發出通知，確定在首都鋼鐵公司、北京內燃機總廠、北京清河毛紡廠、天津自行車廠、天津動力機廠、上海汽輪機廠、上海柴油機廠、上海彭浦機器廠等八家企業進行企業擴權的試點。

為甚麼四川省率先進行了國有企業擴權的試點呢？簡單説來，似乎應歸功於當時四川省領導班子的務實作風。出於戰略的考慮，四川作為具有防禦戰略地位的西南大省，政府在四川建立

---

① 轉引自蕭冬連：《國有企業改革的起步及其矛盾》。

了數量非常多的國有企業。在我的書房裡，有一本 20 年前出版的書，叫《新中國工業經濟史：1966－1978》。[①] 在這本書裡，我們可以發現，四川實際上是 1964 年毛澤東提出要進行一、二、三線戰略重新佈局和抓緊西南「三線」建設工程的重點地區。[②] 西南「三線」建設的重點項目集中在鐵路（川黔、成昆、貴昆、襄渝、湘黔等）、鋼鐵（攀枝花、酒泉、武鋼、包鋼、太鋼等）、煤炭（六枝、水城、盤縣等）、電力（映秀灣、龔嘴、劉家峽、夾江等）以及石油、化學和機械（以四川和貴州為重點）等。在那裡，建設起來了許許多多的大型企業。

其實，四川省在中國改革開放 40 年的歷史中扮演着非常重要的角色。有很多的改革試驗是在四川進行的。四川社會科學院的經濟學者們甚至說四川一直是國有企業改革的弄潮兒。[③]1982－1983 年，我當時還在讀大二，在復旦大學結識了一位來自英國的留學生克里斯·布拉莫爾（Chris Bramall）。回憶起來，除了當時我的英文老師是美國人之外，他是我結識的第一位外國留學生。

① 馬泉山：《新中國工業經濟史：1966－1978》，北京：經濟管理出版社，1998 年。

② 根據馬泉山在《新中國工業經濟史：1966－1978》中提供的資料，「三線」建設的最初想法來自毛澤東。毛澤東在 1964 年前後集中地講了他的備戰思想和中國工業的再佈局戰略。他特別強調，當時的工業都集中在沿海和大城市，不利於備戰。他說，工廠可以一分為二，要搶時間遷到內地去，各省都要搬家，要建立起自己的後方基地。他還說，你們不搞攀枝花，我就騎着毛驢去那裡開會；沒有錢拿我的稿費去搞。

③ 在 2008 年 12 月 3 日的《四川日報》上有一篇對四川社會科學院的林凌教授的採訪文章。而林凌和他的同事們撰寫了一本回顧四川經濟改革的著作：《改革三十年親歷》。

他告訴我他留學的動機是因為對四川的好奇。我記得他説過，研究四川省的理由有很多，其中一個理由就是四川在改變農業和國有企業管理體制方面比其他地方做得更早。十年之後，我在倫敦政治經濟學院的經濟學家書店看到了他在牛津大學出版社出版的著作《評價毛時代的經濟計劃：四川 1931 年以來的生活水準與經濟發展》[1]。

1979 年 7 月 9−13 日，在四川成都召開全國工業交通工作會議。時任國務院副總理的康世恩主持會議，當時的財政部部長吳波專程到會聽取意見。成都會議的一個重要內容被認為是最後認同了五個重要的文件，內容包括擴大企業經營管理自主權、實行利潤留成、開徵固定資產税、提高折舊率和改進折舊費使用辦法、實行流動資金全額信貸等。當然，這五個文件已經在當年 4 月中央工作會議上原則通過，後又在 6 月召開的五屆人大二次會議上徵求過意見。國務院最後於 7 月 13 日發佈了《關於擴大國營工業企業經營管理自主權的若干規定》等五個文件。這些文件的基本精神是，要根據不同行業、不同企業的具體情況，實行不同的利潤留成比例。企業用利潤留成建立生產發展基金、集體福利基金和職工獎勵基金。

我看到的資料顯示，在成都的工業交通工作會議上，產生過

[1] Chris Bramall, *In Praise of Maoist Economic Planning: Living Standards and Economic Development in Sichuan Since 1931*, Oxford: Clarendon Press; New York: Oxford University Press, 1993.

激烈的爭論。爭論是在財政部與希望進行擴權試點的地方政府之間發生的。當然，最後還是那些認為擴權不損壞財政收入的試點經驗佔了上風，這使得國務院的那五份擴權文件真正得到了認同。於是，《人民日報》《光明日報》等主要媒體開始對四川、雲南等地擴大企業自主權試點的成效進行集中報道和宣傳，讓試點得以推廣。1979 年底，試點企業終於擴大到了 4200 家。當然，在那個時期，經濟學家中也有支持這項改革的。最著名的倡導者可能就是曾擔任中國社會科學院工業經濟研究所所長的蔣一葦教授了，他提出的著名的「企業本位論」在客觀上支持了企業擴權。①

1980 年 1 月 22 日，國務院批轉了國家經委、財政部《關於國營工業企業利潤留成的試行辦法》。根據試點企業中反映的問題，該辦法規定，從 1980 年起，企業利潤留成辦法由原來的全額利潤留成改為基數利潤留成和增長利潤留成；企業增長利潤留成的比例，按照不同行業分別制定；企業必須完成產量、質量、利潤和供貨合同四項計劃指標才能提取全部留成資金，每少完成一項，扣減其應提留資金的 10%；企業從基數利潤中提取的留成資金，用於發展生產的不少於 60%，用於福利和獎金的不超過 40%。

1980 年 9 月 2 日，國務院批轉了國家經委《關於擴大企業

① 蔣一葦教授的論文《企業本位論》曾獲得 1984 年的孫冶方經濟科學論文獎。

自主權試點工作情況和今後意見的報告》，要求從 1981 年起，擴大企業自主權的工作要在國有工業企業中全面推廣。讓國有企業普遍實行利潤包乾，調動企業的生產積極性。1981 年 12 月 26 日，財政部、國家經委發佈了《關於國營工交企業實行利潤留成和盈虧包乾辦法的若干規定》，提出了利潤留成和包乾的主要形式。[①]

以最初確定的改革目標來評價，擴大國有企業自主權的改革試驗無疑是成功的。它使國有企業獲得了獨立的利益，企業管理者和職工的積極性得到了很大的調動，贏利狀況也有了顯著改善。但是，改革者很快就發現，這樣的改革導致了一個事先沒有充分想清楚的問題，那就是國有企業變得越來越追求投資的擴張。我清楚地記得，對這個問題的經典描述和分析很快在幾年以後被介紹到中國的匈牙利經濟學家科爾內的《短缺經濟學》中找到。根據科爾內的分析，國有企業出現投資擴張的衝動一點兒都不奇怪，因為它們面臨的財務約束依舊是「軟的」。

實際上，在研究文獻的過程中我發現，在擴大企業自主權的改革試驗中，改變國有企業財務約束的想法很早就被提了出來並納入了改革的議程之中。不少經濟學家都寫文章分析說，在計劃經濟體制下，國有企業的生產經營資金全部由國家撥付，企業不可能在意使用資金的成本，這是企業投資衝動不受約束的根本。

---

① 1979 年，作家蔣子龍根據當時國有企業的改革素材創作並發表了小說《喬廠長上任記》，講述了一家企業擴大自主權的典型故事。

這與科爾內在《短缺經濟學》中的思想也是完全一致的。

於是，1979 年 8 月 28 日，國務院批轉了《關於基本建設試行貸款辦法報告》及《基本建設貸款試行條例》，試行將基建撥款改為銀行貸款，貸款業務由中國人民建設銀行辦理。這一嘗試拉開了國有企業融資體制改革的序幕，也成為後來著名的「撥改貸」改革的最初試驗。不過，由於種種原因，局部試驗經過了六年之後，一個被稱為「撥改貸」的改革方案才終於推出。根據「撥改貸」改革方案，自 1985 年 2 月 1 日起，包括國有企業的新增流動資金、國有企業和事業單位在內的所有國有單位的基本建設和更新改造投資全部改為了銀行貸款。這個決定在後來的很長一段時期裡未必真正改變了國有企業面臨的預算約束的性質，卻從此把國有銀行與企業捆綁在了一起，演化成幾乎 20 年後才終於釐清和削弱的「銀企關係」以及中國企業居高不下的負債率。

在當時，也許我們的經濟學家並沒有在理論上想明白，為甚麼「撥改貸」之後，國有企業的預算約束還「硬」不起來？這個問題的答案最終是由在 20 世紀 90 年代初開始流行的「產權經濟學」的觀點給出的。[①]

擴大國有企業自主權和融資制度的改革很快就顯現出來的另一個問題是企業與政府之間在收入分配上的利益衝突。儘管試點擴大到了更多的企業和部門，但是向企業擴權給國家財政

---

① 我在 1991 年出版了國內第一部關於產權經濟學的著作：《現代產權經濟學》，上海：生活‧讀書‧新知三聯書店上海分店、上海人民出版社，1991 年。

收入上帶來的壓力還是很快暴露出來了。例如，《中國統計年鑒》(1993) 的數據顯示，國有企業提供的財政收入逐年下降，由 1978 年的 973.65 億元，下降到 1979 年的 923.62 億元，到 1980 年則下降為 889.58 億元。1978-1985 年，國家財政收入和居民儲蓄之間的分配格局也發生了顯著的變化，國家控制的財政收入相對於民間儲蓄也在不斷下降。1978 年的時候，居民儲蓄佔財政收入的比重只有 18%，而到了 1985 年，這個佔比已經上升到了 86%。

在這裡我特別要指出的一個與國民收入分配相關聯的問題是，國有企業利用信息上的優勢不斷擴大了自己的收入份額，並把大量的贏利轉化成了工資獎金的分配。中國的經濟學家把這個現象叫作「工資侵蝕利潤」。這一時期，不僅國家的財政開始出現了赤字，而且工資收入的增長很快推動了社會零售物價的上漲，使經濟在改革開放後首次面臨了顯性的通貨膨脹的威脅，由於國有企業工資收入超常增長引發通貨膨脹的現象在 1993 年之前一直伴隨着中國的改革進程，它儼然成了一個不得不與向地方政府的分權以及國有企業的微觀行為聯繫起來的特定的宏觀現象。[①]

其實，國有企業擴大自主權的試驗和推廣很快就暴露出新的問題。除了以上我們提及的問題之外，地區間的相互封鎖也開始

---

① 在本書的「巴山輪會議」一章中專門介紹了經濟學家對這個時期的宏觀經濟形勢和通貨膨脹的形成機制所作的不同的研究。

形成並蔓延。地區封鎖的最典型表現是地方政府阻止當地的資源流出。這些做法在媒體報道中被形象地描述成「煙葉大戰」「羊毛大戰」和「蠶繭大戰」等。① 對於出現的這些地區封鎖問題，國務院於 1980 年 7 月 1 日和 10 月 17 日先後發佈了《關於推動經濟聯合的暫行規定》和《關於開展和保護社會主義競爭的暫行規定》兩個文件，希望能通過企業之間的橫向經濟聯合來鼓勵企業的專業化和分工趨勢。這樣的想法在今天看來顯得十分幼稚，但作為一項政策卻一直執行到了 20 世紀 80 年代末。特別是，1986 年 3 月國務院還繼續發佈了《關於進一步推動橫向經濟聯合若干問題的規定》，足見中國企業之間的所謂橫向經濟聯合受到政府重視的程度。

也就是在 1986 年 6 月，復旦大學經濟研究中心聯合上海市政府協作辦公室、經濟體制改革辦公室以及上海市政府經濟研究中心溝通組織了一次為期一個月的關於上海工業企業橫向經濟聯合的大規模調查。調查發放了 3342 份企業問卷、走訪了 220 家企業，涉及 5 大行業。調查的成果最後彙編成書，以《企業改革與發展新路：上海工業企業橫向聯合調查報告集》為名由復旦大學出版社於 1988 年 1 月出版。我記得很多年之後，日本東京都立大學的經濟學教授村上直樹博士來復旦大學經濟研究中心拜訪，提到他們發表在《比較經濟學》雜誌上的文章曾引用該調查

---

① 關於當時地區封鎖和市場分割的評價，參見陳東琪、銀溫泉主編：《打破地方市場分割》，北京：中國計劃出版社，2002 年，第 6 頁以及第 20–21 頁。

報告時，[①] 在座的報告負責人和參與者方深知該報告的學術價值。

　　總之，1980 年前後，以「放權讓利」為特點的改革的確引發了不少經濟問題。當時國務院認為：我們是在總的體制沒有變動的情況下，自下而上改革的，各方面矛盾很多，牽扯很大，如果不解決新矛盾，就前進不了，甚至已經改了的也鞏固不住。[②] 用經濟學的語言來說，在國有企業的體制沒有變化的前提下，這個自下分權的改革必然造成國家與企業之間的「激勵不兼容」，這樣的放權讓利到最後可能葬送改革。類似的風險在蘇聯和東歐的局部改革時期（20 世紀 80 年代中後期）都不同程度地出現過。西方的經濟學家後來把這種單純地向地方政府和企業實行分權的改革做法叫作「改革陷阱」。[③]

　　即使當時面臨向企業和地方政府分權所產生的風險，擴大企業自主權的試點還是得到了政府的支持。1980 年 4 月 9−19 日，國家經委在南京召開了第二次全國工業交通工作會議並決定繼續搞好擴大企業自主權試點。會議決定把地方企業擴權試點的審批

---

① 參見Murakami, Naoki, Liu, Deqiang and Otsuka, Keijiro, "Market Reform, Division of Labor, and Increasing Advantage of Small-Scale Enterprises: The Case of the Machine Tool Industry in China", *Journal of Comparative Economics*, 1996, 23(3): 256-277。

② 轉引自蕭冬連教授的論文《國有企業改革的起步及其矛盾》。

③ 後來，中國經濟學家吳敬璉教授在反思這一過程時也說過：「把傳統體制的弊病歸結為權力過分集中，是一種膚淺的論斷；權力高度集中乃是用行政計劃配置資源的必然要求。企圖以『放權讓利』來實現經濟運行狀況的根本改變，是決不會收到效果的。」參見吳敬璉：《當代中國經濟改革戰略與實施》，上海：上海遠東出版社，1999 年，第 54 頁。

權下放給各省、市、自治區，特別要求選擇少數礦山進行擴大自
主權試點。根據蕭冬連教授提到的數據，到 1980 年 6 月，試點
發展到 6600 個，約佔全國預算內工業企業數的 16% 左右，產值
佔 60% 左右，利潤佔 70% 左右。其中，上海、天津試點企業利
潤已達到 80% 以上，北京已達到 94%。[①]

　　近 40 年後的今天，回頭去評價這些單純面向地方和企業的
擴權改革，不難發現其內含着的深刻矛盾。這個矛盾就是分權和
擴權試驗與計劃體制之間的矛盾。在整個經濟計劃體制完整保持
不變的前提下，微觀的改革試驗和激勵改善只會導致經濟的其他
方面更大的扭曲，並在宏觀總量層面上持續產生嚴重的不平衡，
特別是頻繁導致惡性通貨膨脹。

　　據發表在《經濟研究參考資料》1981 年第 182 期上的研究文
章透露，微觀與宏觀的嚴重脫節現象也被 1980 年第一次來中國
訪問的聯邦德國經濟學家古托夫斯基覺察到了。他認為，中國在
擴大企業自主權方面取得了很大進展，自由市場發展很好，改善
了居民的供應。但他憂慮，中國在微觀經濟方面進行的試驗太
多，如上繳利潤、利潤留成方面；企業各自為政，存在着無政府
主義狀態；在宏觀經濟上看不到完整的規劃，尤其是看不到在微
觀經濟方面的局部試驗和宏觀經濟之間有甚麼聯繫。1981 年 9
月 14－15 日，古托夫斯基應薛暮橋之邀第二次訪華時，就中國

---

① 參見蕭冬連：《國有企業改革的起步及其矛盾》。

經濟改革和財政金融問題提出了諮詢意見。[1]

再試再錯的改革：承包國有企業

20 世紀 80 年代初期，人們在以放權讓利為思路的國有企業改革進程中很快就發現，擴大企業自主權非常容易造成企業的過度擴張，導致國民收入的超分配，頻繁引發惡性通貨膨脹。如何約束國有企業多吃多佔的行為一直困擾着中央政府。據章迪誠的資料，1979－1980 年，國家財政出現了新中國成立後前所未有的近 300 億元的財政赤字，社會零售物價指數在 1979 年上升了 1.9%，1980 年上升了 6%，使中國經濟首次面臨通貨膨脹的威脅。

受承包經營責任制在農村獲得成功的啟發，有經濟學家提出「包」字進城，在國有企業推行承包經營責任制。按照當時的理解，所謂責任制，是指在國家計劃指導下，以提高社會經濟效益為目的，以經濟責任、經濟權利和經濟利益緊密結合為基本特點的生產經營管理制度。於是，1981 年初，作為試點，山東省率

---

[1] 《經濟研究參考資料》在 20 世紀 80 年代至 90 年代初是很受經濟研究人員歡迎的學術刊物，但它並不是公開出版物。在我的印象中，它發表的文章多以調查、資料和背景報告為主。現在很多大學的圖書館裡已經不容易找到這些過去的非公開出版物了。關於古托夫斯基訪問中國的這個細節轉引自蕭冬連：《國有企業改革的起步及其矛盾》。

先對所屬國有工業企業實行了利潤（虧損）包乾的經濟責任制。1981年4月，國務院在召開的全國工業交通工作會議上公佈了《關於抓緊今年工交生產，努力增產增收，保證完成國家計劃的通知》，同年10月和11月先後發佈了《關於實行工業生產經濟責任制若干問題的意見》和《關於實行工業生產經濟責任制若干問題的暫行規定》。這些文件肯定了之前擴權實踐中形成的各種利潤留成和盈虧包乾辦法，以及處理國家與企業之間利益的分配政策，並明確了經濟責任制的內容以及必須遵循的原則和要求。

1981年10月29日，國務院批轉國家經委、國務院體改辦《關於實行工業生產經濟責任制若干問題的意見》，規定國家對企業實行經濟責任制，在分配方面可以採取利潤留成、盈虧包乾和以稅代利、自負盈虧三種經濟責任制形式。1982年，國務院批准首鋼、二汽等八家大中型國有企業成為採取承包經營責任制的試點，同時進一步對36000多家國有工業企業實行「定額上繳、超收歸己」的改革，這大概可以視為國有企業的第一輪「承包」高潮。

不過，由於很快出現了經濟秩序混亂和物價快速上漲等宏觀不穩定的現象，特別是由於國家的財政收入出現了惡化的趨勢，中央還是決定停止全面推行利稅承包制度，並且從1983年起轉入了企業的「利改稅」改革。1983年2月28日，國務院批轉了財政部《關於國營企業「利改稅」試行辦法（草案）的報告》，決定國有企業保留原來的工商稅，把相當於基數利潤的部分改為所

得稅；凡有贏利的國有大中型企業，按 55% 的稅率計徵所得稅，所得稅後的利潤，一部分以遞增包乾上繳、固定比例上繳、定額包乾上繳或繳納調節稅等辦法上繳國家，一定三年不變，剩餘部分按照國家核定的留利水平留給企業。而對於小型國有企業，則根據實現利潤按八級超額累進稅率繳納所得稅，稅後由企業自負盈虧。企業的稅後留利實行「五馬分肥」，即建立新產品試製基金、生產發展基金、後備基金、職工福利基金、職工獎勵基金，並規定前三項基金不得低於留利總額的 60%，後兩項基金不得高於 40%。

「利改稅」基本上達到了穩定和增加財政收入的目標，但由於按照基數法確定企業所得額，所得稅後的利潤又採取遞增包乾上繳等方式上繳國家，造成了企業創造利潤越多，上繳國家的部分就越多的「鞭打快牛」的現象，企業抱怨不斷。於是，1984 年 9 月 18 日，國務院又批轉了財政部《關於在國營企業推行「利改稅」第二步改革的報告》，主張完全以稅代利，將企業上繳利潤全部改為上繳稅收；將工商稅按繳納對象劃分為產品稅、增值稅、鹽稅和營業稅；對國有企業的利潤徵收所得稅，並對部分國有企業所得稅稅後利潤開徵調節稅（一戶一率），調節稅後的剩餘利潤為企業留利；允許企業在徵收所得稅前從利潤中歸還技措貸款；增加資源稅、城建稅、房產稅、土地使用稅和車船使用稅。

不幸的是，「利改稅」政策的出台恰逢國民經濟出現過熱後的宏觀經濟整頓和緊縮時期，此時的國有企業已經出現了連續

22 個月的利潤滑坡，因此，「利改稅」的改革方案也就難以真正
進一步推進並最終被終止了。這迫使中央決策層去尋找其他的改
革方案，而這個方案就鎖定在了「承包經營責任制」上。

　　甚麼是承包？在建築業，承包工程或者項目的含義不難理
解，是項目的發包和承包兩方簽訂的一個租約或者準租約。在這
個租賃合約上，發包方與承包方在一些指標上達成一致意見。類
似的，承包制就是企業的管理者（廠長）與政府簽訂一個租約，
廠長「租賃」一家企業，承諾完成政府的考核指標以換取政府對
企業管理者的承諾。當然，如有必要，這個承包關係可以在企業
內部層層複製到生產車間或者班組。

　　1987 年 3 月，國務院總理在六屆全國人大五次會議上所作
的《政府工作報告》中提出：「今年改革的重點要放在完善企業經
營機制上，根據所有權與經營權適當分離的原則，認真實行多種
形式的承包經營責任制。」4 月 23−27 日，國家經委受國務院委
託召開全國承包經營責任制座談會，在總結吉林、廣東等省和首
鋼、二汽等企業堅持承包經營責任制經驗的基礎上，決定從 1987
年 6 月起，在全國範圍內普遍推行承包經營責任制。8 月 31 日，
國家經委和國家體改委發佈的《關於深化企業改革、完善承包經
營責任制的意見》重申了實施承包經營責任制「包死基數、確保
上交、超收多留、欠收自補」的原則，以及兼顧國家、企業、職
工三者利益的要求。1988 年 2 月 27 日，國務院又發佈了《全民
所有制工業企業承包經營責任制暫行條例》，對企業實施承包經

營責任制做了進一步規範。於是，承包經營責任制在全國範圍內普遍推進。據政府公開的數據表明，到 1987 年底，全國實行各種承包經營責任制的國有大中型工業企業已達到 82%，國有大中型商業企業達到 60% 以上。據章迪誠提供的數據，1987 年 7 月，全國工業企業利潤扭轉連續 22 個月下滑的局面，僅當年就增加財政收入 60 多億元。1988 年底，即全面推行承包經營責任制後 20 個月，全國預算內工業企業創利稅達 369 億元，相當於 1981－1986 年 6 年間企業所創利稅的總和。

　　圖 7-1 簡化了承包經營責任制的基本實施過程。看得出，這是一個政府與企業之間的談判過程。正因為這樣的性質，承包經營責任制肯定埋下了經濟過熱的火種。其實，就在企業實行承包經營責任制的初期，就有不少經濟學家提出，承包經營責任制僅僅向國有企業提供了一個正面的激勵，但並沒有配以相應的約束制度。也就是說，企業的承包人實際上負盈不負虧。全面推行承包經營責任制後，這一問題得到證實並變得十分突出。為了回應這一問題，1987 年 8 月 25－29 日，國家經委、中共中央組織部和全國總工會在北京聯合召開全面推行廠長負責制工作會議，

圖 7-1　承包經營責任制實施時序圖

要求全國所有大中型工業企業在 1987 年內普遍實行廠長負責制，所有全民所有制工業企業要在 1988 年底之前全面實行廠長負責制。

當然，這樣的做法並不能改變問題的性質。在為期三年的首輪承包經營責任制推行期間，即 1987–1990 年，中國經濟再次在宏觀上經歷了劇烈的波動，1988–1989 年的經濟過熱暴露出了承包經營責任制固有的弊端。對於這個弊端，經濟學家的解釋是，政府和企業之間確立的承包經營責任制不可能是一個完全可執行的契約。從理論上說，由於政府與企業之間存在信息不對稱，在簽訂承包合同、確定承包基數時，企業就有了因操縱信息而獲得額外利益的討價還價能力，企業可以利用信息優勢來謀求最大的分配利潤。1988–1989 年發生的宏觀經濟過熱在很大程度上改變了承包經營責任制在 20 世紀 90 年代初進一步推行的政府意願。

作為在校的研究生，我自己正是在這段企業承包經營責任制推行後的時期（1989–1990）有幸在上海參加了一些關於大中型國有企業的調研活動。其中一個調研活動是作為上海哲學社會科學「七五」重點研究規劃項目的一部分，在上海社會科學聯合會和上海經濟學會的組織下展開的，從 1989 年初夏開始，持續了一年多。這期間我參與了對上海的數家國有大中型企業（如上海牙膏廠、上海刀片廠、上海電鐘廠等）的調查。上海人民出版社於 1990 年底出版的研究成果《發展與改革：若干重大經濟問題

研究》記錄了當時基於這個調查的主報告和分報告。[①] 另外，我還參加了對上海國有企業（當時稱為國營企業）承包經營責任制的專項調查活動。這個調研活動最後以《上海企業承包制研究》為名結集出版，[②] 成為今天我們回顧與評價將近 30 年前的企業承包經營責任制經驗教訓的重要資料。

以我今天的眼光來看，國有企業承包經營責任制的實施在中國經濟體制改革和企業改革的歷史上是最典型的中國式改革。它從局部經驗（試點）中形成方案，然後自上而下推廣和逐步完善。上海自然也不例外，它的大多數國有企業都在這個時期實行了承包經營責任制，因而為我更詳細地了解企業承包經營責任制的微觀和宏觀效果提供了經驗素材。

根據《上海企業承包制研究》中提供的資料，在 1979 年，全國有八家企業開始成為實行國有企業利潤留成的試點。上海有三家企業被選擇為試點單位。這三家企業就是赫赫有名的上海汽輪機廠、上海柴油機廠和上海彭浦機器廠。後來試點推廣到了 103 家基層工廠，實行「基數留成加增長分成」的利潤分配辦法。試點帶來了利潤的增長，於是上海工業系統請求國家經貿委和財政部批准，在冶金和紡織兩局分別實行「基數包乾、增利分成」和

---

① 參見林炳秋等主編：《發展與改革：若干重大經濟問題研究》，上海：上海人民出版社，1990 年。

② 徐家樹、蔣鐵柱主編：《上海企業承包制研究》，上海：華東師範大學出版社，1991 年。

「利潤全額分成」的承包試驗。在紡織局系統的這個方案裡，實現利潤的 9.5% 留給企業；而在冶金局系統，利潤的基數全部上繳國家，增加利潤的 40% 留給企業。而且這兩個局的試點時間都規定在 1983 年。

隨着 1983 年和 1984 年國家實行第一步和第二步「利改稅」，上海的調節稅率在全國定得最高，1985 年平均為 27.91%，在這種情況下，上海市政府決定在工業系統內推行以企業工資總額包乾並與效益指標掛鈎為主的所謂「四配套」改革。[①] 這樣的政策當然對提高企業職工的工作積極性有相當正面的激勵。特別是，企業職工的工資、獎金分配和調資升級等都由企業自己決定，在外部條件不發生變化的短期情況下，這樣的激勵可以顯著提高企業投入的利用率和勞動生產率，增加產出。

但是，在第二次「利改稅」之後，「四配套」改革的效應受到了影響，而且總是解決不好企業的技術改造所需資金來源的問題。在計劃經濟體制下，國有企業的技術改造是一項重要的考核指標。而在「利改稅」之後，企業上繳了各種稅費和攤派之後資金已經所剩無幾。1987 年，國家經委向全國的工業企業推行了更加綜合的承包經營責任制。而上海的 465 家國有企業（其中 411 家為大中型企業）也是在這一年實行了包上繳利潤、包技術進步、包固定資產增值和工資總額同經濟效益掛鈎，也就是所謂

---

① 所謂「四配套」是指工資總額包乾，上下浮動；改進獎金分配辦法，實行上不封頂、下不保底；實行廠長負責制；全面貫徹國務院的「擴權十條」。

的「三包一掛」的綜合承包經營責任制的試點。[1]

1988 年，中央政府為了支持上海的發展，決定同意上海實行財政包乾的方案並支持上海企業的發展。在這種背景下，上海市政府對原來的承包經營責任制做了一些改進和調整。特別是大幅度提高了企業的留利，承包期限大多數調整為五年。換句話說，全國的大多數企業的承包合約在 1990 年到期，而上海的承包合約大都在 1992 年到期。同時針對不同類型的行業企業採取不同的承包方法。1988 年 5 月底，上海經委系統下的 1623 家企業中的 98.2% 與主管部門或財政局簽訂了不同形式的承包合同。[2]

1989–1992 年的整個承包期內，市場條件開始出現惡化，能源、資金和原材料供給均出現短缺和緊張的局面，價格和成本上升，企業的利潤大幅度下降，導致無法完成承包基數的企業數開始持續增加。根據 1990 年對上海十個工業局的 123 家企業所作的調查，完成承包基數的企業只有 28%，而且還首次出現了全行業的虧損。[3]

上海的承包企業面臨的問題當然也是全國承包企業共同的問題。全國企業的承包期大多是到 1990 年結束，而在 1989 年，對承包經營責任制方案進行修正的呼聲越來越強烈。令我印象最深的是強調「利稅分流」的方案。該方案認為，當時的承包經營責

---

[1] 該數據參見徐家樹、蔣鐵柱主編：《上海企業承包制研究》，第 144 頁。

[2] 該細節參見同上。

[3] 同上，第 129 頁。

任制在承包的基數上沒有區分利潤和稅收，而應該把利和稅各自歸位。由於這個方案曾經在個別地區和企業試點過，所以很快被政府接受了。1989 年，財政部、國家體改委聯合下發了《關於國營企業實行利稅分流的試點方案》，提出了將企業的利潤分別以所得稅和利潤的形式分開上交，稅後還貸，上交的利潤採取多種形式承包的辦法。比全國的時間表稍晚了一些，上海的承包企業大約在 1992 年第一輪承包期結束後開始實施了「利稅分流」的承包方案。

　　承包經營責任制作為在 1987－1992 年中國國有企業改革政策中的重要內容，在今天評價它的歷史功過已經沒有太大的意義了，但是它為甚麼會成為當時的主流方案，卻又是很有意思的問題。通過很多經濟學家的言論，似乎多少能看出一些當時最能打動改革者的論點，那就是，承包經營責任制最大的優點是它的簡單性和可操作性，它是社會成本最小的改革，而且它顯然具有固定租約一般的激勵增進的直接效應。但如今我們都知道，租賃和承包合約其實僅僅適用於特定的行業企業，它的成功需要非常嚴格的條件，而承包經營責任制顯然把這些條件都給一般化了。

　　回想起來，1978 年之後，承包經營責任制在農業生產上相對來說取得了成功，但 1987 年開始全面推行的承包經營責任制在工業企業上的實施和執行卻複雜得多，不如農業生產那麼簡單易行。這是有多方面原因的，比如，對農業生產，農戶的「積極性」至關重要；而對於工業生產，個人的積極性雖然也是重要的，

但還有比積極性更重要的因素（如企業家精神、技術、競爭、決策與治理模式、資本結構、創新等）決定着企業的前景。

京倫會議

1993 年總是被國內外經濟學界看成是中國經濟改革的一個分水嶺，標誌性的事件是在這一年的 11 月 14 日，中共十四屆三中全會通過了《中共中央關於建立社會主義市場經濟體制若干問題的決定》（以下簡稱《決定》），要建立社會主義市場經濟體制。該決定的內容涉及對公司的治理、價格、金融、財稅以及財政和分配體制等。這顯然是一項更為大膽的制度變革，而且到來得非常快，離 1989−1991 年的治理整頓只有兩年多的時間。

看得出，這是當時的領導人對鄧小平於 1992 年發表南方談話的直接回應。而對國有企業而言，這更像是一個加速而激進的改革戰略的開端。

當然，《決定》對企業的改制還只是闡述了一個基本原則，需要有更具體的操作辦法。

1994 年 8 月 23−26 日，由吳敬璉、榮敬本和周小川、樓繼偉分別牽頭的兩個課題組「中國經濟體制改革的總體設計」及「中國稅制體系和公共財政的綜合分析與改革設計」聯合當時的國家經貿委，共同在北京的京倫飯店召開了一個國際會議，主題為

「中國經濟體制的下一步改革」，也就是後來所說的「京倫會議」。

　　這個會議的時間是在中共十四屆三中全會之後，我猜測吳敬璉、榮敬本負責的課題組與周小川和樓繼偉負責的課題組均為從構建市場經濟體制的角度來設計下一步的重大改革。不過，從會議討論的議題和大多數經濟學家的發言內容來看，這個會議實際上是圍繞改革國有企業和建立與市場經濟相適應的現代公司治理結構這個主題進行的。圍繞這個主題的一系列問題都在會上進行了深入討論，這些問題包括銀行與企業的關係、銀行不良資產的處置和企業破產的法律程序及社會保障體制的改革等。

　　如果說 1985 年的「巴山輪會議」重點討論了宏觀經濟管理問題，「京倫會議」顯然討論的就屬於微觀範疇的問題了，而這中間相隔了差不多十年。十年前，中央關於經濟體制改革的決定中還只是承認「商品經濟」，而十年後，終於將「市場經濟體制」寫入黨的決定中，這是非常不容易的，而用市場經濟中的現代公司治理制度改造國有企業和國有銀行，也就迫在眉睫。

　　出席會議的中方經濟學家除了以上提到的兩個課題組的負責人之外，還有陳清泰、張卓元、李劍閣、劉遵義、錢穎一、許成鋼、吳曉靈、謝平、肖捷等。不過，在 1994 年，吳曉靈是中國人民銀行政策研究室主任，謝平是副主任，而肖捷還在財政部綜合計劃司任副司長，錢穎一還在斯坦福大學執教，許成鋼則任教於倫敦經濟學院。

　　會議邀請的國外經濟學家也非常有針對性，顯然是經過深思

熟慮的。比如，哈佛大學的哈特（Oliver Hart）教授，是關於企業理論和合約經濟學的頂級學者。由於他在理解企業的合約結構方面做出的理論貢獻，2016 年被授予諾貝爾經濟學獎。還有一位是哈特教授的同事米爾格羅姆（Paul Milgrom）教授，來自斯坦福大學，也是頂級經濟學家。我在 2000 年訪問哈佛大學時與兩位有過一面之交，當時哈特教授是哈佛大學經濟系的系主任，而米爾格羅姆教授正好在哈佛大學訪問。

會議還邀請了斯坦福大學的麥金農教授和青木昌彥教授。麥金農教授是一位專攻金融發展，特別是轉型經濟中的金融與經濟增長的著名經濟學家。他病逝於 2014 年，享年 79 歲。青木昌彥教授是我的老朋友，也是我尊敬的師長，有一段時間我們交往甚密，在東京、北京、上海或舊金山共同出席會議。他是日本人，主要在斯坦福大學執教。他基於日本企業獨特的組織和制度發表過不少有意思的研究論文，在主流經濟學界享有聲譽。他還在經濟發展方面倡導比較制度分析的方法。不幸的是，2015 年他因病突然去世，享年 77 歲。

外方的與會者中還有著名的拉迪（Nicholas Lardy）教授。他被認為是美國經濟學家當中研究中國經濟最為權威的人物。他那個時候應該還在西雅圖的華盛頓大學擔任傑克遜國際研究院的院長。他目前是華盛頓「彼得森國際經濟研究所」（Petersen Institute for International Economics）的研究員，對改革前和改革後的中國經濟均有深厚的研究，出版了不少研究中國經濟的著作。來自華

盛頓大學的還有波茲南斯基（Kazimierz Poznanski）教授。他是波蘭人，研究專長是東歐社會主義國家的轉軌問題。另外還有兩位分別是來自美國佐治亞州立大學的羅伊·伯爾（Roy Bahl）以及來自加州大學聖克魯茲分校的黃佩華（Christine Wong）教授。伯爾教授是財政專家，時任美國財政學會的會長。黃佩華則是一位以研究中國的公共財政，特別是中央與地方的財政關係而著稱的經濟學家。

　　會議從 8 月 23 日開始，到 26 日上午結束，持續了三天半。時任國務院副總理朱鎔基於 8 月 25 日下午會見了參會的外方代表。

　　三天半的會議由四個主題板塊構成。第一個是關於國有企業改革的主題，也就是關於如何在國有企業和國有銀行建立現代公司制度及其治理結構。在這個主題下，除了以上提到的課題組負責人彙報研究的基本設想之外，還特別安排了青木昌彥教授報告《轉軌經濟中的企業內部人控制和治理結構》，米爾格羅姆報告了《日本經濟組織中的激勵機制和組織結構》。許成鋼報告了《中國現代企業制度建立中應該注意的問題》，波茲南斯基教授報告了《東歐轉軌過程中的私有化存在甚麼問題？》

　　第二個板塊討論企業和銀行間的債務重組以及破產程序。這裡哈特教授重點報告了關於轉軌經濟中的破產程序的設計問題。青木昌彥教授報告了戰後日本清理企業與銀行間債務的經驗。麥金農教授重點比較了中國與俄羅斯在金融改革政策上的不同。劉

遵義和錢穎一、吳曉靈和謝平分別報告了中國企業與銀行間債務重組的設想方案。

第三個板塊是關於財稅體制改革的。首先是周小川和楊之剛彙報了中國 1994 年分稅制改革取得的成績和問題，然後樓繼偉和李克平報告了對建立轉移支付的新制度的設想。黃佩華報告了關於中央—地方財政關係問題。伯爾報告了關於政府間轉移支付的研究。

最後一個板塊是對 1995 年經濟改革的展望，是由吳敬璉教授演講，拉迪做點評。

有意思的是，京倫會議儘管非常重要，但在社會上以及媒體上並沒有產生甚麼影響，而且即使在經濟學家的圈子裡，很多人對這個會議也沒有甚麼印象。如果你在網上搜索，也會很失望，幾乎找不到關於這個會議的媒體報道或有關的具體信息。

一直到 1999 年夏天，才有一本關於京倫會議的文集出版。這本文集名為《公司治理結構、債務重組和破產程序：重溫 1994 年京倫會議》，由吳敬璉、周小川等編著，中央編譯出版社出版。這本文集收錄了中外經濟學家在京倫會議上報告的 11 篇文章。周小川以《經濟學中的微觀制度概念》作為本書的代序。中央編譯局《比較》雜誌的肖夢女士所寫的記述京倫會議的文章《現代企業制度、銀行與財政的配套改革 —— 記「中國經濟體制的下一步改革」國際研討會》也收入了本書。

在記述京倫會議的文章中，肖夢寫道：「甚麼是『公司治理結

構』、『有限理性』、『不對稱信息』、『不完全契約』？甚麼是『內部人控制』、『逆向選擇』和『道德風險』？甚麼是『現金拍賣』和『結構性商談』？等等，等等。這些常識性概念是近十幾年來微觀經濟學理論中一系列概念上的突破，雖然在西方已經成為幫助工商界經理們的新工具，卻不為我們所熟悉。也許有人會說，這些聽上去就挺嚇人的新名詞對我們又有甚麼用？我們中國的改革還遠到不了那一步。然而，既然我們打算按照十四屆三中全會的『關於建立社會主義市場經濟體制若干問題的決定』探索中國經濟體制改革的道路，我們就應該面對現實中已經出現或在轉軌過程中將要出現的難題，避免他人犯過的錯誤和走過的彎路。那麼，國際上已經通行的概念和新的研究成果就應該首先為我國學術界認知。」

是的，在 1994 年，我們的理論界和企業界還不清楚甚麼是公司治理（corporate governance）、控制權（control rights）、信託責任（fiduciary）、持股人（shareholder）和利益相關人（stakeholder）以及股東代表大會，對董事會、監事會等這些治理制度以及它們之間的關係也還不甚了了。對 CEO、CFO、MD 等這些在西方公司裡流行的稱呼同樣比較陌生。京倫會議毫無疑問開拓了中國經濟學家的視野，讓我們看到國有企業，特別是大企業改革的方向，那就是公司化或法人化，其核心是在企業內部建立現代公司治理結構。這些概念和討論無疑影響了 1994 年之後的企業改革的政策方向。

　　關於銀行與企業的債務重組，京倫會議上討論了三種方案。一種是劉遵義和錢穎一建議的方案，主張建立一家資產管理公司來處置壞賬。周小川等人提出了債轉股的方案。還有一種方案，由吳曉靈和謝平提出，強調了企業、銀行與財政之間進行綜合債務的重組。在債務重組問題上，哈特教授主張先實行債轉股，然後與原股東共同進入美國破產法第 11 章的重組程序。

　　以今天的眼光來審視，1994 年的京倫會議在很多方面都是超前的，是有預見性的，對之後的中國企業改革、銀行改革和債務重組具有重要的推動作用。

改制

　　中央政府原本希望在 1994 年就完成建立現代企業制度的工作，並將此項工作分為醞釀、準備、部署和起步四個階段。有資料顯示，到 1994 年底，國家體改委向八個省、兩個直轄市、一個計劃單列市、八個中央企業主管部門和中國石化總公司下發了《關於國家體改委聯繫的 30 家現代企業制度試點企業和一家國家控股公司試點工作的有關通知》，就試點的工作程序做了規定。

　　但是，之後的事實證明，政策的落實工作並非想像中那般順利。比如說，中央政府在 1994 年 11 月出台了《關於選取一批國

有大中型企業進行現代企業制度試點的方案》和《關於深化企業
改革，搞好國有大中型企業的規範意見》後，原計劃在 1995 年上
半年出台 12 份試點配套文件，但是，直到 1996 年 10 月僅僅出
台了五份。試點工作原計劃在 1996 年結束，實際則到 1997 年底
才基本告一段落。

　　為甚麼執行得這麼緩慢呢？顯然是因為決策者對風險和問
題的事先估計是不足的。甚至對於究竟由哪個部門來負責牽頭
領導建立現代企業制度也存在一定的爭議，爭議的焦點當然最後
集中在國家體改委和國家經貿委兩個部委上。最後經過協調，在
1994 年初國務院召開的現代企業制度試點工作會議上，由當時
的國務院副總理鄒家華宣佈，試點工作由國家經貿委負責。

　　有意思的是，在此之後，國家經貿委提出了在全國選取一些
城市進行「優化資本結構」的改革試點思路，主要內容是「增資、
改造、分流和破產」。這一思路強調以城市為依託，每個城市逐
一「擊破」，以深化國有企業改革。「優化資本結構」的試點工作
自 1995 年開始在 18 個城市中推行，到 1996 年擴大到 58 個，
到 1997 年則進一步擴大到全國 111 個城市。儘管在推廣上非常
順利，但是不難看出，這一試點工作的內容所涉及的每一方面
都需要有大量的資金支持，這使得當時的試點工作面臨「無米之
炊」的尷尬局面。加上自 1993 年起，中國經濟再次面臨惡性的
通貨膨脹，宏觀經濟形勢的惡化使得國有企業當時的狀況可謂雪
上加霜。

　　之後的兩年時間裡，經過多方面的討論，特別是經濟學家們的爭論與研究，終於形成了國有企業改革的一個新的突破口。1995 年 9 月 28 日，中共十四屆五中全會通過了《中共中央關於制定國民經濟和社會發展「九五」計劃和 2010 年遠景目標的建議》，對國有企業改革提出了新的思路，即實行「抓大放小」的改革戰略。在「抓大」方面，中國顯然是模仿了日本的大公司模式。例如 1996 年，中央政府對 1000 家重點企業中的 300 家明確了所謂的「主辦銀行」，保證企業信貸資金來源；核定合理的流動資金，將短期貸款改為一年期貸款，貸款實行基準利率，不得上浮；企業保證不挪用、不欠息。與「抓大」相比較，「放小」更是駕輕就熟。山東諸城和湖南等地的小企業改革模式為中央決策層提供了制定有關政策的經驗參考。1996 年，國家體改委和國家經貿委分別出台了《關於加快國有小企業改革的若干意見》和《關於放開搞活國有小型企業的意見》，對放開國有小型企業加強了政策上的指導。於是，在地方上，小型國有企業的直接民營化進程正式啟動了。

　　可是，就在中央政府明確國有企業改革的新方向的同時，大中型國有企業的基本面卻在進一步惡化。根據章迪誠提供的數據，1994 年在工業 39 個大類中，國有獨立核算工業企業發生全行業虧損的有 13 個行業，虧損總額為 58.58 億元，而到了 1997 年全行業虧損的行業數增加到 25 個，虧損總額達到 258.86 億元。1997 年底，全國國有及國有控股的 16874 家大中型工業企

業中虧損者達 6599 家，虧損額為 665.9 億元。[①] 另外，國有企業改革導致下崗職工人數激增，1996-1997 年，下崗職工總數已經達到 1500 萬人，直到 2000 年這一數字一直居高不下。從此，「下崗」成為一個前所未有的名詞，當然也是眾所矚目的社會問題。我就是在那個時候開始對中國國有企業的虧損問題產生興趣的，並在取得「王寬誠英國學術院獎學金」和「王寬誠（英國）皇家學會獎學金」之後，於 1997 年 9 月赴倫敦政治經濟學院的「三得利—豐田經濟學和相關學科研究中心」開始了對虧損問題的研究。

鑒於國有企業虧損和職工下崗的問題已經上升為一個影響政治和社會穩定的重大問題，中央政府立刻出台政策，採取與以往不同的更大力度的方式加速了對國有企業部門的改革和重組。1997 年 7 月 18-24 日，時任國務院副總理的朱鎔基在遼寧考察國有企業時提出了著名的「三年國企脫困」的改革策略，即用三年左右的時間使大多數國有大中型虧損企業走出困境。我把「三年國企脫困」的改革政策匯總在表 7-1 中。

為了實現「三年國企脫困」這一目標，國家除了要求在國有企業領域本身進行改革外，還出台了多項配套措施來剝離國有企業的負擔。1998 年，政府向四大國有商業銀行注入 2700 億元人民幣作為準備金；同年先後成立了信達、東方、長城和華融四家資產管理公司，負責收購、管理和處置從四大國有銀行剝離的不

---

① 參見章迪誠：《中國國有企業改革編年史：1978-2005》，第 479 頁。

表 7-1 「三年國企脫困」的政策

問題	配套政策
國有企業債務過重	「債轉股」。
	1998 年，向四大國有銀行注入 2700 億元人民幣作為準備金。
	1998 年先後成立了信達、東方、長城和華融四家資產管理公司，負責收購、管理和處置從四大國有銀行剝離的不良資產。
	1999 年 7 月 30 日，國家經貿委、中國人民銀行頒發《關於實施債權轉股權若干為題的意見》。
國有企業職工安置	1998 年 7 月，全國養老保險和再就業服務中心建設工作會議上，把實行基本養老保險行業統籌的 11 個部門所屬企業的基本養老工作全部移交地方管理，同時加快企業再就業服務中心的建設。
	1998 年 8 月 3 日和 6 日，中央政府先後出台了《關於加強國有企業下崗職工管理和再就業服務中心建設有關問題的通知》和《關於實行企業職工基本養老保險省級統籌和行業統籌移交地方管理有關問題的通知》。
	1998 年 12 月，按照國務院《關於建立城鎮職工基本醫療保險制度的決定》，醫療保險制度改革從 1999 年 1 月開始啟動。
	1999 年 8 月，國務院轉發勞動保障部等部委《關於做好提高三條社會保障線水平等有關工作的意見》，決定從 1999 年 7 月 1 日起，將國有企業下崗職工基本生活費水平、失業保險金水平、城鎮居民最低生活保障水平提高 30%。
國有企業技術落後	1999 年 6 月，中央政府決定從增發的國債中，每年專門劃出 90 億元，用於企業技術改造和產業升級的貸款貼息。
	截至 2000 年底，國家經貿委分四批共安排重點技術改造國債資金項目 880 項，總投資規模為 2400 億元，其中國債資金 195 億元，貸款 1459 億元。
產業結構性過剩	總量控制、結構調整、關閉「五小」、淘汰落後、大力壓縮過剩生產能力。
市場秩序混亂	1998 年起，中央政府實施「聯合緝私，統一處理，綜合治理」的緝私新體制，特別加大了對成品油、植物油、紡織原料、汽車、計算機等重點商品走私的打擊力度。

資料來源：張軍等：《中國企業的轉型道路》，上海：格致出版社，2008 年。

良資產。1999 年 7 月 30 日，國家經貿委、中國人民銀行頒發了《關於實施債權轉股權若干問題的意見》。1998 年 7 月，全國養老保險和再就業服務中心建設工作會議上，把實行基本養老保險

行業統籌的 11 個部門所屬企業的基本養老工作全部移交地方管理，同時加快企業再就業服務中心的建設。1998 年 8 月 3 日和 6 日，中央政府先後出台了《關於加強國有企業下崗職工管理和再就業服務中心建設有關問題的通知》和《關於實行企業職工基本養老保險省級統籌和行業統籌移交地方管理有關問題的通知》。1998 年 12 月 24 日，按照國務院《關於建立城鎮職工基本醫療保險制度的決定》，醫療保險制度改革從 1999 年 1 月也開始啟動。1999 年 8 月，國務院轉發勞動保障部等部委《關於做好提高三條社會保障線水平等有關工作的意見》，決定從 1999 年 7 月 1 日起，將國有企業下崗職工基本生活費水平、失業保險金水平、城鎮居民最低生活保障水平提高 30%。1999 年 6 月，中央政府決定從增發的國債中，每年專門劃出 90 億元，用於企業技術改造和產業升級的貸款貼息。

2000 年 12 月 11 日召開的全國經貿工作會議最終宣佈說，國有企業改革與「三年國企脫困」目標得到基本實現。他們的依據是，到 2000 年底，重點監測的在 1997 年虧損的 6599 家國有大中型企業中有 4800 家扭虧；全國國有及國有控股工業企業實現利潤 2392 億元，是 1997 年的 2.9 倍；全國 31 個省（自治區、直轄市）國有工業全部實現了整體扭虧或贏利增加，重點監測的 14 個主要行業中有 12 個實現了整體扭虧或贏利增加。按照巴里・諾頓的説法，下崗人數在經歷了 1995−2002 年近七年的峰值期後，終於出現了較大幅度的下降，這一過程可以看作是中國

勞動力市場整體格局初步形成的時期。[①]

至此，在國有企業問題上，餘下的自然就只是國有資產的產權問題了。這個問題在經濟學家中的討論少說也有十年了，但是真正作為改革的政策，一直到 2002 年才有了明確的方案。2002 年 11 月，中共十六大報告提出，對於國有資產管理的問題，應實行「國家所有，中央政府和地方分別代表國家履行出資人職責，享有所有者權益」的管理模式。該管理模式終止了新中國成立以來一直實行的國有資產「國家統一所有，地方分級管理」的管理模式。在國家擁有終極所有權的前提下，地方政府將享有完整的出資人權益，可以自行決定這部分資產的拍賣、轉讓等事宜。

此後，2003 年 3 月，十屆全國人大一次會議成立了新的國有資產管理機構——國有資產監督管理委員會，對中共十六大上決定的國有資產管理模式進行了落實。3 月 19 日，國務院國有資產監督管理委員會成立，3 月 26 日正式掛牌。2004 年，全國 31 個省份和新疆生產建設兵團的國資委全部組建完畢。

當 2003 年 10 月 14 日，中共十六屆三中全會通過《中共中央關於完善社會主義市場經濟體制若干問題的決定》時，股份制成為國有企業改組改制的主要形式就再自然不過了。只是，「股份制」這個非常中國式的詞彙，既讓人感覺別扭，又不得不讓人感歎它在中國所具有的獨特和微妙的含義。

---

① 參見 Barry Naughton, *The Chinese Economy: Transitions and Growth*, The MIT Press, 2007, p.187。

地方試驗

前文已經提到，作為對地方中小型國有企業改革的基本指導原則，「抓大放小」的改革思路是 1995 年在中央的文件中明確提出的。其中，對於「放小」只做了如下的解釋：「要着眼於搞好整個國有經濟，通過資產的流動和重組，對國有企業實施戰略性改組；這種改組要以市場和產業政策為導向，搞好大的，放活小的⋯⋯區別不同情況，可採取改組、聯合、兼併、股份合作制、租賃、承包經營和出售等形式，加快國有小企業改革改組步伐。」但是，事實上，各地出台的針對國有中小型企業改制的文件中很少有對中小企業的標準進行明確的界定。例如，吉林省在 1995 年 3 月 27 日公佈的《吉林省人民政府關於印發國有中小型企業產權出售改制經營若干問題意見的通知》中，只是在討論具體收購支付方式的條款中提到「企業淨資產在 10 萬元以上、500 萬元以下的須在三年內付清」。而湖南省於 1998 年 7 月 4 日出台的《湖南省人民政府關於通過產權轉讓進一步放活國有中小型企業若干政策的通知》中，即使在涉及收購支付方式時也未提及如何界定中小企業。因此，中小型企業的概念在地方之間可能存在很大的差異，但不管怎麼樣，絕大多數地方擁有的國有企業都可以納入中小型企業的範疇。

從國家統計局公佈的工業經濟統計數據上很容易發現，進入 20 世紀 90 年代，地方國有企業的經營狀況一直在惡化。根據章

迪誠在《中國國有企業改革編年史：1978－2005》一書中提供的資料，1994 年，重慶市屬預算內國有工業企業虧損面達到 55.7%，資產負債率達到 80% 以上。如果能讓重慶市屬的這 50 家預算內國有工業企業的經營狀況得到徹底改善，重慶國有企業改革的僵局就能打破，這個思路讓重慶自然而然地選擇了事後被稱作「放小」的道路。重慶的這個經驗很快得到了中央政府的肯定，並在全國範圍推行。事實上，也許是「英雄所見略同」，從 1995 年起，山東、四川、安徽、湖北、浙江、廣東等地政府也在積極進行國有小企業的改制方式的試驗，我想其動機與重慶並無二致。

回顧這些地方經驗，很容易發現，地方國有企業的改制完全是自下而上和分散進行的，中央政府並不設定統一的改革模式，只規定一些基本的原則，完全由地方政府來尋找「最優」的改制模型。地方政府對改制模式的選擇當然也非常謹慎，以求把改制的社會成本最小化。從這個意義上說，中國的國有企業改革是一片巨大的制度試驗田。我曾說過，中國的模式就是不存在一個模式。[①] 在國有企業改制問題上也是如此。至於中國的制度條件為甚麼允許並可以出現這種多樣化的改革模式，這非常有意思，卻是另外的話題，還是留給讀者自己去思考吧。

從操作的角度看問題，一家國有企業如果要完成改制，必須要籌集改制所需資金、安置富餘勞動力、釐清原企業存在的債務

---

① 參見張軍：《中國的模式就是不止一個模式》，載《經濟觀察報》，2008 年 8 月 12 日。

關係、重新組織生產等。在解決這些問題時，需要協調政府、企業、職工、銀行等相關利益主體之間的關係。在理論上其實就是重新定義「企業」這一概念的過程，而要順利實現這個過程，每一方都要對改制的方案選擇投以贊同票。

在國有中小型企業改制過程中，一向以「敢為天下先」著稱的湖南省再度受到了經濟學家和政府的注目。湖南省長沙市在中小國有企業改革中首創「兩個置換」模式，在進行改革試點時獲得了成功。所謂「兩個置換」，指的是在所有權改革方面，通過所有權轉讓置換企業的國有性質，解除企業對政府的依賴關係；在勞資關係方面，通過一次性補償置換職工的全民身份解除職工對企業的依賴關係，讓職工直接進入勞動力市場。[①] 2000 年，首批被湖南省作為「兩個置換」模式的三家試點單位是長沙市湘江塗料（原湖南造漆廠）、通大集團（原長沙水泵廠）和友誼阿波羅公司（原友誼商店和阿波羅公司），這三家企業用了近一年的時間完成了改制，並收到了較好的成效。

根據唐朝陽 2001 年發表的論文中披露的資料，長沙市「兩個置換」的結果是，通大集團有 350 人辦了內退手續，230 人自謀職業，還有 21 人辦理了預備工手續。友誼阿波羅公司共有置換對象 2564 人，除 75% 的職工進行了身份置換外，有 341 名職工選擇了內退，佔 13%；有約 177 人選擇檔案進入人才交流中心，

---

① 參見唐朝陽：《兩個置換：國有企業改革新模式 —— 長沙市湘江塗料、通大集團、友誼阿波羅公司國企改制調查》，載《企業管理》，2001 年，第 4 期。

佔 7%；100 多人選擇買斷工齡，佔 5%。人員變動幅度最大的是
湘江塗料，該公司改制後管理部門減員達 45%−50%，生產車間
也減員 40%−45%。而改制資金主要來自對土地存量的盤活。^①

我是在 2004 年 3 月 5−6 日應長沙市政府的邀請前往長沙考
察地方國有企業改革的。一起前往長沙的還有周其仁和張春霖
等。長沙的劉副市長（之前，張五常曾經向我提及他）全程陪同
了我們的考察。我們聽了介紹，並到多家改制企業去了解情況，
還與當地的幾位「改制能手」見了面。所謂改制能手，就是在當
地的企業改制中有思想、有能力來化解矛盾，在改制過程的「死
結」上總能找到解決辦法的「能人」。

長沙的經驗讓我想起了 1994 年我在《經濟研究》上發表過的
一篇經常被引用的理論文章《社會主義的政府與企業：從「退出」
角度的分析》。^② 在這篇文章裡，我把國有企業的制度看成國家與
公民的一個隱含的「社會契約」，國家用就業保障來換取公民放
棄選擇權。現在，國有企業的重組就是國家用市場合約與職工替
換社會合約。在替換中，國家要首先解除原來的義務，因而需要
支付代價來「贖回」自己的義務。

在長沙聽取經驗彙報時我一直在想，為甚麼國有企業的重組

---

① 參見唐朝陽：《兩個置換：國有企業改革新模式 —— 長沙市湘江塗料、通大集
團、友誼阿波羅公司國企改制調查》。

② 參見張軍：《社會主義的政府與企業：從「退出」角度的分析》，載《經濟研究》，
1994 年，第 9 期。

或者改制過去不可行而今天卻是可行的？一個重要的原因是，重組的成本在今天比在 20 年前大大下降了。這恰好是國有企業改革到如今的一個重要成果。一方面，就人員安置問題來說，大多數國有企業處於經營困難狀態，國有企業職工原來的就業保障已經名存實亡，職工在談判中的底線自然不高。比如，從長沙的經驗中可以發現，現在的國有企業職工對其身份的唯一訴求就是社會保障。另一方面，更重要的是，隨着我們在社會保障、保險、勞動力市場、房地產市場的發展以及非國有經濟增長等方面取得顯著成就，國有企業儘管不贏利了，但它的部分資產、土地和廠房等還有着市場價值，所謂「國破山河在」。這些顯然大大降低了國有企業重組或改制所需的社會成本。如果我們在 20 年前一開始就動手進行國有企業的重組或改制，就一定會把中國鬧個天翻地覆，社會成本可謂無窮大。

在經驗上，長沙把 90 多家地方國有企業的改制問題樸素地歸納為兩句話：錢從哪裡來，人往哪裡去。不用說，這是地方被逼出來的「思想」。在長沙，地方的改革者告訴我們，國有企業改革的兩大關鍵是產權制度改革和理順勞動關係。前者是建立現代企業制度，後者是解除企業對職工的無限責任，使勞動力市場化。他們在操作中針對當地企業的實際情況分別採取了不同的改革方案，如股份制改造、破產改制、兼併改制、出售改制、合作改制、並軌改制以及關停改制等。

我從長沙回上海後曾經寫過一篇文章，題目為《我對長沙國

企改革經驗的幾點理論評價》，於 2004 年 3 月 10 日在《中國改革報》上發表。[①] 在這篇文章中，我寫過這樣的話：

> 回想一下，過去我們把中國經濟改革的成功經驗總結為「增量改革」，不先去動「存量」，這是非常重要的策略。現在看來，把國有企業的重組和再造推延到現在不完全是無能，而是一個重要的經驗。剛開始成本過高的改革會隨着經濟發展和體制變化而變得可以接受和操作，因為人們的成本預期會有很大的調整。當國有企業的「身份」就像「戶口」那樣變得不再那麼重要的時候，改革的成本就下降了。這樣，國有企業的重組或再造就可以轉變成一個會計的或者財務意義上的項目來操作。在這種情況下，對企業和政府來說，他們所作的主要就是去建立一張可以持平的企業再造的「損益表」就行了。

在建立這樣一張損益表的過程中，長沙的地方經驗是把全部國有企業的可變現的經營性和土地資產「統籌」到政府下設的「資產經營公司」中，用以統籌所謂「理順勞動關係」的成本支出。這樣的做法一方面提高了國有企業的土地和部分可經營的資產在變現和重組中討價還價的能力；另一方面則克服了國有企業原有

---

① 張軍：《我對長沙國企改革經驗的幾點理論評價》，載《中國改革報》，2004 年 3 月 10 日。

的區位與行業差異對重組後企業職工安置的不同影響，兼顧了效率和公平。

另一個來自長沙的看起來成功的做法是，對國有企業的改革成功地利用了政府作為第三方的角色和承諾。在引進戰略投資者、土地置換、債務打包以及社保並軌等方面，政府作為當事人也同時充當了第三方的角色。比如，為了解決職工的社保問題，政府出面向社保局承諾把兩億元的社保欠費動用工業發展資金分十年付清。在引進控股投資者或者在土地置換與開發中，也是由政府出面擔保向銀行取得信貸。

在這些改制的每一個環節中，長沙的地方政府都盡量確保程序的合法性。為此，他們在企業改制操作程序上建立了規程。在長沙，企業改革和發展領導小組辦公室的負責人羅放良送給了我一大本「內部資料」：《企業改革法規政策彙編》[1]，它編輯記錄了長沙地方國有企業改制的政策法規。內容之詳細，涉及方面之多，超乎我的想像。

當然，在中國各地的改革模式中，與「長沙模式」相仿，受到來自各界廣泛關注的還有另一種模式，它就是「諸城模式」。與「長沙模式」相比，「諸城模式」又有着適用於當地稟賦和企業特徵的獨特之處，這一點也同樣體現在當地國有企業改革合法性的實現上。

---

[1] 羅放良主編：《企業改革法規政策彙編》，長沙市企業改革和發展領導小組辦公室，2004 年 3 月。

　　2008 年 4 月 26 日，《南方人物週刊》推出的系列報道《打撈三十年爭議人物》收錄了一位名叫陳光的人物。陳光時任諸城市委書記，現任菏澤市委書記。20 多年前在山東的諸城，陳光因為大刀闊斧地實行國有企業改革，使諸城市的企業從國有企業到鄉鎮企業在兩年內幾乎被「一網打盡」，而被好事之徒冠以「陳賣光」「陳送光」的稱號。即便在今日，關於「諸城模式」以及國有企業改革模式的爭論仍未平息。重溫這段歷史，我們仍然可以感受到當年改革推行時的波瀾壯闊以及暗潮湧動。

　　諸城市的國有企業改革始於 1992 年，當時距 36 歲的陳光到此赴任的日子不過一年多。在這一年的夏天，時任中共中央總書記的江澤民到了諸城，鼓勵當地探索和推進國有企業改革。這無疑從政策層面為諸城的國有企業改革打了一針強心劑。如果說中央決策層的意見還只是提供了外部制度上的可行性，那麼 1992 年 4 月，諸城市政府對市屬 150 家獨立核算企業進行審計的結果則提供了更加直接的現實依據。由黃少安和魏建提供的數據顯示，150 家企業中，有 103 家明虧或暗虧，佔企業總數的 68.7%，虧損額高達 1.47 億元，企業負債率平均高達 85%。[1]

　　事實上，最初在諸城市電機廠進行試點時，諸城市政府曾經

---

[1]　參見黃少安、魏建：《國有中小企業產權改革及政府在改革進程中的角色：山東諸城國有中小企業改革》，載《經濟研究》，2000 年，第 10 期，第 14 頁。下面涉及諸城的數據均出自該文。

給出過兩套方案，一套是由國家持股，另一套是將企業資產存量
出售給職工，國家以土地作價入股。但是經過職工討論後，採取
了有別於這兩套方案的第三條道路，即職工出資購買企業全部資
產，土地由企業租用。

在這裡，我們發現與「長沙模式」不同，諸城將國有企業改
革方案的選擇交給了職工，而「長沙模式」中則是說服職工接受
政府選擇的方案。「長沙模式」更加側重於改制方與企業職工的
單獨談判，如友誼阿波羅公司的改制會議開了 530 多場。而就
「諸城模式」的改制速度來看，1993 年 5 月，在 20 多天內完成
35 家企業改制的做法是不可能有時間來進行這樣的單獨談判的。
那麼，如何保證在這樣短的時間內讓改制企業的職工能夠接受改
制方案，從而保證企業改制的成功？

答案就在於，「諸城模式」下的企業改制沒有造成失業。以
諸城企業改制的第一個試點單位 —— 市電機廠的改制實踐來看，
該廠所屬 277 名職工在改制後無一人下崗，全部轉變成持股股
東，以內部股權認證形式集資 270 萬元，購買了市電機廠所有資
產，成立了山東諸城市開元電機股份有限公司。拋開個案就整體
而言，諸城國企改制增加了企業總體就業人數。黃少安和魏建
在文章中給出了數據，1992 年改制前，諸城市屬以上企業就業
人數為 15624 人，鄉鎮企業就業人數為 35105 人；改制後，截至
1998 年底，市屬以上企業就業人數 55686 人，鄉鎮企業就業人數
為 39712 人，分別比 1992 年增加了 256.41% 和 13.12%。因此，

股份制使得職工成為股東，保證職工就業成了諸城市國有企業改制成功的重要條件。

1992 年 9 月，諸城市政府制定了《諸城市體改委關於企業股份制試點實施方案》，它規定了股份制改革的指導思想和原則、組建方式和股份劃分、具體的方法步驟、配套政策等，以股份制形式將當地國有企業出售給本企業職工。儘管諸城並非是第一個吃螃蟹而推行國有企業股份制改革的城市，但是其改革面之廣、改革力度之大卻是其他城市前所未有的。黃少安和魏建在文章中說，諸城國有企業改制帶來的績效是顯而易見的：1992－1996 年，諸城市財政收入以年均 31.2% 的速度遞增，其中改制企業上繳稅金的平均增幅為 36%，比財政收入高 5.8%。5 年間諸城市工商企業上繳稅金達 2.5 億元，佔全市稅收總額的 78.1%。

此後，從 1997 年起，諸城又經歷了所謂的「二次改制」。如果說第一次改制的重點在於產權改革的話，那麼第二次改制的重點則在於公司治理結構方面，通過拉大公司內部員工股份持有比例的差距，集中解決公司決策層的股權激勵問題。

從諸城市「二次改制」的經驗來看，將國有企業改革分成兩步來走，這並非是預先設想的步驟，而是根據第一次改制後出現的問題，對先前改革進行的修正和補充。我們可以認為，第一次改制的主要目的在於解決改制的合法性，即能夠最大限度地獲得來自職工方面的支持，從而讓改革能夠順利取得突破性進展；而第二次改制的主題無論如何都應該是為了改進效率，建立起更加

有效的公司治理結構。這是一個很好的想法。因為根據南斯拉夫
20 世紀 50 年代後在創設「工人自治」模式上的運行經驗,實行
員工平均持股並不能真正建立起有效的公司治理模式。我自己在
1987−1989 年曾花心思去研讀了有關南斯拉夫「工人自治」的經
濟學研究文獻,我知道這其中的問題出在哪裡,但在這裡就不再
細說了。不過,我對職工大規模持股的擔心被我的同行宋立剛和
姚洋在 2004 年的一篇研究論文中證實了。[①] 不僅如此,陸挺和劉
小玄在 2005 年的一項研究中也得出類似的結論,提高改制後企
業效率的最佳方案之一是使得股權向經營者集中,實現股權的合
理定價。[②] 而這與諸城「二次改制」的方向正好是吻合的。

雜交的制度:新國企的出現

　　除了地方國有企業改制的片段之外,我最想記述的還有這場
「光榮革命」中另外一幅精彩的畫面,那就是 20 世紀 80 年代一
批由企業家而不是政府創辦的國有企業群體的崛起,我暫且把它
們稱為創業型國有企業。創業的含義當然是指企業家創辦企業的

---

① 參見宋立剛、姚洋:《改制對企業績效的影響》,載《中國社會科學》,2005 年,
　　第 2 期。
② 參見陸挺、劉小玄:《企業改制模式和改制績效:基於企業數據調查的經驗分
　　析》,載《經濟研究》,2005 年,第 6 期。

意思。但是，這些企業的創辦的確依靠了從國家或集體企業中借來的資金，甚至根本就是在原有瀕臨倒閉破產的國有企業的基礎上再造的。它們主要集中在電子、家電、飲料、紡織、醫藥類等新興行業。如今中國有不少的優秀企業就是當時的這些創業者一手打造起來的。

我不需要再去尋找更多的素材和記憶片段，吳曉波撰寫的《激蕩三十年：中國企業 1978－2008》中已經記載了許多這樣的創業故事。[①] 其中，很多人都不會忘記軍醫大學趙新先教授帶着自己的「三九胃泰」在深圳創業的故事。在惠州，從華南理工大學畢業的李東生在一個簡陋的農機倉庫開闢自己的工廠，與香港人合作生產錄音磁帶，這便是日後赫赫有名的家電公司 TCL。在廣東順德的容桂鎮，只有小學四年級文化水平的潘寧以零件代模具，用汽水瓶做試驗品，憑藉手錘、手銼等簡陋工具，以及萬能錶等簡單測試儀器，在十分簡陋的條件下打造出了中國第一台雙門電冰箱，這便是在後來統治了中國家電業十餘年的科龍公司的前身。

---

① 在吳曉波的《激蕩三十年：中國企業 1978－2008（上）》的第二部分「1984－1992：被釋放的精靈」中有精彩的描寫。我在寫作本書過程中也參考了曉波的這本書。參見吳曉波：《激蕩三十年：中國企業 1978－2008（上）》，北京：中信出版社，2007 年。我還利用以下網站的資源進行了相關內容的整理：http://finance.qq.com/a/20080416/001401.htm；http://www.aucma.com.cn/jianjie_1.asp；http://www.ycwb.com/gb/content/2004-11/08/content_790545.htm；http://blog.ccidnet.com/bloghtm-do-showone-uid-39292-itemid-134238-type-blog.html。

　　1983 年 7 月 5 日，在「國營青島橡膠九廠」的基礎上，「雙星」商標正式登上歷史舞台，而汪海這個名字也漸漸為世人熟悉。1984 年，在中國科學院計算所投資 20 萬元人民幣的基礎上，以柳傳志為首的 11 名科技人員創辦了中國科學院計算所新技術發展公司，1989 年公司更名為聯想集團，仍歸中科院主管。也正是在這一年，李經緯看中了一種運動飲料配方，當時它躺在廣東省體育科研所的文件夾裡無人問津，李經緯感到機會來了，「健力寶」由此誕生。1989 年 6 月，青島紅星電器股份有限公司黃海冰櫃廠成立，這就是後來大名鼎鼎的「澳柯瑪集團」。

　　在當時看來這些企業都很幼小，它們基本都是在原有瀕臨倒閉的工廠基礎上由具有雄心抱負的年輕人接手經營，或者由創業者向單位借資籌建的，相比那些老牌國有企業，它們缺乏資本，也缺乏市場，但是由於它們生產的產品與老百姓的生活息息相關，而且它們少了老牌國有企業面臨的種種體制上的約束，在日後發展迅速。可以說它們唯一擁有的比較優勢就是自由和創業精神。

　　進入 20 世紀 90 年代之後，隨着企業承包經營責任制的弊端和國有資產流失現象不斷暴露，通過建立股份制對國有企業所有權結構進行改革的思想開始受到了政府的關注。在上述背景下，中國政府在 1993 年提出今後國有企業改革的方向是建立「產權清晰、權責明確、政企分開、管理科學」的現代企業制度。

　　1993 年，中國進入股份制試點的高潮，大型國有企業紛紛開

始股份制改革。這一年，青島啤酒、上海石化、北京人機、廣船國際、安徽馬鞍山鋼鐵、昆明機床六家改制國有企業在香港及全球發行股票並在香港聯合交易所掛牌上市，這六家企業在境外共發行 H 股股票 405292.8 萬股，籌資金額達 80 億港元。這些公司上市後都有良好表現，特別是馬鞍山鋼鐵，被英國《國際金融評論》評為 1993 年度全球新興股票市場最成功的上市公司。在建立現代企業制度改革上，1994 年，100 家不同類型的大中型國有企業建立實行現代企業制度的試點，試點內容包括以下幾個方面：確立企業法人財產權，完善企業組織制度，健全會計制度，改革人事制度。

也就是在這個時期，創業型國企進入迅速擴張的階段。全球化和多元化漸漸進入這些企業的視野。這時候的海爾從一個產品向多個產品發展（1984 年只有冰箱，1998 年時已有幾十種產品），從白色家電進入黑色家電領域，以「吃休克魚」的方式進行資本運營，以無形資產盤活有形資產，在最短的時間裡以最低的成本把規模做大，把企業做強；同時產品批量銷往全球主要經濟區域市場，建立自己的海外經銷商網絡與售後服務網絡；學會了做貿易的聯想集團，開始了外向型和產業化戰略，於 1988 年在香港成立了「香港聯想」，拓展海外業務並成功上市；在雙星鞋業的基礎上，雙星相繼推出了「雙星輪胎」「雙星機械」「雙星服裝」「雙星熱電」等產品。並且在這段時期，又有一批新公司成立，前文提到的 20 世紀 90 年代中國國有企業改革中的股份制改

革實踐，正是在這一背景下進行的。1993 年 2 月 18 日，經呼和浩特市體改委批准，呼和浩特市回民奶食品總廠整體進行股份制改造，成立「內蒙古伊利實業股份有限公司」，1997 年 2 月 5 日，內蒙古伊利集團公司正式成立。

奇瑞汽車也是在這時候創立的。1997 年 3 月，在蕪湖經濟開發區，由安徽省和蕪湖市下屬的五家公司共同投資的、註冊資本為 17.52 億元人民幣的安徽汽車零部件工業公司成立，此即奇瑞汽車公司的前身。這家公司的成立帶有明顯的國際化印記。1996 年，「951 工程」（項目啟動時取的內部代號）以 2500 萬美元的價格購買了英國福特公司的發動機產品技術和一條生產線，顯然當時的蕪湖政府不認為造汽車是多麼困難的事，無知者無畏，而無畏的精神卻已深入這家企業的組織基因，並且繼續發揚光大。和那些老牌大型國有企業一樣，創業型國有企業在這一階段也謀求通過資本市場擴大融資渠道，從而紛紛成功上市。

這一批誕生在 20 世紀 80 年代甚至 90 年代的新型企業代表了中國經濟轉型期出現的特殊企業模式。它們有計劃經濟歷史的印記，更有企業家創業精神的典型特徵。這些企業有的是依靠從國家或集體借來的資金，有的是以原有瀕臨倒閉破產的國有企業為基礎建立起來的，但之後卻都是企業家自己的企業了。沒有他們，中國企業軍團繽紛多彩的畫卷就會黯然失色。

試錯的遺產：「央企」的形成

2000 年夏天，我獲得歐盟委員會「中歐高等教育合作項目」的資助並在華大偉教授的協助下回到倫敦大學亞非學院（SOAS）進行了為期一個月的研究。在這期間，我與大衛前往劍橋大學和威爾士大學拜訪了不少同行，其中最有意思的會面非劍橋大學耶穌學院的彼得‧諾蘭（Peter Nolan）教授莫屬了。據說彼得是鄧亞萍的博士生導師。網上有位作者是這樣描述彼得‧諾蘭教授的：一頭愛因斯坦式的白髮，一張鄧不利多校長式的臉孔，一臉史提芬史匹堡式的天真笑容。眼鏡架在鼻樑上，可能是用來隨時看書的吧，看人的時候，頭微低，目光是從眼鏡上面躍出去，顯得總是那麼專注。[1]

我與彼得多次在國際會議上見面。數年前在倫敦政治經濟學院的會議上，我和他又是同台演講。我知道，每次他在演講中總是一如既往地稱讚中國的大型企業。這當然會招來不少的反對意見，但他總是提前告辭，眼不見為淨了。2002 年初，我收到他的一本英文著作，題目是《中國和全球經濟：國家冠軍企業、產業政策和大企業革命》[2]。在這部著作裡，他對中國的大型國有企業

---

[1] 這段話是我在網上偶然看見的，不知道作者是誰。參見 http://johnnyzzuk.blogbus.com/logs/14063301.html。

[2] Peter Nolan, *China and the Global Economy: National Champions, Industrial Policy and the Big Business Revolution*, Houndsmill: Palgrave, 2001.

和企業集團給予了很高的評價並寄予厚望。2008 年 3 月 16 日，英國的《金融時報》發表了一篇分析中國大型國有企業的長文《中國的國家冠軍企業》("China's Champions") [1]，顯然是部分借用了彼得這本書的題目。在這篇文章中，作者說，十年前，國有企業還像隨時可能出現的經濟災難，1997 年金融危機之後，國有企業的利潤率下降到了零，而且出現巨額虧損。十年後，150 家國有企業的利潤高達一萬億元，而且在快速增長。2007 年底，世界最有價值的十家公司中，有四家是中國企業。

這些都是媒體關注的事情，而我並不特別在意。我對彼得‧諾蘭教授的「大企業革命」的觀點也持保留意見，但願意高度關注中國政府手上控制着的那些大型國有企業的改革和未來。事實就是這樣，相較於那些新的國企而言，中國政府手上仍然擁有並控制着傳統的大型國有企業，它們主要分佈在資源、能源、重化等所謂戰略性部門，並且成為所在行業的領頭羊，佔據主導和壟斷的地位，國家在這些企業上也一直保持着絕對或相對的控股地位，「國家所有」的特徵在這些企業中得以維持下來。

20 世紀末，隨着「抓大放小」戰略的實施，一大批企業集團紛紛組建，這些大型國有企業的改革重點轉向產權領域，開始了向現代公司的轉型路徑。進入 21 世紀後，電力、電信、民航、

[1] Deoff Dyer and Richard McGregor, "China's Champions: Why State Ownership is no longer Providing a Dead Hand", *The Financial Times*, 16 March, 2008.

郵政等行業的政企分離步伐開始加快，以拆分為特徵的公司重組
成為必然選擇。2001 年，鐵路、民航、黃金、稀土行業的政企
分離相繼破冰；2002 年 5 月 16 日，電信行業在 1999 年分拆的
基礎上重新組建的中國電信集團、中國網通集團正式成立，最近
的重組是在 2008 年 5 月 24 日推出的「六合三」方案。

　　2002 年，民航業通過聯合重組，形成了三大航空集團和三
家民航服務保障企業集團，六大集團脫離了與民航總局的隸屬關
係。民航總局直屬的九家航空公司進行聯合重組，按照政企分開
的原則，形成三家大型航空集團：以中國國際航空公司為主體，
聯合中國航空總公司和西南航空公司組建中國航空集團；以南
方航空公司為主體，聯合北方航空公司和新疆航空公司，組建中
國南方航空集團公司；以東方航空公司為主體，兼併西北航空公
司，聯合雲南航空公司，保留東方航空股份有限公司名稱並繼續
使用原標誌。三大航空集團組建後，即與民航總局脫鈎。在電力
行業，按照「廠網分開」的原則重組發電和電網企業，兩大電網
公司、五大發電集團公司和四家電力輔助集團公司掛牌運營。此
外，還組建了中國黃金集團公司。

　　2004 年，中央企業之間及其內部合併重組步伐加快，如中煤
建設集團併入中國煤炭工業進出口集團公司。2006 年 9 月 4 日，
全國郵政正式啟動政企分開工作，按照「自下而上」的原則，進
行省級郵政監管機構的設立工作，同時成立省級郵政公司。2007
年 1 月 29 日，重組後的國家郵政局和新組建的中國郵政集團公

司正式掛牌，標誌着郵政業改革第一階段的完成。

最後，中國鐵路系統在 2000 年剝離中國鐵路工程總公司和中國鐵道建築總公司的基礎上繼續醞釀更徹底的改革，下一階段可能的措施就是在全國範圍內成立幾大集團公司，鐵道部改制為行業監管部門。至此，幾乎所有壟斷行業的改革都已破冰。而且，更為重要的是一些軍工或準軍工企業的改制有了罕見的突破。在之前 20 多年改革的基礎上，2007 年國防科工委發佈《關於非公有制經濟參與國防科技工業建設的指導意見》，規定：在國家政策允許範圍內，非公有制企業在軍品市場准入、競爭及參與軍工企業改組改制等方面與國有軍工企業一視同仁。國家對軍工企業的市場化意志異常堅決。

就在大型國有企業向現代公司轉型進程中，政府也開始了對國有資產管理採取新的體制。雖然早在 1988 年，國有資產管理局就已成立，目的是為了防止國有資產流失，但是由於國有資產管理局是財政部下設的機構，加上出資人觀念並不清晰且傳統觀念時常干擾，企業產權的流轉和轉讓多發生在企業內部，範圍相當有限。2001 年 4 月 28 日，財政部轉發了《企業國有資本與財務管理暫行辦法》，對大型國有企業的財產與財務管理模式進行改革，這才真正標誌着以出資人管理制度為中心的新型財務制度框架體系已經初步形成。2003 年，在原國務院經貿委的基礎上，國務院國有資產監督管理委員會（簡稱「國務院國資委」）正式成立，把 196 家大型國有及國有控股企業劃歸其管屬，這一百多家

企業成為中央直屬企業（簡稱「央企」）的最初樣態，同時也是大型國有企業的最新樣態。

從 2003 年 4 月初開始，地方各級國有資產監督管理機構陸續完成了組建工作，一些省級或地市級國有企業紛紛劃歸這些地方國資委管理，這樣就基本確定了國有資產管理的新體制，確保了國有資產管理與財務監督工作的開展。國資委代表國家行使出資人權利，對所出資企業的國有資產收益依法履行出資人職責。至此，以中央企業為代表的大型國有企業的市場化進程繼續向前推進了一大步。

幾年來，共有 81 家中央企業進行了 43 次重組，中央企業數目亦從 196 家減至 150 家，央企的數目穩步下降。這個目標在 2006 年 12 月 5 日國務院國資委出台的《關於推進國有資本調整和國有企業重組的指導意見》文件中得到進一步明確，文件中提出了中央企業由 2006 年的 159 家調整和重組至 2010 年 80–100 家的目標。

政府在這場改革過程中始終維持着控股的地位。這些年來，隨着宏觀經濟的繁榮，特別是 2003 年以後由於房地產市場的繁榮拉動重化工業的超常增長，企業的贏利逐年提升，利潤逐年增加，政府從這些大型壟斷性國有企業中得到了巨額的利潤收入。但是，這些大型企業的體制問題依然存在。傳統國有企業的幾個重要的體制特徵繼續保留了下來，除了國有資產的管理體制之外，它們的「掌門人」在很大程度上還嚴格地由中央政府和

國資委控制着，治理結構的問題顯而易見，而且它們在市場上擁有着不可挑戰的壟斷地位。這些都使得它們在市場上常常備受非議。

今天形成的「央企」格局，當屬這個試錯式改革的「遺產」。我們該怎麼去評價它？其命運將來到底如何？這些企業絕大部分似乎都以衝擊世界五百強為目標，在不斷做大企業的資產規模。這是 1995 年前後中央政府提出的國有經濟戰略性調整後的「階段成果」，但是不是最後的歸宿就難說了。這是更大層面上的問題。至於該用甚麼概念範疇來對待，是政治？是戰略？是外交？是歷史還是經濟學？現在還不好輕易下結論。

我的工業研究

我清楚地記得，我在《經濟研究》雜誌上發表的第一篇論文是關於企業改革模式的，題目是《產權結構、所有制和社會主義企業制度》。[1] 這篇文章發表於 1989 年，算起來到現在已近 30 年。實際上，在我首次涉足經濟研究時，中國的企業改革正進行得如火如荼。尤其是，當大多數國有企業在 1987 年紛紛按照政府的改革政策而實行「承包制」以後，經濟學家發現是有現成的

---

① 參見張軍：《產權結構、所有制和社會主義企業制度》，載《經濟研究》，1989 年，第 8 期。

經濟學理論和分析工具來研究這一經驗現象的。例如，我自己就發現經濟學現有的理論在這個問題上是有用武之地的，於是我寫出了論文《國有企業的貨幣激勵：理論與經驗研究》，發表在 1991 年的《上海經濟研究》第 6 期上。

在當時，觀察中國國有企業改革與轉型模式的國內外經濟學家不在少數。在我的書架上藏着林青松在 1999 年 8 月送給我的一本由專題論文集成的著作《中國工業改革與效率》，它就是在 1988－1993 年間由分佈於北京、世界銀行以及美國和澳大利亞的經濟學家合作研究形成的有關中國企業改革的成果。[①] 而且也就是在 20 世紀 80 年代末 90 年代初的這個時期，我開始閱讀並熟悉了諸如謝千里（Gary Jefferson）、托馬斯·羅斯基（Thomas Rawski）和巴里·諾頓等海外經濟學家的論文。他們這些經濟學家大都發現中國的改革使國有企業的效率有了明顯的改進。儘管也有支持的聲音，但在當時，認同他們這個結論的經濟學家並不佔多數。很多年之後，我在謝千里位於波士頓郊外的家裡小住，他還對傑弗里·薩克斯（Jeffery Sachs）教授的反對意見耿耿於懷。他說，傑弗里有一次在評論他的關於國有企業的效率有明顯改進的經驗結論時居然說，你們怎麼可以有這樣的結論？這與主流經濟學的推斷是矛盾的，也違反經濟改革的主流意識形態。

---

① 林青松、杜鷹編：《中國工業改革與效率：國有企業與非國有企業比較研究》，昆明：雲南人民出版社，1997 年。

　　即便如此，之所以還是有那麼多的經濟學家興趣不減，主要是因為中國的國有企業改革採取了旨在改善生產激勵的基本策略。說這樣的改革策略是事先設計好的，那是不可信的，大有事後諸葛亮之虞。它更像是政治妥協的產物。改善國有企業職工的生產積極性，改進管理方式，提高企業的生產利用率和勞動生產率，非國有企業的進入與競爭，這些都是經濟學的典型問題。有意思的是，在經濟體制沒有發生基本變革之前，改善生產者的效率不僅是可能的，而且帶有「帕累托改進」的特徵。在早期，這個績效的改進常常就被解釋成轉型成功的重要標誌。

　　我自己也從那個時候起一直到 2001 年，加入了觀察和研究中國企業改革與績效的行列。尤其是 1995 年初夏從美國結束博士後研究回到復旦大學，我的學術研究開始聚焦在中國工業部門的改革方面。我對工業組織的變動、利潤率、生產率以及經濟增長模式的理論和經驗都非常有興趣。

　　特別要提到的是，在這段時間裡，我有幸得到原倫敦政治經濟學院「三得利—豐田經濟學和相關學科研究中心」中國項目主任阿塔爾 · 侯賽因博士的支持，並在他的推薦下，在 1996 年底取得了英國學術院 /（英國）皇家學會「王寬誠研究獎學金」（British Academy/The Royal Society K. C. Wong Fellowships），使我在 1997 年秋天回到倫敦政治經濟學院「三得利—豐田經濟學和相關學科研究中心」進行了為期半年的研究工作，並對中國工業部門發生大規模虧損的問題產生了濃厚的興趣，完成了

一篇關於中國國有企業虧損模式的研究論文「Market Size, Scale Economies, and Pattern of Loss-making in China's State Industry」（中文版為《需求、規模效應與中國國有工業的虧損模式：一個產業組織的分析》）。

當時我選擇這個題目從事研究主要是因為中國項目組的主任侯賽因博士的建議。在此之前，他和當時在「三得利—豐田經濟學和相關學科研究中心」工作的莊巨忠博士（後去亞洲開發銀行工作）研究了中國工業企業的虧損模式，但主要是考察虧損企業的地區分佈並試圖解釋虧損的地區特徵。在我回到倫敦政治經濟學院之後，開始從侯賽因博士那裡接觸了關於中國國有企業虧損的大量數據，經過反覆斟酌，最後我決定選擇虧損變動的時間模式來進一步分析虧損發生的系統性原因。

這篇論文的初稿曾應邀在英國皇家國際事務研究所（The Royal Institute of International Affairs, Chatham House）報告過，報告會由當時在該研究所負責亞洲事務的大衛·沃爾教授主持，侯賽因博士親自陪同我參加了這次為我主辦的專場報告會。1998 年下半年，我在《經濟研究》上發表了這篇論文的中文稿（因為篇幅所限，發表時做了較大壓縮）。[1] 我知道，自《經濟研究》發表了這篇論文之後，我的解釋在經濟學界引發了不少評論和不同意見。據說，在該論文申請「孫冶方獎」的評審過程中也因為有

① 參見張軍：《需求、規模效應與中國國有工業的虧損模式：一個產業組織的分析》，載《經濟研究》，1998 年，第 6 期。

不同意見而在最後時刻與「孫冶方獎」失之交臂。

　　但是，這篇論文後來被英文雜誌《東亞評論》（*East Asian Review*）接受，發表於 2000 年春出版的千禧年卷的首篇。[①] 2000 年 6 月，我應邀參加東京大學的中兼和津次教授在東京大學經濟學部主持的一個關於中國國有企業民營化的高級研討會，在會上我也報告了這篇論文，並得到日本著名經濟學家石川滋教授和美國匹茲堡大學托馬斯·羅斯基教授的點評。

　　我在這篇論文中試圖要搞清楚的問題是，為甚麼中國國有企業的虧損在改革以來會變得如此嚴重？關於國有企業的財務績效，經濟學家有過不少研究。但是，我發現，大多數的研究並沒有去觀察國有企業發生虧損的時間模式。剛剛提到的侯賽因博士和莊巨忠博士對中國國有企業虧損的研究集中於虧損發生的區位模式方面，這的確是一個非常有趣的問題。不過，我更關注的是虧損發生變動的（時間）模式，並試圖解釋這個模式。因為我注意到，虧損的指標在 20 世紀 80 年代並沒有太大的變動，而國有企業真正出現大規模的虧損似乎是從 80 年代末開始的，並且從此不斷惡化。正如圖 7−2 所顯示的那樣，由於虧損企業的虧損額猛增，國有部門的淨利潤（贏利企業的贏利扣除虧損企業的虧損）在 80 年代末之後不僅陡降，而且從 90 年代中開始甚至變成負的了。

---

① Jun Zhang, "Market Size, Scale Economies, and Pattern of Loss-Making in China's State Industry", *East Asia Review*, 2000, No.4(March): 3-28.

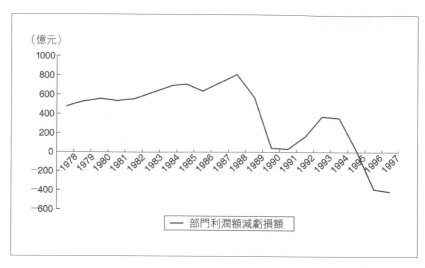

圖 7-2　中國國有企業部門的淨利潤變化模式（1978-1999）

　　為了從整體上解釋國有企業虧損的這個變動模式，我在論文中構造了一個工業組織的簡單模型。在這個模型裡，我把市場的規模或者需求因素以及廠商的規模作為解釋變量。我這樣做的基本考慮是，雖然單個企業都可能由於某種原因出現暫時的虧損，但是整個部門的大規模虧損在我看來顯然是一個「轉軌現象」。也就是説，發生這樣的行業性虧損必定與中國的工業改革和轉軌過程有直接的聯繫。所以，我需要從轉軌過程中的重要參數來尋找解釋虧損發生的變動模式。我認為，市場規模或者需求的變動應該是一個重要的因素，而我將另一個因素「鎖定」在廠商的規模上。我相信還有其他的重要因素，但是我從經驗觀察中注意到廠商規模變動或者工業組織變動的相關性。因此，我決定嘗試將廠商規模納入我的解釋模型中去，從而構造了一個簡單的工業組

織模型。這個模型的均衡條件是:

$$n^* = (a-c)\sqrt{\frac{S}{F}} - 1$$

在我構造的這個解釋模型裡,市場可以維持的廠商數量 n(即保證每個廠商都不虧損)(1)是需求規模(S)的增函數,(2)是廠商規模經濟的減函數。在這裡,廠商的規模經濟在短期是由固定成本(F)與邊際成本(c)的關係決定的。顯然,這樣的理論結果大大簡化了我們對中國工業虧損問題的解釋邏輯,而且大致上又捕捉了工業改革和經濟轉軌過程的基本特徵。在轉軌過程中,隨着市場的自由化,原來在計劃經濟下累積起來的超額需求必然推動市場規模的不斷擴張,這在 20 世紀 80 年代應該是顯而易見的。但是隨着投資的增長和生產能力的改善,市場規模的擴張必將趨於緩慢。通常,在一個不存在超額需求的「古典競爭」狀態下,廠商規模的差異將會影響和改變市場的結構。規模經濟顯著的廠商將獲得更大的市場份額,要維持原來的均衡狀態就不再可能維持原有廠商的數量。換句話説,這時候,一部分甚至大部分廠商將因為廠商規模經濟的差異或由此導致的市場結構的變動而失去贏利能力,成為「虧損企業」。我認為,這一點可能對於我們理解中國工業企業在 20 世紀 90 年代所經歷的那種大規模虧損現象是很重要的。事實上,我始終感到好奇的是,為甚麼在我們的工業統計中總是存在着「虧損企業」這樣的統計項目?「虧損企業」似乎是中國工業(不僅是國有的)企業的一個重要的部門。

　　另外，差不多也就是在這個時候，原東京都立大學經濟學部的村上直樹教授開始與我進行個人的學術往來，通過他，我結識了很多日本的經濟學家和在日本工作的多位中國經濟學家。我在前文提到過，在此之前，我已注意到村上教授等人針對中國工業改革所發表的多篇研究論文。當時，村上教授、大琢啟二郎教授以及劉德強教授即將在牛津大學出版社出版他們的研究成果《中國的工業改革》，而我則有幸提前閱讀了這部著作的打印稿，並為該書中文版的出版進行了努力。

　　1998年年底，我在村上教授的幫助下獲得東京都立大學招募基金的資助，來到東京都立大學經濟學部與村上教授合作研究，並有了面對面地與日本著名的經濟學家大琢啟二郎教授討論中國問題的機會。這次訪問的結果之一是有了與村上教授和梁堅博士合作的那篇關於中國工業企業利潤率決定的英文論文。同時，我開始對度量中國工業企業的效率變動和規模經濟等問題產生了興趣，這成為我之後幾年的主要研究工作的重點。

　　我前面曾提到2000年6月，我應東京大學經濟學部的著名經濟學家中兼和津次教授的邀請到東京，參加了在東京大學舉行的一個關於中國國有工業改革的討論會。這次會議由美國匹茲堡大學的托馬斯·羅斯基教授、日本亞洲經濟研究院的今井健一博士[1]和我三人作為嘉賓發表演講，日本著名經濟學家石川滋教授

---

[1] 非常不幸的是，今井於2009年2月因故突然去世，年僅43歲。

也參加了會議並做了評論。會後，我和羅斯基教授在從東京去千葉拜訪日本「亞洲經濟研究院」新址的火車上就中國的工業改革有過一次長時間的對話，這次交談也讓我開始關注中國經濟的投資效率和資本形成的問題。

2000 年 9 月，我攜家人趕赴哈佛大學。作為燕京學社資助的客人，我在哈佛大學的主要研究工作就集中在有關中國的工業改革和經濟增長方面。我最好奇的問題依然是中國工業企業部門的利潤率下降模式，於是我又集中去研究了利潤率下降的問題。只是，這次我希望能把國有部門的利潤率的變動與我已經完成的國有企業虧損模式的研究結合起來。

的確，就當時的研究文獻而言，中國國有工業的財務表現和贏利能力在改革以後的惡化趨勢一直是備受關注的論題。中國工業部門（包括國有部門）的利潤率在改革後呈不斷下降趨勢，特別是在 20 世紀 90 年代以來持續惡化。一方面，經濟學家對國有企業的效率改進所進行的經驗研究越來越多；另一方面，90 年代以後國有工業部門又出現大規模虧損。這些現象使得工業企業部門的贏利問題變得更引人注目、更加有趣了。事實上，人們常常把這個問題簡單地概括為國有企業的利潤率下降與效率增進之間的「經驗」衝突。[1]

---

[1] 例如，在世界銀行的出版物《轉型》中，有一篇題為《中國的國有工業：生產力的提高與利潤率的下降之悖論》的文章。在中國，「悖論」習慣上被表述成「經濟效率」與「經濟效益」之間的不對稱。

　　當時已有的理論解釋可籠統地歸類為兩種思路。一種解釋基於國有企業的所有制或者體制低效率的論斷。持這類觀點的多是中國國內學者。簡單而言，這種解釋基本上是「科爾內主義」的翻版，它依照的是對國有企業的「定性」分析。[①] 所以這一解釋主要還停留在先驗的邏輯上，缺乏經驗的有力支持，比如，它無法面對利潤率的下降在非國有部門表現出同樣模式的經驗觀察。第二種解釋的思路則是經典的工業組織理論的翻版，其基調是，20世紀80年代以來，非國有企業特別是鄉鎮企業的大規模進入使市場競爭程度大大加劇，競爭必然動搖國有部門的壟斷地位，從整體上降低整個工業部門的平均利潤率。[②]

　　第二種解釋與中國工業部門利潤率的整體下降趨勢看起來似乎較為一致，但是這種解釋的經驗基礎並不牢靠。如果市場競爭持續導致工業部門的利潤率下降，那麼競爭自然也將成為企業虧損的主要原因，因為在邏輯上，虧損與利潤應呈反向變動的趨勢。所以，當我們說競爭導致利潤率持續下降的時候，也同時意味着競爭導致虧損的持續增長。因此，在經驗上，競爭假說不僅應該與觀察到的利潤率下降的趨勢相吻合，而且它也要能夠與我們所觀察到的國有部門自20世紀80年代以來的虧損變動模式基

---

① 本文把所有從科爾內的「預算軟約束」概念出發來解釋國有企業的低效率和財務績效的思路與方法統稱為「科爾內主義」。科爾內的理論見他的《短缺經濟學》等一系列著作文獻。

② 我的朋友、在倫敦大學亞非學院執教的盧荻博士於2000年對這兩種觀點及其相關文獻提供了一次出色的分析性評論。

本一致。可是實際上，國有部門（以及主要的工業行業）的虧損額和虧損企業的比重至少在整個 80 年代卻是與利潤率同時呈下降趨勢的。這也就是說，工業部門利潤率的持續下降在經濟自由化的初期階段並沒有伴隨企業虧損額和虧損企業數量的增長。從統計數據上看，1980−1988 年，國有部門的虧損額和虧損企業的比重沒有明顯的增長趨勢，甚至有所下降，但同一時期的利潤率卻持續下降。事實上，國有部門的虧損與利潤率之間的發展方向只是在 80 年代末以後才出現正常的反向變動趨勢。而上述第二種解釋（競爭假說）並沒有提供利潤率與虧損之間變動方式的任何追加信息。

我們認為，把工業改革以來中國國有部門利潤率的不斷下降趨勢與企業虧損模式的變化聯繫起來不僅是一個重要的經驗觀察，而且是所有試圖解釋中國工業利潤率下降模式時所不能忽視的一個理論要件。在理論上，我發現，協調利潤率和虧損兩者之間變動模式的一個關鍵因素是市場規模的擴張速度，或需求的增長率。把需求因素引入對利潤率下降和虧損模式變化的經驗觀察之中也是相當成功的。基於這些工作，我們發展了一個解釋中國國有工業利潤率下降模式的更好的理論。

按照這個理論，整個 20 世紀 80 年代中國國有部門利潤率的下降可以被解釋成非國有部門的「進入和競爭」侵蝕利潤的結果，但得益於需求的迅速擴張與市場規模的超常擴大，企業的虧損指標反而趨於下降而不是增加。而 80 年代末以來，隨着需求

增長的趨緩和市場需求的移動，市場結構和工業組織的變動開始導致行業內虧損企業的大幅度增加，從而也必然使得部門加總的利潤大幅度下降，因為在統計上加總部門利潤的方法是，一個部門的利潤總額等於該部門實現的全部利潤額減去該部門虧損企業的虧損額。因此，我們對國有工業利潤率下降模式的解釋是，由於需求的因素及其工業組織的變化，利潤率的下降在 80 年代主要是因為非國有部門的「進入和競爭」侵蝕了國有部門的利潤，而 90 年代以來利潤率更顯著的下降則主要因為自身虧損的大幅度增加。對利潤率下降模式的這一解釋不僅在理論上調和了利潤率與虧損之間的變動方向，而且還能夠更好地解釋中國工業的整體財務績效在 90 年代以後所顯示出來的一系列結構性的特徵。

我的這個假說在統計上得到了驗證。使用 1980−1998 年的時間序列數據，可以檢驗國有企業自身的虧損、來自非國有企業的競爭對國有企業部門的利潤率變化趨勢的影響方式。簡單地說，我們用 π 表示利潤率，用 x_1 表示國有虧損企業的比重。另外，我們把時間序列分成 1980−1987 年以及 1988−1998 年兩個時期，引進虛擬變量 D_1，將兩個時期的觀察值合併，用以估計以下回歸：

$$\pi = \alpha_{11} + \alpha_{12}\, D_1 + \beta_{11}\, x_1 + \beta_{12}\, (D_1\, x_1)$$

1980−1987 年：$D_1 = 0$　$\pi = \alpha_{11} + \beta_{11}\, x_1$

1988−1998 年：$D_1 = 1$　$\pi = (\alpha_{11} + \alpha_{12}) + (\beta_{11} + \beta_{12})\, x_1$

得到的回歸模型如下：

$$\pi = 14.942 \quad + \quad 0.291x_1 \quad - \quad 0.612\,(D_1\,x_1)$$

$$(1.677) \qquad\quad (0.113) \qquad\qquad (0.075)$$

$$(8.910) \qquad\quad (2.574) \qquad\qquad (-8.180)$$

$$R^3 = 0.924\,(adjR^2 = 0.914) \quad SE = 2.2975 \quad F = 97.074$$

該回歸強烈表示了兩個時期的影響是相異的，於是可導出兩個時期的回歸方程如下：

80 年代（1980－1987 年）：$\pi = 14.942 + 0.29\,x_1$

90 年代（1988－1998 年）：$\pi = 14.942 + (0.291 - 0.612)\,x_1$

$$= 14.942 - 0.321x_1$$

圖 7–3 直觀地顯示了兩個時期的回歸方程。不用說，一看就知道，這驗證了我的假說，國有企業部門在 20 世紀 90 年代的利潤率下降其實是因為虧損侵蝕了利潤。

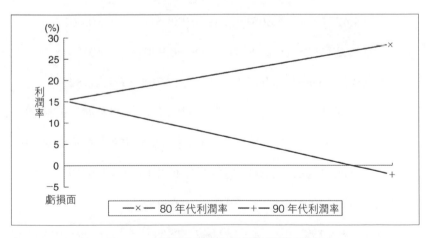

圖 7–3　利潤率—國有虧損企業比重回歸

當然了，來自非國有工業部門的競爭力量總是存在的。但我

的假説認為，這個競爭對國有企業的利潤率的影響在 20 世紀 90
年代大大削弱了。為了進一步證實這個説法，我們可以用 x_2 表
示非國有企業的進入比重（非國有工業總產值／工業總產值），並
用它作為來自非國有企業的競爭的指代，用與虧損指標相同的方
法來進行檢驗。也就是説，為了檢驗來自非國有企業的競爭力量
在 80 年代和 90 年代對國有企業利潤率的不同影響，我們利用時
間虛擬變量，設定如下模型：

$$\pi = \alpha_{21} + \alpha_{22} D_2 + \beta_{21} x_2 + \beta_{22} (D_2 x_2)$$

1980－1991 年：$D_2 = 0$　$\pi = \alpha_{21} + \beta_{21} x_2$

1992－1998 年：$D_2 = 1$　$\pi = (\alpha_{21} + \alpha_{22}) + (\beta_{21} + \beta_{22}) x_2$

得到的回歸結果為：

$$\pi = 39.049 \quad + \quad 25.548\, D_2 \quad - \quad 0.659 x_2 \quad + \quad 0.501\, (D_2 x_2)$$

$$(3.427) \qquad (8.865) \qquad\quad (0.095) \qquad\quad (0.162)$$

$$(11.394) \qquad (-2.882) \qquad (-6.970) \qquad (3.104)$$

$$R^2 = 0.904 \,(adj R^2 = 0.884) \quad SE = 2.6708 \quad F = 46.825$$

回歸結果顯示，競爭在兩個時期對國有企業的利潤率的影響力
度的確是不同的。顯而易見，在 80 年代競爭對國有企業的利潤率
下降的解釋能力更強。於是，這就可以推出兩個時期的回歸方程：

80 年代（1980－1991 年）：$\pi = 39.049 + 0.659\, x_2$

90 年代（1992－1998 年）：$\pi = (39.049 - 25.548) + (-0.659 + 0.501)\, x_2$

$$= 12.239 - 0.144\, x_2$$

我們把這個結果展示在圖 7－4 中。

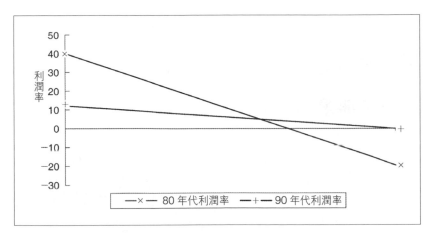

圖 7- 4 競爭在 20 世紀 80 年代和 90 年代對利潤率的不同影響

在我於 2001 年 9 月離開哈佛前的最後兩個月裡,布蘭代斯大學的謝千里教授與我幾乎每週一次在哈佛的費正清中國研究中心見面,討論中國工業企業的技術開發問題。我在他給予我的一部分資助下去熟悉了關於「研究與開發」的大量文獻。羅斯基教授還在這期間邀請我前往賓夕法尼亞州的匹茲堡大學經濟系報告我那篇關於工業企業利潤率變動模式的論文。2001 年 11 月,在英國的威爾頓莊園舉行的「中國的經濟與企業改革」國際會議上,我則簡短地報告了那篇關於國有企業利潤率決定的論文。

2003 年 9–12 月,我受聘在韓國慶北國立大學經濟通商學院執教一整學期。在教學之餘,我利用相對充裕的時間,完成了積累多年的一篇關於全要素生產率的文獻綜述的論文。同時,我在 2003 年出版了一本著作——《中國的工業改革與經濟增長:問題與解釋》,算是對五六年來研究中國工業改革的一個小結。

第 八 章

浦東開發

　　4 月 18 日是浦東開發的紀念日。2018 年的 4 月 18 日迎來浦東開發開放 28 周年。那麼作為紀念日的 4 月 18 日是怎麼確定的呢？要回答這個問題，我們要回到 1990 年春節。

　　1990 年，鄧小平又來上海過年。在這之前，他已經連續兩次來上海過年了。實際上，從 1988 年到 1994 年，鄧小平連續七次在上海過春節。1997 年 2 月 19 日鄧小平在北京逝世，享年 93 歲。

　　1990 年鄧小平在上海過年期間，談到了浦東的開發問題。人民網上曾經發表了余亦青的一篇關於朱鎔基進京工作的文章①，文中記述了鄧小平 1990 年和 1991 年在上海過年時就浦東開發問題與朱鎔基談話的一些細節。文中有這麼幾段文字：

---

① 參見余亦青：《揭秘：鄧小平如何力排眾議扶植「黑馬」朱鎔基》，載人民網，2015 年 12 月 17 日。

　　1990 年 1 月 20 日，鄧小平離開北京前往上海。這是進入 20 世紀 90 年代後他的首次外出視察。大年初一的上午，時任中共上海市委書記、市長的朱鎔基來給鄧小平拜年。兩人的話題很快落到了浦東的開發建設上。自從改革開放以來，深圳的經濟改革如火如荼，上海卻一直舉步不前。朱鎔基等市委主要領導認為，上海目前的選擇只有一個，就是搞深圳的經濟特區。但此前，由於種種原因，上海一直不敢跟中央提像深圳一樣搞改革開放。這一次，朱鎔基也是委婉地跟鄧小平說，浦東開發建設的報告不理想，不敢報。鄧小平的回答是，應該趕快給中央報，「不用怕，報嘛」。

　　過完春節後，朱鎔基再一次得到鄧小平的鼓勵：「我一貫主張膽子要放大，這十年以來，我就是一直在那裡鼓吹要開放，要膽子大一點，沒甚麼可怕的，沒甚麼了不起。因此，我是贊成你們浦東開發的。」鄧小平又說：「你們要多向江澤民同志吹風。」當時，江澤民已由上海市委書記出任中共中央總書記，朱鎔基接棒成為上海市委書記兼市長，不過，也正因為這層關係，讓上海向中央要政策不太好意思，怕兄弟省份有意見。

　　鄧小平決定親自去做工作。1990 年 2 月 17 日，他回到北京後，對政治局的領導說：「我已經退下來了，但還有一件事要說一下，那就是上海的浦東開發，你們要多關

心。」「江澤民同志是從上海來的，他不好說話。我本來是不管事的，我現在要說話，上海要開放。」

當天下午，國務院總理李鵬就讓國務院副秘書長何椿霖給朱鎔基打了電話，講了一些浦東改革開放要注意的問題，建議出一個書面報告。朱鎔基回答說，上海的報告已經討論了兩三個月，總是不太滿意，要催的話，今天晚上他就加班弄好。

朱鎔基果然當晚就改好了報告，第二天就送給何椿霖。此後，朱鎔基向中央領導不斷遊說：「我們現在希望增強中央下決心的力量，批准我們這個報告。」他還代表上海保證，會為全局做貢獻，「讓上海真正在全國一盤棋中做出他應有的貢獻，我們有這個決心。」

1990 年 3 月 3 日，鄧小平再次找到江澤民、李鵬等中央負責同志：「要用宏觀戰略的眼光分析問題，拿出具體措施。機會要抓住，決定要及時。」「比如抓上海，就算一個大措施。上海是我們的王牌，把上海搞起來是一條捷徑！」

就這樣，在鄧小平的敦促之下，1990 年 4 月 10 日，中共中央終於召開了政治局會議，通過了浦東開發開放的決定。4 月 18 日李鵬總理親自到上海宣佈這一決定，中央同意浦東實行經濟技術開發區和某些經濟特區的政策。4 月 18 日就成了浦東開

發的紀念日。

1990 年 5 月 3 日下午，在浦東的浦東大道 141 號，上海市人民政府浦東開發辦公室和浦東開發規劃研究設計院正式掛牌，時任中共上海市委書記、上海市市長的朱鎔基出席掛牌儀式。

開發浦東的緣起

浦東是指上海黃浦江以東地區，南臨杭州灣，東北抵長江口，西靠黃浦江，總面積約 2000 平方公里。在租界時期的上海，浦東顯然是被遺忘的地區。但是，有意思的是，偉大的革命先驅孫中山與浦東有着不解之緣。除了其夫人宋慶齡出生在浦東並在浦東長大之外，根據唐國良主編的《辛亥革命中的浦東人》，由孫中山先生 1905 年創建的中國革命同盟會中就有浦東新場的葉漢丞，周浦的夏允麟和王一亭，川沙的黃炎培，高行的葉惠鈞、曹成甫以及高橋的李平書等。[①]

1919 年，孫中山在其《實業計劃》一書的第二計劃第一章中提出設想，應該在長江口附近的浦東地區建設東方大港，改造上海舊港，使上海成為面向世界的航運中心。非常難得的是，在文中，孫中山還製作了一幅用中英文註釋的「計劃圖」，圖中還有

① 參見唐國良主編：《辛亥革命中的浦東人》，上海：上海社會科學出版社，
　2011 年。

「高橋」「浦東」等字眼。因此，也可以毫不誇張地說，浦東開發早在近一百年前就被孫中山設想過了。

在改革開放以後，特別是進入 20 世紀 80 年代，浦東的開發就開始受到民間人士的關注。來自民間的研究也開始多了起來。

2016 年 9 月 13 號的《東方早報》發表了一篇介紹 20 世紀 80 年代關於開發浦東的民間研究的文章，提到了一些細節。例如，文中提到，1980 年 2 月，上海市建委的簡報《基建情況》上登載了上海城市規劃局的工程師陳坤龍關於在浦東地區建設新市區的建議。陳坤龍提出上海應該把浦東開發起來，建設新城。同年 10 月，上海社科院的《社會科學》月刊發表了陳坤龍的文章《向浦東廣闊地區發展》，明確提出了「把浦東地區建設成為上海新城」的觀點。上海市城市經濟學會的易新也在《社會科學》第 6 期上發表了《在浦東沿江建立新的市中心 —— 要在 6100 平方公里上做大文章》，不約而同地提出在浦東沿江建設新的市區中心城市的想法。[1]

另外，在 1981 年上海市政協五屆三次會議上，政協委員、城建專家、同濟大學教授殷體揚提交了《建議籌設開發浦東建設和規劃機構》的提案；同時，政協委員陸子芬、俞穎生提出了《請積極準備建立浦東新區，建設成為新型國際城市楷模》的提案，

---

[1] 參見謝國平：《上世紀 80 年代開發浦東的民間研究》，載《東方早報》，2016 年 9 月 13 日。

還有政協委員李立俠、姜慶湘等的提案《引進外資建設浦東發展上海經濟》。

1983 年，上海社科院部門經濟研究所副所長陳敏之領銜的「上海經濟發展戰略研究」被列入全國哲學社會科學「六五」規劃重點項目，該課題提出應當把開發浦東提到上海城市發展戰略的議事日程上來，並且應當佔有重要地位。設想將浦東建設成上海的政治中心，同時輔之以文化中心、教育中心、科技中心和信息中心，而不僅將浦東視為市區的延伸輔助地帶。即使以今天的眼光來看，這也是相當超前和大膽的想法。

不可否認，民間關於開發浦東的呼聲之所以頻頻出現，並不是因為這些研究者站在了國家戰略的層面來考慮，而主要是從解決上海面臨的實際困難出發的。當時的上海在基礎設施，特別是老百姓的居住條件上面臨非常困難的局面，其中最為糟糕，也是最為出名的是居民的住房與生活條件長期得不到改善。朱鎔基在 1988 年走上市長崗位時曾經說過這樣的話，他說作為市長現在一天要收到一百多封人民來信，都是講糞便橫溢、垃圾成堆、交通擁擠和住房緊張的。這就是那個時候上海這座大城市的現狀。針對這個狀況，老市長汪道涵也說過很坦誠的話，作為市長，他說是對得起中央的，因為上海為全國貢獻了 1/6 的稅收，但是卻對不起上海的百姓，因為實在沒有錢來改善居住條件。

在這個背景下，1984 年，上海市政府終於在制訂的《上海經

濟發展戰略彙報提綱》中首次正式提出開發浦東的想法。[1]1987
年 5 月，多次呼籲開發浦東的美籍華裔建築學家林同炎[2] 專程訪
華，受到中央領導接見。6 月，在中央領導的建議下，成立由中
外專家組成的開發浦東聯合研究諮詢小組，也稱六人小組。中方
組組長上海市副市長倪天增，外方組組長林同炎，總顧問是汪道
涵。小組在規劃、融資、土地及綜合發展方面組織研究力量開展
研究，提供思路和規劃，並最終在 1988 年 4 月形成了《上海浦東
新區總體規劃》的研究報告。[3]

1988 年 5 月 2 日，上海市政府在西郊賓館召開了著名的「開
發浦東新區國際研討會」，聽取國內外專家學者的意見與建議。
江澤民和朱鎔基都出席了會議。會上很多中外專家都無一例外提
出要將浦東的建設和規模放到更高層次上。例如，美籍華裔橋樑
和建築專家林同炎的團隊提出，浦東從陸家嘴十平方公里開發建
設起步需要五億美金左右。

我前面提到了，1990 年春節在鄧小平的強烈建議和鼓勵下，

---

① 其實，20 世紀 80 年代初，對究竟是開發浦東還是開發別的地方是有爭論的。
也就是說，是北上、南下、西移還是東進，是有些不同看法的。例如，著名的
馬克思主義經濟學家于光遠在當時就主張開發金山並給出了理由。

② 林同炎，美籍華人，著名建築學家。福建福州市人。原名林同棪，後接受茅以
升的建議將「棪」改為「炎」。1967 年，他當選為亞裔第一位美國國家工程科學
院院士，1996 年當選為中國科學院外籍院士。

③ 關於「浦東新區」的命名，1986 年國務院批的上海城市總體規劃還叫「浦東地
區」。浦東總體規劃方案中最初也是叫「浦東地區」。「新區」是後來想出來的，
為的是有別於特區，也有別於經濟開發區。所謂「不特而特」，反而更容易利用
特區和開發區的政策。

1990 年 2 月 26 日，中共上海市委、上海市政府正式向中共中央、國務院提交了《關於開發浦東的請示》。^①

浦東開發得到中央批准之後，鄧小平一直很關注。1991 年 1 月 28 日，鄧小平又到上海來過年。他在聽取朱鎔基彙報時再次談到浦東開發。鄧小平說：「那一年確定 4 個經濟特區，主要是從地理條件考慮的……沒有考慮到上海在人才方面的優勢。上海人聰明，素質好，如果當時就確定在上海也設經濟特區，現在就不是這個樣子……開發浦東，這個影響就大了，不只是浦東的問題，是關係上海發展的問題，是利用上海這個基地發展長江三角洲和長江流域的問題。」^②

1991 年 2 月 18 日，農曆大年初四，鄧小平一家登上了上海的新錦江大酒店 41 層的旋轉餐廳眺望上海市區的面貌，鄧小平回頭跟身旁的朱鎔基說：「我們說上海開發晚了，要努力幹啊！」朱鎔基向鄧小平講了浦東「金融先行」的一些想法和做法。鄧小平回應說：「金融很重要，是現代經濟的核心。金融搞好了，一着棋活，全盤皆活。上海過去是金融中心，是貨幣自由兌換的地方，今後也要這樣搞。中國在金融方面取得國際地位，首先要靠

---

① 這些細節出自參與者的會議。中共上海市委黨史研究室、上海市現代上海研究中心編著了一本《口述上海　改革創新（1978–1992）》的書，《東方早報·上海經濟評論》2016 年 8 月 30 日以「浦東開發的準備、研究和早期開發」為題部分轉載，口述者為當年浦東開發研究諮詢小組的成員李佳能。

② 參見 2012 年 2 月 20 日新華社發表的《從春天再出發 —— 記鄧小平南方談話 20 周年》的長篇通訊文章。

上海。那要好多年以後，但現在就要做起。」也就是在這個場合，
鄧小平說了那個著名的「三個一點」的話：希望上海人民思想更
解放一點，膽子更大一點，步子更快一點。

朱鎔基後來在全市幹部會議上傳達了鄧小平的這次講話精
神，並在會上明確提出開發開放浦東是首要任務，為此需要推進
上海的各項改革。他甚至化用曹操的話說：「何以解憂，唯有改
革」，稱 1991 年是上海的「改革年」。

朱鎔基說的 1991 年是改革年這個話在當時的政治氣氛下影
響很大。1991 年 2 月 15 日，上海的黨報《解放日報》以社論的
形式非正式地傳達了鄧小平在上海講話的思想和觀點，並連續發
表 4 篇署名「皇甫平」的文章。在其中一篇名為《改革開放需要
大批德才兼備的幹部》文章中，作者寫有這樣的話：「有的同志
『兼資文武此全才』，既能雄辯滔滔，又能衝鋒陷陣，那更是人才
難得，求之不得。」

這個「皇甫平」當然是筆名，其實就是當時《解放日報》的副
總編周瑞金以及上海市委政策研究室的施芝鴻和《解放日報》評
論部的凌河三人。他們根據鄧小平在上海的談話精神，以「皇甫
平」為筆名在《解放日報》頭版發表了這個系列文章，大膽呼籲
思想解放和改革開放。在 1989 年的政治風波之後，這樣的改革
呼籲引發思想界的交鋒，是可以預料的後果。

第二年，88 歲的鄧小平不顧年邁，不辭辛苦，從北京一路
南下，經武昌，到珠海和深圳，最後回到上海過年，發表了著名

的南方談話，向全國明確提出「三個一點」，打破了「姓資姓社」
套在人們頭腦中的枷鎖。因此，圍繞朱鎔基產生的這場爭論及
「皇甫平」的這個系列文章也成為鄧小平 1992 年南方談話的先
聲。而正是鄧小平的南方談話最終打破了長期困擾我們經濟發展
政策的關於「姓資姓社」的僵化思想的沉重枷鎖。

早期的特惠政策和浦東的組織架構

　　1990 年 4 月 30 日，上海市人民政府舉行了關於浦東開發的
新聞發佈會，會上朱鎔基市長宣佈了開發浦東的十項優惠政策和
措施。這些政策大概要點如下：

　　(1) 區內生產性的「三資」企業，其所得稅減按 15% 的稅率
計徵；經營期在十年以上的，自獲利年度起，兩年內免徵，三年
減半徵收。

　　(2) 在浦東開發區內，進口必要的建設用機器設備、車輛、
建材，免徵關稅和工商統一稅。區內的「三資」企業進口生產用
的設備、原輔材料、運輸車輛、自用辦公用品及外商安家用品、
交通工具，免徵關稅和工商統一稅；凡符合國家規定的產品出
口，免徵出口關稅和工商統一稅。

　　(3) 外商在區內投資的生產性項目，應以產品出口為主；對
部分替代進口產品，在經主管部門批准，補交關稅和工商統一稅

後，可以在國內市場銷售。

（4）允許外商在區內投資興建機場、港口、鐵路、公路、電站等能源交通項目，從獲利年度起，對其所得稅實行前五年免徵，後五年減半徵收。

（5）允許外商在區內興辦第三產業，對現行規定不准或限制外商投資經營的金融和商品零售等行業，經批准，可以在浦東新區內試辦。

（6）允許外商在上海，包括在浦東新區增設外資銀行，先批准開辦財務公司，再根據開發浦東實際需要，允許若干家外國銀行設立分行。同時適當降低外資銀行的所得稅率，並按不同業務實行差別稅率。為保證外資銀行的正常營運，上海將盡快頒佈有關法規。

（7）在浦東新區的保稅區內，允許外商貿易機構從事轉口貿易，以及為區內外商投資企業代理本企業生產用原材料、零配件進口和產品出口業務。對保稅區內的主要經營管理人員，可辦理多次出入境護照，提供出入境的方便。

（8）對區內中資企業，包括國內其他地區的投資企業，將根據浦東新區的產業政策，實行區別對待的方針。對符合產業政策，有利於浦東開發與開放的企業，也可酌情給予減免所得稅的優惠。

（9）在區內實行土地使用權有償轉讓的政策，使用權限 50 年至 70 年，外商可成片承包進行開發。

（10）為加快浦東新區建設，提供開發、投資的必要基礎設施，浦東新區新增財政收入，將用於新區的進一步開發。

除了這十項政策之外，1992 年 3 月 10 日，時任上海市市長黃菊在市政府新聞發佈會上說，國務院又給浦東新區新增五項優惠政策，擴大五類項目審批權限，增加五個方面的資金籌措渠道（簡稱「52111」）。據說，從 1992 年到 1995 年，每年可增加 40 億元左右的資金。①

除了中央給予浦東的優惠政策之外，上海也出台了浦東開發開放的地方法規。1990 年 9 月 10 日，國務院有關部門和上海市政府向中外記者宣佈了《上海外資金融機構、中外合資金融機構管理辦法》《關於上海浦東新區鼓勵外商投資減徵、免徵企業所得稅和工商統一稅的規定》等九個法規文件。1991 年 9 月 18 日，上海市人民政府又公佈了三個新的行政法規，即《鼓勵外地投資浦東新區的暫行辦法》和關於外高橋保稅區進出海關和外匯管理的兩個《施行細則》。

順便說一下，今天我們所說的浦東新區其實是在 1992 年成立的。在中央宣佈浦東開發的時候，浦東還不是上海市委市政府的派出機構。實際上，1990 年 4 月 30 日上海市政府宣佈成立的還只是上海市浦東開發領導小組，掛牌設立的是浦東開發辦公室和浦東開發規劃研究設計院，還不是新區政府。

① 參見《解放日報》，1992 年 3 月 11 日。

　　隨後，在 1990 年 9 月 11 日，開發浦東的三個主力的開發公司，也就是外高橋保稅區開發公司、陸家嘴金融貿易區開發公司和金橋出口加工區開發公司組建完畢，正式掛牌成立。1992 年 3 月 10 日，浦東的外高橋保稅區管委會也正式成立了。也就是說，從 1990 年至 1992 年，從組織架構來看，浦東開發是由浦東開發領導小組直接領導的，三大開發公司為主力，浦東開發辦負責協調有關區縣政府和市政府的各委辦局。這個組織架構顯然是過渡性的，不可長期維持，需要盡快組建更高級別的政府機構才能適應浦東開發的規模和力度。最終在 1992 年 11 月，經國務院批准，在上海原楊浦、黃浦、南市區浦東部分、川沙縣以及上海縣部分地區的基礎上，正式成立了浦東新區。1993 年 1 月 1 日，浦東新區黨工委、浦東新區管委會掛牌成立，作為上海市委市政府的派出機構行使對浦東新區的區域管理。

　　還回到政策層面的問題。儘管國務院同意了浦東可以實行上述優惠政策，可是這些政策如何做得好對浦東來說並不容易。好在深圳和南方的特區已經先走了一步，上海可以學習其他特區的經驗。這就是所謂上海的「後發優勢」吧。我前面提到過，鄧小平 1991 年在上海過年時就曾經說過這樣的話，意思是上海雖然開發晚了，但也有好處，可以學習和吸取深圳的經驗與教訓。

　　1990 年的 5 月下旬，時任上海市副市長、浦東開發領導小組組長的黃菊帶着一批人赴南方考察取經。據時任浦東開發辦政策研究室主任、上海市陸家嘴集團公司（開發公司）總經理的王

安德回憶說：「從 5 月 25 日到 6 月 7 日，我們跑遍廣東、福建兩省裡面的全部經濟特區和沿海開放城市，有深圳、珠海、汕頭、廈門四個經濟特區及七個沿海開放城市，工廠企業 35 家。這些沿海城市有很多好的經驗，我們白天訪問、參觀、聽介紹，晚上所有人到黃菊的房間開會。針對白天的內容，每個人要發表自己的意見，哪些東西是值得借鑒的、哪些東西是可以複製的、哪些不行，上海可以做甚麼。每天晚上都是如此，非常緊張。在最終形成的考察報告中，專門有一部分提出了需要深入研究的幾個問題，也就是在浦東開發過程中，需要浦東借鑒和解決的問題。事實上，日後的一些政策雛形相當一部分是出自這裡。」①

　　南方的考察對於上海更好地把握開發浦東的政策力度和操作方向起到了重要的作用。比如，浦東和上海怎麼樣用優惠政策發展外向型經濟，對接全球產業鏈，考察帶來的啟示幫助浦東在政策上決定實行所謂的「三為主」的政策，也就是以「三資」企業為主、以出口為主、以參與國際市場競爭為主。

　　另外，基於南方考察的經驗和認識，上海意識到必須培育市場體系，建立和完善包括證券、資金、技術、房地產、勞務、生產資料等要素市場，要使要素在浦東能夠聚集，產生巨大的市場能量。

　　把金融做大是關係到浦東開發能否成功的決定性因素。浦

---

① 參見王安德口述、任姝瑋文：《其實，浦東開發起步更早》，載《浦東開發》，2013 年，第 2 期。

東開發的資金需求量很大，如何解決融資的問題非常現實。考察讓上海認識到，要建立更多的地方非銀行金融機構對投資進行融資，同時要允許和鼓勵各商業銀行在浦東設立分行，把金融做大至關重要。

關於早期開發，特別是基礎設施投資的資金來源問題，顯然是要多渠道籌集。浦東基礎設施建設的開發資金，大概包括了以下幾個渠道：(1) 土地批租收入。(2) 市政府統籌解決的東西聯動項目投資資金。(3) 中央對浦東開發開放的財政信貸支持。(4) 國家有關部門參與部分項目投資。(5) 發行債券和舉借外債所籌措的資金，其中有很多融資機制的創新嘗試，如採用 BOT 方式吸引內外資建設、經營延安東路越江隧道複線等具有一定營利性的基礎設施項目。(6) 開發公司以一定比例的資本組建股份公司，大量吸收企業社會個人的資金使資金總量迅速增長。1992年陸家嘴、金橋、外高橋等開發公司相繼組建了股份公司，並在境內外證券市場上市，資本總量空前擴大，浦東概念股成為境內外注目的熱點。(7) 加快擴大浦東新區稅基，增加政府的財政收入。[1]

關於土地批租，是通過組建政府的開發公司進行的。其基本做法是，由政府規範土地一級市場、放開土地二級市場，形成所謂的「資金空轉，批租實轉，成片開發」的開發模式。「資金空

---

[1] 參見陳高宏：《浦東開發開放的戰略實踐》，原載《浦東時報》，2017 年 7 月 7 日。這裡引自搜狐財經 2017 年 7 月 10 日。

轉，批租實轉」的含義是，先由市財政局按土地出讓價格開出支
票給開發公司，作為政府對企業的資本投入並由工商局驗證；開
發公司再將支票背書付給市土地局簽訂土地使用權的出讓合同，
並同樣經工商局驗證；市土地局出讓土地使用權以後，從開發公
司所得到的背書支票再全部上交市財政局；市財政局將土地收入
的 4‰ 歸中央，上交給國家財政。這樣財政投入只是一紙撥款憑
證，空轉了一圈又回到財政，所以是地道的空轉；而土地則是實
實在在地到了開發公司手裡，這是實轉。土地空轉與土地劃撥的
最大區別在於，劃撥的土地不能有償轉讓、出租和抵押，而空轉
到手的土地，卻能夠經過國有公司開發後，進入土地二級市場，
通過以地合資、以地集股、以地抵押和以地招商等方式，使土地
資本與國內外金融資本、社會資本相結合，大規模地籌集資金。
截至 1999 年底，政府以「空轉」的形式，向重點開發公司成片出
讓土地 23 幅，出讓面積 61.589 平方公里，折算為政府的資本投
入 61.5 億元，使開發公司吸納 200 多億元的土地合資開發資金、
120 億元的土地轉讓收入，吸引 800 多家中外合資房地產公司和
總量約 400 億元的房地產開發資金。[①]

　　上面談到浦東開發的資金來源問題時提及「東西聯動」項目
資金這個概念，這是個有意思的想法。因為這說明浦東開發伊
始，浦東就與浦西聯動。關於這個問題，我當面請教過曾經在

---

① 這個解釋也是來自陳高宏的文章《浦東開發開放的戰略實踐》。

1992－1998 年擔任浦東新區管委會主任的趙啟正。2018 年 5 月
15 日下午，趙啟正應邀在復旦大學為學生們做了關於浦東開發
28 周年的講座。我也參加了那場講座，使得我有機會當面問他
這個問題。他認為這是浦東開發的一個重要思路，也是浦東開發
成功的一個重要因素。那麼，這個聯動想法是怎麼產生的呢？

這個問題最初應該是來自開發早期政策上對內資和外資待
遇的討論，這也是深圳等南方特區曾經面臨的比較困惑的問題。
深圳的早期開發好時機上也不得不依靠「內資」的支持。這個早
期的現象甚至引發了諸多批評。但是在早期吸引外資流入特區
或開發區並不是一件容易的事，所以一開始就要面臨對內資的政
策問題。

王安德在回憶文章中提到這樣一個細節：「記得在市委討論
的時候，我就說了自己對招商引資的認識：內資不來，外資不會
來。內資領頭來，外資跟着來。我說了這個觀點後，邦國同志
問：『你說慢點，甚麼意思？』我就說了：『從大量的實際接觸中
發現，外資是在看我們的內資動不動，中央機構動不動。所以內
資不來，外資不會來。如果內資領頭來，外資會跟着來。』市裡
領導肯定了這個觀點。我們在浦東開發的初期就提出了浦東開
發要打中華牌、打世界牌的十六字方針：開發浦東，振興上海，
服務全國，面向世界。這句話把浦東浦西、上海全國、中國國際
之間的關係講透了。浦東是主戰場，開發浦東把整個上海都帶動
了，和全國的關係是服務全國，在服務全國的時候必須記住浦東

是面向世界的。十六個字有非常深的內涵。浦東開發的第一批人，人人都能講出這十六字綱要。」

土地批租在上海的起源

浦東的開發，土地批租當然立下汗馬功勞。但土地批租並非始於浦東開發。實際上，土地批租的試驗早於浦東開發，是在 20 世紀 80 年代中期，而且被認為是上海的創新之舉。

對上海而言，在土地批租上的突破純屬財政困難倒逼出來的。在 20 世紀 80 年代初，上海依然把 85% 的財政收入上繳中央，佔了全國財政收入的 1/6。以 1983 年來說，上海的財政收入是 156 億元，上繳中央 131 億元，上海沒有財力來改善城市的基礎設施和居民的生活空間。這個問題困擾了上海的汪道涵等主要領導。而那個時候，在廣東，不僅上繳中央財政相對較少，而且由於開放政策先行一步，財政收入獲得較快增長；相比之下，上海自己可以支配的財力實在捉襟見肘，遠遠無法滿足經濟發展和城市改造的巨大資金需求。

在這個情況下，上海市委市政府開始關注土地問題，尋找可能的突破。土地是國家所有的，《中華人民共和國憲法》第十條第四款明確規定，「任何組織或者個人不得侵佔、買賣、出租或者以其他形式非法轉讓土地」。可是在 20 世紀 80 年代初，隨着

企業改革，特別是「利改稅」之後，人們發現由於佔有的土地的區位不同，企業之間的經營收入可能並不真正反映其經營狀況和競爭力，一些幸運的企業可能因為佔有的土地區位優良，形成的所謂「級差地租」掩蓋了企業在經營和競爭力上的缺陷。這些現象在當時變得越來越明顯，引導人們去思考土地的級差收入應該歸誰的問題。這當中，上海的一些高校、社會科學院與政府的研究部門開始組織一些理論的研究，主要是希望從馬克思主義政治經濟學的地租理論中尋找突破土地免費使用和不能出租的線索。

在這裡，復旦大學經濟系的老系主任張薰華教授做出了傑出的貢獻。張薰華教授 1921 年出生於江西九江，今年已經 97 歲高齡了。我進入復旦大學經濟系讀書時，張教授是系主任。張教授是中共地下黨，在上海解放時參加了解放軍接管復旦大學的工作。復旦大學校史館還保留着 1949 年 7 月 29 日由陳毅和粟裕簽署的授予張薰華等同志復旦大學「校務委員並兼常務委員」的「委任狀」。

張薰華教授畢生研究馬克思的《資本論》，對馬克思主義經濟學有創造性的貢獻。著有《〈資本論〉提要》（三冊）、《〈資本論〉中的再生產理論》、《〈資本論〉脈絡》、《〈資本論〉中的數量分析》、《生產力與經濟規律》、《土地經濟學》、《交通經濟學》等作品。其中三卷本《〈資本論〉提要》已發行數萬冊。《〈資本論〉脈絡》和《生產力與經濟規律》在我讀大學的年代就在我們學生當中十分流行，深得學生們喜愛。至今仍為很多高校經濟學科的必讀教材。張薰華教授對馬克思的地租理論所作的開創性研究催生

了中國改革開放後的「土地批租」政策，為中國土地批租制度的建立提供了理論依據。

那麼，張薰華教授關於「土地批租」的論文是甚麼時候寫出來的呢？是 1984 年。張薰華教授在被訪談到這個問題時回憶道：「黨的十一屆三中全會後，鄧小平同志多次指出要尊重社會經濟發展規律，按經濟規律辦事。於是，我結合自己對馬克思主義經濟學的理解和認識，撰寫了一篇論文，題目是『論社會主義經濟中地租的必然性』。我的主要觀點是，土地的有償使用關係到土地的合理使用和土地的共有權問題。土地屬於國家，其所有權要通過地租實現，級差地租應該成為國家的財源之一。1984 年港澳經濟研究會成立大會上，我提交了這篇論文，隨後發表在《中國房地產》第 8 期上。沒想到，這篇文章很快引起了有關部門的重點關注。」[①]

由於這篇文章的發表，1985 年初，上海市委研究室專門派人到復旦大學拜訪了張薰華教授，並約請他再寫一篇文章，特別是就上海的有償土地開發思路提供理論依據。張教授欣然答應，於是就有了《再論社會主義商品經濟中地租的必然性 —— 兼論上海土地使用問題》一文，刊登於上海市委研究室的《內部資料》第 6 期上（1985 年 1 月 21 日印發）。文章明確指出，「土地的有

---

① 參見張薰華口述：《馬克思主義地租理論的傳承與實踐》，見上海市委黨史研究室編：《破冰：上海土地批租試點親歷者說》，上海：上海人民出版社，2018 年，第 321–322 頁。

償使用關係到土地的合理使用和土地的公有權問題。級差地租應該為國家的財源之一，港澳的租地辦法可以採用」。

張薰華教授的這篇文章很快又受到了中共中央書記處研究室的高度關注，並建議稍做修改與補充，完稿後於 1985 年 4 月 10 日在內刊《調查與研究》第 5 期上刊出。刊出時的標題改為了《論社會主義商品經濟中地租的必然性》。當時，中央的這個刊物在全國各省市領導機關都可以看到，所以影響非常大。所以，張薰華教授不愧是為中國土地批租制度提供理論依據的最重要的代表人物。

張薰華教授的文章引起了上海市委市政府領導的重視。於是上海市委研究室開始組織更多的學者進行專題研究，當時參與研究工作的還包括了復旦大學經濟系的多位教師和市委研究室的研究人員。後來張薰華教授與上海市委研究室合作編寫出版了或許是國內第一部《土地經濟學》的著作，這本書後來甚至在很多高校成為教科書。

與此同時，為了更好地推動土地批租的試點，上海不僅率先把土地管理與房屋管理的職能分開，成立了土地管理局，而且還成立了批租辦公室。上海的市、區兩級土地管理機構開始組織對城鄉土地進行普查、勘丈、確權、登記和發放土地證的工作，建立了較為完整的地籍檔案和規範的地籍管理系統，成為上海開展土地批租試點及大規模推行土地有償使用制度改革的基礎工作。

另外為了更好地學習香港土地批租的經驗，1986 年 8 月，

上海派出由 11 人組成的考察團赴香港考察，進一步了解香港土
地批租的特點、房地產市場發展的經驗教訓、上海試行土地批租
需要具備的條件以及聽取香港方面關於如何吸引外商來上海租地
經營的建議等。後來上海還聘請了梁振英、簡福飴、劉紹鈞、羅
康瑞等七位香港專業人士擔任上海土地批租的諮詢顧問。

　　由上海市委黨史研究室編輯的一部關於上海土地批租試點的
口述史《破冰：上海土地批租試點親歷者說》收錄了當年參與土
地批租的研究與試點工作的有關人士的回憶錄，提供了 20 世紀
80 年代中後期上海進行土地批租試驗的非常寶貴的歷史資料。[①]

　　從這本書中，可以看到上海在土地批租試點方面做了大量創
新的工作。除了理論上的研究之外，上海在土地批租試點的方向
上提出以向國際出讓為主要方向，以國際招標為試點起步方式，
且出讓金收取外匯，盡可能參照國際慣例進行試點。在政策實施
步驟上大膽提出將綜合性行政規章作為試點的起步，以後再陸續
出台配套制度。由點開始，點、片、面結合，有計劃地分期試行
土地批租。在試點地塊的選擇上，明確提出從熟地入手的原則，
通過對遴選出的 21 個地塊進行比對，選擇規劃較為成熟、基礎
設施相對完善、前期墊付資金比較容易解決的虹橋經濟技術開發
區（26 號地塊）作為起步試點區。這些做法使得上海的土地批租
試點一舉成功。之後很快就把土地批租試點擴大到了虹橋 28－C

---

① 參見張薰華口述：《馬克思主義地租理論的傳承與實踐》，見上海市委黨史研究
　室編：《破冰：上海土地批租試點親歷者說》，第 321－322 頁。

地塊和協議出讓了第一塊工業用地，即漕河涇齊來工業城。

另外，上海的土地批租試點工作始終在中央、國務院的領導下以及國務院特區辦、建設部、國家土地管理局等有關部門的指導下進行。根據上海市委黨史研究室助理研究員、《破冰》副主編嚴亞南說，「1986 年 10 月，在完成《關於上海試行出租土地使用權辦法的初步設想》後，上海市委原書記芮杏文即要求抓緊做好向中央、國務院領導的彙報準備工作；11 月 24 日，來滬視察的時任中共中央總書記胡耀邦對上海試行此項改革表示支持，對於改革中可能出現的問題，亦表示可以嘗試和探索。1987 年 7 月 7 日，國務院特區辦在上報中央領導同志的《關於選若干點試行土地使用權有償轉讓的建議》中提出：在上海、天津、廣州、深圳等地試行土地批租。時任國務院副總理谷牧、姚依林先後在報告上做出同意試點的批示。1987 年 9 月 5 日至 7 日，國家土地局召集上海、天津、廣州、深圳四個城市的有關負責同志開了土地使用權有償轉讓試點工作座談會，上海的與會人員在會上提出的建議得到了原國家土地局的支持。10 月 19 日，國家土地局提出了致國務院《關於在深圳、上海、天津、廣州試行城市土地使用權有償轉讓的報告》，正式確立了城市土地使用制度的改革方向、路徑與方法」。① 1987 年 12 月 23 日，由時任上海市市長

---

① 參見嚴亞南：《上海土地批租親歷者說 (16) 總結篇：主要特點與基本經驗》，見澎湃新聞，2018 年 3 月 22 日。在《破冰：上海土地批租試點親歷者說》中的前言部分，他也有類似的表述。

的江澤民簽發，上海市人民政府正式公佈了《上海市土地使用權有償轉讓辦法》，該《辦法》有七章 54 條，決定從 1988 年 1 月 1 日正式實行。上海率先突破了土地不可轉讓的禁區，制定了中國第一個允許國有土地使用權轉讓的地方法規。在這部地方法規試行四個多月後，即 1988 年 4 月 12 日，第七屆全國人大一次會議通過了《中華人民共和國憲法（修正案）》，在《憲法》第十條第四款「任何組織或者個人不得侵佔、買賣，或者以其他形式非法轉讓土地」的後面，加上了「土地的使用權可以依照法律的規定轉讓」的條款。也就是從此以後，「土地批租」逐步成為地方政府財政收入的重要補允來源，更重要的是，土地批租強化了地方政府對地方發展規劃、基礎設施建設與更新、房地產市場以及地方政府招商引資的橫向競爭所發揮的巨大作用。

如何破譯馬克思的地租理論

非常幸運的是，《破冰：上海土地批租試點親歷者説》介紹了張薰華教授 1985 年的那篇經典論文，使得我們可以看到張教授當時是如何試圖破解馬克思的級差地租理論以及這個理論是否可為上海的土地批租所用這一難題的。

張薰華教授的論證一如他講解馬克思的《資本論》一樣，抽絲剝繭，邏輯非常嚴密。根據張教授的看法，首先，土地的差別

是客觀存在的自然現象，由此產生的生產率不同也是客觀的，即使到了共產主義社會也還是存在，跟社會制度沒有關係。他在文中寫道：「土壤的肥沃不同，或者礦山的富集不等，或港口的水深差別，或者地理位置的好壞等原因，會使不同等級的土地（耕地、礦山或港口）之間具有不同的生產力，即土地之間具有級差的生產力。例如，在三塊等面積的，但土質不同的土地上投入等量勞動（物化勞動和活勞動），產品分別為 300 斤、500 公斤、700 公斤，這三個數字表示了這三塊不同等級的土地的勞動生產力。又如在不同水深的泊位碼頭上投入等量勞動（物化勞動和活勞動），可以容納不同噸位的輪船吞吐不等數量的貨物，這又表示了不同泊位的勞動生產力。總之，不管社會形式如何，土地總會有差別的，因此，即使到了共產主義社會，這種以使用級差土地為條件的級差勞動生產率也仍然存在。」[①]

然後他在商品經濟的條件下來論證級差生產力會轉換為超額利潤。他說：「人口的增長和社會的需要使劣級土地開發成為必要，投入劣級土地的勞動就應該得到補償，於是在劣級土地生產的產品的個別價值調節市場價值，並表現為個別生產價格調節社會生產價格，就是說，也要得到平均利潤。優級土地有較高的生產率，等量土地等量投資會生產較多產品，按同一單價出售，得到比最劣地經營者較多的利潤，即得到了超額利潤。更優等級的

[①] 參見上海市委黨史研究室編：《破冰：上海土地批租試點親歷者說》，第 327 頁。

土地有更高等級的生產力，還會得到更多的超額利潤，所以，超額利潤也是按照土地的級差而不相等的。這種級差超額利潤不僅存在於土地產品的價格構成中，而且滲透在加工產品的價格構成中。因為土地產品（煤炭、石油、礦砂、棉花……）會作為生產資料（原材料）進入產品成本，又會作為生活資料（衣食主要來自土地產品，住行都要依託於土地）通過工資間接進入成本；另一方面，加工工業本身，它的廠地多在市區或近郊，土地的地理位置使它節約運輸費用和其他費用，也會取得級差的超額利潤。」[①]

　　他進一步論證：「如果土地產品的價格合理地調整，最劣土地的商品經營者得到了合理報酬，那麼，問題就轉到較優土地的商品經營者方面。他們會因此取得超額利潤，但這項超額利潤是虛假的社會價值，即不是由他們的勞動創造的價值，而是社會對土地產品的過多的支付。他們雖然通過產品的出售首先佔有這項超額利潤，但不應是最後佔有者，否則便是不勞而獲！我們過去由於財政上統收統支，這個問題不突出，現在企業自主權擴大，並且自負盈虧，這個問題就非解決不可。只有在價格體系合理、土地有償使用（支付相當高的地租）和資金有償使用（支付相當高的利息）的條件下，加工工業的勞動者工資才可上不封頂，下不保底。不然的話，就不僅使國家失去巨大財源，而且使佔有優級土地、礦山、油田的經營者以及加工工業不勞而獲這項超額利

---

① 參見上海市委黨史研究室編：《破冰：上海土地批租試點親歷者說》，第 327 頁。

潤，並轉化為社會消費基金，衝擊市場。這項超額利潤應該歸誰所有呢？顯然，誰是土地所有者就歸誰所有。簡單地說，這是由土地所有權決定的。」①

張教授認為級差地租是級差超額利潤的轉化形式，這種轉化又以土地所有權為條件。我們反對的只有土地私有權而不是一般的所有權，只是反對地租為私人所佔有而不是一般地反對地租。我們現在不收地租，實質上等於放棄土地公有權，並且失去巨大財源，又使佔有土地的企業、集體和個人不勞而獲這份超額利潤。而土地價格可以看作是按利息率計算的地租價格，實際上是土地經營權的出售價格。地租是一項定期收入，類似利息。一個投資者將一筆資金購買土地所帶來的地租，相當於將這筆錢存入銀行獲得的利息。因此：

$$土地價格 = 地租 \div 利息率$$

張教授在論文中談到，香港的土地制度基本上沿襲了英國的土地法。這期間，港英當局所謂「賣地」也只是出賣一幅土地在一定年限內的經營權。年限到期後買地者就要將土地連同上面的建築物一併交還給港英當局。

香港的「賣地」有三種期限。一是 999 年，基本是永久佔用。另外兩種分別是 75 年和 99 年。租約又分為可續的和不可續的。但不管哪種形式，在租約內，買地者都可以轉手倒賣，只是租約

---

① 參見上海市委黨史研究室編：《破冰：上海土地批租試點親歷者說》，第 329 頁。

到期仍要按原始租約條款歸還土地。根據張薰華教授給出的數據，香港用出租土地使用權的辦法所增加的收入佔整個財政收入的比重在一些年份可以高達 30% 以上（見表 8-1）。

表 8-1　香港出租土地使用權所獲收入佔整個財政收入比重（1976-1983）

財政年度	賣地總收入 （港幣億元）	財政總收入 （港幣億元）	賣地收入 所佔比重（%）
1976-1977	5.77	74.94	7.43
1977-1978	10.08	93.83	10.74
1978-1979	18.93	124.42	15.21
1979-1980	28.48	167.96	16.94
1980-1981	116.90	301.87	35.41
1981-1982	89.08	334.94	26.60
1982-1983	49.06	308.18	16.05

數據來源：據張薰華教授在論文中提及，這個數據來自港澳經濟研究中心的有關論文。

　　基於以上分析，張薰華教授提出：「上述英國從而港英的土地租賃法，如果撤去其資本主義性質，有些可以為我們所用。我們是社會主義國家，但又保存商品經濟。我們不能出賣土地所有權，但事實上已經出讓經營權，對經營（使用）土地的任何單位和個人必須收取地租。並且，作為地租的實體的超額利潤是一種特殊分配關係，決定了地租只應由國家來收取。在這些條件下，我們也可採用港英的租地辦法。可以將租期訂為例如 20 年、30年、40 年、50 年，等等，按地段好壞定出地租級差標準，再按租期長短的利息率計出地價；並且，在租約中明文規定，必須按城市規劃興建某種建築物（在市中心處運用高地價槓桿使建築物

迫向高層發展），在租約滿期後，也必須將地面建築物完好地連同土地一起交給市房地產局。引進外資興建工廠、賓館、高速公路、碼頭等都可用這種辦法。」[①]

最後，張薰華教授為上海嘗試土地批租提供了建議。他說，「上海是全國的經濟中心，它的每一塊土地，即使是郊區土地，相對於全國來講，都處於優越的位置。因此，經營上海的每平方米土地都應該取得超額利潤，也就是每塊土地都應該收取地租。任何單位（包括行政單位，各部各省下屬駐滬單位）、任何個人佔用土地都必須有償使用，即必須支付地租並根據地段好壞，拉開地租的級差幅度。建議市府機關帶頭遷出外灘，將外灘以高地租租給外資、外貿、金融等單位，並運用地租引導南京東路成為經營高檔商品的一條街。可以防止一些部門擠佔土地，推動一切企、事業加強經濟核算，土地的級差效益就被發掘出來，我們的財政收入會猛增起來。一些不宜設在市中心區的單位和居民（包括外來單位和人口）會因地租從而房租的日益高昂而遷出。一些用地較多、運量較大的中重型工業，在能源和原材料價格繼續上調之後，將負擔不起市區高昂地租而遷往郊區或轉遷內地，從而使生產力佈局趨向合理」。

張教授進一步對港口也提出了很好的建議。上海港的深水泊位所在碼頭也是最寶貴的地段，必須收取高額地租迫使與港口無

---

① 參見上海市委黨史研究室編：《破冰：上海土地批租試點親歷者說》，第 331–332 頁。

關的單位和居民外遷，並迫使各個泊位提高利率。同時，改善浦
東浦西之間交通，大力開展浦東深水岸線。這樣，較之在羅涇、
金山鋪新攤子，可以節約七八十億元投資，而且收效較快。

至於空運，張教授認為，機場雖然也要佔用土地，但是場
址是可以搬遷的，不像泊位那樣帶有固定性。隨着交通結構的
變化，上海空運勢必迅猛發展，浦西土地昂貴，虹橋機場擴展受
限，在浦東圍海造地另建國際大型機場比較理想。此外，浦西的
軍用機場在不影響國防的前提下，如能遷往郊縣，也能增加市區
的土地資源。一旦浦東機場建成，它的用地面積將大大超過虹
橋機場。在開始時，地租的級差小於虹橋，隨着浦東的開發和機
場自身營運的發達，地租也將日益上升。這些建議在當時非常重
要，而且事後證明這些建議和推測是正確的。

最後，張薰華教授還提出，郊區土地宜種蔬菜、植水果、飼
禽畜、養魚蝦，不宜以種糧為主。如果副食品捨近求遠，既不能
保鮮，又要付出巨額流通費用，必然造成浪費。反之，糧、棉、
油非易耗物品，較之鮮貨易於遠道運輸。隨着浦東機場的建立，
浦東農村還可大量經營鮮活產品空運日本等地外銷。這樣，郊區
農民將迅速富起來。但這種富起來的原因除農民自身的勤勞外，
還包含着因郊區土地的優越位置所帶來的級差超額利潤，這是不
勞而佔有的部分，原則上應作為級差地租處理。也就是說，農民
富起來只應該是勞動致富的部分，因經營優級土地而得來的超額
利潤部分原則上應上繳國家。

　　浦東宣佈開發已經 28 年了。這 28 年也是上海這個昔日的遠東大都會和計劃經濟時期的製造業重鎮華麗轉身的 28 年。今天，上海不僅產出了將近 3 萬億人民幣 GDP 的經濟總量，而且毫無疑問已經成為中國最為國際化的超級大都市。也正是由於浦東的開發和上海經濟的轉型，以上海為龍頭的長三角地區才得以成為中國與全球生產鏈緊密銜接的製造業中心，與南方的廣東珠江三角洲地區相得益彰。據統計顯示，1979－2016 年，接近 3/4 的外資集中於中國的沿海地區，尤其以長三角和珠三角為主。這當然並不奇怪。一方面加工出口需要有接近港口的便利；另一方面，也由於在出口加工和深度開放上中國採取了分步走的發展戰略，允許靠近香港、澳門和台灣的廣東、福建先行一步，並在 20 世紀 90 年代決定開發浦東和開放上海，帶動長三角地區製造業的全球化。

　　浦東開發是個大手筆。浦東的開發和上海的開放使得中國經濟更快速地融入了世界經濟。這印證了鄧小平先生 1990 年春節在上海說過的一句話——「上海是我們的王牌，把上海搞起來是一條捷徑」。以浦東開發和上海開放為契機，中國在改革和開放上進入了前所未有的階段，也贏得了國際社會的高度認可和支持，不僅為之後中國經濟的快速發展創造了條件，也為中國最終於 2001 年加入世界貿易組織奠定了基礎。

　　今天這一切似乎都已順理成章。但是回想 30 年前鄧小平表達對推遲開放上海的遺憾和對敦促中央盡快開發浦東的緊迫心

情，回顧上海的領導人和社會各界就開發浦東所做的基礎研究以及前期在土地批租問題上進行的充分理論準備，這一切無不讓人感慨萬千：改革再次成為能讓更多人參與其中的試驗過程、試錯過程和社會過程。

附 錄

激情歲月[①]

　　本文是想跟大家分享一些發生在 20 世紀 70 年代末到 90 年代中期的改革故事。那個年代我稱之為激情和浪漫的年代。很多重要的改革都是在那時發生的。雖然我本人經歷了那個年代，但我並沒有參與太多關於改革的討論，尤其是在 1980 年代。但是在十年前，為了紀念改革開放 30 周年，我在加拿大過暑假時，動手寫了一本書，由此整理了那個年代的很多資料，發現真的很精彩。今天憑藉記憶，讓我帶大家再次走進那段激情歲月，看看很多重要的改革是怎麼開始的，又是怎麼推進的。

　　我一直說，過去 40 年，最浪漫也是最精彩的改革篇章發生在 1980 年代。很多經濟學家都傾向於把 1993 年看成中國改革開放的分水嶺。那年 11 月，我們召開了中共十四屆三中全會，

---

① 選摘自 2018 年 4 月 19 日作者在復旦大學星空講壇所做的題為「激情歲月 ——你所不知道的經濟改革」的演講，本文由華東理工大學國際社工學院研究助理吳怡燁整理。

通過了關於建立社會主義市場經濟體制的決定。由於這個決定，1993 年以前和 1993 年之後的改革在風格上就有了很大的不同，而且之後的改革加速了。從 1994 年到 1999 年這短短的幾年間，構建社會主義市場經濟體制所需要的主要改革已基本完成。再往後的改革大都是次要的或者技術性的了。大概可以説，具有決定性意義的改革是在鄧小平在世時完成的。

那麼，我就從 1994 年説起。

1994 年京倫會議：建立現代公司制度

首先給大家介紹一位經濟學家，奧利弗・哈特（Oliver Hart）教授。他是 2016 年諾貝爾經濟學獎得主，美國哈佛大學經濟學教授，曾經擔任過哈佛大學經濟系系主任。他曾在 1994 年來到中國，參加了一個重要的會議——京倫會議。

當時有很多著名的經濟學家出席了 1994 年的京倫會議，奧利弗・哈特是其中的一位，與奧利弗・哈特一同來到中國參加京倫會議的，還有一位非常著名的經濟學家是青木昌彥教授。另外還有芝加哥大學的兩位諾貝爾經濟學獎得主。

1994 年 8 月 23–26 日，國家經貿委與吳敬璉教授所領導的「中國經濟體制改革的總體設計」課題組和「中國税制體系和公共財政的綜合分析與改革設計」課題組，在北京京倫飯店聯合召開

了「中國經濟體制的下一步改革」國際研討會。有人認為它開創了微觀經濟學最新發展在中國的傳播，並把改革引入微觀經濟基礎深層研究，被稱作「京倫會議」。

「京倫會議」實際上是在討論中國國有企業如何改革的問題，而會議召開時，國有企業正在面臨一個巨大的挑戰 —— 債務問題。當時國有企業的債務問題是最為困擾國有企業發展的問題。

會議議題主要包括，怎麼重組國有企業？如何對國有企業進行債務重組？怎麼改組國有企業？在「京倫會議」上，奧利弗·哈特教授還有青木昌彥教授在這些方面做出了很多有價值的分析和建議。

奧利弗·哈特教授是做企業合約研究的學者，所以他對此有很多的想法，而這些想法實際上影響了中國國有企業改革的思路。後期我們對國有企業進行改組的辦法，對國有企業債務的重組的辦法，包括設立四大國有資產管理公司以解決國有企業債務問題，都是受到了「京倫會議」所討論之議題的影響。

青木昌彥教授在京倫會議上提出了一個很重要的概念：內部人控制 [1]。這個概念對我們國內的經濟學家有比較大的影響。國有企業很容易出現「內部人控制」的現象，換句話說，外部的人沒有辦法幫他們解決「內部人控制」的問題，所以必須進行國有企

---

[1] Insider Control，指現代企業中在所有權與經營權（控制權）相分離的前提下所形成的、因所有者與經營者利益不一致而導致的經營者控制公司的現象。

業改組。包括當下我們對國有企業改革的許多觀念，諸如「建立現代企業制度」和「建立現代的公司治理」等概念，在1994年之前並不存在。直到「京倫會議」之後，對於國有企業改革重組的決定才變成了大家達成共識的一個變革思想，而後也多次被寫入中央的有關重要文件當中。

「京倫會議」的召開是為了貫徹落實十四屆三中全會關於建立市場經濟體制決定的精神，因為在這個決定中，轉變國有企業的經營機制和建立跟市場經濟相適應的治理方式成為核心問題。

中共十四屆三中全會是1993年11月召開的，1978年改革之後，正是在這次會議上，第一次明確提出「市場經濟」這個概念，而這距離1978年的十一屆三中全會已經過去15年。1984年的中共十二屆三中全會的決定還只是提到「商品經濟」，未能提出「市場經濟」。所以，雖然我們說改革開放是從1978年開始的，但實際上要到1993年的十四屆三中全會才第一次提出要建立社會主義市場經濟。

對我們過去40年的改革而言，十四屆三中全會是個分水嶺。因為承認了我們的改革目的是建立社會主義市場經濟，所以，改革在此之後便加快了。我大致地回顧了一下，在1994年之後的四五年時間裡，我們已經把建立市場經濟體制所需要的重要改革基本敲定，比如財政的分稅制改革、價格的放開、城鎮住房制度的改革、商業銀行法的出台，外匯體制和匯率的併軌改

革，1995 年的國有經濟戰略性改組和公司治理改革，1997 年國有企業的「抓大放小」，等等。

過去我們總是説，中國經濟的改革是漸進式的、摸着石頭過河的、走一步退兩步的，但是在 1993 年的十四屆三中全會之後，中國經濟的改革變成相當激進的改革。

1992 年鄧小平南方談話：中國改革突然加速

在 1993 年十四屆三中全會之前，各方面的改革在思想和理論層面都存在爭論和分歧。不僅僅有思想界和知識分子的爭論，也有中共黨內的爭論和意見分歧。正是這些公開的和不公開的爭論所產生的制衡力量，使得 1980 年代的改革變得相對謹慎和緩慢。

而進入 1990 年代，特別是鄧小平 1992 年發表南方談話之後，黨內政治環境發生了變化，這些爭論和分歧依然還在，但改革已經走在爭論之前。這歸功於鄧小平 1992 年的南方談話對市場化改革的推動，而且他非常不主張無休止的爭論，因為那樣會貽誤改革的時機。鄧小平在 1992 年南方談話時曾經説「不搞爭論，是我的一個發明」。

加州大學聖地亞哥分校的巴里‧諾頓教授出版的教科書《中國經濟：轉型與增長》（*The Chinese Economy: Transitions and Growth*），

也講述了中國經濟體制改革的進程和階段。他在書中有一個類似的說法，認為 1994 年之後，中國改革的進程突然就加快了。

這顯然是「市場經濟」四個字為改革開了方便之門。十四屆三中全會能把「建立社會主義市場經濟」這幾個字寫到決定當中，鄧小平的南方談話起到了非常人的推動作用。南方談話向世界宣告：我們要更加開放，我們的改革不會倒退，我們的改革步子只會更快。

1990 年鄧小平上海過年：浦東要後來居上

從 1988 年到 1992 年，鄧小平連續五年到上海過春節。1993 年沒有來，但 1994 年又到上海過春節。1994 年之後就沒有再公開露面，直至 1997 年逝世。

在 1990 年春節期間，鄧小平對朱鎔基等市領導說，我有個失誤，當時辦四個特區的時候沒有加上上海。上海是我們的王牌。可以看到鄧小平對上海和上海人的評價非常高。他認為上海浦東的開發有點晚了，但是他同時又說上海人聰明，肯定可以趕上的。這是在 1990 年 1 月末與朱鎔基會面時的談話，春節後他就回到北京，對中央領導人說，我雖然現在退休了，但是我有件事情要拜託你們，就是上海浦東的開發。

在鄧小平的推動下，中央在 1990 年 4 月 10 日立刻召開會

議，通過了關於上海浦東開發的決定。1990 年 4 月 18 日，時任總理李鵬來上海宣佈浦東的開發。

事實證明了，雖然浦東的開發比四個特區要晚，但是歷經 28 年的發展，浦東獲得了巨大的發展成就，取得了巨大的成功。28 年前浦東的 GDP 是 60 億，現在則達到 1 萬億。上海 GDP 共 3 萬億，浦東佔了 1/3。

1992 年，鄧小平到上海過年時，對當時上海的領導人說：「浦東開發晚了，但可以借鑒廣東的經驗，可以搞得好一點，搞得現代化一點，起點可以高一點。」可見，他對浦東始終非常惦記。

1979 年經濟特區的構想：一份考察報告引發的連鎖反應

比浦東開發更早的是廣東和福建的四個特區，而比深圳特區開發更早的是深圳的蛇口。

1978 年的 4 月，國家外貿部和國家計委派了一個考察團，到香港和澳門去考察，回來之後考察團撰寫了一份報告。報告認為，我們應該在靠近香港和澳門的兩個地方，與港澳對接一下，嘗試做一些出口加工的生意。當時選了兩個地方：靠近澳門選了珠海，靠近香港選了寶安縣，也就是現在的深圳。後來這份報告在十一屆三中全會上作為一份會議資料，發給了所有與會者。這

份報告非常重要，也正是這份報告引發了對蛇口工業區和後來的經濟特區的構想。

讀蛇口工業區原黨委書記袁庚的傳記，可以看到他跌宕起伏的一生。康生迫害他，讓他坐了牢，但是他出來後通過葉飛的關係在香港的招商局被安排上了一份工作。在幾年前，袁庚過世時，有人對他的評價是：「沒有袁庚就沒有現在的深圳。」事實上，袁庚是蛇口工業開發區的倡導者。他當時主張建立蛇口工業開發區，就是受到這份港澳考察報告的刺激。他當時就提出：「為甚麼不能在蛇口做一個貨運碼頭？」他測算了工業區的成本，說蛇口的成本和香港的成本差距非常大，如果有了蛇口工業區，香港的貨物就可以放在蛇口的碼頭，因為蛇口的租金比較低。

在他的積極推動下，廣東在臨近香港的蛇口成立了蛇口工業區。蛇口工業區比深圳要早，深圳特區是 1980 年正式成立的，蛇口工業區是在 1979 年成立的。

港澳經濟考察報告事實上引發了一系列的事件：袁庚提出建立蛇口工業區，廣東省向中央提出在深圳、珠海、汕頭建立出口加工區，同一時期，福建也提出要實行特殊政策，建立出口加工區。

中央經過討論的結果是，原則上大家都同意要建立特區，關鍵的問題是特區的面積有多大以及這個地區叫甚麼。

特區的名字叫甚麼？一開始說叫出口加工區，有人提反對意見說：「台灣有出口加工區，我們不能有。」最後還是讓鄧小平來

定。鄧小平說：可以叫特區，陝甘寧就是特區。

特區的面積有多少？300 多平方千米？廣東省的特區辦認為這個面積太大了，並且比喻道「全世界的特區加起來都沒有 300 多平方千米這麼大」，有人反對道：「這個特區的面積太大了，難道你們還想要一個比陝甘寧特區更大的特區嗎？」有的人甚至說：「大得無邊。」「大得無邊」這句話在當時是很嚴重的。可以看出，有很多人反對建立面積如此之大的特區。最後中央還是在鄧小平的意見下，拍板子定下來，同意建特區，就叫經濟特區，以及深圳特區面積有 327 平方千米。

1979 年深圳特區還沒有成立，但是廣東省有一個地方性的特區條例——《廣東省經濟特區條例》。廣東省上報到人大常委會之後，1980 年 8 月 26 日全國人大常委會通過了此條例，這也是在全國人大常委會討論並通過的中國歷史上第一個地方性的法規，這個歷史性的條例是針對深圳特區的。所以 8 月 26 日是深圳創立的日子，也是深圳特區創辦的日子。

但是深圳從創辦之初就一直面臨「到底是姓資還是姓社」的爭論。

1980 年創辦特區，目的是引進外資，那麼在當時肯定會引發意識形態層面上的爭論。創立特區的做法與馬克思主義經典作家、與我們老祖宗的意識形態肯定會發生衝突，於是就不停地爭論。

在深圳剛剛創辦一年的情勢下，中央就有些動搖，包括高層

都有些動搖，提出要在政策上有一些調整。當時吳南生作為深圳的市委書記，面臨巨大壓力。1982 年和 1983 年，掀起了一場針對深圳的全國大討論。這個討論在思想界、在黨內都非常激烈。當時很多人說：「你到深圳去還能看到社會主義的影子嗎？」所以此時，就更需要鄧小平真正地站出來，不然深圳就要面臨被關掉的風險。

1984 年 1 月，鄧小平就去考察了深圳，同時寫下了這句著名的話：深圳的發展和經驗證明，我們建立經濟特區的政策是正確的。

但是在 1985 年 2 月，香港《廣角鏡》雜誌發表了青年學者陳文鴻的文章《深圳的問題在哪裡？》。陳文鴻在 1985 年，也就是深圳特區創辦五年之後去深圳考察。他發現，其實深圳吸引的外資並不多，吸引的都是內地的資本，內地各個省都在深圳有很多游資。他還通過測算出深圳的人均購買力比上海、北京高出數倍來加以證明。

因為大家都覺得深圳代表商機，代表機會，投資深圳就可以掙很多錢。而且內地的遊客也都到深圳去買東西，因為深圳可以買到香港的東西。

陳文鴻在文章中寫道：深圳特區沒有做到廣為宣傳的「以工業為主，以外資為主，以出口為主」的發展模式。他指責說，深圳的繁華是「以進口商品和物資賺取國內市場的錢」為依託的。雖然陳文鴻的論證方法受到了很多的質疑，但是與他持相似觀點

的人不在少數。

他算了一筆簡單的賬，深圳的零售總額除以深圳的人口等於深圳的人均購買力。他當時算出來，1984 年深圳的人均購買力是 4000 多元人民幣。同時他又算了北京和上海的人均購買力，都只有 700 多人民幣，由此他推論深圳的繁榮靠的是內地的購買力。因此他下結論説，深圳並沒有達到當時設立特區時所定的目標：引進外資。

陳文鴻這篇文章再次引發了很多爭論。本來在 1984 年，鄧小平已經寫下了上述那句話，意思是説，不要再爭論了。但是陳文鴻在 1985 年發表的這篇文章，再次把深圳推向了風口浪尖，再次質疑深圳特區創立的合法性和必要性。

直到 1992 年，鄧小平到深圳進行南方談話，我們才看到深圳的確是沿着當年所設想的方向（吸引外資的出口加工區）發展的。1980 年代中期人們看到的現象，那只是內地的游資在那邊晃了一圈，到 1992 年，這種現象已經非常少了。深圳真正成了以出口為導向的出口加工區。

不管怎麼説，在四個經濟特區中，深圳是非常成功的。今天的深圳已經變成了所謂「北上廣深」四個一線城市之中的一個。現在，深圳的 GDP 已經超過了廣州，GDP 總額已經超過 2.2 萬億。現在，深圳已經變成了硬科技的搖籃。大量的創業者都願意到深圳去創業。

當年逃港事件最嚴重的時候，谷牧副總理站在當時寶安縣羅

湖口岸邊，站在從羅湖過關到香港的口岸橋上説：「我希望有朝一日，更多的是那邊的人到這邊來。」今天在羅湖口岸的鐵路橋上，更多的就是香港人從香港到深圳去，當年谷牧副總理所期望的目標已經實現了。

1980 年至今，30 多年時間，深圳真的發生了巨大的變化。我相信在 1990 年代後期，深圳發展的模式已經基本定型。深圳已經成了一個開放的、更加具有市場化特徵的經濟特區。我相信深圳比很多內陸城市都更加發達，而深圳的經濟發展模式也是它如今能夠在高科技產業上獨領風騷的一個非常重要的原因。

1984 年十二屆三中全會：改革重心從農村轉向城市

當大家在爭論深圳是姓資還是姓社時，1984 年的十二屆三中全會召開了，出台了《中共中央關於經濟體制改革的決定》。換句話説，當深圳在如火如荼地大搞建設的時候，我們國內絕大部分地區的經濟體制還處在計劃經濟的時代。

1984 年 10 月的十二屆三中全會，通過了《中共中央關於經濟體制改革的決定》。大家很奇怪，我們 1978 年不就已經開始改革開放了嗎？但實際上，1984 年之前，我們整體的改革都集中在農村及農業上，只有 1984 年的《關於社會主義經濟體制改革的決定》（下文簡稱《決定》）出台以後，經濟改革的重心才

轉移到城市。

鄧小平對這個決定評價很高，說有了老祖宗沒有講過的話，有新意。那麼 1984 年的《決定》到底講了甚麼老祖宗沒有講過的話呢？就是第一次提到了改革的目標是建立社會主義「商品經濟」——那時根本不敢提社會主義市場經濟。

研究馬克思主義政治經濟學的人，整天都在爭論「甚麼是商品」。商品對應的是產品。市場經濟對應當時的商品經濟，而計劃經濟對應當時的產品經濟。商品經濟比產品經濟近了一步。那甚麼是商品呢？就是可以用作交換了。產品是不能交換的，只有能夠用作交換的時候才成了商品。所以那個時候把社會主義商品經濟寫到了十二屆三中全會的《決定》當中，在鄧小平看來已經是講了老祖宗沒有講過的話。或許鄧小平看到了，這離開市場經濟已不太遙遠。

所以從 1984 年起，中國的改革才真正開始進行，1984 年之前的改革都是自發的，1984 年的《決定》之後，我們才開始有意識地、有組織地推進在城市的改革。

但是出台《決定》的時候，中國的經濟出現了比較嚴重的而且愈演愈烈的通貨膨脹。

在計劃經濟年代，是沒有通貨膨脹的。因為價格是政府定的。但是在計劃經濟時代，供不應求會出現甚麼樣的後果？就會出現有需求的人要排隊，要等候。在 1984 年《決定》出台的時候，政府在包括生產資料、消費品在內的各種物品上的定價已經

開始鬆動了。換句話說，市場上已經開始出現了一些局部反映供求關係的現象，其結果就是通貨膨脹一發不可收拾，而且這個現象斷斷續續一直持續到 1987 年，1987 年稍微得到了控制，1988 年又反彈。所以我們在出台《中共中央關於經濟體制改革的決定》的時候，中國的經濟已經發生了一個很有趣的變化，它已經不是完全的經典的計劃經濟了，它已經開始出現很多市場交換的因素了，已經把價格給抬上去了。

1980 年代中期有一位東德的經濟學家到北京來訪問。他聽了很多關於中國經濟體制改革的介紹之後，表示：「我認為中國的改革都是微觀的改革，沒有宏觀的改革。」他暗示，中國在微觀改革中沒有關注宏觀穩定問題。

可以想像，在計劃經濟時代，需求是嚴重的短缺，需求是被抑制的。而需求是一個巨大的能量，一旦放任需求，在供給嚴重不足的情況下，價格會猛然飆升。這解釋了為甚麼當時政府發現沒有辦法控制通貨膨脹，因為彼時的經濟政策完全沒有宏觀調控的概念。

在十二屆三中全會提出要推進城市的經濟體制改革時，我們已經面臨了宏觀經濟不穩定的問題，但是，當時關於改革的決定當中仍然只有微觀經濟的改革。

整個 1980 年代，特別是 1984–1988 年，國務院所面臨的最為困擾的問題是，如何在宏觀經濟已經失控，通貨膨脹壓力居高不下的情況下，繼續在城市推進對計劃經濟的改革。

1985 年巴山輪會議：宏觀管理的起點

1985 年 9 月 2–8 日，中外 30 多位經濟學家共同乘坐一艘從武漢開往重慶的郵輪「巴山號」，在輪船上召開了「宏觀經濟管理國際研討會」，也就是後來所說的「巴山輪會議」。其中中方最年長的經濟學家是薛暮橋先生，時年 81 歲。最年輕的參會者是郭樹清，29 歲，他那時候還在中國社會科學院讀書呢。

巴山輪會議的重要性體現在，其第一次讓我們的改革者和經濟學家了解了宏觀穩定和宏觀需求管理的重要性，也幫助我們更好地理解了配套改革的重要性。

巴山輪會議是由中國經濟體制改革研究會、中國社會科學院和世界銀行聯合舉辦的，一共討論了七八個議題，最重要的議題是：在經濟體制改革當中，為甚麼會出現通貨膨脹？如何控制通貨膨脹？改革需要其麼樣的條件？宏觀經濟不平衡會如何影響改革？改革應該以甚麼樣的方式推進？

這個會請來了 1981 年的諾貝爾經濟學獎獲得者詹姆士·托賓，以及匈牙利籍的經濟學家亞諾什·科爾內。還有來自英國和日本的經濟學家。

在會上，詹姆士·托賓解釋了為甚麼在改革的過程中會出現通貨膨脹 —— 因為中國的工資上漲過快。他指出，因物價上漲率等於名義工資率減去勞動生產率，如果勞動生產率提高了，工資跟着上漲，就不會導致物價上漲。但是如果勞動生產率上漲速度

低於名義工資上漲速度，工資虛高，那麼就一定會導致物價上漲。

　　針對當時中國面臨的消費基金膨脹和工資上漲的壓力，他甚至建議，這個公式（物價上漲率＝名義工資率－勞動生產率）應該寫下來，放到每個國有企業經理、國有銀行行長的辦公室，讓他們時刻牢記：名義工資要跟着勞動生產率走。

　　科爾內曾經歷在匈牙利進行的局部的經濟改革，這使得他的發言能針對更基本的改革方式問題。也就是計劃經濟向市場經濟過渡的辦法會有幾種，哪種更可行。他的分析對中國經濟學家影響很大。他的《短缺經濟學》一書更使他在中國名聲大噪。

1984 年「莫干山會議」：價格雙軌過渡？

　　通貨膨脹現象的產生促成了 1985 年的巴山輪會議。但是，物價上漲既是價格改革的產物，也反過來影響價格改革的進程。在改革初期，價格改革應該如何推進？如何能把價格改革對社會方方面面的利益的影響降到最低限度？這是 1984 年中央決定把改革重點從農村轉移到城市之後面臨的一個最基本的改革問題。

　　但實際上，就在中共十二屆三中全會做出關於經濟體制改革的決定前兩個月，也就是 1984 年的 9 月，在浙江莫干山召開了一個青年經濟學者的會議，史稱「莫干山會議」，其全稱為「中青年經濟科學工作者學術研討會」。該會議面向全國徵文，收到

1300 份投稿，選擇其中的 120 篇，分成七個組，挑燈夜戰，連夜討論如何從計劃經濟過渡到市場經濟的改革方案。據說討論和爭論最為激烈的是價格組。隨着時間推移，莫干山會議也因為對價格改革的爭論而名揚四海。

會議不僅吸引了全國的年輕經濟學者踴躍參加，當時的浙江省領導人也與會致辭。來自北京的中央領導人張勁夫特地趕到杭州，聽取了莫干山會議的總結彙報，而向張勁夫做彙報的人就是華生。

結果在 20 多年之後，在華生和當時也參加了莫干山會議的張維迎之間發生了一場著名的爭論，一場關於發明權的爭論，也就是莫干山會議上關於雙軌制價格的改革方案到底是誰提出來的爭論。

張維迎當時是西北大學的一名研究生。張維迎說，這是他第一次坐飛機，從西安到杭州。這個會真的是讓很多人有了第一次。

這是一場爭論得不可開交的激辯。因為那時我正在撰寫那本關於改革開放的書，其中要寫到「價格雙軌制改革」，所以雙方都來找我，向我提供資料。我記得一天夜裡我已經睡下了，張維迎從香港給我打電話，他當時好像在香港中文大學訪問。他說：「因為你寫這個書，所以我要把當年很多原始的材料複印好寄過來。」寫這段歷史讓我很為難，因為我並沒有參加這個會，我只能看很多人的回憶。當時在價格組參與討論的人很多，其中有些人後來都寫了回憶文章，也有的參與了華生與張維迎

之間的爭論。

從我掌握的資料來看，價格雙軌制改革的這個思想曾經出現在張維迎在西北大學讀書時的文章裡，但不是在莫干山會議上提出來的。根據很多人提供的資料顯示，在莫干山會議上，張維迎是主張「放開價格」的，也就是屬於「放派」；另外一派人，叫「調派」，主張「調整價格，逐步到位」，而「不是放開價格，一次性到位」。華生好像是一個綜合派，也就是「調放結合」，這也是基於討論而形成的價格報告中明確建議的一個方案。我猜測，華生向張勁夫彙報的時候，可能就是按照雙軌制的思路來彙報的。

雖然雙軌制成為後來莫干山會議就價格改革所形成的思路，但「雙軌制」這個詞並不是某個人拍腦袋發明的。在更早的時間，1982 年和 1983 年，一些重要的生產資料，如煤炭，已經出現價格雙軌的現象，否則當時中國的經濟就不會有通貨膨脹。換句話說，「莫干山會議」之前，「價格雙軌制」這一現象已經存在了。

不過，價格雙軌現象確實引起了經濟學家的注意，並有不少經濟學家認為價格雙軌制也許是一個可行的改革思路。畢竟價格一次放開的風險太大，慢慢調整計劃價格，同時在計劃外更多允許超額的產量按供求關係定價，逐步走向市場價格，聽起來也是有道理的。

可是，在過渡期內價格雙軌制畢竟意味着「計劃內的價格」和「計劃外的價格」並存。大家可以想像，按照這樣的雙軌制方式改革，因為市場價格高，計劃價格低，一定會有人想辦法把計

劃配額往市場轉移，必然出現所謂串軌的行為。

1985 年，中國經濟就出現了一個現象，叫作「官倒」，也就是官員倒賣計劃的配額。假如你有關係，你就去中央的部委批個條子，你到某個鋼廠按照計劃價格獲得一百噸的鋼材，隨後再到市場上按照高於計劃的市場價格轉手賣掉，中間就牟取了巨大利益。換句話說，憑藉關係和條子可以給你帶來巨額的收入。一時間官倒成為我們面臨的腐敗現象，蔓延很快。

1986 年：改革方案的較量

作為從計劃價格向市場價格的一種過渡方式，在很多人討論價格雙軌制的優越性的時候，以吳敬璉等為代表的經濟學家卻反對價格雙軌制的思想。他們反對通過雙軌的辦法向市場價格靠攏。他們主張「一籃子改革」。他們認為，經濟體制改革中很多因素都是關聯的，你不能只做一部分市場化，不然肯定會帶來市場混亂。當時國務院成立了一個經濟改革設計辦公室，整體改革派的這幾位經濟學家就在這個辦公室。

他們認為雙軌制的這個辦法不僅引發通貨膨脹，而且引發腐敗，引發官倒和尋租。吳敬璉教授以及他的研究小組當時就給中央寫了很多報告，給價格雙軌制定了八宗罪。

「整體改革派」在報告裡主張應該推動「一籃子改革」。1986

年他們提交過一份關於整體改革的報告給中央，而後國務院也開了會，中央也通過了。遺憾的是，兩個月以後，「一籃子改革」方案被擱置，所以吳敬璉對這件事情耿耿於懷。吳老在他的教科書《當代中國經濟改革》中也提到這件事情。本來國務院擬通過按照這個方案進行改革了，但是為甚麼後來又反悔放棄？我想，當時在通貨膨脹已經很嚴重的宏觀經濟背景下，「一籃子改革」的方案過於冒險。趙紫陽總理決定暫緩這個改革方案，轉而決定啟動關於企業所有制的改革。

1984–1987 年間，面對嚴峻的通貨膨脹，決策者不敢冒險，最後決定把改革的重心轉移到企業改革上，對國有企業進行承包制和股份制改革。

國有企業所有制改革顯然是「一籃子改革」方案擱置之後的直接結果，隨後爭論就轉向了企業改革。當時有一位經濟學家一直呼籲企業改革。他有句名言：「中國經濟改革如果失敗，一定是因為價格改革；如果成功，一定是因為企業改革。」這個人就是北京大學的厲以寧教授。所以厲以寧也有一個綽號叫作「厲股份」。因為厲以寧主張國有企業進行所有制改革，實行股份制。

當時中央在決策上放棄了以吳敬璉為代表的關於經濟體制「整體改革」的方案，並轉向了企業改革，無形當中支持了厲以寧國有企業股份制改革的方案。我在中國學術信息網上曾看到介紹吳老的文字中有這樣一句話，說他向政府提了很多方案，事後都證明是正確的，但是往往沒有得到中央的採納。我想那些沒有被

採納的方案中，最重要的就是關於「整體改革論」以及後來的「價格闖關」的方案。

吳老和厲老同年同月生，又在同一個中學讀書。但從 1980 年代後期起相當長的時間裡，兩位並沒有面對面。一直到 2008 年，北京大學紀念中國經濟改革開放 30 年的時候，他們一同受邀參加了紀念活動，終於同台出席，面對面。厲以寧和吳敬璉是對推動中國經濟改革做出重要貢獻的兩位代表性經濟學家。

在 20 世紀的改革年代，經濟學家們以各種各樣的方式參與到了改革的過程當中，每個人事後都可以說，「這裡面有我的貢獻」「這裡面有我的建議」。在今天，這種現象已經幾乎不可能了。那個年代真是浪漫的。

1978 年 12 月小崗村的「包產到戶」：
自下而上的農業變革

提到農業改革，就要提到安徽鳳陽的小崗村，就要提到原人大委員長萬里。萬里在地方工作時是負責農業的，在安徽坊間流傳一句話，「要吃米，找萬里」。1980 年萬里得到胡耀邦推薦進京。

萬里主政安徽時，安徽的小崗村發生了一件歷史性的事情：18 位農民自發地進行了「包產到戶」的秘密行動，並立下了一張著名的契約。這是 1978 年的冬天。

1978 年 11 月，小崗村的這 18 位村民秘密地在嚴家討論要「包產到戶」，把土地分到每個家庭。做這件事情風險很大，萬一被泄密是要面臨殺頭之禍的，所以他們就按了手印，並承諾如果出現意外，會相互義務撫養其子女至 18 歲。這是一件十分悲壯的事情。

據說，在安徽主政的萬里，對這件事情是知情的，而且萬里秘密地派人到小崗村去了解情況。因為小崗村這 18 位農民在幹了一年之後，他們隔壁的村子就發現這個村子意外豐收了，於是就發現他們偷偷地把土地分到了家，所以有人就向上打了小報告。我們可以合理地推測，萬里當時是知道這件事情的。但是，萬里很聰明地打了個電話給鄧小平問怎麼辦。據說，鄧小平回覆得很簡單，只做不說。

萬里認為小崗村自發做的事情是正確的道路，所以他寫報告給中央，得到了鄧小平的支持。緊接着，他又寫報告給國家農委和農業部，建議全面實行「家庭聯產承包責任制」，但是農業部很保守。1980 年萬里到中央去工作，並擔任副總理，分管農業。到中央工作一年後，從 1981 年開始，他提出對農業部進行全面整頓，消除阻力。

在中央的討論中，萬里和胡耀邦達成了共識，提倡推動「包產到戶」到全國。但是阻力特別大，中央決策層也出現了很大的意見分歧，最後做出的決定是妥協式的，分地區地搞家庭聯產承包責任制，發達地區不要搞，只有特別窮的地方才去搞包產到

戶，而且介於兩者之間的也要看情況。所以我們可以認為當時是
「有條件地」推行家庭聯產承包。但是萬里還是覺得農民很希望
把田分到家。

此時胡耀邦站在了萬里這邊，給了萬里很多的支持。儘管阻
力很大，但是胡耀邦和萬里依然謀劃着要起草一份文件，推動家
庭聯產承包責任制。

無論如何，胡耀邦和萬里還是在積極推動「包產到戶」，最後
説服了中央諸位老同志，這就形成了 1982 年初中共中央一號文
件（直到現在，這一傳統還在延續，每年中共中央出台的一號文
件一定是關於農業的），同意全國範圍內逐步推進家庭聯產承包
責任制的實行。

1982 年，人民公社的實體依然存在。一年後，1983 年，人
民公社完成了實質性的解體，鄉鎮政府建立。換句話說，1983
年人民公社全面地被鄉鎮政府替代掉了，實際上這件事情直到
1984 年的年底才全部完成。所以 1982 年開始推行家庭聯產承包
責任制的時候，人民公社還在。但是如果沒有胡耀邦和萬里共同
的推動，這件事情估計還會拖很久。

1978 年的不同尋常：改革元年

因為今年是改革開放 40 周年，所以我們必須要多講講 1978

年到底發生了甚麼事情。1978年11月，安徽小崗村自發地出現了「包產到戶」的行動；1978年4月，國家計委和外貿部派出香港、澳門考察團，最後引發了蛇口工業區的建立，建立對接香港、澳門的碼頭，後來進一步引發了四個經濟特區的建立。更加值得一提的是，1978年是一個出國年，那一年中央13位副國級以上的領導人，共20次出國考察。

鄧小平在1978年去了哪裡呢？首先，鄧小平10月份去了日本。他參觀了松下電器，日本人用微波爐加工食物，他看了之後覺得非常奇怪。可以說，1978年出國考察的時候，他受了非常多的刺激。他還乘坐了新幹線，並說了一句意味深長的話：這個速度對我們正合適。

緊接着他去了新馬泰，會見了時任新加坡總統的李光耀。在新加坡，他感受最深的是新加坡利用外資，這也是後來他在建立深圳特區、引進外資這件事情上十分堅持的原因。建立深圳特區的方案中，一直強調要利用華僑引進投資。鄧小平為甚麼支持這樣的方案？是因為他在新加坡看到了成功的經驗和驚人的經濟成果。他認為，中國一定要開放，一定要利用外資。

同時，谷牧帶團到聯邦德國去考察，回來之後寫了十分詳盡的報告。這些事情都發生在1978年11月以前。鄧小平從新加坡回國不久之後，就開了一個長達36天的中央工作會議。算是為了年底召開十一屆三中全會做準備了。

十一屆三中全會是1978年12月18−22日在北京京西賓館

召開的，而在此之前，中央開了一個中央工作會議。從某種意義上說，這個 36 天的中央工作會議才是中國改革開放真正的起點。

中央工作會議取得了重大的成果，那就是鄧小平在這個會上所作的閉幕詞「解放思想，實事求是，團結一致向前看」。如果我們通讀全文，就會發現這個演講非常非常重要。而鄧小平這個講話實際上是十一屆三中全會的主題報告。

黨的思想路線上有了這個歷史性的轉變，把經濟建設放到最優先的位置，徹底告別了「文化大革命」，這才有了 1980 年代充滿浪漫色彩的，充滿理性與激情的改革歲月。

後記[①]

　　30 年來，中國經濟所經歷的變化包含了太多引人入勝的故事，不勝枚舉，也不知道該如何下手。我總覺得，30 年間，經濟學家在經濟變革過程中的感受和經歷應該是非常不同的。與其他社會科學家不同，30 年來經濟學家這支隊伍不停地從事研究、寫作、報告，堅持不斷地呼籲、討論、批評和上書。他們自己內部意見分歧、分裂，充滿爭論和相互指責。這些事件和情節只有身在這支隊伍裡才能觀察和體會到。而我的觀察始於 20 世紀 80 年代初進入大學之時，那個時候正是中國經濟改革和經濟學家參與改革過程中最為精彩紛呈的歲月。我的記憶難以抹去。

　　自 2006 年我就開始思考和醞釀動手寫一本記述這 30 年所發生的精彩故事且又可以輕鬆閱讀的書。目的是想記錄下我記得的

---

① 「修訂版前言」已介紹了本書的修訂緣由與新增章節情況。「附錄」則以講述改革故事的方式帶領讀者系統回顧了改革開放 40 年來具有決定性意義的精彩事件。因此，本篇「後記」保留本書舊版十年前的原貌。文中提及的「30 年來」，指 1978–2008 年。

那些曾經對中國經濟改革和發展有着重要意義的事件、人物以及與之相關的經濟學家的研究工作。我想把事件講成故事，而對故事的敘述則選擇以我的視角為角度，它多半來自我個人的記憶，雖然在必要的時候我也必須去查證一些事例和文獻。

可是，甚麼時候寫？寫甚麼？採用何種寫法？我總是不斷地去想這些問題。時間一天一天地過去了，但我始終沒有動筆。對書的模樣我有過很多種幻想。2007 年初的一天，我在書店裡忽然見到一本剛剛出版的記錄量子力學發展史的翻譯讀物，叫《量子史話》。我自大學時代就喜愛閱讀物理學史，這本黑色封面的書吸引了我。我買下了這本書，在閱讀中我看到了它的記述格式與寫作風格。它以事件的發生過程為主線，把重要的物理學家放到當時的事件中，同時又不放過對這些物理學家的研究工作的簡化描述。這樣的寫法似乎正是我所喜歡和希望去嘗試的。寫出經濟學家這 30 年間的精彩和個性，我似乎對此有了信心。

對於中國經濟改革這樣的主題，為甚麼我不可以嘗試新的寫法呢？更不用說，即使是科普作品和科普作家也有各自的風格和個性，寫出來的作品也有視角和寫法上的不同。我自己總是傾向於把這本書寫得輕鬆些，有個人的品味和嗜好在裡面，有豐富的研究文獻做支撐，也最好能涉及自己的相關研究。

對於我來說，完成這部作品其實並不難。因為我從讀大學開始就堅持每天都觀察中國正在進行的改革，熱衷於閱讀各類文獻，跟蹤經濟學家的研究，關心經濟學家內部的爭論，較早地參

與經濟學的各種會議討論。而我自己從事中國經濟的研究已很多年，寫過不少的研究論文，研究興趣也頗為廣泛。除此之外，我還高度關注着中國經濟本身和其他經濟學家的研究工作。因為這些原因，即使我自己並沒有像身在北京的一些經濟學家那樣親身參與中國經濟改革中的政策制定，但仍自認為是一個認真的觀察者。我自己並不寫日記，但從十多年前開始我就記錄着自己的學術流水賬，對發生在自己身上的與中國經濟和經濟學家有關的事件和研究活動保持着濃厚的興趣，這也算是另一種參與和體驗的過程。這個習慣讓我對我所經歷的、看到的和參與的事情存留着良好的記憶。當我動手寫這樣的故事時，我頭腦中的素材不怎麼凌亂，也很容易梳理。

於是，我決定嘗試用我自己在過去 20 多年裡的所見所聞和自己的敘述語言寫出這本關於中國經濟改革的作品。既然是以我自己的視角和記憶來寫中國經濟改革，那麼我就不需要追求對中國經濟改革過程的全面記述，也無須追求邏輯完美和具有權威性。實際上，因為這是我自己的記憶和敘述，我當然希望讀者在閱讀本書的過程中也站在個人角度上來看問題，改革中的很多事情長期以來都有爭議，沒有最具權威的解釋和說法。即使是事件的當事人和內部人員，今天也只能依賴自己的記憶回憶起來，歷史本來就是這樣形成的。因而讀者也不必在我的這本書中尋找那些有爭議問題的正確答案。我所看到的事件、經歷的過程，特別是我閱讀過的經濟學論文、經濟學家討論的文獻，甚至我個人對

一些當事人的印象，都記述在這本書裡了。當然，沒有記述的事情並不等於不重要，而是因為我沒有時間去寫出我所經歷的、閱讀的和觀察到的更多的改革片段。

的確，在中國經濟改革的進程中，就經濟學家的角度來說，我想我還有很多可以記述的東西，但我依舊做了篩選，並且部分地反映了我的偏好，我先選擇了六個論題。與很多經濟學家一樣，我缺少的是寫作時間。雖然你有很好的想法與構思，但就是沒有時間寫出來。在時間上，你需要化整為零，這是一件很痛苦的事情，但也沒有更好的辦法。就這樣，本書的寫作過程前後拖延了將近兩年。在這兩年時間裡，由於教學、科研、行政、會議、演講和出差的繁忙，絕大多數時間我沒有用在寫作這部作品上，這也是為甚麼完成這部作品會這麼耗時的原因。

我最終動筆記述改革始於 2007 年 5 月我到加拿大女王大學做研究工作。在加拿大的三個月時間裡，除了寫研究論文之外，我的確有比較充沛的時間來整理和記述改革的故事。於是，我先後寫出了「莫干山上論戰價格改革」、「巴山輪會議」以及「分權與增長」三個中國經濟改革的片段。它們算是一個開始，也是一個模板。

回到上海後，我開始以這三個片段為基礎改編出後來在《經濟觀察報》上以「改革記述：經濟學家自己的故事」為題的系列文章，連載了將近一年半時間。我決定這麼做的動機當然是給自己一個約束，告訴自己必須堅持寫下去。而在寫作「分權與增長」

一章的過程中，我還根據自己收集的文獻資料改編出了一個副產品，那就是 2007 年底我發表在《經濟學季刊》上的那篇「分權與增長：中國的故事」。

從加拿大回國前，我去美國波士頓見了我的合作者謝千里教授。我向他提及我所寫的這些東西，他很感興趣。當時，他應學術刊物《比較經濟學研究》（*Comparative Economic Studies*）的邀請正在撰寫論文，總結中國經濟的改革發展對經濟學研究可能有的貢獻。在謝千里教授的家裡，我們進行了長時間的討論。我們都傾向於認為，中國的經驗首先是驗證了經濟學中很多成熟的理論，也向很多已經被接受的理論提出了疑問，但更多的是為經濟學家提供了可以為經濟學做出貢獻的機會。

我在加拿大寫完的內容是以 1984 年的「莫干山會議」和 1985 年的「巴山輪會議」為中心展開的記述。在前一個會議上，中國的經濟學家，尤其是新生代經濟學人，為價格改革這個神經質般的問題尋找可行的方式，為其設計方案；而在後一個國際會議上，如何理解和處理轉型初期出現的宏觀經濟失衡與通貨膨脹，成為中國經濟學家向國外經濟學家當面求教的大題目。當我把這個故事告訴謝千里教授之後，他的直接反應是，中國的經濟改革就像活生生的經濟學課堂。

的確，中國經濟改革的過程也是一個包括我國政府官員在內大家都在學習現代經濟和經濟學的過程。在這個改革過程中當然會有來自經濟學的智慧，但更重要的是，它讓我們自己的經濟學

家（無論是老一代還是青年一代）從傳統的書齋和經典名家的全集中走了出來，開始直面真實的中國經濟現實。在這種情況下，再去爭論經濟學家對中國經濟改革的貢獻有多大，就變得無謂了，而且已經沒有了價值和意義。

回想起來，在中國經濟改革的頭幾年，特別是 1982－1987年這段時間，思想和學術領域的確異常活躍，不僅老學者和中青年學者積極參與中國經濟改革的研究，而且他們與政府保持了相當緊密的關係，並得到政府的積極推動與支持，形成雙方互動的最難忘的一段時間。

所以，在我的這本記述改革的書中，開篇就從 1984 年在浙江莫干山召開的「全國首屆中青年經濟科學工作者學術討論會」（簡稱「莫干山會議」）寫起。回想起來，這是我印象深刻和記憶比較周全的一年，這一年我念大三。我知道這個時期的前後，我所在的復旦大學的校園裡活躍着一批在當時講話擲地有聲的年輕的經濟學者。在當時與他們的接觸中，我知道了很多發生在那個時候的重要事件，他們大部分都參與其中。今天，他們當中的絕大部分都已不再活躍在中國的經濟學界，有些在美國，有些在政府任職，有些則成了相當有成就的投資家。

我選擇從「莫干山會議」開始這個系列的記述，還有另外一個考慮。我想要在記述改革的歷程中講述更多的經濟學家自己的故事，因此，我從經濟學家以一個集體的形象走上歷史舞台的重要事件開始記述當然是最恰當的。在「莫干山會議」上，上百位

「中青年經濟理論學者」作為整體開始形成，他們走上了擺脫經典註釋性的經濟研究的軌道，成為活躍在中國經濟改革理論和政策研究領域的重要力量。我在記述此次會議的章節裡是這樣寫的：

> 往事回頭，中國經濟改革和開放以來，幾乎沒有一個學術性的經濟討論會，會像 1984 年的「莫干山會議」和 1985 年的「巴山輪會議」那樣，讓經濟學界那麼記憶深刻，讓與會者至今都那麼津津樂道。而且我認為，如果說「莫干山會議」推動了中國經濟體制改革的進程，「巴山輪會議」則啟蒙了中國的宏觀經濟管理。當然，兩次會議都無一例外地改變了一群年輕人的命運。

2007 年 8 月，我從加拿大回國之後，因為事務繁忙，對本書的寫作基本就停了下來。一直到 2008 年春節之後我才開始新一章的寫作。這個時候我去了耶魯大學，在那兒住了將近三個月。與在加拿大不一樣的是，我在耶魯有公務，要經常出差，所以時間上並沒有保障。實際上，在耶魯我只完成了「特區試驗場」一章的寫作就回到了上海。

從耶魯大學回到上海之後的十個月時間裡，除了繁忙的教學和自己的研究工作之外，我應邀參與了上海世紀出版集團與復旦大學新政治經濟學研究中心策劃的「中國改革 30 年研究叢書」並承擔了寫作《中國企業的轉型道路》一書的工作。在出版時間的

硬性約束下，我與我的幾位學生共同努力，幾乎每週討論素材、文獻和方法，不僅按時完成了書稿，而且我在這個過程中構思了「一場錯了再試的改革」以及「重建金融」這兩章的記述內容。

2008 年是中國經濟改革 30 周年，很多地方都在安排紀念活動。在國外，芝加哥大學於 7 月中旬舉辦了一場大型的國際會議，紀念中國經濟改革 30 年。我和謝千里教授提交了我們的合作論文並在會議上發表。後來我被邀請分別在大阪產業大學孔子學院、斯德哥爾摩大學、北京大學、諾丁漢大學出席紀念中國經濟改革 30 年的會議並發表演講。我所在的復旦大學中國經濟研究中心從 5 月開始就專門推出了大型周年紀念公開講座。我在這個講座上講述了中國價格改革的演變。2008 年 11 月 1 日和 2 日上午，我還應中共廣東省委宣傳部和《南方都市報》的邀請分別前往廣州和深圳，為參加「嶺南大講壇‧公眾論壇」的市民講述了中國改革開放 30 年過程中的諸多不為公眾所知的故事。兩週後，我的演講在《南方都市報》上以兩版的篇幅發表了出來。

我要感謝我的學生們，他們與我每兩週便有一次「工作坊」，我們一起講解論文並討論學術問題，他們的投入與參與也給了我專注於學術的熱情。我在復旦大學中國經濟研究中心的年輕同事們，給了我愉快的工作環境。而且因為他們，每週一次的「現代經濟學講座」始終能進行下去。我喜歡這樣的討論氛圍。

也感謝《經濟觀察報》的殷練、《上海證券報》的沈飛昊、《東方早報》的張明揚和《南方都市報》的周筱贇這些年來對我的支

持和與我的愉快合作。

還要感謝吳曉波先生對我的這本書的關注。同時，藍獅子財經出版中心和中信出版社的編輯給予了我足夠的耐心和支持。感謝上海「曙光學者」跟蹤項目、上海市重點學科建設項目（西方經濟學，B101）、復旦大學 985 國家哲學社會科學創新基地「中國經濟國際競爭力研究」項目以及教育部長江學者特聘教授計劃的資助項目。

最後我要感謝我的父母、岳父母以及兄弟姊妹，他們沒有佔去我太多的時間。我總是説，我的太太和兒子給了我生活和研究的激情。太太在生活上是我的依靠，兒子現在也在學習經濟學，甚至考試前要打越洋電話來向我請教問題。在我們的家裡，我們三人是非常要好的朋友。我希望今後我與兒子之間能有合作論文的機會。

張軍

2009 年 4 月 20 日於上海

責任編輯　梅　林
書籍設計　彭若東
責任校對　江蓉甫
排　版　肖　霞
印　務　馮政光

書　名　大國改革：經濟學家的改革記述

作　者　張　軍

出　版　香港中和出版有限公司
　　　　Hong Kong Open Page Publishing Co., Ltd.
　　　　香港北角英皇道 499 號北角工業大廈 18 樓
　　　　http://www.hkopenpage.com
　　　　http://www.facebook.com/hkopenpage
　　　　http://weibo.com/hkopenpage
　　　　Email: info@hkopenpage.com

香港發行　香港聯合書刊物流有限公司
　　　　　香港新界荃灣德士古道 220-248 號荃灣工業中心 16 樓

印　刷　美雅印刷製本有限公司
　　　　香港九龍官塘榮業街 6 號海濱工業大廈 4 字樓

版　次　2021 年 10 月香港第 1 版第 1 次印刷

規　格　16 開（152mm×230mm）488 面

國際書號　ISBN 978-988-8763-44-3

© 2021 Hong Kong Open Page Publishing Co., Ltd.
Published in Hong Kong